LA SAINTE ÉGLISE D'AIX ET ARLES

LES PAROISSES
DU DIOCÈSE D'AIX

Leurs Souvenirs et leurs Monuments

PAR

L'abbé M. CONSTANTIN

CURÉ DE ROGNES

PAROISSES DE L'ANCIEN DIOCÈSE D'ARLES

AIX
TYP. MAKAIRE, IMPRIMERIE DE L'ARCHEVÊCHÉ
B. PHILIP, GÉRANT
2, rue Thiers, 2

MDCCCXCVIII

LES PAROISSES
DU DIOCÈSE D'AIX

—

Paroisses de l'ancien Diocèse d'Arles

—

Imprimatur,

Aquis-Sextiis, die 8ᵉ Julii 1898.

F. GUILLIBERT, vic. gen.

LA SAINTE ÉGLISE D'AIX ET ARLES

LES PAROISSES
DU DIOCÈSE D'AIX

Leurs Souvenirs et leurs Monuments

PAR

L'abbé M. CONSTANTIN

CURÉ DE ROGNES

PAROISSES DE L'ANCIEN DIOCÈSE D'ARLES

AIX
TYP. MAKAIRE, IMPRIMERIE DE L'ARCHEVÊCHÉ
B. PHILIP, GÉRANT
2, rue Thiers, 2
—
MDCCCXCVIII

TABLE

Table... V
Paroisses de l'ancien diocèse d'Arles. VII
Ville d'Arles................................ 1
Primatiale Saint-Trophime. Les origines 1, Histoire 5, Usages 83, Le Chapitre 88, La paroisse 94, Description 98.— La Major, 109.— Saint-Césaire, 126. — Saint-Julien, 146. — Trinquetaille, 172. — *Hospices*, 202. — Anciennes maisons diocésaines : *Archevêché*, 207 ; *Séminaire*, 211. — Maisons religieuses actuelles, 213 ; anciennes, 215. — Les grandes Ruines Chrétiennes : *Alyscamps*, 222 ; *Palais de Constantin*, 242 ; *Abbaye de Montmajour*, 244.
Ile de Camargue........................... 258
Villeneuve-Gageron, 258. — Le Sambuc, 265. — Faraman-Barcarin, 267. — *Abbaye d'Ulmet*, 273. — Albaron, 276. — Les Saintes-Maries, 285.
Plan du Bourg.............................. 310
Mas-Thibert, 310. — La Tour Saint-Louis, 315.
Trébon et Grès............................ 320

Fontvieille, 320. — Lansac, 328. — *Saint-Gabriel*, 330. — Saint-Etienne du Grès, 337. — *N. D. du Château*, 342. — Maillane, 346.

Vallée des Baux (Versant méridional des Alpines) 360

Les Baux, 360. — Le Paradou, 383. — Maussane, 388. — Mouriès, 393. — Aureille, 399.

La Crau 404

Saint-Martin, 404. — Moulès, 411. — Raphèle, 418. — Miramas, 419. — Constantine, 427.

Le Littoral du Golfe 434

Fos, 434. — *Abbaye Saint-Gervais*, 439. — Port de Bouc, 445. — Saint-Mitre, 450. — Martigues : L'Ile, 460; Jonquières, 482; Ferrières, 491. — *N. D. de Miséricorde*, 503. — La Couronne, 505. — *Sainte-Croix*, 508. — Saint-Pierre, 511. — Saint-Julien, 513. — Châteauneuf, 514. — Carri, 518. — *N. D. du Rouet*, 520. — Sausset, 523. — Gignac, 524. — Le Rove, 537. — Ensuès, 550. — Niolon, 553.

Additions et Corrections 557

LES
Paroisses du diocèse d'Aix

DIVISION DU DIOCÈSE

Le diocèse d'Aix, tel que l'ont constitué le Concordat du 15 juillet 1801 et la bulle du 27 juillet 1817, comprend dans sa circonscription 130 paroisses, qui dépendaient autrefois de quatre diocèses supprimés par ce Concordat :

52 de l'ancien diocèse d'Aix. Il en a été traité dans le premier volume.

54 de l'*ancien diocèse d'Arles*. Ce second volume est consacré à 42 de ces paroisses ; aux 12 autres sont réservées les premières feuilles du troisième volume.

4 de l'ancien diocèse de Marseille ;

20 de l'ancien diocèse d'Avignon.

Les paroisses de ces deux diocèses formeront la matière principale du troisième et dernier volume.

ANCIEN DIOCÈSE D'ARLES

L'ancien diocèse d'Arles comprenait 56 paroisses, dont 49 en Provence, sur la rive gauche du Rhône, et 7 en Languedoc, sur la rive droite.

Les paroisses du Languedoc formaient un groupe historique, connu jusqu'à la fin du moyen-âge sous le nom de

« pays d'Argence », *Pagus Argentiae*; « Archant », dans les chansons de gesto des XI° et XII° siècles. C'étaient : *Notre Dame de Beaucaire*, dont Saint-Paul a été démembré en 1802; *Saujan*, aujourd'hui supprimé et uni à Saint-Paul; *Fourques, Jonquières, Saint-Vincent de Cannois*, supprimé et uni à Jonquières; *Comps et Meynes*.

A la suite du Concordat de 1801, qui supprimait le diocèse d'Arles, ces sept paroisses furent unies au diocèse d'Avignon, rétabli comme évêché suffragant d'Aix, et comprenant dans sa circonscription les départements de Vaucluse et du Gard [1]. Mais, lors du rétablissement de l'évêché de Nîmes par le Concordat de 1817-1822, elles ont été incorporées à ce diocèse avec le reste du département du Gard.

Les 49 paroisses de Provence [2] furent unies au diocèse d'Aix par le Concordat de 1801. Divers démembrements ont élevé leur nombre de 49 à 54. Le présent volume leur est consacré, ainsi que le début du suivant.

Le diocèse d'Arles était peuplé d'environ 90,000 âmes : 55,000 en Provence et 15,000 en Languedoc.

1 La loi schismatique du 15 mai 1791, organisant l'Eglise constitutionnelle, les avait unies au diocèse du Gard (Nîmes).

2 Comprises, par la même loi schismatique, dans le diocèse métropolitain des Bouches-du-Rhône (Aix).

VILLE D'ARLES
Arelate

PRIMATIALE SAINT-TROPHIME
Basilica Primatialis Sancti Trophimi Aretatensis

I. LES ORIGINES

« Le grand pontife Trophime fut envoyé par le Saint-Siège à la ville d'Arles, la première, et c'est de cette source que les ruisseaux de la foi se sont répandus par toutes les Gaules. » Cette affirmation si nette de la mission apostolique de saint Trophime est datée du 22 mars 417, et c'est le pape saint Zosime qui l'a formulée dans un document officiel adressé à tous les évêques des Gaules.

Quelques années plus tard, en 450, dix-neuf évêques du midi des Gaules appuyaient cette tradition d'un témoignage identique. Ils exposaient en ces termes le sentiment de leurs églises touchant l'antiquité du siège d'Arles : « Toute la Gaule sait, et la sainte Eglise Romaine n'ignore pas, que la ville d'Arles a eu l'honneur, la première des Gaules, de recevoir de saint Pierre, saint Trophime pour évêque. »

En présence de documents si anciens, que corrobore toute une série de preuves non moins décisives, on a de la peine à comprendre que la négation ou le doute puissent se maintenir au sujet de l'apostolicité de la mission de saint Trophime.

Deux missions différentes ont introduit, vers le milieu du premier siècle, la foi chrétienne dans le midi de la Gaule : l'une, formée des disciples chassés de Palestine par la persécution qui suivit la mort de saint Etienne, ayant à sa tête Maximin et Lazare, qui évangélisèrent Aix et Marseille ; l'autre, envoyée par saint Pierre, et dont saint Trophime, disciple de Jésus-Christ et compagnon de saint Paul, fut le principal apôtre. Celui-ci étendit son action dans le pays d'Arles et bien au-delà.

Le souvenir du fondateur du siège d'Arles s'est maintenu en plusieurs points de la ville et du territoire : la cathédrale garde l'emplacement de l'oratoire primitif qu'il dédia à saint Etienne ; c'est au quartier de la Roquette, devant l'autel de Diane, qu'il sauva deux enfants qu'on allait immoler à la farouche déesse ; les grottes de Montmajour lui offrirent un abri dans ses courses à travers la campagne, et un asile les jours de persécution ; aux Alyscamps, il établit un second oratoire qu'il aurait placé sous le titre de la Mère de Dieu. Et c'est dans ce cimetière, dont il consacra la célébrité, qu'il fut inhumé, au milieu de ses premiers néophytes.

Le siège d'Arles compte parmi les plus illustres de la chrétienté, et, dans les Gaules, il n'en est point qui puisse se glorifier d'une succession aussi longue et aussi brillante de pontifes éminents par la sainteté, l'influence et la doctrine.

Deux évêques missionnaires prêchèrent à Arles après saint Trophime : l'un, saint Denys, le membre de l'Aréopage converti par saint Paul, qui évangélisa ensuite Lutèce et mourut martyr sur la colline de Montmartre ; l'autre, saint Rieul, *Regulus*, disciple de saint Jean, qui établit ensuite la chrétienté de Senlis. A celui-ci, et après un intervalle qu'on ne peut déterminer, succéda saint Félicissime.

Aucun nom de pontife martyr ne serait parvenu jusqu'à nous, même des persécutions des II° et III° siècles, si l'on ne pouvait rattacher à cette période, l'évêque saint Victor, massacré par les Alemans, dans une incursion qu'on place vers l'an 265. Mais, parmi les fidèles qui versèrent leur sang pour Jésus-Christ, huit sont connus : Jules, Hermès, Jovien, Sévère, Prime, Victor, la vierge Dorothée et Genès. Inégalement glorieux dans la mémoire populaire, ces noms héroïques méritent d'être conservés avec une égale piété.

Dieu accorda au siège d'Arles : au IV° siècle, saint Marin, saint Concorde et saint Héros ; au V°, saint Honorat, saint Hilaire, saint Eon [1] ; au VI°, saint Césaire, le modèle des évêques et l'oracle des Gaules. Et après lui, saint Aurélien, saint Virgile, saint Polycarpe, et ce saint Rotland qui succomba en 869, prisonnier des Sarrasins.

Autour de ces pontifes se groupèrent des disciples nombreux, émules de leurs vertus et de leur science ; dans l'école épiscopale de saint Hilaire, *saint Albée*, mort évêque d'Em-

---

[1] Saint Augustal, évêque de Collioure, d'après une opinion plausible, mourut au V° siècle, à Arles, où son culte fut gardé.

moley, apôtre de l'Irlande avec saint Patrice; le *bienheureux Basile*, évêque d'Aix; *saint Honorat*, évêque de Marseille; — dans l'école de saint Césaire, *saint Cyprien*, évêque de Toulon; *saint Firmin*, évêque d'Uzès; *saint Florentin*, abbé des Saints-Apôtres, à Arles; *saint Theudère*, prêtre et solitaire à Vienne. Avec eux, le préfet *Dardanus*, dont saint Jérôme et saint Augustin louent l'esprit et la piété; *Edesius*, auteur d'un poème en l'honneur de saint Hilaire; *Magnus Felix*, préfet du prétoire à Rome, éminent en sagesse et en savoir, qui se retira auprès de l'évêque Léonce, pour vivre dans la retraite et la pénitence; *Pomerius*, écrivain d'origine africaine, moine et abbé; le littérateur *Firminus* et le poète sacré *Livius*; le patrice *Parthenius*, ami et rival du poète Arator; *Dynamius*, ce gouverneur qui se délassait des affaires dans la culture des lettres, et qui, sur la fin de sa vie, distribua ses biens aux pauvres, pour expier les violences et les injustices qu'il se reprochait.

Bien qu'il ait quitté fort jeune sa patrie, peut-on omettre dans cette énumération des gloires chrétiennes d'Arles, le nom de *saint Ennodius*, évêque de Pavie, connu par ses hymnes et ses épigrammes d'une élégance raffinée, illustré par ses relations avec Cassiodore, Symmaque et Boèce, à qui ses vertus et ses luttes courageuses en faveur du Pape légitime [1] ont mérité une gloire meilleure?

---

[1] Etant diacre de l'évêque de Pavie, Ennodius composa sous le titre *Apologeticus pro Synodo*, une défense du pape Symmaque contre l'antipape Laurent, énergique et pressante, toute de verve ironique, que le Ve

La cathédrale Saint-Etienne fut la source de cette sainteté, le foyer de cette lumière et de cette influence. Nous allons en dire l'histoire, en associant la suite des évènements à la série de ses transformations architecturales.

II. HISTOIRE

Oratoire Saint-Etienne. — Le préteur romain d'Arles fournit, d'après la tradition, le plus notable des adeptes à la prédication de saint Trophime. Il autorisa même cet apôtre à disposer en lieu de prière une salle reculée de son palais, et c'est dans ce sanctuaire dédié à saint Etienne, que les chrétiens tinrent leurs premières assemblées.

On peut donc légitimement fixer en cet oratoire les plus vénérables souvenirs de l'Eglise d'Arles, les prédications de saint Trophime, la visite de saint Paul, lors de son voyage en Espagne, la vision qui révéla à saint Rieul, célébrant le saint sacrifice, que saint Denys et ses compagnons venaient de verser leur sang pour Jésus-Christ[1].

---

concile romain, en 503, fit insérer intégralement dans ses actes, déclarant qu'elle en partagerait l'autorité.

[1] Romam caput urbium
Quærens Dyonisium
A Myconis venerat.
Cum quo vel cum cœteris
Sociis itineris
Arelatem properat,

Ubi pastor residens
Signum vidit evidens
De sanctorum gloria,
Quemque suo nomine
Monstrant colla sanguine
Columbarum varia.

(Ancienne séquence du propre de Senlis, *in festo S. Reguli*)

La première Basilique. IV° Siècle. — Aussitôt en possession de la paix, les chrétiens n'eurent rien de plus à cœur que de signaler, par l'érection d'une église, les lieux vénérés où leur religion avait été pratiquée à l'origine. Sans parler de Rome, dont les plus anciennes basiliques marquent la Grotte Vaticane, où saint Pierre enseigna, le palais sénatorial, *in œdibus Pudentis*, où il célébra les saints mystères, la maison où saint Paul fut détenu *in suo conducto*, des monuments de ce genre subsistent encore à Marseille et à Aix, où les cathédrales de la Major et de Saint-Sauveur indiquent en quel endroit l'apostolat de saint Lazare, de sainte Madeleine et de saint Maximin s'est exercé tout d'abord.

Les successeurs du préteur, que saint Trophime avait converti, ne continuèrent point aux chrétiens la même bienveillance, et la moins rigoureuse des mesures que ceux-ci eurent à subir fut certainement l'interdiction de pénétrer dans l'Oratoire Saint-Etienne. Mais le souvenir de son emplacement se transmit des pères aux enfants, durant la longue période des persécutions.

Saint Marin, l'évêque qui vit luire l'aurore de la liberté chrétienne, édifia sa cathédrale en cet endroit.

De cette première cathédrale, il est souvent fait mention dans la *Vie de saint Césaire*, composée par ses disciples, où elle est toujours nommée « la basilique Saint-Etienne. » D'autres écrits, qui sont les plus anciens de la littérature chrétienne d'Arles, la *Vie de saint Hilaire* et la *Vie de saint Honorat*, celle-ci écrite dès 429, parlent déjà de la basilique épiscopale, mais sans en indiquer le titulaire [1]. Tous se taisent sur le nom de l'évêque qui la bâtit, et même sur l'époque de sa construction.

Ce silence confirme l'opinion qui attribue cette construction à la période qui s'étend de l'an 305 à l'an 313, qui vit accorder au christianisme, la tolérance d'abord par Constance Chlore, puis, la pleine liberté par Constantin.

La cathédrale Saint-Etienne doit donc être comptée parmi les basiliques constantiniennes, peut-être même *préconstantiniennes*, pour parler avec une rigoureuse exactitude. Ce qui incline à reculer vers le commencement de la période sus-indiquée, le début de cette œuvre importante, c'est que le concile de 314 se tint dans une basilique dont la dédicace était déjà accomplie.

Ce *concile*, regardé comme le premier de l'Eglise d'Arles, fut convoqué par l'empereur Constantin et le pape saint Sylvestre, pour juger la querelle des Donatistes, et, en particulier la légitimité de l'élection de Cécilien au siège de Carthage, qu'ils contestaient. Il s'ouvrit le 1er août sous la présidence de l'évêque d'Arles, saint Marin, en présence des délégués du pape, les prêtres Claudien et Vite, et les dia-

---

[1] A l'aide de ces textes, M. l'archiprêtre Bernard a établi, contre les dires des précédents historiens d'Arles, l'existence de cette première basilique Saint-Etienne, sur l'emplacement que la cathédrale occupe encore. Trois siècles, et non les moins glorieux, ont été restitués ainsi aux annales de l'église Saint-Trophime.

cres Eugène et Cyriaque. Y siégèrent de nombreux évêques des Gaules, d'Italie, d'Espagne, de Germanie, de Grande-Bretagne et d'Afrique, une centaine au moins [1]. Saint Augustin (*de Bapt.* I) le qualifie de *plenarium universae Ecclesiae concilium*. La liste des signatures nous est parvenue, mais incomplète. Elle contient 45 noms, parmi lesquels ceux de l'évêque Marin, assisté du prêtre Salamas et des diacres Nicasius, Afer, Ursinus et Petrus, les plus anciens noms connus du clergé d'Arles; d'Oresius, évêque de Marseille, avec son lecteur Nazarius; de Verus, évêque de Vienne, avec l'exorciste Bedas; de Daphnus, évêque de Vaison, avec l'exorciste Victor; de Vocius, évêque de Lyon, avec l'exorciste Petulinus; des délégués des évêques d'Orange, d'Apt, de Nice, de Mende, etc. Les évêques de Cologne et de Trèves représentaient la Germanie; ceux d'York, de Londres et de Colchester, la Grande-Bretagne; celui de Mérida, l'Espagne, avec les délégués des évêques de Grenade, d'Ossuna, de Tarragone, de Basta et de Saragosse.

Le concile condamna définitivement l'hérésie et le schisme des Donatistes. Il régla ensuite que la fête de Pâques serait célébrée, dans tout l'univers, le même jour, que le pape notifierait, chaque année, aux évêques; que les cochers du cirque et les comédiens, derniers tenants des pratiques et des mœurs païennes, seraient excommuniés; que la coutume abusive de rebaptiser les hérétiques serait abandonnée

---

[1] Adon écrit *sexcenti*, chiffre qui ne contredit celui-ci qu'en apparence. On sait que ce mot est souvent employé dans le sens d'un grand nombre.

par les églises d'Afrique; que les clercs traditeurs[1] seraient déposés, mais après enquête sérieuse, à cause des fausses dénonciations qui se produisaient souvent; que les usurpations de certains diacres ne seraient plus tolérées; que la présence d'au moins trois évêques serait requise pour le sacre d'un autre évêque; que les soldats qui déserteraient sous prétexte de religion seraient excommuniés. Les pratiques idolâtriques avaient, en effet, été abolies dans l'armée par Constantin. Le concile témoignait ainsi sa reconnaissance au prince qui, le premier, protégeait la religion chrétienne.

Tels sont les principaux décrets du monument synodal le plus ancien de l'Eglise de France, décrets si sages que le concile œcuménique de Nicée devait bientôt se les approprier.

340. — *Panégyrique de Constantin le Jeune*, fils aîné du grand Constantin. Il avait envahi les états de son frère, et avait trouvé, en Lombardie, la défaite et la mort. Cette oraison funèbre d'un prince très aimé des Arlésiens a été conservée sous le titre de *Monodie*. Elle est en grec, langue alors populaire dans nos contrées, et fut prononcée, à ce que l'on croit, dans la basilique Saint-Etienne.

Concile de 353. — Pressé par les Ariens d'excommunier

---

[1] Ceux qui avaient livré les livres saints aux païens durant la persécution.

saint Athanase, leur plus redoutable adversaire, le pape Libère convoqua un concile à Arles, ville où l'empereur Constance devait passer l'hiver. Le pape comptait sur la fermeté de son premier légat, Vincent de Capoue, qui s'était déjà prononcé en faveur du patriarche d'Alexandrie. Mais le légat trompa sa confiance et faiblit devant les menaces de l'empereur. Il se déclara contre Athanase, et, avec lui, l'évêque Saturnin, que Constance avait poussé sur le siège d'Arles, parce qu'il était favorable aux Ariens. Grâce à cette défection, les Ariens obtinrent la condamnation qu'ils réclamaient. Quelques rares évêques osèrent prendre la défense de l'innocence et de l'orthodoxie. Deux se signalèrent par des protestations qui leur méritèrent le martyre, saint Paulin, évêque de Trèves, et saint Lucius, évêque de Mayence.

Devenu le chef des Ariens dans les Gaules, Saturnin présida, en 356, le conciliabule de Béziers, où fut condamné un autre vaillant docteur, saint Hilaire, de Poitiers. Abandonné par le pouvoir civil, Saturnin fut, à son tour, justement déposé, au concile de Paris, en 362, ayant eu heureusement pour prédécesseur Valentin et pour successeur saint Concordius.

V° Siècle, 414. — L'armée romaine qui stationnait en Bretagne avait proclamé empereur Constantin, son général. Dédaignant les propositions conciliantes d'Honorius, Constantin marcha sur Ravenne. Mais pris à revers par un autre usurpateur, il dut chercher un refuge à Arles. La place capitula, après quatre mois de siège. Alors Constantin courut vers la basilique Saint-Etienne et se fit ordonner prêtre par l'évêque Héros, son ami. Le vainqueur ne tint compte ni des clauses de la capitulation, ni du caractère sacré dont Constantin venait d'être revêtu. Sans respect pour le droit d'asile, il le fit arracher de la basilique et conduire à Ravenne. Le malheureux n'y arriva point et fut décapité, avec son fils, sur les bords du Mincio, le 18 septembre 411. Héros fut chassé de son siège, ainsi que l'évêque d'Aix, Lazare. Ils se retirèrent tous deux, en Orient, où leur zèle contre les pélagiens leur mérita les éloges de saint Prosper et de saint Augustin.

Saint Honorat. 426, 14 janvier.— A la suite de l'assassinat de l'évêque Patrocle, le clergé et le peuple, assemblés dans la basilique, élurent pour évêque, malgré les contestations et les brigues, le moine *Honorat*, fondateur de l'abbaye de Lérins.

Une vieille légende [1] raconte qu'au jour de son entrée, le nouvel évêque vit le Diable, noir et velu comme un éthiopien, qui, juché sur une des tours du palais de la Trouille, semait à pleines mains la haine et la discorde sur la tête des citoyens. Ce saint évêque qui, selon le mot de son successeur, eût pu servir de type à la charité, si l'on avait voulu la représenter sous une forme humaine, parvint, malgré les circonstances difficiles qui marquèrent les débuts de son

---

[1] Rapportée dans le *Mémoire des tiltres et documents des archifs de l'Archevêché de la sainte Eglise d'Arles*, par *Ch. Gaignon, bourgeois*, 1647, p. 7, dont nous devons communication à l'obligeance de M. le marquis de Jessé-Charleval.

ministère, à ramener, en trois années, la paix et l'harmonie dans tous les cœurs.

Concile de 427. — Le nombre, la chronologie, le lieu de séance des anciens conciles d'Arles ne sont qu'imparfaitement connus. Sur ces circonstances qui importaient peu à la doctrine ou à la discipline, les actes se taisent souvent : plus souvent encore, ils font défaut. Il est certain cependant que ces conciles se sont tenus, en majorité, dans la ville métropolitaine, et, la plupart, dans l'église cathédrale. Ces réserves faites, il paraît rationnel d'attribuer à la basilique primatiale les conciles qu'aucun document n'indique s'être tenus ailleurs.

Parmi les assemblées dont on a perdu les actes, et même oublié l'existence, paraît se trouver un concile, tenu en 427, pour juger l'erreur pélagienne, et auquel saint Germain d'Auxerre et saint Loup de Troyes assistèrent. Une profession de foi, perdue aussi, y fut adoptée, qu'on désigna sous le nom de *Confessio Trecassina*, sans doute parce que le saint évêque de Troyes l'avait rédigée[1].

Ce concile aurait été présidé par saint Honorat. On objectera, sans doute, qu'il n'en est point parlé dans l'*Eloge* du saint, seule histoire de sa vie que nous possédions. Mais tous ceux qui connaissent la littérature hagiologique de l'Eglise d'Arles ont remarqué quelle petite place y occupent les faits, même importants, quand ils sont d'ordre purement

---

[1] Cf. Darras, *Histoire de l'Eglise*, XII, 540.

historique. Ces documents de famille parlent à peu près exclusivement des qualités personnelles des évêques défunts et des faits de nature à toucher et à consoler leurs disciples et leur peuple affligés. Des conciles, il n'est parlé qu'autant qu'ils se rapportent à ce genre d'idées.

Saint Germain revint deux fois à Arles, la première, à la suite de la mission que les évêques du concile lui avaient confiée avec saint Loup, contre les pélagiens de la Grande-Bretagne ; la seconde, en 444, où il fut accueilli avec de grands témoignages de vénération par saint Hilaire et le préfet Auxiliaris. Il guérit d'une fièvre quarte la femme du préfet, qui, dans sa gratitude, déchargea les Auxerrois de plusieurs impôts onéreux.

Saint Loup avait été d'abord marié à Pimeniola, sœur de saint Hilaire d'Arles, qui entra en religion lorsque son mari reçut les ordres sacrés.

429. — Saint Honorat ne put donner aux Arlésiens que les restes d'une vie épuisée par les austérités. Le jour de l'Epiphanie, à bout de forces, il s'imposa de monter en chaire une dernière fois. On le ramena mourant à la maison épiscopale. Il vécut huit jours encore, paralysé à demi, mais gardant l'usage de la parole avec la lucidité de l'intelligence. De son lit de douleur, il ne cessa de dispenser à chacun les conseils convenables. Il entretint ses clercs l'un après l'autre, s'ingéniant à les consoler. A saint Hilaire, son parent et son disciple préféré, qui ne pouvait contenir ses sanglots : « Pourquoi pleures-tu ? lui dit-il. Je subis la loi inéluctable de la nature humaine. Ma mort doit-elle te surprendre,

alors que j'y suis entièrement préparé? » Et comme Hilaire répondait qu'il ne pleurait point son propre malheur, parce qu'il savait qu'au ciel Honorat intercéderait pour son disciple avec plus d'efficacité que sur la terre, mais qu'il redoutait pour son père bien-aimé les souffrances et les angoisses des derniers instants. « Qu'est-ce donc, dit Honorat, ce que je supporte, moi, le dernier de tous, comparé aux épreuves effroyables par lesquelles tant de saints ont passé à cette heure. » Et il répéta cette pensée qu'il avait lue quelque part : « L'épreuve est le destin des grands, ils sont nés pour apprendre aux autres la manière de souffrir. » Au préfet qui vint le visiter, avec tout son personnel, il parla de la fragilité de la vie et du mépris des honneurs : « Souvenez-vous qu'à son dernier souffle, Honorat, votre évêque, vous a invités à mériter votre part de l'héritage céleste. » Il parut ensuite s'endormir et rendit le dernier souffle sans secousse. C'était minuit. On revêtit le corps de ses ornements d'évêque, et, sur l'heure, à la clarté des torches, on le descendit dans la basilique froide et silencieuse.

Tout le peuple accourut à la cérémonie des funérailles. Chacun réclamait la faveur de porter le lit funèbre, de le baiser, de le toucher. On se dirigea ensuite vers la basilique Saint-Genès, où ces restes vénérés furent déposés dans la crypte. Durant le défilé, les juifs s'étaient unis aux chrétiens, ceux qui parlaient grec à ceux qui parlaient latin, pour exprimer en langues diverses, un même regret filial, « in dissonis diversarum linguarum choris amor consonus. »

430. — A l'anniversaire de la mort du saint pontife, Hilaire, son successeur, prononça son éloge funèbre, « la pièce la plus éloquente de cette nature que nous ait léguée l'antiquité ecclésiastique », dit Tillemont.

« Il n'est besoin, dit-il, dans son exorde, d'apprendre à personne quel souvenir douloureux attriste, en ce jour, tous les cœurs. Pour moi, aussi longtemps que le Seigneur prolongera ma fragile existence, cet anniversaire reviendra affliger et déchirer mon âme, en me rappelant le devoir d'honorer une grande mémoire. C'est aujourd'hui que le saint évêque Honorat, le chef de cette église autant par la vertu que par la plénitude du sacerdoce, a quitté son corps mortel. » S'étant excusé de ne pouvoir remplir en un satisfaisant accord le double devoir de la louange et des larmes, Hilaire commence à raconter la vie de son bienfaiteur. Après avoir dit sa vertueuse adolescence, il s'étend sur la fondation de l'abbaye de Lérins et l'*institution* dont elle fut dotée, sur la libéralité d'Honorat envers les étrangers, ses rapports avec les plus saints personnages de l'époque, surtout sur sa bonté envers ses religieux. « Il n'y a rien peut-être de plus touchant, dans les annales monastiques, que ce tableau de la tendresse paternelle d'Honorat pour la nombreuse famille de moines qu'il avait réunie autour de lui [1]. »

Du fond de sa solitude, Honorat n'oubliait point un jeune

---

[1] Montalembert, *Moines d'Occident*, I, p. 225.

homme, de Toul comme lui et son parent, qu'il savait en danger de perdre son âme. Longtemps il pleura et pria ; puis, imitant le Bon Pasteur qui laisse le troupeau pour courir après la brebis perdue, il traversa la Gaule, afin de la sauver. Avec quelle humilité, saint Hilaire raconte sa propre conversion ! On y retrouve l'accent ému que saint Augustin avait mis, quelques années avant, dans ses immortelles *Confessions* :

« Par quels torrents de larmes ce bon père s'efforça d'amollir ma dureté, par quelles étreintes aimantes, par par quels embrassements il luttait avec moi pour me sauver. Tout d'abord je remportai sur lui une victoire qu'il qualifia de détestable, mais la main de Dieu m'avait saisi pour me réduire et me dompter, car c'est à elle que sa prière m'avait livré. Quels flots se soulevèrent alors dans mon âme, quelles tempêtes excitées par les volontés contraires qui luttaient en moi. Je disais oui, je disais non ; je ne me rendais jamais...... L'agitation de mes pensées avait chassé le sommeil loin de moi ; je voyais continuellement devant mes yeux, d'un côté, le Dieu de miséricorde qui m'appelait avec tendresse ; de l'autre, le monde qui me fascinait par l'image de ses voluptés. Que choisir ? Que laisser ? A vous toutes mes actions de grâce, ô mon Jésus qui, touché par les pieuses supplications de votre serviteur Honorat, avez brisé mes chaînes, et jeté sur moi les liens si doux de votre amour, qui empêcheront ceux du péché de m'étreindre encore. Alors, moi qui m'éloignais de mon père avec hauteur, j'accours vers lui, humble et soumis ; déposant toute résistance je me présente en suppliant. Il m'emporte comme un trophée, il tressaille, il triomphe. Il a hâte de me mettre en sûreté dans cette solitude dont son exemple m'a inspiré le désir. Là, il me nourrit de lait d'abord puis d'aliments plus substantiels, il m'abreuve des eaux de cette sagesse céleste qui inondaient son âme. Plût à Dieu que mon cœur, hélas! trop étroit, eût pu contenir tout ce qu'il voulait y déverser! Il vous eût certainement préparé un pasteur tel que vous pouviez le désirer, et se fût, sans le savoir, formé un successeur digne de lui. »

On devine les sentiments qui saisirent les auditeurs de ce discours, le plus émouvant qui ait retenti sous les voûtes de la basilique. Nous en avons perçu comme l'écho lointain, un jour que nous avons relu cette oraison funèbre, au lieu où elle fut prononcée, et c'est pour procurer à nos lecteurs la même satisfaction que nous en avons rapporté quelques passages.

Elle s'achève ainsi : « Souvenez-vous, ami de Dieu, souvenez-vous de nous toujours, devant ce trône du Roi des cieux, où votre sainteté vous a introduit, où, chantant le cantique nouveau, vous suivez l'Agneau partout où il va. Auprès de Lui, soyez notre protecteur, l'interprète agréé de nos prières, l'avocat puissant de nos requêtes; présentez-lui les supplications que vos enfants répandent autour de votre sépulcre. Obtenez que tous, pontife et peuple, conspirent à l'envi pour mériter, par leur sainteté, ces biens qui furent l'objet et la fin de vos préceptes et de vos leçons, par N.-S. Jésus-Christ qui vous a élevé dans sa gloire, et qui, avec son Père et le Saint-Esprit, vit et règne, Dieu lui-même, dans tous les siècles des siècles. Amen. »

Saint Hilaire. — Saint Honorat mourant avait désigné saint Hilaire pour son successeur. Décidé à se soustraire à cette charge, Hilaire s'enfuit nuitamment vers Lérins, mais le général Cassius lança des soldats à sa poursuite. Arrêté au-delà du *Castrum Alamanicum* (Lamanon), le fugitif fut ramené à Arles, solidement escorté. Durant le trajet, une colombe vint se poser sur sa tête. L'élection, confirmée du ciel, fut ratifiée par le clergé et le peuple, et saint Hilaire fut sacré.

La basilique devint le principal théâtre de son zèle et de sa sainteté. Il ne se lassait point de prêcher à son peuple, quelquefois, en carême, depuis le matin jusqu'à quatre heures du soir, et son peuple ne se lassait point de l'entendre. Il lui donna une explication complète du Symbole, et des homélies sur toutes les fêtes de l'année, dont on regrette la perte [1].

Ses discours étaient si éloquents qu'une fois le poète Livius s'écria : « Si Augustin était venu après vous, on l'estimerait moins que vous ». Un autre jour, trois littérateurs des plus distingués, Silvius, Eusebus et Domnulus se faisaient part de leurs appréciations, au sortir de la cathé-

---

[1] Il ne reste de saint Hilaire que l'*Éloge funèbre de saint Honorat*, une *Lettre* à saint Eucher, évêque de Lyon, le récit d'*un miracle de saint Genès*, que nous citerons plus loin, et deux poèmes sur la *Création du Monde* et le *Martyre des Macchabées*.

drale : « C'est plus que de la science, dit l'un d'eux, plus que de l'éloquence, c'est un don surhumain. »

Certains auditeurs pourtant, de ces gens qui trouvent toujours trop long le temps passé à l'église, appréciaient moins la parole de leur évêque. Un dimanche, à la fin de l'évangile, plusieurs se dirigèrent vers la porte, pour esquiver la prédication : « Sortez, leur cria saint Hilaire, sortez, mais rappelez-vous qu'un jour, en enfer, vous ne pourrez plus sortir [1]. »

Assidu au saint tribunal, Hilaire voyait, chaque jour, mais le dimanche surtout, les pénitents accourir à ses pieds. Il pleurait avec eux ; il émouvait les endurcis par les menaces des rigueurs divines ; il relevait les désespérés par la pensée du ciel ; aux hésitants, il découvrait les plaies cachées de leur âme. A tous, quand ils étaient partis, il continuait sa sollicitude par de ferventes prières.

449, 5 mai. — Saint Hilaire, épuisé de travaux et de

---

1 Hilaire parlait sans déguisement et sans flatterie. Un jour qu'il prêchait dans la *basilique Constantia*, un magistrat qu'il avait souvent invité à réformer sa conduite, entra avec sa suite. Le saint se tut aussitôt. A l'auditoire surpris, il déclara qu'un homme qui faisait si peu de cas des avis qu'on lui donnait pour le salut de son âme, ne méritait pas d'être nourri de la parole divine avec le peuple fidèle. Le magistrat sortit, sous la parole vengeresse du nouvel Ambroise, et l'évêque reprit son discours.

C'est dans la même basilique *Constantia* que fut tenu, le 30 décembre 455, un Concile présidé par Ravennius. Saint Maxime de Riez, saint Constantin de Gap, Rustique de Narbonne, Venerius de Marseille, Chrysante de Sisteron y siégèrent avec huit autres. On y termina un différend entre Fauste, abbé de Lérins, et Théodore, évêque de Fréjus.

Cette *basilique Constantia*, dont il ne subsiste que cette double mention, s'élevait-elle dans la ville de la rive gauche, ou dans celle de la rive droite? On n'en sait rien. La *Vie de saint Hilaire* et l'intitulé du concile de 455 ne permettent d'affirmer qu'une chose, c'est qu'elle était différente de la cathédrale, qui est toujours désignée sous le nom de *basilica* ou de *basilica sancti Stephani*.

macérations, mourut à quarante-huit ans, après vingt ans d'épiscopat, au jour qu'il avait prédit. La triste nouvelle sitôt connue, des gémissements éclatèrent dans toutes les maisons, comme pour la perte d'un père. La foule envahit la basilique, et l'on ne put protéger les restes du saint contre les excès de la vénération populaire, qu'en les entourant d'un rempart de torches ardentes.

A l'aurore, matines chantées, le cortège se dirigea vers l'église des Alyscamps. Les juifs s'unirent encore aux chrétiens : « Je me souviens, dit saint Honorat de Marseille, dont la notice nous a fourni tous ces détails, de les avoir entendu chanter en hébreu, pour honorer ses funérailles, alors que l'excès de la douleur ne permettait plus aux nôtres de s'acquitter de ce devoir. » On s'apprêtait à descendre le corps dans la crypte, quand un élan spontané précipita les assistants vers le lit funèbre. Chacun voulait voir une dernière fois les traits d'un pasteur chéri, retenir un fragment de ses vêtements. Le prêtre *Basile*, futur évêque d'Aix, prit alors le drap mortuaire et en partagea les lambeaux au peuple ; ce qui permit d'achever la cérémonie.

Quelques jours après, Ravennius élu évêque, comme il avait été révélé à saint Hilaire, fut sacré par saint Constantin, évêque de Gap, assisté de onze évêques.

451. — *Saint Aignan*, évêque d'Orléans, étant venu demander à Aétius, alors à Arles, des secours contre les Huns, prie dans la basilique.

Siège d'Arles. — Le 15 août de cette année, l'armée

romaine avait couronné Avitus, empereur, sur la butte du Mouleyrès, en présence de Théodoric, roi des Wisigoths. Le comte Ricimer, peu de mois après, contraignit le nouvel empereur à abdiquer et le fit sacrer évêque de Plaisance.

Cette déchéance de leur compatriote humilia les Gaulois, autant que son élection les avait flattés. Et Théodoric, qui n'attendait qu'un prétexte pour s'emparer de la Provence, saisit cette occasion de rompre la paix qu'il avait conclue avec Avitus et vint assiéger la ville d'Arles. « Le comte Ægidius, maître de la milice, accourut et défendit cette place avec énergie, mais il était dans des conditions telles qu'il ne pouvait pas espérer de résister longtemps. Les Wisigoths entouraient la ville de tous les côtés et il ne pouvait recevoir du dehors ni vivres, ni secours. Dans cette extrémité, il mit toute sa confiance en Dieu, alla publiquement implorer son assistance dans la basilique de Saint-Étienne, et pendant que l'évêque Ravennius continuait à prier, entouré de ses clercs et d'une foule consternée, il réunit ses troupes, les exhorta chaleureusement à faire leur devoir, puis invoquant le glorieux martyr saint Genès, patron de la ville, il se fit ouvrir la porte Romaine (de l'Aure) la plus menacée, et se précipita furieux dans les rangs ennemis; tous ses soldats l'avaient suivi. Les Wisigoths, surpris et déconcertés, n'essayèrent pas de résister et s'enfuirent. Théodoric chercha inutilement à rallier ses troupes et finit par abandonner le siège. » (Bernard, *Histoire de la Primatiale Saint-Trophime*, I, p. 287).

Concile de 475, présidé par Léonce, composé de trente

évêques. Plus belle réunion de saints s'est rarement rencontrée : saint Patient de Lyon, saint Mamert de Vienne, saint Euphrone d'Autun, saint Eutrope d'Orange, saint Marcel de Die, saint Fauste de Riez, saint Véran de Vence, saint Jean de Châlons, le bienheureux Basile d'Aix, etc. On y condamna les erreurs sur la prédestination, professées par le prêtre Lucide, qui se rétracta.

VI° SIÈCLE. — 502. SAINT CÉSAIRE [1]. — Avant de mourir, saint Éon avait demandé pour successeur le moine Césaire, venu de Lérins et qui gouvernait alors l'abbaye située dans une île, en aval du fleuve (*insula suburbana*). Césaire, découvert dans un tombeau des Alyscamps où il s'était caché, fut traîné de force à la basilique et sacré.

Établi sur le siège de saint Trophime, il s'occupa d'abord des offices et des chants liturgiques, et régla que les clercs de la basilique réciteraient tous les jours, en public, les heures de tierce, sexte, none, les faisant précéder de prime les dimanches et fêtes, et pour éviter aux laïques la tentation de causer dans l'église, il voulut qu'eux aussi chantassent des psaumes, soit en latin, soit en grec, langue encore fort usitée en Provence, dont la plupart des villes étaient des colonies grecques. Ce peuple, artiste dès le berceau, dépassa ses espérances : « Je désirais vous voir chanter comme on

---

1 La *Vie de saint Césaire* a été écrite, le 1er livre par les évêques Cyprien, Firmin et Viventius ; le 2e, par le prêtre Messien et le diacre Etienne, tous ses disciples. — Cf. l'érudite et intéressante *Vie de saint Césaire*, par l'abbé U. Villevieille, et les belles pages de l'*Histoire de la Primatiale saint Trophime*, (I, pp. 310-407) dans lesquelles M. l'archiprêtre Bernard a fait revivre cette grande figure.

le fait en d'autres cités voisines, dit saint Césaire dans un de ses sermons, et Dieu a si bien disposé vos esprits et vos cœurs, que vous le faites mieux que je ne souhaitais. »

Modèle des pontifes et des curés, dont ces anciens évêques associaient, en leur personne, les fonctions et la sollicitude, saint Césaire s'établit dans la basilique comme le dispensateur ordinaire de la parole divine. Il prêchait à matines, à la messe et au *lucernarium* (vêpres). Outre la série d'instructions dans lesquelles il expliqua et commenta tous les livres de l'Ancien et du Nouveau Testament, il donna de nombreux discours qui revenaient de préférence sur la fragilité des biens terrestres, l'éternité du bonheur du ciel, la pénitence, le devoir de l'aumône, la charité fraternelle et le pardon des injures; les vices et les pratiques que le paganisme expirant avait légués aux chrétiens, comme l'intempérance de la table, la licence des mœurs, les usages des calendes, la prédiction de l'avenir d'après un texte sacré, l'inspection des entrailles des victimes ou le vol des oiseaux, le culte idolâtrique rendu aux bois et aux fontaines, etc. Il prenait tour à tour le ton de la douceur et celui de la sévérité, louant ou réprimandant selon l'auditoire et la circonstance. « Il préférait guérir le malade que lui complaire, et montrait une connaissance si exacte du cœur de ses auditeurs qu'il semblait avoir suivi la vie de chacun. »

Quand il était fatigué, il faisait lire une de ses homélies ou bien quelques pages de saint Ambroise et surtout de saint Augustin, pour lequel il éprouva toujours une admiration particulière. Il acceptait aussi avec bonheur le concours des évêques étrangers comme des prêtres de la ville ou de la campagne, auxquels il accordait une large hospitalité. Ainsi dut-il agir à l'égard de saint Apollinaire, évêque de Valence, à l'égard aussi de saint Aubin, évêque d'Angers, et de saint Lubin, abbé de Brou, depuis évêque de Chartres, lorsqu'il reçut leur visite.

Quarante ans de suite, la basilique Saint-Etienne retentit de sa parole apostolique, exempte d'une fatigante longueur, simple et calme, mais s'élevant quelquefois à la haute éloquence, comme dans ces homélies pascales, dont quelques-unes nous restent, celle entr'autres, à l'accent triomphal, qui débute par ces mots : « *Exsulta, cœlum, et lœtare, terra*[1]. »

A la longue pourtant, la bonne volonté d'une partie des fidèles se refroidit, et l'infatigable prédicateur dut renouveler les apostrophes de saint Hilaire et arrêter la sortie du peuple, au moment où il montait en chaire. Il fit même fermer les portes après l'évangile, et cela, *sæpissime*.

---

[1] Une centaine de discours de saint Césaire nous ont été conservés, cent neuf d'après l'abbé Bonnemant qui en avait préparé une édition. Un grand nombre avaient été copiés du vivant et avec l'autorisation du saint, pour être envoyés en divers diocèses de *Gaule*, de France, d'Italie et d'Espagne, où on les lisait dans les églises avec ceux de saint Augustin ; ce qui a procuré aux discours de l'évêque d'Arles l'honneur d'être confondus avec ceux de l'évêque d'Hippone. On a cru en reconnaître soixante-sept dont la liste est donnée dans la *Patrologie latine*, t. LXVII, p. 1043.
Qu'on nous permette de citer de la 18ᵉ homélie du saint, un texte sur la confession, remarquable de force et de clarté : « Vis, frater, ab inferno liberari, age pœnitentiam, dum sanus es. Si enim egeris veram pœnitentiam, et invenerit te novissimus dies aut repentina mors, securus es. *Concurre omnino ad sacerdotem ut reconcilieris. Si sic agis, securus es..... in corde contritio, in ore confessio, in opere humilitas.* »
Se rappeler aussi la conduite de saint Hilaire avec ses pénitents, un siècle plus tôt.

Malgré cette lassitude des auditeurs, dont Bossuet lui-même a subi l'épreuve dans sa cathédrale de Meaux, on a pu dire de saint Césaire : « Tout atteste que peu d'évêques possédèrent comme lui l'âme de leurs auditeurs [1]. »

De mémorables journées marquèrent l'histoire de la basilique durant son épiscopat.

Après la victoire de Vouillé, Clovis chargea son fils Thierry d'achever la conquête des pays soumis aux Wisigoths, de la Provence en particulier.

Thierry vint mettre devant Arles, aux derniers mois de 508, un siège qui dura jusqu'en 510. Pendant ces années de misère, saint Césaire priait avec son peuple, le soutenait de ses exhortations, l'aidait de ses aumônes. Menacés par les ennemis au dehors et par la famine au-dedans, obligés de déjouer les perfidies des ariens et des juifs, les catholiques envahissaient la basilique où la parole de Césaire relevait les courages défaillants. Jamais sur ses lèvres d'allusion politique ayant trait aux évènements et dont les Goths auraient pu prendre ombrage. « De là vient que dans les homélies, dont plusieurs ont été prononcées durant ce long siège, nous ne trouvons aucune indication sur l'histoire de ces malheurs ; Césaire ramenait les fidèles à l'espérance, à la pratique de leur devoir, et il leur apprenait à profiter de ces calamités pour l'amélioration de leur vie [2]. »

---

[1] Guizot, *Histoire de la civilisation en France*, t. II, leçon XVIe.
[2] Bernard, *Histoire de la primatiale Saint-Trophime*.

La ville, débloquée par l'armée de Théodoric, n'était pas au bout de ses malheurs : la peste survint bientôt, offrant au pasteur une occasion nouvelle de se dévouer pour son peuple.

Deux fois saint Césaire fut exilé, l'une en 505, à Bordeaux, par l'ordre d'Alaric II, roi des Wisigoths, le même qui périt à Vouillé ; l'autre, en 513, à Ravenne, où il fut mandé par Théodoric le Grand, roi des Ostrogoths, qui s'était emparé de la Provence, sous couleur de la défendre. Chaque fois, son innocence fut reconnue, et des démonstrations enthousiastes l'accueillirent à son retour, rappelant celles que le peuple de Constantinople avait prodiguées à saint Jean Chrysostôme. Quand il revint de Bordeaux, au printemps de 506, « dès qu'on apprit que l'homme de Dieu approchait, la communauté des clercs et la foule des fidèles, hommes et femmes, des croix et des cierges à la main, allèrent à sa rencontre, aux abords de la ville, en chantant des psaumes d'actions de grâces. » Le Seigneur, qui se plaît à exalter ses serviteurs, signala l'arrivée du saint en inondant d'une pluie abondante la campagne qu'une longue sécheresse avait desséchée.

En 513, un soir de novembre, saint Césaire, revenant de Ravenne et de Rome, fut reçu avec de pareils transports. Le cortège se dirigea vers Saint-Étienne, pour recevoir la bénédiction et le baiser de paix. Le saint harangua son peuple, lut la lettre de salutation que le pape Symmaque lui avait remise et annonça les privilèges qui venaient d'être accordés à la cathédrale d'Arles : pour l'évêque, l'usage du pallium jusque-là réservé au pape, pour le clergé, celui des dalmatiques que revêtaient seuls les diacres de l'Eglise romaine, et enfin le don de 8000 sous d'or pour le rachat des captifs. Au cours de cette cérémonie, une femme tomba à terre avec des cris rauques et l'écume à la bouche. Au milieu des cris de la foule, on la porta devant l'autel, aux pieds de l'évêque. Celui-ci se mit à prier selon son habitude, puis imposa les mains à la malade et lui fit les onctions sacramentelles. A peine les achevait-il, la malade se releva guérie. Jamais plus elle n'eut d'accès de son terrible mal.

Ce ne fut pas le seul miracle opéré par le saint dans la basilique. Agretia, épouse du patrice Libère, souffrait d'une perte de sang. Elle en fut instantanément guérie par l'application de deux linges appartenant au saint, et qui avaient été déposés toute une nuit sous l'autel de la basilique. Dans l'*atrium* de Saint-Etienne, à la sortie de matines, il délivra, par un signe de croix, une jeune fille possédée du démon.

Saint Césaire y sacra plusieurs de ses disciples appelés à gouverner les diocèses voisins, ainsi qu'un moine de Lérins, *Siffrein*, qui devait illustrer le siège de Venasque. L'élu arriva quelques jours avant la solennité, gardé à vue par ses futurs diocésains. Après lui avoir conféré les divers ordres, saint Césaire procéda à sa consécration épiscopale. Dieu confirma l'estime qu'on avait de la sainteté de Siffrein. Au moment du baiser de paix, on conduisit un aveugle au nouvel évêque, qui lui rendit la vue par un signe de croix. Des cris d'admiration accueillirent ce miracle, et quand saint

Siffrein quitta la ville, une foule de peuple et de clercs lui fit escorte jusqu'à Venasque.

Le 27 août 542, à l'heure de primo, après être allé exprimer ses dernières recommandations aux religieuses de son monastère, saint Césaire fit ses adieux à ses disciples réunis autour de son lit et rendit pieusement son âme à Dieu.

Les démonstrations de regret et de vénération auxquelles s'étaient livrés les arlésiens à la mort de leurs grands évêques, se renouvelèrent et il fallut protéger sa dépouille contre de pieuses violences. De la basilique, le cortège se dirigea vers la crypte du monastère ; arlésiens et étrangers, chrétiens et hérétiques, tous l'accompagnèrent jusqu'à la porte, mais aucun ne pouvait chanter : « Malheur, malheur à nous, d'avoir perdu un tel père, nous ne méritions pas de le posséder plus longtemps. »

554, 29 juin. — Concile présidé par Sapaudus, où siégèrent onze évêques et les députés de huit autres, parmi lesquels *saint Quinide*, représentant l'évêque de Vaison.

597, 17 novembre. — Saint Virgile sacre saint Augustin, évêque de Cantorbéry et premier apôtre de la nation anglaise[1]. « La nation des Angles, écrivait saint Grégoire le

---

[1] Non de la Grande-Bretagne, comme on l'a écrit quelquefois. Les Bretons auraient, en effet, embrassé de très bonne heure le christianisme, convertis par Joseph d'Arimathie, d'après une vieille tradition. Leur roi Lucius se fit baptiser en 156 (Bède, *Hist. Eccles.*, I, 4) et la hiérarchie, on l'a vu, y était établie au début du IIIe siècle. Sous Dioclétien, une violente persécution y fit de nombreux martyrs, dont saint Alban, le plus illustre. (On voudra bien remarquer quelle confirmation indirecte tous ces faits apportent à la thèse de l'apostolicité de nos Eglises.)

Grand, quelques mois après, était restée jusqu'à présent dans l'infidélité. Je lui ai envoyé un moine de mon monastère. Les évêques des Gaules l'ont fait conduire chez ce peuple, qui est à l'extrémité du monde, et l'ont ordonné évêque par ma permission. Je viens de recevoir sur ses travaux les plus consolants détails. »

Cet évènement forme comme la transition entre l'histoire de la basilique primitive et celle de la basilique bâtie par saint Virgile. Mais comme la vie de cet évêque ne donne pas la date précise de cette dédicace, on ne sait si le sacre de saint Augustin fut la dernière grande cérémonie accomplie dans l'ancienne église, ou la première dans la nouvelle.

Une brève description de l'ancien édifice ne sera peut-être pas déplacée ici.

Les Basiliques de l'époque constantinienne étaient bâties

Le concile d'Arles de 427 confia, on l'a déjà vu, une mission à saint Loup et à saint Germain, auprès des églises de Grande-Bretagne, mission dont saint Germain vint rendre compte à saint Honorat.

Au 8⁰ siècle, les Anglais et les Saxons, appelés de Germanie par les Bretons, pour repousser les incursions des Calédoniens, s'établirent en maîtres dans la Grande-Bretagne, et y fondèrent l'*Heptarchie*. C'est à ces peuples encore païens que saint Augustin fut envoyé. La pieuse reine Berthe, d'origine franque, épouse de l'heptarque Ethelbert, fut la Clotilde qui seconda les efforts du nouveau saint Remy. L'Eglise d'Arles eut dans la suite d'autres relations avec l'Angleterre catholique. Dans une lettre adressée au prêtre arlésien Candidus, administrateur des biens du Saint-Siège en Provence, le même saint Grégoire écrivait : « Nous voulons que l'argent que vous retirez de nos domaines soit employé à acheter de jeunes esclaves anglais de 17 ou 18 ans que vous ferez élever dans des monastères. » Saint Augustin avait été acheté de cette manière sur le marché de Rome.

On verra plus loin saint Théodore et saint Benoît Biscop, l'un archevêque, l'autre abbé de Cantorbéry, séjourner auprès de l'archevêque d'Arles.

Ajoutons que le seul pape de naissance anglaise, Nicolas Brakespeare, Adrien IV, a été élevé, à l'ombre de l'église Saint-Trophime, dans l'école épiscopale d'Arles.

sur le modèle, non des temples païens, mais des grands édifices civils dont elles prirent le nom, où se négociaient les affaires et se jugeaient les procès. Elles affectaient d'ordinaire la forme d'un parallélogramme et se divisaient en trois sections, le *vestibule*, le *vaisseau* et l'*abside*.

Le *vestibule*, ou narthex intérieur, prenait ouverture sur une galerie de l'atrium et donnait accès dans le vaisseau par trois portes à l'usage du clergé, des hommes et des femmes. Deux rangs de colonnes parallèles, reliées entre elles par des banquettes de bois ou de pierre, divisaient le *vaisseau* en trois nefs : celle du milieu conduisant à l'autel, qui n'était occupée que les jours de grande affluence ; les deux nefs de côté, affectées l'une aux hommes, l'autre aux femmes, car la séparation des sexes était sévèrement pratiquée. Ces trois nefs s'élevaient à hauteur égale et étaient recouvertes d'un plafond de bois précieux sculpté et richement orné.

Dans les nefs latérales, des treillis en bois délimitaient les places des catéchumènes et des pénitents, des fidèles, des moines et des vierges consacrées à Dieu. En avant des degrés du sanctuaire, deux *ambons* pour les lectures et les prédications ; autour des ambons, les bancs des chantres, des clercs mineurs et des sous-diacres. Le sanctuaire dominait la nef, en étant séparé par des cancels auxquels étaient appendues des tentures. Au centre du sanctuaire, l'autel.

En arrière de l'autel, l'*abside* qui d'ordinaire était triple, pour servir de fond à chaque nef. La grande abside renfermait dans son enfoncement circulaire la chaire de l'évêque qui dominait toute l'assemblée. De cette chaire à l'autel, les sièges des prêtres et les places des diacres étaient disposés en hémicycle.

Les absides latérales servirent d'abord de sacristie, *diaconicum*, et de cabinet d'audience, *salutatorium* ; elles étaient séparées des nefs par des grilles avec rideaux. Ces grilles tombèrent lorsqu'on y plaça des autels secondaires. « Un soir, saint Césaire était descendu dans la basilique avec quatre évêques dont il recevait la visite. Le *lucernarium* chanté, il bénit son peuple puis se retira dans le *salutatorium*. Une femme y pénétra montrant avec supplication ses mains agitées par un tremblement incessant, saint Césaire se prosterna, ainsi que les évêques ; s'étant relevé, il pria l'un d'eux de faire le signe de la croix sur les mains de la malade. Comme son tremblement ne calmait point, la pauvre femme se tourna de nouveau vers Césaire, qui lui fit un signe de croix sur les mains et la délivra de son infirmité [1]. »

Ces sacristies possédaient, en ornements rehaussés de pierreries et en vases sacrés d'or et d'argent, des trésors dont l'énumération étonne et l'opulence fait rêver. Les murailles même de l'église étaient incrustées d'ivoire et de marbres rares, et revêtues de métaux précieux. La *Vie de saint Césaire* raconte encore que pour racheter nombre de Francs, prisonniers des Goths, depuis l'échec que Clovis avait essuyé sous les murs d'Arles, il vendit quantité d'or-

---

1 *Vita S. Caesarii*, lib. II, 13.

censoirs, de calices et de patènes. Il fit même détacher à coups de hache, les revêtements des colonnes et des cancels, et les feuilles d'argent pur appliquées contre les colonnes de la basilique. Une autre fois, n'ayant plus rien à donner, il remit à un pauvre sa chape de procession et sa plus belle aube (*albam paschalem*), lui disant d'aller les vendre à quelque prêtre. Saint Hilaire avait agi de même, ayant consacré à la rédemption des captifs « *quidquid argenti omnes basilicae habuere* ».

Les basiliques les plus importantes étaient précédées d'un *atrium*, sorte de cloître, formé de quatre portiques se coupant à angle droit, avec une cour, munie d'un bassin ou d'une fontaine pour les ablutions des fidèles qui se rendaient à l'église. Il isolait celle-ci de la rue et lui assurait le recueillement nécessaire. On accédait à l'atrium par trois portes qui s'ouvraient sur une galerie transversale dite premier vestibule ou narthex extérieur. Sous la galerie d'en face, trois portes introduisaient dans l'église. Les logements des clercs inférieurs avaient leurs issues sous les galeries de droite et de gauche [1].

Dans son testament, saint Césaire prie son successeur de livrer aux économes du monastère Sainte-Jean, la cellule que le sous-diacre Auguste, de bonne mémoire, occupait,

---

[1] *Vita S. Cæsarii*, lib. II, 23. « Il en est qui me blâment, disait-il, d'employer l'or et l'argent du Christ au rachat des serviteurs du Christ ; continueraient-ils à me critiquer, s'ils venaient à tomber eux-mêmes en servitude ? »

« *in atrio sancti Stephani* », à main droite[1]. C'est aussi « *in atrio sancti Stephani* » que, par un signe de croix, il délivra du démon, qui la possédait, une fille de la campagne que son père lui avait amenée.

Placée sur la *voie Aurélienne* qui, descendant des Arènes et du Théâtre, formait en cet endroit, entre le Forum et la basilique Argentaire, la rue principale d'Arles antique, l'église bâtie par saint Marin s'étendait du nord au midi, dans un sens différent par conséquent de l'église actuelle qui est orientée du couchant au levant.

La disposition des substructions de l'ancienne basilique, découvertes en 1835, confirme ce sentiment. Elles occupent tout l'espace entre la porte d'entrée et le troisième pilier. M. Bernard les décrit ainsi : « Après avoir traversé un terre-plein d'environ trois mètres, sous le sol actuel de la nef, on rencontre des voûtes, et sous ces voûtes, cinq chambres de construction romaine, disposées sur le même axe et communiquant entre elles, *du midi au nord,* par des arceaux en plein cintre. Ces arceaux se répétaient sous les murs latéraux de l'église et indiquaient d'autres pièces qui faisaient suite aux premières. On n'osa pas les explorer dans la crainte de compromettre la solidité des constructions supérieures et cette précaution de prudence ne permit pas de connaître la longueur de ce monument souterrain : sa largeur est de

---

[1] Voir dans le *Dictionnaire des Antiquités chrétiennes*, de l'abbé Martigny, 2ᵉ édit. p. 97, une figure qui montre la disposition de ces logements.

dix-huit mètres, du couchant au levant, c'est-à-dire du portail au troisième pilier de la basilique et est délimitée par deux massifs de murs romains [1]. »

Ces substructions sont-elles l'œuvre de saint Marin, ou bien, existant déjà, ont-elles été utilisées par lui pour supporter la basilique qu'il construisait? Auraient-elles, en ce dernier cas, appartenu au palais du préteur et seraient-elles contemporaines de saint Trophime? Questions intéressantes auxquelles il paraît impossible de fournir une réponse décisive.

Dans le voisinage des cathédrales s'élevaient, d'ordinaire, deux autres églises, dédiées l'une à la Sainte-Vierge, l'autre à saint Jean-Baptiste, celle-ci servant de baptistère. A Arles il n'est resté traces certaines ni de l'une ni de l'autre. Elles ont existé pourtant.

En face de Saint-Trophime, se trouve une église dédiée à sainte Anne, mais ce vocable est récent; il a été substitué à celui de Sainte-Marie qui était l'ancien titulaire. A cette église Sainte-Marie doivent se rapporter quelques-unes des mentions qui se trouvent dans les titres de l'Eglise d'Arles au sujet des diverses églises dédiées à la Sainte-Vierge, mais ces localisations ne peuvent être établies absolument.

Le *Baptistère* était un édifice séparé de la basilique. Saint Césaire s'y transportait en effet aux jours marqués pour la bénédiction des saintes huiles. Il allait s'asseoir au-delà de

---

[1] Hist. de la Primatiale St-Trophime, t. I, p. 47.

la piscine, pour faire aux enfants les onctions du baptême et de la confirmation. Cette troisième église était assez vaste, puisque les enfants s'échappant des mains de leurs parents, couraient présenter à l'évêque de petites fioles de verre remplies d'eau ou d'huile. Chose merveilleuse, observe l'historien, jamais un de ces vases ne se brisa, quoiqu'ils fussent souvent entrechoqués par le mouvement de la foule, *præ multitudine populi* [1].

Ces baptistères étaient construits en forme de rotonde, comme on le voit encore dans notre région à Aix, à Fréjus, à Riez, à Venasque, à Aps [2]. C'étaient souvent d'anciens temples convertis en églises.

Or, à peu de distance de Saint-Trophime, et en ligne droite de ses substructions, existe, enfoui sous le sol, un monument de forme circulaire, considérable, le seul de ce genre que possède la ville d'Arles. Des fouilles faites dans la cour du collège il y a cinquante ans le mirent à découvert et permirent d'en mesurer le diamètre.

Il est regrettable que les nécessités du service scolaire aient forcé de recouvrir ces ruines. Par son architecture, ce monument parut se rapporter au IV° siècle. Ne serait-ce point l'ancien Baptistère inutilement cherché jusqu'à ce jour, d'autant plus que son diamètre, 22 mètres, se rapporte exactement à celui du baptistère de Marseille qu'on a relevé récemment.

---

1 *Vita S. Cæsarii*, lib. II, 14.

2 *Alba Helviorum*, évêché transféré à Viviers vers 430. On a encore relevé les vestiges de ceux d'Avignon, Gap, Lérins, Marseille, Valence, tous en forme de rotonde.

La Basilique de saint Virgile. — La période la plus prospère dont ait joui la ville d'Arles coïncida avec les grands siècles de son histoire chrétienne. Successivement marché celtique, comptoir phénicien, cité grecque, colonie romaine, elle atteignit son apogée sous Constantin et ses successeurs. Le premier empereur chrétien aimait à y résider, il y bâtit le palais de la Trouille, il voulut même que la ville s'appelât de son nom, *urbs Constantina*. De cette splendeur témoignent encore des monuments imposants : les Arènes, le Théâtre, les restes du Forum, sans parler du Cirque, des Arcs de Triomphe, des basiliques et des temples qui ont disparu.

Cette importance croissante [1] sollicitait les archevêques de construire une nouvelle et plus vaste cathédrale. Saint Eon avait amassé, dans ce but, des sommes considérables que le malheur des temps contraignit saint Césaire à employer en aumônes. A saint Virgile fut réservé l'honneur de réaliser ce grand ouvrage. Le jour de la dédicace, un 17 mai dont on ignore l'année précise, il y ramena, dans une solen-

---

[1] Dans un rescrit de 418 adressé au préfet des Gaules, qui résidait à Arles depuis l'occupation de Trèves par les Francs (392), les empereurs Honorius et Théodose II ordonnaient de rétablir en cette ville l'assemblée annuelle des sept provinces, justifiant ce choix en termes pompeux : « L'heureuse position de cette ville, l'importance de son commerce, l'affluence des étrangers, la munissent avec abondance des productions du monde, et si la Province s'enorgueillit de la fertilité de son sol, elle ne peut lui refuser une fécondité à part. C'est là que le riche Orient, l'odorante Arabie, l'élégante Assyrie, la fertile Afrique, la belle Espagne, la valeureuse Gaule apportent leurs plus précieux trésors... La mer qui l'avoisine et le fleuve qui la traverse la rapprochent des autres pays et semblent l'unir à eux. Privilégiée du ciel, la voile, la rame, les chariots, la terre, la mer et le fleuve apportent à ses pieds le tribut des richesses de l'univers. »

nelle procession, les reliques de saint Etienne et des autres saints qui avaient été déposées à Saint-Genès des Alyscamps. On remarqua qu'au moment où l'évêque arrivait devant la porte de l'Aure, les clercs chantaient du psaume *Confitemini* le verset : *Hæc porta Domini, justi intrabunt in eam.*

Le 10 octobre 610, saint Virgile reçut les honneurs funèbres dans la basilique qu'il avait construite. Sans parler du sacre de saint Augustin, sa *Vie* rapporte qu'un matin, tandis qu'il se préparait à dire la messe, il rendit la vue à un aveugle ; qu'une autre fois, le diacre Aurélien, son neveu, s'étant fracassé le crâne en tombant d'une muraille, on prévint le saint qui chantait matines à la cathédrale : il ne voulut se rendre chez le blessé qu'après avoir achevé l'office, et alors il le guérit.

668. — Le pape Vitalien ayant sacré saint Théodore pour le siège de Cantorbéry, l'envoya en Angleterre avec saint Benoît Biscop. Dans les premiers jours de juin, les deux saints arrivèrent à Arles où l'archevêque Jean leur offrit l'hospitalité jusqu'à ce que Ebroïn, maire du palais, les eût autorisés à traverser l'état de Neustrie. (Bède, *Hist. Ecclés.*, IV, 3).

VIIIe Siècle. — Les *invasions des Sarrasins* ont obscurci les annales de toutes les Eglises provençales. La basilique, honorée au début de ce siècle par la sainteté de l'archevêque Polycarpe, n'a pas échappé à cette loi. On sait seulement que la ville fut prise par les Sarrasins sous l'archevêque George, que la cathédrale ne fut pas démolie ; qu'il s'y tint même vers l'an 752, un concile dont Génébrard a découvert l'existence, mais dont les actes sont perdus ; que sous Charles Martel et Charlemagne, les envahisseurs subirent de grandes défaites ; qu'une de ces actions se passa sous les murs d'Arles, entre les Alyscamps et Montmajour ; que les Sarrasins opérèrent plusieurs retours offensifs dans le territoire en 797, 848, 850 et 869, dernière invasion marquée par la captivité et la mort de saint Rotland.

IX° SIÈCLE. — 813, 31 mai. — Concile de 26 évêques, présidé par les archevêques d'Arles et de Narbonne, Jean et Nebridius. Il prescrivit l'addition du *filioque* au symbole, et régla diverses dispositions sociales. Dans les dernières années de Charlemagne, les liens politiques commençaient à se relâcher, et le peuple éprouvait le besoin d'être protégé contre les abus de la force. Les mœurs chrétiennes avaient fait de l'évêque, l'appui des petits contre les grands, l'avocat des citoyens devant le seigneur, le *defensor civitatis*. S'inspirant de cette tradition acceptée, le concile formula ce 17° décret :

« Chaque évêque se regardera, dans son diocèse, comme le protecteur du peuple et des pauvres. S'il se trouve des juges ou autres personnes en place qui les oppriment, il les avertira d'abord en secret, il emploiera ensuite les remontrances, et, s'ils ne se corrigent pas, il n'hésitera pas à recourir à l'autorité royale [1]. »

---

[1] Charlemagne alla très loin dans cet ordre d'idées, tant il appréciait les bienfaits de l'action épiscopale : « Sur la fin de sa vie, il éleva la juridiction des évêques au-dessus de toutes les juridictions séculières, auto-

A signaler encore le canon 14° qui oblige chaque pays à nourrir ses pauvres; le 15° qui établit l'uniformité des poids et mesures et en règle l'exactitude; le 23° qui exige, dans l'intérêt des faibles, la publicité des actes juridiques : « Les puissants, comtes, viguiers, juges, centeniers, ne pourront acheter les biens des pauvres que publiquement, en présence du comte et des notables de la cité »; le 19° demeure très actuel et pratique: « Les parents et les parrains doivent instruire les enfants dans la religion, ceux-là parce qu'ils les ont engendrés, ceux-ci parce qu'ils ont répondu pour eux. » Par l'importance de ses règlements religieux et politiques, cette assemblée mérite d'être placée sur la même ligne que les célèbres conciles de Tolède. Dix de ses canons ont passé dans le Droit ecclésiastique et ont été insérés dans le Décret de Gratien et dans les Décrétales.

L'archevêque Jean II jouissait de la confiance de Charlemagne qui lui donna les reliques de saint Lucien, martyr. En 811, avec six autres archevêques, il contresigna le testament du grand empereur, qui léguait à la Métropole d'Arles et à vingt autres métropoles de ses états les deux tiers de ses trésors, chaque archevêque devant garder le tiers du legs pour son église et distribuer le reste à ses suffragants [1].

A la même époque, les reliques de saint Cyprien de Car-

---

risa tout plaideur, en toute espèce de cause, à porter son procès au tribunal de l'évêque, malgré l'opposition de la partie adverse, et déclara ce jugement sans appel. » (H. Martin, *Hist. de France*, II, 861).

1 Eginhard, *Vita Karoli Magni*, XXXIII. — Narbonne, Aix et Eause (Auch) ne sont pas compris dans cette liste, comme ne s'étant pas encore relevés de leurs ruines.

thage, envoyées à Charlemagne par le calife Haroun-Al-Raschid, débarquèrent à Arles, escortées par des clercs de l'archevêque de Lyon, Leidrade, à qui l'empereur les avait accordées.

> Conscendunt celeres ratem paratam
> Nec saevi metuunt pericula ponti.
> Egressis Arelas optima portu
> Occurrit placido, sinuque laeto
> Fessos excipit ac fovet benigne.
>
> (*Agobardi Carmina*).

878. — Le pape Jean VIII, poursuivi par l'influence allemande et menacé par les sarrasins, vint en France réclamer du secours. Il fut reçu à Arles par l'archevêque Rostang, et le duc de Provence Boson, avec sa femme Ermengarde. Dans sa lettre 121°, il écrit à l'ancienne impératrice Angelburge qu'il est arrivé en bonne santé, « *Arelatem regnum deliciarum vestrarum sani intravimus* ». Il officia le jour de l'Ascension, assisté de plusieurs évêques, parmi lesquels celui d'Aix, Robert, à qui il remit le *pallium*. La basilique Saint-Etienne fut honorée une seconde fois des fonctions papales, le jour de Pentecôte. Durant ce séjour, Jean VIII confirma à l'archevêque d'Arles ses privilèges de vicaire du Saint-Siège, et fit juger une usurpation commise par l'évêque de Nîmes contre l'abbaye de Saint-Gilles. Après le concile de Troyes, il fut reconduit à Rome par Boson, qui au retour se fit couronner roi de Provence (879).

893, 12 décembre. — L'archevêque Manassès concède à Gontard et à son épouse Ermengarde, l'église de Saint-

Pierre à Entressen, *in comitatu Transinense*, sous la condition de payer trois sous à l'église Saint-Etienne, chaque année « in missa S. Caesarii ».

C'est la plus ancienne connue des fondations qui constituaient la mense de la basilique, (*Lib. auth.* f. 12). Nous en retrouverons plusieurs dans l'histoire des paroisses. Indiquons seulement l'acte du 10 septembre 1032 par lequel l'archevêque Raimbaud donne à ses chanoines le tiers de l'or et de l'argent déposés sur l'autel de saint Trophime, et la moitié de ce qui sera offert à la Croix.

LE ROYAUME D'ARLES. — Profitant de la faiblesse des successeurs de Charlemagne, Boson, gouverneur ou duc de Provence, un homme du nord, se fit attribuer la couronne par les évêques et les seigneurs provençaux, dans l'assemblée de Mantaille, en 879. Cet état nouveau, connu d'abord sous le nom de royaume de *Bourgogne* ou de *Provence*, le fut plus tard sous celui de royaume d'Arles[1]. Il s'étendait de Besançon à Antibes et de Narbonne à Lausanne.

Cent ans après, un second Boson, gouverneur d'Arles, un homme du midi cette fois, imita la conduite du premier aux dépens des ayants droit de celui-ci. Du consentement plus ou moins libre du roi de Bourgogne, Conrad le Pacifique, il s'adjugea la souveraineté sur la partie du royaume qui s'é-

---

1 Ce nom ne paraît dans les chartes qu'après 1150; il devient d'usage général au XIII° siècle. A Mantaille, l'archevêque d'Arles s'était signé *primas Burgundiae*. — « Arelatensis Ecclesia ab antiquis temporibus principalis sedes regni Burgundiae dignoscitur », dit un Diplôme de Frédéric Barberousse au chapitre d'Arles, 1178.

tendait de l'Isère à la mer. Ainsi fut constitué le *Comté de Provence,* sur lequel les rois de Bourgogne ne conservèrent que la suzeraineté, qui fut transmise par le dernier d'entre eux, Rodolphe le Fainéant, en 1033, à son petit neveu Conrad le Salique, empereur d'Allemagne. Par cette transmission, la Provence devint un fief du Saint-Empire.

Les Bosonides [1], seule dynastie nationale qui ait régné en Provence, rendirent régulièrement l'hommage aux empereurs-rois ; les Bérengers cherchèrent souvent à s'en affranchir, par exemple celui qui s'intitulait fièrement *comes Provinciae gratia Dei,* (Privil. pour les Trinitaires d'Arles, donné à Lunel, 1178); les comtes de la maison d'Anjou y parvinrent si bien que ce titre de roi d'Arles ne représenta plus qu'une dignité nominale et chimérique.

Conrad le Salique est le premier des empereurs qui se soit fait couronner à Arles comme roi (1032), et Charles IV, le dernier (1356). A son retour, celui-ci fit halte à Villeneuve-lez-Avignon, et pour prix du bon dîner que lui paya Louis d'Anjou, il céda à ce prince tous ses droits sur la Provence. Charles-Quint tenta de rétablir le royaume d'Arles durant l'invasion de 1536, mais sans succès. Un couronnement manqué et bien à regretter, est celui de Richard Cœur de Lion. Dans le traité de libération, conclu en 1193,

---

[1] En vertu du droit féodal, le comté de Provence fut partagé à la mort de Boson : Guillaume, l'aîné de ses fils, régna sur le *marquisat d'Arles,* entre la Durance et la mer, la Provence actuelle ; et Rotbold, le cadet, sur le *marquisat de Provence,* entre la Durance et l'Isère, que sa fille Emma transmit à la maison de Toulouse par son mariage avec le comte Guillaume Taillefer. — Sur cette période historique, embrouillée entre les plus obscures, voir notre étude sur l'*Inscription des Pennes,* p. 3 et 4.

l'empereur Henri VI, qui ne pouvait rien obtenir des provençaux, céda à Richard ses droits sur le royaume d'Arles, présent dont celui-ci se mit peu en peine de profiter.

Les rois de Bourgogne et les empereurs d'Allemagne, gouvernant loin de la Provence, avaient senti la nécessité de trouver dans le pays une puissance qui les représentât et pût résister sur place aux empiètements des divers pouvoirs locaux ; ils déléguèrent donc les archevêques d'Arles comme leurs vicaires et lieutenants. Et c'est en cette qualité de représentants du Saint-Empire que ces prélats jouèrent un grand rôle dans la commune et dans l'Etat.

L'esprit de révolte s'était installé au palais de la Trouille, devenu résidence des gouverneurs. Deux usurpèrent le pouvoir et leurs successeurs tâchèrent de les imiter. Ainsi, en 959, le gouverneur Guillaume prétend à la préséance sur le coadjuteur Radon, dans Saint-Etienne même. En 1029, le gouverneur Gérard s'empare de l'autorité, et oblige l'archevêque Pons de Marignane à le couronner. L'année suivante il lui témoigne sa reconnaissance en le souffletant, à la messe de minuit, parce qu'il ne l'avait pas attendu pour commencer l'office. Pons obtint justice de l'empereur Conrad qui s'empara de la ville et jeta l'usurpateur dans une prison dont son cadavre sortit pour être enterré, sans pompe, aux Alyscamps. Après quoi l'archevêque, dégoûté du monde, alla reprendre, à Saint-Victor de Marseille, la cellule qu'il occupait avant son élection.

Concile de 1033, présidé par l'archevêque Raimbaud. Cette assemblée a bien mérité de la civilisation chrétienne, en proclamant, une des premières, la *Trève de Dieu*. Sous l'inspiration de saint Odilon, abbé de Cluny, cette *Trève* établit la libre circulation des hommes désarmés et des marchandises en tout temps, et, là même où l'état de guerre sévirait, la suspension de toute violence, du mercredi soir au lundi matin. Les seigneurs présents aux divers conciles jurèrent d'observer ce règlement.

Au nom de celui d'Arles, l'archevêque Raimbaud et les évêques d'Avignon et de Nice, écrivirent au clergé d'Italie : « Nous vous annonçons la *Trève de Dieu* comme une nouvelle venue du ciel, comme une révélation de Dieu à son peuple, car rien de bon ne se passait dans les Gaules, avant cette heureuse institution. »

Le concile s'occupa aussi de chercher un remède à l'effroyable misère dont le peuple souffrait. Depuis trois ans, à la suite de pluies continuelles, qui avaient empêché les blés de mûrir, la famine décimait les populations. Ce désastre renouvela les terreurs de l'an mille, et la foule attendait de nouveau la fin prochaine du monde. Les chanoines distribuèrent généreusement leurs biens aux pauvres, et Raimbaud vendit plusieurs de ses domaines pour secourir ses diocésains.

Les papes à Arles. — 1096. Urbain II, venant de prêcher la première croisade, officia à Saint-Trophime le jour de Noël.

En 1118, Gélase II évita la ville d'Arles, mais Calixte II s'y arrêta en 1119, et Innocent II en 1130. Celui-ci ayant débarqué à Saint-Gilles, se rendit de suite à Arles, d'où il annonça son arrivée aux Français. Ces trois voyages en douze ans témoignent des tribulations que les papes endurèrent durant la *querelle des investitures*.

1146. — Réception de *Conrad III* à Saint-Trophime par l'archevêque Raimond de Montrond. Trois ans après, en revenant de la croisade, l'empereur-roi accorda, par la *Bulle d'Or*, de grands privilèges aux pontifes arlésiens : dignité de princes du Saint-Empire avec juridiction souveraine, la monnaie, la couronne ducale, etc. Plusieurs de ces privilèges remontaient à une concession de Louis le Débonnaire, du 1ᵉʳ février 834, qui elle-même en confirmait de plus anciens, le péage au port d'Arles, les droits sur les juifs, etc..

On peut remarquer, au moins comme coïncidence, qu'avec l'accroissement de leur puissance temporelle, les archevêques virent se réduire l'étendue de leur juridiction spirituelle, cette Primatie qui, pendant plusieurs siècles, avait brillé d'un si vif éclat.

La Primatie. — Le grand nom de saint Trophime, l'éminente sainteté de la plupart de ses successeurs, l'heureuse position de la ville d'Arles, porte des Gaules, avaient engagé les papes à établir ses évêques comme leurs représentants au-delà des monts. Cette délégation les constituait les intermédiaires reconnus du Saint-Siège et de l'épiscopat gallo-romain, les présidents des conciles nationaux, les consécrateurs des évêques, les collateurs des *lettres formées* nécessaires aux clercs, *sub quolibet gradu*, pour sortir de la Gaule et être admis à Rome. La Primatie, distincte de la juridiction métropolitaine, ne fut jamais une institution organique, mais une délégation personnelle renouvelable à l'avènement de chaque évêque et de chaque pape. On en trouve des indices dès 250. En fait, elle fut continuée sans interruption durant plus de deux siècles (417-649), depuis Patrocle, qui la reçut de saint Zosime, jusqu'à Florien, qui en fut décoré par Boniface IV. Avec le temps et les changements politiques, elle perdit de son utilité; c'est pourquoi l'on constate des intermittences dans son exercice dès la seconde moitié du VII° siècle.

Combattue par les princes étrangers qui supportaient avec jalousie une juridiction établie hors de leurs états, subie avec impatience par plusieurs évêques, contestée par les métropolitains voisins, celui de Vienne surtout; affaiblie, il faut le reconnaître, par les démêlés de plusieurs primats avec les papes, la Primatie se transforma en titre purement honorifique vers le XII° siècle. Elle s'est conservée ainsi jusqu'à M?r du Lau qui signait « archevêque d'Arles, primat et prince » (de Mondragon et de Saint-Chamas).

L'église romane (XII° SIÈCLE). — Les historiens qui ont traité de la ville ou de l'Église d'Arles affirment tous : 1° que la basilique Saint-Étienne changea de vocable en 1152, quand les reliques de saint Trophime, jusqu'alors vénérées à Saint-Honorat des Alyscamps, y furent transférées; 2° que cette basilique, inaugurée au VI°-VII° siècle, détruite par les Sarrasins, avait été rebâtie au VIII° ou IX° siècle, ce qui ne donnerait à l'édifice de saint Virgile qu'une durée de cent ans, deux cents au plus.

Nous essaierons de démontrer l'inexactitude de ces assertions acceptées de confiance jusqu'à ce jour.

1. *Dès la première moitié du XI° siècle, le nom de saint Trophime est associé à celui de saint Etienne comme titulaire.* En 1029, en effet, « à la requête des chanoines de Saint-Etienne et Saint-Trophime, » le pape Jean XX ordonne que l'église Saint-Hippolyte leur soit rendue ; — en 1032, Hugues des Baux donne la seigneurie de Marignane « à Saint-Etienne et Saint-Trophime »; — en 1035, l'archevêque Raimbaud cède l'église Saint-Genès à l'abbaye Saint-Victor, sous le cens d'une livre d'encens payable « en l'église Saint-Etienne et Saint-Trophime », chaque année, au jour de la fête de celui-ci ; — en 1043, don à « Saint-Etienne et Saint-Trophime » d'un mas, au quartier *de Horto*, pour les hosties ; — en 1048, en présence du comte Geoffroy et de son épouse Stéphanie, des évêques d'Antibes, d'Apt et de Vence, Volverad et son fils donnent « à Saint-Etienne et Saint-Trophime, et à la communauté des chanoines » une propriété dans le terroir de Méjanes ; — en 1053, don « aux chanoines de Saint-Etienne et Saint-Trophime » de plusieurs églises au territoire de Lambesc.

2. Mais voici que le nom de Saint-Trophime paraît seul, ou, s'il reste associé à celui de Saint-Etienne, s'inscrit toujours le premier. Dès 1035, dans une charte qui concerne

certainement sa cathédrale, l'archevêque Raimbaud cède aux chanoines le tiers des offrandes faites « à l'autel de Saint-Trophime. » En 1064, donation à Marignane « pour les chanoines de Saint-Trophime; » — en 1070, le comte Raymond restitue l'église Sainte-Pâque « à Saint-Trophime et Saint-Etienne »; — vers 1080, reconnaissance que l'église de Gignac appartient « à Saint-Trophime et Saint-Etienne »; — en 1183, legs de Geoffroy Raucena « aux chanoines de Saint-Trophime [1] ».

Conclusion : *La cathédrale d'Arles regardait saint Trophime comme son principal titulaire, plus d'un siècle avant la translation de 1152.*

3. *Le corps de saint Trophime reposait dans la cathédrale plusieurs siècles avant la translation de 1152.* Par un acte de 1052, Guillaume, vicomte de Marseille, donne « à l'église du glorieux protomartyr Etienne, en laquelle repose le vénérable apôtre Trophime, *in qua requiescit Trophimus apostolus almus*, et à la communauté des chanoines, » l'église Saint-Pierre de Galignan; il la livre à perpétuité « à saint-Etienne et à l'apôtre Trophime »; en 1064, l'archevêque Raimbaud donne aussi « à l'église Saint-Etienne, *in qua requiescit Trophimus apostolus almus* », l'église Sainte-Marie de Ratis et celle de Saint-Martin, en Camargue. Un acte du Xe siècle montre Etienne, évêque de

---

[1] L'archevêque Pierre Aynard associe et sépare les deux vocables dans un acte curieux de 1186, qui autorise à battre monnaie « au nom de l'église Saint-Trophime », sous réserve de 13 deniers pour « l'œuvre de Saint-Etienne ».

Venasque, jurant devant l'archevêque Annon fidélité « à l'église Saint-Étienne du siège d'Arles, où repose le corps du bienheureux Trophime, confesseur, *Ecclesiae S. Stephani sedis Arelatensis ubi corpus B. Trophimi confessoris quiescit.* »

On peut regarder comme certain qu'à l'approche des Sarrasins, les reliques de saint Trophime furent portées, des Alyscamps où elles eussent été trop exposées, à l'intérieur de l'enceinte fortifiée. Ces reliques, qu'on vénérait dans la cathédrale au X° siècle, s'y trouvaient donc depuis le huitième.

Une translation s'est pourtant opérée en 1152 : il faut l'expliquer. Cette explication aura, en outre, l'avantage d'établir que la basilique actuelle, dans son ensemble, remonte au XII° siècle, non au IX°.

Rien ne prouve, en effet, une reconstruction de la cathédrale au VIII° ou IX° siècle. Ce serait n'accorder à l'édifice bâti par saint Virgile qu'une durée de cent ans ou deux cents : quatre siècles se rapprochent davantage de la moyenne d'existence de ces grands édifices. On en est réduit à inventer une destruction de Saint-Étienne dont aucun historien, aucune charte ne parlent, et qui, d'ailleurs, n'entrait point dans les habitudes des Sarrasins, lesquels épargnaient ces lieux vénérés, sauf à imposer un péage aux chrétiens qui voulaient y entrer.

Si les reliques ont été transférées à la cathédrale en 1152, c'est qu'elles avaient été déposées aux Alyscamps quelques années avant, pour laisser le champ libre aux travaux de reconstruction. Pareille translation s'était faite, sous saint Virgilo. Cette cérémonie processionnelle est, en effet, la première dans la série des rites qui constituent la consécration des églises. La date de l'une donne la date de l'autre.

Cette translation s'opéra le 29 décembre 1152, avec l'assistance des évêques et des princes qui étaient accourus à la dédicace.

Une chronique provençale raconte les détails de cette solennité. C'est l'œuvre d'un témoin oculaire, « segon qué iéu ay vist », ce qui concilie à une partie du récit une autorité qui lui manque, lorsque l'auteur raconte ce qu'il n'a point vu [1].

« L'an de l'Incarnacion venc del Fils glorios
Que om conta mil e cens cinquanto dos,
Stant Papa Eugenius, Colrat imperador,
E mais l'arsiviesque d'Arles governador,
.... Aqui foron
Honorat senhor Jaufré, avesque d'Avinhon,
E Bernard d'Aurenga, Berenguier de Vaizon
E lo senhor En Peir, avesque de Marcilha,
E d'autre bona gent que fon grand maravilha.
Motz clerges de Proensa, et lo duc de Narbona
E motz nobles, motas noblas personas,
E lo noble baron, l'arsivesque Raymon
De lo cors sant Trofeme feron translacion. »

---

[1] Par exemple, le martyre de saint Trophime, la prétendue invention de son corps, le pontificat de saint Jérôme « sant Jeronimo que fon papa de Roma », etc.

¹ Avec le corps de saint Trophime furent ramenées les autres reliques de l'Eglise d'Arles (ce qui prouve bien qu'il s'agissait d'un dépôt provisoire aux Alyscamps, que seule la reconstruction de la cathédrale peut expliquer), les fragments des instruments de la Passion et des vêtements de la Sainte-Vierge, du corps des Saints Innocents, des apôtres Pierre, Paul et Jean, de sainte Cécile, de saint Grégoire, et surtout les reliques de saint Etienne, que saint Trophime avait apportées de Palestine pour son *soulas*,

« E motz d'autres reliquias que om non pot contar
Car serié long d'escrieure e de parlar. »

Un autre *Inventaire de 1152*, officiel celui-ci, rapporté par Saxi, avec mention de ses lacunes, porte : « Reliquiæ de capite et corona protom. Stephani et de costa ejus..... parva crux.... quod est in eccl. Arelat... imp. Constantinus... item pannus lineus in quo fuit D. N. J. C. in pueritia involutus.... item scyphus lapideus cum paropside lapidea Cœnae Domini (?). Quicumque patiens morbum caducum cum ipso scypho potaverit, a morbo certissime liberabitur. »

A cette époque fut creusée, en avant de l'autel, une crypte spacieuse destinée à garder ces reliques. Devant le corps de saint Trophime un cierge fut allumé qui brûla nuit et jour jusqu'à ce que le cardinal Alemand fit combler cette confession. Une *œuvre* avait le soin de ce luminaire. On trouve, en 1421, délégué de la municipalité d'Arles, noble Guillaume Putatoris qui s'intitule dans les actes « questor et rector luminarie sive candele ardentis nocte et die in eccl.

S. Trophimi in honorem ejusd. » Saint Trophime était invoqué spécialement pour la guérison de la goutte.

La République d'Arles. — A la faveur des embarras qu'attiraient la querelle des Investitures aux empereurs-rois, leurs conflits avec les archevêques aux comtes de Provence, prétendant chacun la suzeraineté sur la ville d'Arles, les habitants parvinrent à se rendre à peu près indépendants des uns et des autres [1].

L'histoire de cette période (1145-1251) est résumée dans ce passage des *Mémoires* d'Anibert. « *L'institution du consulat*, les guerres de la succession de Provence, la prise d'Arles, sa soumission momentanée aux comtes de la maison de Barcelone, le couronnement de l'empereur Frédéric Barberousse dans cette ville; la *renaissance de la République*, les liaisons de commerce de nos concitoyens avec l'Italie, leurs alliances avec Gênes, Pise et les principales villes de nos contrées, les dissensions intestines qui commencent à fermenter dans le sein de la ville; au milieu du remuement qu'excitaient dans le voisinage les malheureuses

---

1 Il faut dire *à peu près*, car les liens de subordination avec le prince (voisin) et le haut suzerain (éloigné), s'ils furent quelquefois réduits à un fil, ne furent jamais rompus entièrement : « Si l'on rangeait la République d'Arles dans la classe des États absolument indépendants, dit avec raison Anibert, si on voulait la considérer comme une pure république, je doute qu'on pût y parvenir dans le temps même où on lui dispute le moins ce nom. On découvre jusque dans le gouvernement de ses podestats des vestiges de sa dépendance envers l'Empire. Mais cette dépendance se réduit à une simple apparence de mouvance et de suzeraineté. On dirait que l'Empereur était plutôt le protecteur honoraire de la République que le souverain de la ville : la plupart des actes étaient revêtus de son nom, mais l'exercice de la juridiction appartenait en entier aux citoyens. »

guerres des Albigeois, tels sont les objets de la première période de cette histoire.

« Un changement se produisit ensuite dans la forme de l'administration. On établit un *podestat* sur le modèle des républiques alliées d'Italie. Pendant une quinzaine d'années, Arles se maintient dans l'état le plus tranquille et le plus florissant. Des citoyens inquiets y jettent bientôt le trouble. Ils forment une conspiration contre le podestat et l'archevêque. Des intérêts particuliers entretiennent les divisions. La politique des puissances voisines y contribue, et l'empereur Frédéric II tâche d'en profiter. Ce ne sont que révolutions, émeutes, excommunications, pacifications momentanées, jusqu'à l'instant où l'on se soumet au comte Raimond Bérenger pour tout le temps de sa vie. La protection de ce prince fait rejaillir sur Arles les funestes effets de ses démêlés avec le comte de Toulouse. Elle est assiégée et son territoire ravagé; elle ne doit son salut qu'à la médiation du roi saint Louis.

« La mort du comte Raimond rétablit les citoyens dans tous leurs droits. Mais leur liberté est menacée dès le mariage de Charles d'Anjou avec l'héritière de Provence. L'archevêque se rend suspect par ses liaisons avec les Français; les troubles intérieurs recommencent avec plus de fureur que jamais. Le désordre est au comble, on fait couler le sang de plus d'un citoyen, l'archevêque est proscrit. On éprouve tous les malheurs qu'entraîne une liberté dégénérée en licence. L'orage ne se dissipe enfin que par l'entière soumission de la ville au comte de Provence, et la République est éteinte. »

1145. — L'institution du *consulat* acheva d'organiser la jeune république d'Arles. Ces statuts consulaires, dont la plupart des villes de Provence devaient s'approprier les sages dispositions, furent l'œuvre de l'archevêque Raimond de Montrond, qui les rédigea, sur la demande des citoyens. Le droit franc, plus que le droit romain, a inspiré les dispositions civiles et pénales, mais c'est à l'idée chrétienne que sont dus les règlements sociaux et politiques. Ils figurent dignement à la suite des décrets des conciles de 813 et 1033.

« Au nom de N.-S. Jésus-Christ, Nous Raimond, archevêque d'Arles, du conseil de plusieurs chevaliers et probes bourgeois, de la volonté et du consentement des citoyens, à l'honneur de Dieu, de la glorieuse Vierge sa Mère, de saint Trophime et de son Eglise, créons, instituons et organisons en cette cité d'Arles et dans le Bourg, un vrai et légitime consulat communal,.... consulat de paix, de relèvement et de réforme qui prendra soin des églises, des monastères et autres lieux consacrés à Dieu, des rues et des routes, des terres et des eaux, et veillera à leur entretien. » Afin de préserver l'intégrité des consuls, il est réglé que « durant leur consulat, ils ne se chargeront d'aucune affaire pour les étrangers; ils ne citeront personne en justice; ils n'accepteront aucune promesse, aucun pot de vin, *nullum praemium*, sous peine de destitution; » article qui trouverait place utile dans des constitutions autres que celles du moyen-âge.

« Les électeurs jureront de n'écouter ni la crainte ni l'affection, mais, après avoir pesé les conseils de l'archevêque, d'élire en conscience ceux qu'ils estimeront les plus capables de bien gouverner. S'il s'élève quelque dissension, les balistiers ou archers ne pourront user de leurs armes que hors l'enceinte de la Cité et du Bourg. » Le premier consul, pouvoir exécutif, prêtait serment en ces termes :

« Je, ..., élu consul, jure d'administrer, avec le conseil de mes collègues du consulat, le mieux que je saurai et pourrai. Je m'engage à ne pas quitter mes fonctions avant l'élection de mon remplaçant. S'il s'élève un désaccord entre les consuls, je m'emploierai à le faire cesser. Je n'accepterai ni promesse ni don pour les affaires que j'aurai à examiner. Durant mon consulat, je ne citerai personne en justice, sinon pour des affaires de la commune ou pour l'exécution de jugements déjà rendus. Ainsi Dieu me soit en aide et ses saints Evangiles. »

Les simples consuls [1] juraient ainsi : « En toute bonne foi et conscience, je jure fidélité à la charte du consulat pour cinquante ans [2] et obéissance au premier consul. Si je suis élu à cette charge, je m'engage à ne pas la refuser.

---

1 Au nombre de douze, 4 chevaliers ou nobles, 4 citoyens du *Bourg*, 2 du *Marché*, 2 de *Borrian* (l'ancien *Medianum* romain).

2 Une disposition prévoyante, introduite par l'archevêque, limitait à un demi-siècle la durée de la charte communale. Après quoi, une révision s'imposait de plein droit pour corriger les défectuosités que l'expérience aurait révélées.

Ainsi Dieu... » Les gens de labour et ceux de métier n'avaient pas obtenu l'entrée dans le conseil, mais l'archevêque comme représentant de la royauté, s'était constitué leur protecteur. En qualité de lieutenant du suzerain, le prélat approuvait ou rejetait les actes publics, interprétait les dispositions douteuses du statut, jugeait les querelles entre la Cité (c'est-à-dire le corps de ville) et les Bourgs.

1178. — Frédéric Barberousse avait tiré parti d'une suzeraineté, ordinairement illusoire, en imposant au comte Raimond-Bérenger et à la république d'Arles de se prononcer contre le pape ; celle-ci avait d'abord fourni ses marins pour poursuivre Alexandre III et l'empêcher d'aborder en France. L'empereur s'était ensuite réconcilié avec le pape, et, le 26 juillet, revenant d'Italie, il entrait à Arles avec l'impératrice Béatrix et son plus jeune fils Philippe. Le dimanche 30, il se fit couronner roi d'Arles par Raimond de Bollène, en présence de l'archevêque d'Aix et des évêques de Verdun, Avignon, Cavaillon, Carpentras, Vaison, Saint-Paul, et de nombreux seigneurs provençaux et allemands.

Ce même jour, dans le palais de la Trouille, il prit sous sa protection le Chapitre d'Arles, l'exemptant de toute imposition de guerre, dans un diplôme qui finit ainsi : « *Datum in Palatio Arelatensi, III kal. Augusti, die dominico quo coronatus est in Ecclesia Arelatensi imperator.* » Le 16 juin, il avait terminé le différend entre les arlésiens et les juifs. Un vieil usage obligeait ceux-ci à fournir, le vendredi-saint, cent ânes pour la réparation du pont de Crau. L'empereur régla qu'ils ne paieraient plus que vingt sous par ouvrier travaillant au chantier.

1186, août. — L'archevêque Aynard accorde à la famille Tor la fabrication monétaire, à charge de payer par livre de monnaie frappée, un denier à l'autel de Saint-Trophime.

1188, 2 mars. — Sur la porte de Saint-Trophime, en présence des archevêques d'Arles et d'Aix, et de plus de 200 gentilshommes, Guillaume de Porcellet et les vicomtes de Marseille, Amiel et Gui, jurent d'observer la paix qu'ils viennent de conclure.

1191. — A l'exemple de ces cités italiennes avec lesquelles les arlésiens ont contracté alliance, ce n'est dans la république que factions, séditions et meurtres. C'est pourquoi, par une bulle du 6 novembre, le pape Célestin III autorise l'archevêque à excommunier, sans appel, tous ceux qui ont occupé les églises et les clochers, tant de la Cité que du Bourg, et les ont transformés en forteresses.

1200. — Don par l'archevêque Imbert d'Aiguières « pour l'honneur de Dieu, de Notre-Dame, des saints Trophime et Etienne » aux autels de saint Etienne, de Notre-Dame, de saint Pierre et saint Paul, qui sont dans la cathédrale, d'une ferrage sise entre l'hôpital de Beaulieu et la condamine de l'abbesse de Saint-Césaire. En 1204, Imbert fit une fondation pour qu'à son anniversaire on nourrît treize pauvres et on allumât la lampe devant l'autel de saint Pierre et saint Paul.

1200, 9 novembre. — Imbert couronne roi d'Arles Othon IV, l'empereur que Philippe-Auguste devait battre à Bouvines.

XIII° Siècle. — 1205. — En l'absence de l'archevêque alors auprès d'Innocent III, le légat Pierre de Castelnau présida un concile provincial où sont institués de nouveaux règlements pour le Chapitre et le diocèse.

Les Albigeois. — 1208. Quelques mois après le meurtre de Pierre de Castelnau, le comte Raymond VI se rendit à Arles, d'où il envoya une ambassade au pape pour se justifier de ce crime. Le 30 juillet 1209, les consuls prêtèrent à Saint-Trophime devant le légat Milon le serment d'agir de tout leur pouvoir auprès du comte pour qu'il donnât satisfaction à l'Eglise et promirent de ne lui accorder aucun secours, s'il refusait : ce dont Innocent III les félicita dans une lettre du 11 novembre.

Cependant Raymond rendait inutiles toutes les démarches entreprises dans le dessein de le ramener à de meilleurs sentiments et de lui sauver sa couronne. L'évêque de Riez n'avait pu obtenir à Saint-Gilles aucune garantie sérieuse de la part de ce prince hypocrite. Deux autres légats, l'évêque d'Uzès et l'abbé de Cîteaux, fidèles aux instructions miséricordieuses du pape, essayèrent encore de réconcilier Raymond avec l'Eglise dans les conciles de Narbonne, de Montpellier et d'Arles, celui-ci tenu au mois de juin 1211.

Raymond se fit accompagner à Arles par Pierre d'Aragon, ce roi généreux que son affection pour son beau-frère entraîna aux plus funestes erreurs, et qui, guerrier toujours vaillant, devait se couvrir de gloire pour l'Eglise à la journée de Navas de Tolosa, et tristement périr en combattant contre elle à la bataille de Muret.

On avait des raisons de se méfier du comte. Il lui fut donc interdit de sortir de la ville sans autorisation, et des délégués lui notifièrent les conditions qui garantiraient la sincérité de sa soumission. Il les congédia avec un ricanement insolent, et sans autre réponse partit pour Toulouse. Alors le concile, réuni une dernière fois à Saint-Trophime, déclara Raymond excommunié et déchu de ses droits souverains. Cette sentence ouvrit la dernière période de la guerre des Albigeois, signalée des deux côtés par un égal acharnement, marquée par la mort de Pierre d'Aragon et du magnanime Simon de Montfort, et qui s'acheva par le triomphe non d'une race sur une autre, mais de la civilisation sur une dégradante barbarie.

Sans entrer dans le détail des relations de la république d'Arles avec les partis ennemis, notons quelques incidents où se manifesta l'influence albigeoise. Sa haute dignité spirituelle, les services rendus, son titre de représentant de l'Empire, faisaient reconnaître l'Archevêque comme le protecteur de la République, l'arbitre des difficultés et des conflits. Ainsi, en 1207-1208, les anciens consuls n'ayant pu s'entendre sur le choix de leurs successeurs, le prélat nomma deux fois les nouveaux consuls, tant de la Cité que du Bourg. Le même cas s'étant reproduit en 1217, le doyen du chapitre fit la nomination, le siège vacant.

En 1221, pour remédier à des désordres trop fréquents, les Arlésiens, du consentement de l'archevêque, se donnèrent un podestat qui devait être étranger et catholique. Cette importation italienne n'empêcha pas les cabales, les complots et les émeutes de sévir plus intenses encore que sous le consulat. Le 8 juillet 1234, Jean Baussan dut tenir à Saint-Trophime un concile provincial dans lequel il décréta des mesures contre les partisans déclarés ou cachés des Albigeois, en particulier la défense de créer aucune *Confrérie* sans la permission de l'évêque, ces associations servant de voile aux manœuvres et conspirations politiques.

Malgré ce décret, la *Confrérie* d'Arles parvint à se reconstituer et à s'emparer de tous les pouvoirs. Un de ses premiers décrets interdit à quiconque, sous peine de cent sols d'amende, de payer aucune rétribution ou offrande aux prêtres, de rien leur moudre ou leur faire cuire, de ferrer leurs chevaux, de les passer dans les bateaux, enfin de leur rendre aucun service, pas même leur porter une cruche d'eau. C'était l'interdiction antique *igne et aqua*. Un boulanger ayant pétri pour des prêtres, un parrain qui avait payé le casuel d'un baptême furent condamnés ou maltraités. Les Confrères s'emparèrent de l'archevêché et de la maison canoniale et y installèrent des garnisaires ; une bande alla piller les métairies du chapitre et s'empara des bestiaux et des instruments aratoires.

Jean Baussan, réfugié à Salon, lança l'interdit sur la ville et l'excommunication contre les confrères et leurs complices, y compris le prévôt du chapitre. Au risque de la vie, les curés publièrent cette sentence au prône des quinze paroisses. Comme, par suite de l'interdit, ils refusaient de bénir les mariages à l'église, des associés de la Confrérie contractèrent une union criminelle devant les laïques. (Livre d'or, enquête, 203).

Après un an d'anarchie, les auteurs de ces excès finirent par en rougir. Le 28 juin 1236, ils abjurèrent leur conduite aux pieds de l'archevêque, déclarant se soumettre à telle peine qu'il voudrait. En même temps le conseil municipal nomma trois délégués pour assister le prélat dans la nomination des consuls qui devaient être substitués aux chefs de la Confrérie. Jean Baussan agit avec une indulgence conciliante; il maintint les anciens consuls en leur charge, sous la seule condition qu'ils prendraient obligatoirement avis des trois nouveaux délégués. Le 24 décembre, trente-sept notables regrettant d'avoir pris part aux troubles, s'engagèrent par serment à protéger et à défendre la personne de l'archevêque et des chanoines, et à maintenir à perpétuité leur autorité spirituelle et temporelle sur la ville d'Arles.

Frédéric II avait imposé aux Arlésiens un vice-roi à résidence permanente. Voulant répondre à cette atteinte portée à leur indépendance, ils se donnèrent au comte de Provence Raymond-Bérenger pour le temps de sa vie. Quand le comte de Provence mourut, en 1245, ils reprirent le gouvernement de la ville, mais pour quelques années seulement. Il s'était formé parmi eux un parti franco-provençal, appuyé par le podestat Barral des Baux que la diplomatie de la reine Blanche avait gagné à ses desseins, et par l'archevêque qui souffrait de voir son peuple victime de perpétuelles agitations. Les vieux républicains l'emportèrent un moment et s'empressèrent de renouveler les attentats de la Confrérie. Ils envahirent de nouveau l'archevêché, placèrent des gardes à la porte de la chambre de Jean Baussan, en refusant l'entrée, même à son médecin et à son barbier. (*Livre d'or*, Lettres monitoires, 210).

Une fois encore l'archevêque s'était exilé et avait jeté l'interdit sur la ville. Sur ces entrefaites, Charles d'Anjou revint de la croisade. Il mit le siège devant la ville qui capitula promptement. Le 29 avril 1254, dans le château de Tarascon, « considérant que le comte Charles peut seul rétablir le bon ordre dans la ville et faire cesser les guerres intestines, les meurtres et les divers abus qui y ont régné longtemps », l'abolition de la république et l'annexion à la Provence furent conclues et signées. Parmi les témoins du traité se trouva Gui Fulcodi, jurisconsulte de Saint-Gilles, le futur pape Clément IV.

1267. — Clément IV accorde aux archevêques de se faire précéder de la croix dans toute leur province. « Quoique cet honneur, dit la bulle, soit spécialement réservé aux pontifes romains, nous avons pensé le partager avec l'Eglise d'Arles, si riche des mérites de ses évêques et que décorent tant d'insignes et magnifiques souvenirs. »

1270. — Concile provincial, présidé par Bertrand II. On y fit vingt-deux canons disciplinaires.

XIV° SIÈCLE. — 1341. — Sous Guasbert du Val, les plus précieuses reliques sont placées dans une nouvelle châsse en vermeil, nommée depuis la *Sainte Arche*. Quarante ans plus tard, Pierre de Croze transféra le chef de saint Trophime dans une châsse spéciale d'argent.

1365, 5 juin. — Couronnement de l'empereur Charles IV, dernier roi d'Arles, par le cardinal Guillaume de la Garde [1], en présence du duc de Bourbon, d'Amédée VI de Savoie, le vaillant *Comte Verd*, etc. Ce roi honoraire reçut l'hommage des prélats et seigneurs, et confirma les privilèges des archevêques. Il prit d'abord son titre au sérieux, résida deux mois dans la ville, nomma un vice-roi, mais bientôt il céda ses prétendus droits, en réalité ceux de la reine Jeanne, à Louis d'Anjou, gouverneur du Languedoc pour le roi de France Charles V, son frère.

1384, 9 décembre. *Cantar de la reyna Johanna.* — Le chroniqueur Boysset qui y assista signale « bel sermon, solenna messa cum bella absolution », grand catafalque entouré de 160 personnes vêtues de noir, huit torches à poignée d'argent portées à l'offrande, 4 par les chevaliers, 4 par les dames. Comme cela s'est reproduit pour Jeanne d'Arc et pour Napoléon, beaucoup se refusaient à admettre la fin tragique d'une princesse si aimée. « Avan que lo cantar fi fès, y àc pron et assès debats, car con uns volien que hom mantengues que Madama era viva et d'autres non. »

1397. — Le nouveau roi d'Aragon, Martin Ier, revenant de visiter Benoît XIII à Avignon, descendit le Rhône avec sept galères. Il aborda à Trinquetaille d'où les consuls le menèrent en cérémonie à Saint-Trophime. L'archevêque Rochechouart, après l'avoir complimenté, dit la messe. « Lo

---

[1] En concile provincial, ce prélat accorda sept cents ans, *septingenti* d'indulgence à tous pieux visiteurs de Saint-Trophime.

cap de san Trefume ero su l'autar et l'Archo duberto », dit Boysset. Par la cour, qui était tendue de tapisseries représentant des scènes de l'Apocalypse, le roi se rendit à l'archevêché où il s'arrêta quelques instants. De retour à Trinquetaille, avant de repartir par le petit Rhône, il retint à dîner sur sa galère le cardinal de Pampelune, l'archevêque d'Arles et quelques autres prélats et seigneurs de moindre notoriété.

1400, 1er décembre. — Arrivée en ville d'Arles de la nièce du roi Martin, Yolande d'Aragon, princesse de vertu et de beauté singulières, fiancée au roi Louis II [1]. Escortée de son oncle Jacques et des ambassadeurs provençaux, elle se rendit d'abord à Saint-Trophime pour adorer Dieu, puis à l'archevêché où la reine-mère Marie de Blois l'attendait. Le lendemain [2], à Saint-Trophime, *Louis*, roi de Sicile et comte de Provence, âgé de 23 ans, fils de Louis Ier et de Marie de Blois, et *Yolande*, âgée de 20 ans, fille de Jean Ier, roi d'Aragon, et d'Yolande de Bar, arrière petite-fille de Jean le Bon, roi de France, se marièrent, le siège vacant, en présence de Nicolas de Brancas, évêque d'Albano, cardinal-camerlingue, venu d'Avignon au nom et place du pape Benoît XIII. Cette alliance contractée au milieu de fêtes

---

1 Voir notre 1er volume p. 553. L'unique portrait de la grande reine est peint sur un vitrail de la cathédrale du Mans.

2 Le 2 décembre est la date marquée par tous les historiens. Nous croyons pourtant qu'il faut devancer d'un jour l'arrivée et le mariage de la reine Yolande. Il est inscrit en effet au 1er décembre dans un *Calendrier* latin de l'époque, (Bibl. Nat. *man. latin* 17332) et dans les *Heures* du roi René, à la Bibl. d'Aix : « Déc. 1. L'an mil IIIIc furent faittes en Arle les nopces du roy Loys II et de la reine Yoland, fille du roy d'Arragon. »

brillantes et de la joie populaire, compte parmi les plus heureux évènements des annales de la Provence et de la France.

XV· Siècle. — 1411. — Le jour de Pentecôte, 21 mai, Artaud de Mézel bénit la nouvelle châsse de saint Etienne, en vermeil et pierreries, du prix de 300 marcs que Roger, sénéchal de Toulouse, avait légués en réparation des pilleries commises sous ses ordres en Camargue, pendant la guerre de succession qui suivit la mort de la reine Jeanne.

1437. — Le bon roi René était prisonnier du duc de Bourgogne depuis la bataille de Bulgnéville. La nouvelle de sa libération, après six ans de captivité, fut accueillie dans toute la Provence avec une joie qui tient du délire. A Arles, on sonna les cloches, on joua de la trompette, on chanta, on dansa trois jours de suite. Le quatrième jour fut tout au recueillement et à la prière. Il se termina par une procession générale dans laquelle on porta les reliques de saint Trophime et de saint Etienne.

La basilique agrandie (1450). — Sur la fin de sa vie, le cardinal Alemand, décidé à ne plus s'exposer aux erreurs et aux déboires qui avaient marqué son intervention dans les luttes du schisme d'Occident, se renferma dans l'administration de son diocèse. Instruire son peuple, sanctifier son clergé, secourir les pauvres et les malades, rebâtir Saint-Laurent de Salon, agrandir son église Saint-Trophime, telles furent ses occupations exclusives.

A Saint-Trophime, il démolit les trois absides qui terminaient l'église, afin de la prolonger en y ajoutant un sanctuaire et un chœur à l'usage des chanoines, le tout formant une abside unique avec chapelles rayonnantes, séparées du chœur par le déambulatoire circulaire qui fait suite aux passages étroits de la nef. Le travail n'était pas achevé quand il mourut.

1450, septembre. — Funérailles du bienheureux Louis Alemand, cardinal-archevêque, décédé à Salon le 16. Le corps fut déposé dans le chœur, au pied du grand pilier, du côté de l'épître, en présence des délégués de vingt-trois villes de Provence. Son épitaphe le nomme seulement *administrator* de l'Eglise d'Arles, et constate qu'il est mort *devote* et *catholice*, termes qui s'expliquent par les temps troublés durant lesquels il avait vécu. Des miracles ayant établi sa sainteté, Clément VII le béatifia en 1527, avec le cardinal Pierre de Luxembourg, par une bulle que l'humaniste Sadolet rédigea. Sa fête fut fixée au 5 juillet : le propre actuel la marque au 5 octobre. Quelques mois après, l'arlésien Olivary fonda à Saint-Trophime une messe quotidienne « en l'honneur de saint Louis Alemandy ».

— Deux traits qui fourniraient des épisodes à qui écrirait sur Saint-Trophime un livre analogue à *Notre-Dame de Paris*. — 1464. Comme les malfaiteurs mettaient chaque soir la ville en coupe réglée, le roi René établit une juridiction spéciale sous les ordres de son ami Jean de Lubières. Celui-ci fit pendre les trois premiers voleurs qu'il saisit. Une des cordes casse, la foule crie au miracle, se jette sur le patient qu'elle arrache aux mains des gens de justice et l'entraîne dans l'église Saint-Trophime. Jean de Lubières veut reprendre le condamné, mais il est injurié, molesté et frappé dans l'église même. — 1467. « En cette année Philippe Mandoni, notaire, leva botigue, à côté de la porte de l'église Saint-Trophime, dans un petit réduit qui servait auparavant de cellule à une recluse. »[1]

XVIᵉ SIÈCLE. — *Protestantisme.* — 1563. — Une rixe sanglante, excitée par les querelles de religion, marqua la journée du 24 février. Les partisans de J.-B. de Castellane, sieur de Peiresc, favorable aux protestants, et de Robert de Quiqueran, sieur de Beaujeu, tenant de la foi catholique, en vinrent aux mains dans la rue, puis se précipitèrent dans l'église Saint-Trophime et la convertirent en champ-clos. Peiresc, atteint déjà d'un coup de pistolet, blessa de son épée Robert de Quiqueran et Gaucher d'Aiguières, sieur de Méjanes ; il fondit ensuite sur Jean de Quiqueran, sieur de Ventabren, et le tua. Accablé par le nombre, il fut massacré au pied de la chaire avec un de ses serviteurs nommé Luchety, dont le peuple traîna le cadavre par la ville. Ce combat sacrilège, dans lequel des parents s'étaient acharnés les uns contre les autres, pour satisfaire de vieilles haines de famille plus encore que pour défendre des croyances religieuses, excita une horreur générale.

Le légat d'Avignon ouvrit une information contre le chanoine-sacristain Honoré de Quiqueran qui, attaqué dans

---

[1] Rapportés tous deux par M. Fassin, l'érudit chercheur des curiosités historiques de sa ville natale, dans *Revue Sextienne*, X, 85, et *Congrès archéologique de 1877*, p. 787.

l'église par un soldat hérétique, l'avait blessé grièvement. Comme le chanoine s'était trouvé dans un cas de légitime défense, il fut, par sentence du 26 février, condamné seulement à faire chanter en Saint-Trophime cinq messes de morts avec l'absoute, à jeûner les mercredi, vendredi et samedi, six semaines de suite, à demeurer pendant un mois suspendu de toute fonction sacerdotale et de la perception des fruits de son office. De son côté le parlement d'Aix, par arrêt de défaut du 28 mars 1565, condamna à mort ledit chanoine de Quiqueran, Robert de Quiqueran, le capitaine Antoine Besaudun et le capitaine Trophime d'Ussane, avec confiscation de biens, « pour raison de ce qu'ils avaient *assisté* à l'homicide commis dans ladite église ès personnes du sieur de Peiresc, du capitaine Jean de Quiqueran, sieur de Ventabren, et du nommé Lucety ». Charles IX ayant déclaré que ces homicides étaient compris dans l'acte général d'abolition des troubles de Provence, le parlement se refusa à entériner ces lettres miséricordieuses. Il s'y résigna le 19 juin 1566, à la suite d'un édit de jussion. (*Bibl. d'Aix*, man. 547).

1564, 16 novembre. — Visite de Charles IX et de Catherine de Médicis.

1576. — Malgré la défection de Jacques de Broullat, possesseur en commende de l'archevêché d'Arles, qui avait passé au protestantisme, la ville ne varia point dans sa fidélité à la vraie Eglise, et mérita une seconde fois le surnom d'*Arles le Blanc*, c'est-à-dire pur de toute hérésie, qui lui avait été décerné durant la guerre des Albigeois. Elle donna asile aux catholiques, aux prêtres, aux moines et aux religieuses du Languedoc, traqués comme des bêtes fauves par les huguenots. L'évêque de Nîmes, d'Elbène, vint s'y réfugier après la destruction de son palais en 1567. Une fois pourtant, les huguenots faillirent s'emparer de la ville. Ils y avaient fait passer des partisans qui, d'intelligence avec quelques coreligionnaires secrets, devaient, dans la nuit du 26 au 27 décembre, surprendre les citoyens durant leur sommeil, et tout livrer au fer et au feu. Mais un honnête protestant, effrayé du massacre qui se préparait, alla tout révéler aux consuls qui, sur l'heure, se mirent en garde contre cette surprise. En action de grâces, une procession générale partit de Saint-Trophime, le 1er janvier, et l'on fit vœu de la renouveler durant cinquante ans.

La Ligue. — 1589. — Le lieutenant Biord, chef des Ligueurs, soumit à la question deux royalistes, ses ennemis, et par la force des tourments leur tira les aveux qu'il voulut. Il les mena ensuite à Saint-Trophime, envahi par la foule, et, devant la Sainte Hostie, leur fit accuser ceux dont il voulait se défaire.

1594. — Partisans inébranlables de la Ligue tant que la foi catholique parut en danger, les arlésiens se retournèrent vers le parti royaliste, dès qu'ils connurent l'heureuse conversion d'Henri IV. Mais les chefs ligueurs, qui songeaient à se faire payer leur soumission un bon prix, cherchèrent à prolonger leur règne par la terreur. Le peuple ne les appela plus que les *tyrans*. Ils se débarrassaient de ceux qui les gênaient : les consuls nobles furent bannis ; soupçonnés aussi de sympathies pour le roi, les consuls bourgeois, Gallon et Aubert, furent emprisonnés avec d'indignes traitements. Cependant l'observantin Foulque avait commencé ses prédications du carême à Saint-Trophime. Le matin du 24 février, les auditeurs se serraient autour de la chaire, plus nombreux à cause de la fête chômée. A leur tête figurait le charpentier Giraud, dit *Couque*, et le commandant du fort d'Albaron, La Touche, auteurs de l'emprisonnement des consuls.

Par quelle transition, l'orateur passa-t-il du martyre de saint Mathias aux évènements du jour, je ne sais, mais il tonna avec de tels éclats contre les sévices infligés aux consuls que la foule courut aux armes, réclamant à grands cris la délivrance de ses magistrats. Les tyrans effrayés relaxèrent Aubert, mais, s'étant établis dans la maison de ville, ils refusèrent de rendre Gallon par qui ils comptaient se faire remettre le fort de Pâque qu'il commandait. A la tête du peuple, le consul Aubert imposa enfin la délivrance de son collègue. Les tyrans s'échappaient avec leurs partisans, quand la foule, furieuse de la mort du fils d'Aubert tué d'un coup d'arquebuse, se jette sur eux et s'empare de plusieurs. Le 12 mars, ces prisonniers furent condamnés à mort et exécutés sur le Plan de la Cour.

1595. — De dix-huit mois l'autorité d'Henri IV ne fut pas reconnue sans restriction à la maison commune. Enfin, le 15 octobre, le peuple, assuré de l'absolution du roi, et encouragé par le Chapitre qui avait reçu une lettre du légat Aquaviva à ce sujet, courut à Saint-Trophime aux cris de

Vive le Roi! et chanta un immense *Te Deum*. Malgré les consuls, les chanoines organisèrent une procession, à laquelle les opposants ne purent se dispenser de prendre part, quoique avec mauvaise grâce. Sur le parcours ils s'efforçaient d'arrêter les vivats en l'honneur du roi. Le consul Jehan, furieux des cris des enfants, à qui les royalistes avaient distribué des sous à condition qu'ils crieraient bien fort, s'avança en colère pour donner de son flambeau sur la tête de ces importuns. Le consul Demonde, énervé, tenta d'arracher à un jeune homme l'écharpe blanche qu'il portait. Ces deux magistrats, conspués par la foule, durent rentrer chez eux avant la fin de la procession.

1598. — C'était l'usage, le lundi de Pentecôte, à la suite de jeux divers, de faire courir les femmes de mauvaise vie, à qui l'on attribuait pour prix une paire de bas et de souliers. « Le bon Père jésuite, preschant à Saint-Trophime quelques jours avant les dites festes et exagérant l'infamie de telles courses de femmes, les consuls trouvèrent bon de les supprimer. De façon que le soubsclavaire qui, quelques jours avant, s'estoit saisi des dictes femmes et en tenoit plusieurs enfermées, les lascha aussi-tôt. Ainsi ceste coustume fut abrogée. » (Arch. mun. *Annales*, an. 1598).

XVIIe Siècle. — 1622. — Louis XIII, revenant de La Rochelle et de Montpellier, arriva le 30 octobre, et fut reçu à la porte de Saint-Trophime par Mgr du Laurens. Le jour de la Toussaint, il communia à la messe de l'archevêque de Tours, grand aumônier, et assista aux offices célébrés par l'archevêque d'Arles. Dans la cour du palais, il toucha plus de 200 malades, étrangers la plupart, italiens, espagnols et allemands. La ville lui fit présent de six canons d'un vaisseau huguenot qui s'était échoué dans le bas Rhône. De son côté le roi accorda à la ville un des canons pris à Montpellier, qu'on nomma *lou sautaire*, et 30,000 livres pour l'embellissement de la place du Marché et la reconstruction de l'église Sainte-Anne.

1631, 8 décembre. — Entrée solennelle de Mgr de Barrault monté sur un superbe cheval blanc, richement caparaçonné « suivant l'ancien usage ».

1649. — Le Chapitre paye 1500 livres à l'habile orfèvre Trophime Agard pour un tabernacle d'argent, avec en relief la lapidation de saint Etienne, destiné au maître-autel.

1652. — A la mort de l'ingénieur hollandais Van Ens, qui avait desséché les marais voisins de la ville, le Chapitre, reconnaissant de cet insigne service, fit sonner le glas par les cloches de la Métropole, quoique le défunt fût protestant.

1655. — Jubilé d'avènement d'Alexandre VIII. A l'occasion de la clôture, en vertu d'une décision du conseil communal, les consuls consacrent à la Sainte Vierge « la ville d'Arles et son territoire, ses habitants, personnes et biens. » Ainsi fut fait le 8 septembre, avec promesse de renouveler cette consécration le 15 août de chaque année.

1656. — Le Vendredi-Saint, à la cérémonie de l'adoration de la Croix, une violente dispute s'éleva entre les consuls et M. de Romieu, lieutenant au siège. Celui-ci s'étant avancé avec eux, fut violemment repoussé. Il consentit à se retirer sur les instances du chanoine Varadier, mais à peine rentré dans le chœur, il se mit à interrompre le chant des Impropères pour prononcer à haute et intelligible voix un arrêt qui condamnait les consuls à 1500 livres d'amende. Le Parlement d'Aix, par arrêt du 30 juin, concilia toutes choses, en autorisant le lieutenant au siège à se présenter à l'adoration avec les consuls, et en déchargeant ceux-ci de l'amende qu'ils avaient encourue.

1660, 13 janvier. — Arrivée de Louis XIV qui descendit chez M. de Boche, tandis que la reine-mère logeait à l'archevêché, et le cardinal Mazarin au grand-prieuré. Réception très simple sur l'ordre du roi. Il alla entendre la messe à Saint-Trophime et fut complimenté à l'entrée par M⁰ʳ François de Grignan. Départ le 16 pour Salon.

1664, 18 mai. — Le cardinal-légat Flavio Chigi célèbre la messe solennelle en présence du duc de Mercœur, gouverneur de Provence. Il accorde dix ans d'indulgence aux assistants.

1669, 3 juillet. — Dans la chapelle des Rois, érection de la confrérie de N.-D. de Bon Secours ou du *Prêt charitable*, sorte de Mont-de-Piété, établi pour fournir à titre gratuit des avances aux malheureux.

1677, 17 janvier. — Sacre de Louis Aube de Roquemartine, prévôt du Chapitre, nommé à l'évêché de Grasse, par J.-B. de Grignan, coadjuteur d'Arles, assisté des évêques de Cavaillon et de Vaison.

XVIII° SIÈCLE. — 1704, octobre. — Visite de Marie-Louise de Savoie, nouvelle reine d'Espagne. Elle repassa en 1714.

1702, 3 décembre.— Passage de Philippe V, roi d'Espagne, venant du Milanais. Le cardinal d'Estrées, ambassadeur de France, le duc de Medina-Sidonia, le patriarche des Indes, accompagnaient le petit-fils de Louis XIV, qui descendit à l'archevêché. Il repartit le lendemain, après avoir assisté à la messe dite à Saint-Trophime par son aumônier.

1709. — Cruel hiver, misère et famine. Pour nourrir les affamés, M?? de Mailly vendit toute sa vaisselle plate, fit fondre les vases sacrés dont les églises pouvaient se passer, et 45 châsses en argent, celles des patrons et titulaires ayant été exceptées. Les châsses produisirent à elles seules cent mille livres, qui furent employées à acheter du blé de montagne.

1720-21. — Terrible peste : dix mille victimes dans la ville. Encouragé par l'exemple de son archevêque, le clergé séculier et régulier déploya un héroïque dévouement. Au mois d'août eut lieu une procession expiatoire où furent portées les reliques de saint Roch. M?? de Forbin-Janson suivait pieds-nus, la corde au cou, les yeux baignés de larmes, offrant sa vie à Dieu pour son peuple. Le fléau disparut enfin dans les premiers jours d'octobre. Sur l'ordre du prélat commença l'usage, qui s'est maintenu jusqu'à ce jour, de sonner les cloches de toutes les églises et chapelles, tous les soirs à 4 heures, pour donner le signal de la récitation du *Miserere.*

1734. — A l'occasion des services funèbres du maréchal-gouverneur de Villars et de l'intendant Lebret, conflit entre les consuls et les chanoines au sujet des places dans le chœur et des honneurs à recevoir. M⁶ʳ de Forbin officia chaque fois afin de tout arranger, mais la querelle ne fut qu'assoupie.

1746, 30 novembre. — Visite de don Philippe, infant d'Espagne.

1775. — Entrée du dernier archevêque d'Arles, Jean-Marie du Lau, âgé de trente-six ans. « Ce fut un triomphe. Pour se dérober aux acclamations de la multitude, il ne voulut descendre de voiture qu'aux portes de la cathédrale ; mais quand il en sortit pour entrer à l'archevêché, une foule immense remplissait la place, le vestibule, l'escalier et les premières salles de son palais. C'étaient des pauvres surtout. Il leur adressa quelques paroles affectueuses et leur fit distribuer le lendemain d'abondantes aumônes par les curés. »

1782. — Les chanoines ne se croyaient pas tenus d'assister aux obsèques des consuls, pas plus que d'ouvrir la grand' porte au cortège. Deux consuls moururent cette année, ce qui raviva la querelle entre la Commune et le Chapitre. Un procès s'ensuivit, durant lequel les parties n'épargnèrent ni pamphlets ni injures. M⁶ʳ du Lau éluda une fois la difficulté en officiant lui-même. Et peu après il parvint à faire signer aux parties une honorable transaction. Ces différends ont survécu à la révolution. Il a fallu, en 1843, un arrêt du Conseil d'Etat pour interdire le sanctuaire à la municipalité qui prétendait avoir succédé aux droits si discutés des consuls de l'ancien régime.

Révolution. — La loi du 12 juillet 1790, dite Constitution civile du clergé, prétendit instituer, sans autorisation du pape, une nouvelle circonscription des diocèses, laissant un seul évêque à chacun des nouveaux départements. L'évêché des Bouches-du-Rhône fut fixé à Aix, son chef-lieu, et les diocèses d'Arles et de Marseille furent supprimés.

Comme les Chapitres étaient abolis par la nouvelle loi, le maire Antonelle se rendit le 31 décembre à la sacristie de Saint-Trophime pour signifier aux chanoines assemblés l'ordre de se disperser. « M. de Bertrand, archidiacre, prit alors la parole : Il nous était permis, dit-il, d'espérer qu'elle échapperait à la destruction cette Eglise célèbre qui, remontant au temps des apôtres, a eu la gloire de devenir le berceau du christianisme dans les Gaules, et qui était pour cette antique cité la source de mille bénédictions, par l'entremise des saints qu'elle a donnés au ciel et dont nous célébrons avec pompe la fête et l'office... Si la douleur la plus amère doit empoisonner nos jours dans cette dispersion, elle ne pourra être tempérée que par le souvenir de n'avoir quitté notre église qu'en cédant à la force... Le lendemain, les portes de la métropole restèrent fermées, et le bénéficier Barras y dit une dernière messe pendant laquelle la réserve fut consommée [1]. »

Déclaré démissionnaire en vertu des lois supprimant le siège d'Arles et ordonnant de remplacer les évêques et les curés non assermentés, Mᵍʳ du Lau protesta contre cette prétention schismatique. Ses fonctions de député l'avaient longtemps retenu à Paris, mais il était sur le point de reve-

---

1 Bernard, *Mgr du Lau*, p. 29 et 30.

nir à Arles, quand, le 11 août 1792, il fut arrêté à son domicile, voisin de l'église Saint-Sulpice. Conduit d'abord au séminaire, il fut ensuite enfermé dans l'église des Carmes. Et c'est dans le jardin de cet ancien couvent qu'après avoir subi les injures les plus grossières et les traitements les plus odieux, il fut massacré, le dimanche 2 septembre, sur les trois heures du soir. Avec lui périrent les évêques de Beauvais et de Saintes, et environ cent vingt prêtres.

Quatre de ces prêtres appartenaient à l'Eglise d'Arles, deux grands-vicaires, MM. Armand de Foucault et Pierre Pazéry de Thorame, deux chanoines, MM. Jules Pazéry de Thorame, neveu du précédent, et de Lubersac, aumônier de Mme Victoire. Autre victime de ces massacres, le chanoine de Rastignac, égorgé à l'Abbaye, dans la nuit du 4 au 5 septembre. Le 12 août 1794, M. de Brie, autre chanoine, déporté à l'île d'Aix, y succomba pour la même sainte cause.

Une élection sacrilège avait porté à l'épiscopat le curé d'Eyragues. Charles-Benoît Roux fit son entrée à Saint-Trophime, le 4 juin 1791, entouré d'une troupe d'énergumènes, mais évité par la grande majorité des prêtres et des fidèles.

Manquant de sujets, l'intrus, indulgent sur la qualité, ordonna à la hâte en Saint-Trophime les téméraires qui s'offrirent, un sacristain, un marin, un cuisinier, un perruquier. La vénérable église devint le siège principal du culte schismatique, ce qui ne l'empêcha pas d'être fermée à plusieurs reprises. Après le 9 thermidor, M. Mercurin y restaura sans bruit le culte orthodoxe, avec l'assentiment du curé intrus Costo, mais il en fut expulsé trois ans après, à la suite du 18 fructidor.

A la mort de M⁰ʳ du Lau, le diocèse d'Arles passa sous la juridiction de M⁰ʳ de Belloy, évêque de Marseille, qui délégua ses pouvoirs à un vieillard de 87 ans, M. Joubert, ancien supérieur de l'Oratoire, qui fut remplacé par M. Verbert, ancien supérieur du séminaire, et par M. Mercurin, vicaire à la Principale.

Le Concordat de 1801 prononça légalement la suppression de l'archevêché d'Arles et l'unit à celui d'Aix. Le dimanche 8 août 1802, Saint-Trophime fut solennellement rendu au culte catholique par M⁰ʳ de Cicé, archevêque d'Aix, qui célébra la messe et entonna le *Te Deum*.

XIXᵉ SIÈCLE. — La paroisse fut confiée à un arlésien, M. Jacques *Constant*, curé de Saint-Julien. Pendant la révolution, il n'avait jamais abdiqué son devoir. Emigré en Italie, où le pape Pie VI lui donna les pouvoirs de vicaire général, il se rendit ensuite à Londres, à la suite de l'ambassadeur de Naples qui l'avait apprécié. Il en revint au moment du Concordat, prêtre que la Providence avait tenu en réserve pour les grandes et multiples œuvres qu'il fallait accomplir. Il fut à la hauteur de sa mission, et ce n'est pas un mince éloge de le constater. Dévoué à la mémoire de son dernier archevêque, il publia les *OEuvres de M⁰ʳ du Lau*, précédées de son éloge. M. Constant se démit de sa cure en 1823, et mourut à Aix chanoine titulaire, en 1825, âgé de soixante-dix ans.

Deux évènements importants se rapportent à son administration. Du 2 novembre au 21 décembre 1817, fut prêchée par les Missionnaires de France, ayant à leur tête MM. Rozan et Fayet, et quelques prêtres du diocèse récemment groupés par M. de Mazenod, les futurs Oblats, une grande Mission qui renouvela la ville entière. Le soir du 21 novembre, pendant la cérémonie en l'honneur de la Sainte Vierge, un employé de la sous-préfecture, venu à Saint-Trophime par curiosité, sentit, sous une inspiration surnaturelle, la vocation au sacerdoce s'éveiller en son âme. C'était M. Faillon, qui a vécu saintement dans la compagnie de Saint-Sulpice, a écrit pieusement sur la Sainte Vierge, et, par sa grande et savante œuvre des *Monuments inédits*, a bien mérité des Eglises provençales dont il a victorieusement défendu les traditions. Jusqu'à sa mort, M. Faillon a fait dire chaque année, à Saint-Trophime, une messe en souvenir de cette faveur extraordinaire.

En 1817 aussi, l'archevêché faillit être rétabli. La liste des diocèses reconstitués par la bulle *Commissa divinitus*, à la suite du concordat du 11 juin, comprenait : « *Ecclesiam metropolitanam Arelatensem sub invocatione sanctorum Trophimi et Stephani* », avec juridiction sur l'arrondissement d'Arles : les évêchés de Marseille et d'Ajaccio en auraient été suffragants. L'évêque de Soissons, Mgr de Beaulieu, avait été préconisé comme archevêque le 1er octobre ; ses bulles étaient arrivées à Paris : il s'occupa donc d'organiser le nouveau diocèse et se mit en relation avec M. Constant dont l'intéressante correspondance, du 26 juillet 1817 au 21 juillet 1820, a été conservée. Un local convenable fut arrêté à Trinquetaille pour le grand séminaire ; le petit séminaire devait s'établir au collège et y former une division séparée ; les grands vicaires étaient choisis, MM. Constant, Dorée et Filhol, ainsi que les membres du nouveau Chapitre ; on aménageait le palais ; le préfet avait annoncé sa venue pour la réception de l'archevêque. Au moment de se réaliser, ces belles espérances s'évanouirent. Après plusieurs années de difficultés, la convention concordataire sombra sous les attaques des libéraux. On sauva quelques diocèses, parmi lesquels ceux de Marseille et de Fréjus, qui furent démembrés de celui d'Aix.

Saint-Trophime a été visité en ce siècle par le duc d'Orléans, 1839, par Napoléon III en 1851, en 1856 durant l'inondation, et en 1860. « Il venait, en passant à Chambéry, de donner secrètement son assentiment à l'invasion des Etats pontificaux. Il allait deux jours après, en traversant Marseille, protester par une note officielle, qu'il ne tolèrerait jamais cette coupable agression. Entre ces deux actes qui peignent sa politique, Mgr Chalandon le reçut le 8 septembre, sous le portail de Saint-Trophime, et lui dit : Sire, d'après la tradition pieuse de l'Eglise d'Arles, c'est dans nos Champs Elyséens que la croix miraculeuse apparut autrefois à Constantin, le premier empereur chrétien. C'est par ce signe qu'il remporta la victoire sur les ennemis de la religion et de l'empire. C'est aussi par ce signe que vous vaincrez les ennemis de l'Empire et de l'Eglise. Le rétablissement du Souverain Pontife sur son trône, les secours envoyés tout récemment aux chrétiens d'Orient nous sont un gage de ce que Votre Majesté daignera faire pour assurer au Pape la liberté et l'indépendance nécessaires à l'exercice de son pouvoir suprême. C'est le vœu que l'archevêque d'Arles, à la tête de son clergé, dépose aux pieds de Votre Majesté.

« L'empereur répondit : Je vous remercie des paroles que vous m'avez adressées : allons aux pieds des autels demander à Dieu les grâces qui me sont nécessaires pour m'acquitter de la mission dont il m'a chargé. Parmi les discours adressés à l'empereur pendant ce voyage, le *Moniteur* ne reproduisait que ceux qui lui avaient été agréables : celui de Mgr Chalandon eut l'honneur de déplaire et ne fut pas publié [1]. »

La basilique restaurée (1873). — L'intérieur de Saint-Trophime avait subi, de 1680 à 1690, des transformations malheureuses. Obéissant au faux goût de l'époque, Mgr J.-B. de Grignan supprima les arcs doubleaux de la grande nef, à qui il ravit ainsi son aspect religieux et son caractère architectonique. En même temps il établit, sur la porte et dans le transept, des tribunes imitées de la voûte de l'hôtel de ville, qui auraient fait bonne figure ailleurs, mais qui infligeaient à une église romane une étrange disparate. Les amis de l'art chrétien réclamaient depuis longtemps une restauration intelligente de ce beau monument [2].

---

[1] Bernard, *Hist. de la primatiale Saint-Trophime*, I, 184.

[2] Entre autres Mgr Pecci, nonce à Bruxelles, qui, devenu le pape Léon XIII, exprimait un jour sa satisfaction d'apprendre que les travaux dont il avait constaté la nécessité lors de son passage à Arles, étaient heureusement terminés.

Ces travaux payés par l'Etat et la ville, et dirigés par M. Henri Revoil, durèrent trois ans. Le Saint-Sacrement, transporté le 29 mai 1870 dans la chapelle du Collège, siège provisoire de la paroisse, reprit possession de Saint-Trophime le 19 février 1873. Avec autant de goût que de science, on a rétabli ce que le XVII° siècle avait supprimé, et supprimé ce qu'il avait ajouté, moins les tribunes du transept et la chapelle Saint-Genès.

A la suite de cette restauration, s'ouvrit pour la paroisse, sous la direction d'un brillant et infatigable curé, une ère de rénovation chrétienne, que de nombreux progrès ont signalée, parmi lesquels on peut noter la fondation d'une excellente maîtrise, la décoration de l'église poursuivie avec goût et méthode, le culte célébré dans toute sa splendeur, les œuvres de zèle et de charité animées d'une vie nouvelle, etc. Chaque année la fête de saint Trophime ramène des solennités liturgiques, artistiques et oratoires, où l'on a entendu des orateurs comme Mgr de Cabrières, Mgr Besson, Mgr Sourrieu. Les grands et les pieux anniversaires, le centenaire du martyre de Mgr du Lau en 1892, les noces d'argent pastorales de M. l'archiprêtre Bernard en 1895, le quatorzième séculaire du sacre de saint Augustin en 1897, ont été marqués par des fêtes où l'éloquence, les témoignages de la reconnaissance filiale, le concours de la ville et du diocèse se sont donné libre carrière.

Rome semble avoir pris à tâche de dédommager de ses pertes la ville qu'on surnomma la Rome des Gaules, *Gallula Roma Arelas*. En 1875, 15 novembre, Pie IX autorisait l'archevêque d'Aix et Arles à reprendre le titre de primat ; en 1877, le 1ᵉʳ juin, Léon XIII dotait la Primatiale d'un chapitre de 12 chanoines honoraires qui furent installés le 30 septembre par Mgr Forcade, en présence de Mgr de Peretti, auxiliaire d'Ajaccio. En 1882, le 24 janvier, Léon XIII l'élevait à la dignité de basilique mineure ; l'érection eut lieu le 29 janvier, présidée par Mgr Forcade et Mgr Vigne, évêque de Digne.

En même temps les fastes d'un glorieux passé redevenaient populaires, grâce aux écrits de M. l'archiprêtre Bernard, *La Primatie de l'Eglise d'Arles*, *Histoire de la Basilique Saint-Trophime*, Mgr Jean-Marie du Lau, *Le Cloître Saint-Trophime*, *Les reliques de la Primatiale*, dans lesquels l'accent pieux et maintes fois éloquent s'unit à une érudition sérieuse, et qu'on peut citer comme des modèles de style historique.

Usages. — I. Les *prières des Rogations* furent introduites à Arles par saint Césaire peu après leur institution à Vienne par saint Mamert. Il les rendit tellement respectables par les homélies qu'il prononça à leur occasion qu'elles s'y récitent encore dans leur forme primitive, alors que l'Eglise de Vienne les a abandonnées depuis 1782. Elles se composent d'*invocations* chantées dans le parcours, les mêmes que celles du bréviaire romain, avec adjonction des saints d'Arles et des saints Irénée, Léger et Germain ; — et de *supplications*, qui se font dans les églises stationales, et qui s'adressent à la Sainte Vierge, au patron et au titulaire de l'église, aux saints titulaires des chapellenies, dans l'ordre de fondation de celles-ci. C'est le seul des anciens usages qui soit à demi conservé, nous disons *à demi* à cause de l'interdiction des processions : « Nous n'avons plus même les libertés que nos pères avaient sous les Visigoths [1]. »

Un processionnal du XIII⁰ siècle, conservé à la Major, marque, au mercredi, les répons à chanter durant la procession qui se faisait en bateau sur le Rhône. Innocent VIII la déclara supprimée, en approuvant les nouveaux statuts du Chapitre, 1489 : « Ayant appris, disait la bulle, qu'en cette ville d'Arles on faisait chaque année, la veille de l'Ascension du Seigneur, une procession sur le fleuve du Rhône, nous réprouvons cette coutume, *propter periculum fluminis antiquitus in talibus processionibus expertum.* »

2. *La fête des fous,* le jour de l'Epiphanie, forme nouvelle des saturnales antiques. Elle dépassait en insanités bouffonnes et en farces extravagantes tout ce qu'on peut imaginer : élection d'un archevêque des fous qui officiait avec des cérémonis burlesques, chants discordants *in plano* et surtout *in falso,* festin et danses dans l'église, etc. Le Chapitre payait tous les frais. Charles IV, témoin de cette fête, lors de son couronnement en 1364, en ordonna la suppression, prononcée déjà par les décrets de plusieurs conciles, dont l'Eglise, indulgente comme toutes les mères, n'avait pas trop pressé l'exécution. On la renouvela pourtant en 1477, avec une dépense de 136 florins, 8 gros, pour

---

[1] Bonnard, *Hist. de la bas. Saint-Trophime,* I, 298.

le roi René qu'elle dut fort intéresser. Ce prince débonnaire partageait sans doute le sentiment du vieux chanoine d'Auxerre expliquant aux vignerons champenois que cette fête n'était pas moins agréable à Dieu que celles de Pâques et de Noël : « Nous sommes des vaisseaux mal cerclés que le vin de la sagesse ferait rompre, si nous le laissions bouillir par une dévotion trop continue au service divin. »

3. *Les Brandons*, 1ᵉʳ dimanche du Carême.—A l'époque où des pénitences étaient imposées à ceux qui pendant le carnaval s'étaient livrés à des divertissements défendus, ces pénitents paraissaient à la messe, une torche à la main, en réparation du scandale.

4. A la procession des fonts, les veilles de Pâques et de Pentecôte, le *cierge bénit*, fourni par le Chapitre, était porté par un des anciens consuls.

5. Pour la *Fête-Dieu*, des jeunes gens, habillés aux frais de la ville, représentaient divers *mystères* se rapportant à la solennité.

6. *Cérémonial de la Sainte-Arche.* — On appelait de ce nom une châsse en vermeil, en forme d'église ogivale, surmontée d'une tour carrée ajourée, avec à l'intérieur l'image de saint Trophime sur son siège épiscopal. Aux angles, des tours à flèche, et tout autour les statues des apôtres et de divers saints dans des niches. Une balustrade dentelée couronnait la toiture. Sur le soubassement : *Hoc opus factum fuit tempore venerabilis Patris Dni Guasbert, archiepiscopi arelatensis et D. N. Papae camerarii, sub anno Dni MCCCXLI.* Les plus précieuses reliques de

l'Eglise d'Arles y étaient enfermées, une portion de la vraie Croix, les corps de saint Trophime et de saint Genès, des reliques de plusieurs apôtres, etc. Gardée d'abord dans la crypte, elle fut, quand le cardinal Alemand eût fermé celle-ci, portée dans la chapelle supérieure construite pour elle à l'intérieur du clocher.

« Le jour des Saints Innocents (veille de saint Trophime), à la grand' messe, on descend la Ste *Arche* de la voûte qui est sur le grand autel. MM. les chanoines garde-reliques font préparer tout ce qui est nécessaire pour la solennité requise et font visiter la veille les cordes et les crochets dont on se sert pour la descendre. Le sacristain a préparé un autel pour la poser dessus et garnit les grands chandeliers d'autant de cierges qu'on en peut mettre. Il les allume quand on commence la préface. Après l'élévation du Saint-Sacrement, on élève le chandelier jusqu'au haut de la voûte, devant la porte par où la Ste Arche doit aller. Lorsque le chœur chante *Agnus Dei*, on ouvre la porte et on commence à faire voir la Ste Arche autour de laquelle il y a 8 chandeliers avec 8 cierges ; il y en a 2 en bas sur la table où l'on reçoit la Ste Arche qui demeurent allumés pendant les offices. MM. les chanoines et tous les prêtres, clercs et musiciens se rendent près de l'autel. Après None chantée posément, l'officiant, le diacre et le sous-diacre vont prendre des ornements blancs, les 4 anciens chanoines la chape et les bâtons ; l'officiant achève l'office de None, la musique chante des motets et des hymnes jusqu'à ce que la Ste Arche soit entièrement descendue.

« Lorsqu'elle est près du lieu où on la doit poser, les 4 plus dignes du Chapitre montent sur 4 escabeaux, ôtant chacun de leur côté les chandeliers qui sont autour de l'Arche et la conduisant avec les mains jusqu'à ce qu'elle soit reposée sur l'autel. Les 4 choristes marchant l'un après l'autre, puis le sous-diacre et le diacre, et l'officiant portant l'encensoir, suivi de l'assistant, font tous ensemble trois tours autour de la Ste Arche, l'officiant l'encensant toujours. Après ils s'arrêtent au-devant du grand autel, les enfants de chœur disent le verset de saint Trophime, et l'officiant l'oraison, puis on se retire. »

Aux secondes vêpres « après l'encensement de l'autel, au *Magnificat*, on encense la Ste Arche par 3 tours. Après, les 4 plus dignes chanoines étant montés sur 4 escabeaux aident à mettre les crochets, et quand on l'élève, ils y mettent les 8 chandeliers au-dessous. Pendant qu'on la monte, le chœur achève vêpres et complies, et ensuite la musique chante des motets jusqu'à ce qu'elle soit entièrement fermée. Puis on chante le verset et l'oraison de saint Trophime comme ci-devant. » (*Coutumier de la Ste Eglise d'Arles*, Bibl. Méj. man. 546).

Cette cérémonie attirait toute la ville, mais comme, au XVIIIe siècle, elle devint l'occasion de manifestations trop bruyantes, la Ste Arche fut déposée à la sacristie et la chapelle haute démolie. Une procession pour la prendre et la remporter remplaça la cérémonie de la descente et de la remontée de la châsse [1]. La S¹ᵉ Arche fut brisée et fondue pendant la révolution : ses reliques furent profanées. Quelques-unes pieusement recueillies ont été inventoriées en 1803 et 1839. Disposées en plusieurs châsses, avec d'autres reliques venues à la Primatiale de sources diverses, elles furent en 1884 placées dans la chapelle absidale dédiée à saint Trophime, à la suite d'une translation que présidèrent Mgr Forcade et Mgr Vigne, archevêque d'Avignon.

Le Chapitre. — La vie des saints évêques d'Arles, celle de saint Césaire en particulier, parle souvent de la communauté de prêtres qui entourait l'évêque aux premiers siècles. Ce n'est qu'en la seconde moitié du VIII° que ces prêtres embrassèrent le régime monacal qu'ils ont suivi tout le moyen-âge. On remonte jusqu'à l'origine du Chapitre d'Arles : on connaît en effet, dès 796, un prévôt nommé Eribald. Le 28 mai 874, — et c'est ici le plus ancien titre authentique, — l'archevêque Rostang oblige le prêtre de Licensu (?) à payer une pension annuelle au prévôt du Chapitre. Les « chanoines de Saint-Etienne » ou la « communauté de Saint-Etienne » figurent en des actes de 902, 946, fondation de Montmajour, 985, et en des chartes nombreuses à partir du XI° siècle.

En 1186, sous Pierre Aynard, le Chapitre embrassa la

---

[1] Une cérémonie analogue se pratique aux Saintes-Maries. En laquelle des deux églises cet usage a-t-il commencé ? Cette succession ne sera pas facile à déterminer tant qu'on ne mettra pas la main sur un document qui tranche la question, car les chapelles hautes de ces églises datent toutes deux de la même époque.

règle de saint Augustin, dont Innocent III dut lui rappeler les obligations en 1200. Pendant les troubles de 1236, Jean Baussan excommunia ses chanoines, mais le légat Pierre, évêque d'Albano, obtint leur pardon, moyennant quelques jeûnes et la récitation des sept psaumes. En 1417, le pape Martin V essaya d'une réforme. Enfin en 1480, Nicolas Cibo obtint d'Innocent VIII leur sécularisation, qui ne s'accomplit pourtant qu'en 1493, par les soins du vicaire général Dragatius.

Les empereurs, les archevêques et les princes avaient accordé de nombreux privilèges politiques et territoriaux au Chapitre d'Arles. L'empereur Henri VII l'autorisa, en 1309, à prendre dans ses armes l'aigle impérial de sable sur champ d'or, avec la devise *supervolat omnes*. Chaque année l'abbé de Saint-Gilles lui payait 20 livres de cire, depuis 1158; l'église Saint-Martin d'Hyères, 20 sous melgoriens, 1166; l'abbé de la Chaise-Dieu, 13 cannes d'huile, 1180; le château de Beaucaire, 100 marcs d'argent, 1214, etc.

Tous les corps ecclésiastiques et ordres religieux, même exempts, abaissaient leur croix devant la croix capitulaire et marchaient sous elle aux processions. Les Prêcheurs ayant prétendu, en 1420, se dérober à cette obligation, le cardinal de Brogny les y contraignit.

En 1790, le Chapitre était composé d'un prévôt, d'un archidiacre, d'un sacristain et d'un archiprêtre, *dignités* établies en 1225, et de trois *personats*, le capiscol, le primicier et le trésorier, tous nommés par l'archevêque; de 13 autres chanoines, dont un théologal, élus par le Chapitre;

l'archevêque avait droit de présidence et de vote aux élections ; 20 bénéficiers nommés, 6 par l'archevêque, 7 par le chapitre, 7 par divers laïques, plus 12 officiers, chantres et clercs. Le culte pouvait donc se célébrer avec pompe, surtout quand on observait la règle rappelée dans une requête du capiscol, en 1374 : « Tous les ecclésiastiques de la ville doivent assister aux offices de Saint-Trophime pour les fêtes solennelles, selon la coutume. »

Ont appartenu au Chapitre : Gontard, évêque de Fréjus, Humbert, évêque de Vaison, au X° siècle ; Raimbaud de Reillane, Pierre Aynard, Bertrand de Malferrat, archevêques d'Arles aux XI°, XII° et XIII° siècles ; Louis Aube de Roquemartine, évêque de Grasse ; de Broglie, évêque d'Angoulême, Amat de Volx, évêque de Senez, d'Orléans de la Mothe, le saint évêque d'Amiens, au XVIII° siècle, etc. ; et aussi les prévôts J.-B. de Castellane, tué en combat singulier, en 1525, et Villardy de Quinson qui se jeta dans le mouvement révolutionnaire et finit tristement sous l'Empire.

De nombreux chanoines d'Arles se sont distingués par leur science et leurs vertus ; de ce nombre Pierre SAXI, † 1637, auteur du *Pontificium Arelatense* ; le primicier DU MOLIN, † 1681, liturgiste, homme d'étude et d'œuvres, l'oracle du diocèse durant un-demi-siècle ; Gilles *du Port*, † 1694, auteur d'une *Histoire de l'Eglise d'Arles*, du traité de *l'Homme d'oraison*, etc. ; *Varadier de Saint-Andiol*, insigne bienfaiteur des pauvres, auteur de poésies sacrées et profanes, imprimées sous le titre *Juvenilia* et d'une traduction de l'*Imitation* en vers latins, un des fondateurs de l'Académie d'Arles ; *Pierre de Sabatier*, à qui on doit *Acta Ecclesiae Arelatensis*, manuscrit ; *de Claret*, traducteur du *De Laudibus Provinciae* ; le bénéficier Bovis, auteur de la *Royale couronne d'Arles*, etc.

A la révolution, les chanoines émigrèrent presque tous en Italie : l'un d'eux, M. de Chapelle, alla jusqu'en Russie, où l'on croit qu'il mourut. A trois d'entre eux échut l'honneur de partager le martyre de Mgr du Lau.

Costume canonial d'*hiver* : manteau de drap noir avec coutures de soie cramoisie, bande de velours cramoisi sur le devant, rochet sans manches et sans dentelles, camail à longue queue avec devant et bordure petit-gris ; en *été*, surplis à grandes manches et aumusse. Les chanoines actuels portent en toute saison, rochet à manches, camail soie noire avec bordure et devant petit-gris.

— La Bibliothèque de la ville possède deux Sacramentaires de l'Eglise d'Arles, l'un du XIe, l'autre du XIIIe siècle.

III. LA PAROISSE

Seule paroisse de la ville à l'origine, Saint-Trophime avait vu par la suite des temps sa juridiction se partager en diverses églises. Il garda uniquement le siège de l'évêque et du Chapitre, à l'époque où la ville d'Arles se partagea en quatre bourgs différents, entourés de fortifications, séparés même de régime politique et municipal [1]. On ne peut assigner une date initiale à cette organisation, qui existait au XII° siècle.

Déchu de son titre de cathédrale, Saint-Trophime est devenu en 1802 siège de la première paroisse d'Arles, formée de trois autres, supprimées, *Notre-Dame la Principale*, *Saint-Martin* et *Saint-Lucien*.

I. **Notre-Dame la Principale.** — On pourrait voir en elle l'église de la Vierge qui, avec le Baptistère, avoisinait les cathédrales primitives : son nom de *Principale* et son rang de première paroisse de la ville, ne contrarieraient point ce sentiment. Elle fut rebâtie en 1175, et consacrée le 4 novembre. « Ecc¹° S¹° Marie ante S¹ᵘᵐ Trophimum » est inscrite dans la liste synodale de 1213 pour 40 sous et 6 livres de cire. Elle n'était séparée de la cathédrale que par une rue étroite. Au XVII° siècle, on la reconstruisit en arrière, sur des terrains de l'Arsenal, dans le double but de l'agrandir et de dégager le portail de Saint-Trophime et la place du Marché. Mgr du Laurens posa la première pierre le 18 février 1621. Echangée plusieurs fois entre l'archevêque

---

[1] La *Cité* (paroisses actuelles de Saint-Trophime et de la Major en majeure partie) possédait les paroisses Saint-Lucien, Notre-Dame la Principale, Notre-Dame la Major, Saint-Michel de l'Escale, et Saint-George ; — le *Vieux Bourg* (Saint-Césaire actuel), Sainte-Croix, et Saint-Laurent ; — le *Bourg* ou *Borrian*, l'ancien *Medianum*, espace sacré entre l'établissement romain et la ville celtique, ce qui explique qu'on y ait bâti assez tard (portion de Saint-Trophime et de la Major, du Rhône aux Alyscamps) possédait Saint-Martin, et Sainte-Madeleine : la portion au couchant des Arènes s'appelait le *Marché* ; — le *Bourg-neuf*, au nord du Bourg, le long du Rhône (Saint-Julien actuel) avait Saint-Julien, et Saint-Isidore.

et le Chapitre, unie à celui-ci en 1500, elle fut cédée en 1625 à M⁵ʳ du Laurens qui y installa les Oratoriens, établis en l'église Saint-Claude depuis 1616. Il leur confia la paroisse en 1629.

On a conservé le souvenir du P. *Roman*, premier curé, qui introduisit le prône et les catéchismes provençaux; du curé *Agnel*, † 1680, en réputation de sainteté, qui, aidé des gens de bien, établit le Mont-de-Piété de Notre-Dame de Bon-Secours, prêtant sans intérêt et sur le simple dépôt d'un gage, et qui coopéra aussi à la fondation du Mont-de-Blé, dépôt de céréales qu'on avançait aux cultivateurs jusqu'à la récolte prochaine dans les mêmes conditions de gratuité et de nantissement; du P. *Guys*, aussi vertueux qu'érudit, l'apôtre populaire du territoire arlésien pendant cinquante ans, † 1694; du P. *Maure*, d'Arles, émule des premiers orateurs de son temps, qui prêcha l'avent de 1701 devant Louis XIV.

Le nom de *Sainte-Anne* se substitua à celui de Notre-Dame vers le milieu du XVIIᵉ siècle, à cause de la dévotion croissante à la mère de la Sainte Vierge, dont cette église possédait une relique. Suivant l'exemple de M⁵ʳ du Laurens et du Chapitre, la reine Anne d'Autriche et le roi Louis XIII avaient favorisé sa reconstruction de dons généreux, en mémoire de quoi on sculpta les armes de France sur la façade.

En 1646, la ville répara la châsse de sainte Anne, l'ornant de lions sculptés qui coûtèrent 100 livres; elle donna à la paroisse, en 1666, le dais qui avait servi à l'entrée de Louis XIII.

Louis d'Aube de Roquemartine, évêque de Saint-Paul-Trois-Châteaux, y fut inhumé le 17 septembre 1714. Les seigneurs de Roquemartine possédaient un hôtel dans le quartier dès le XIV° siècle. Saint Elzéar y guérit la fille d'un de ces seigneurs, son parent, Constance d'Aube.

Attribuée à la ville pour un musée lapidaire, la Principale reçut cette affectation en 1812. On y a recueilli de nombreuses antiquités chrétiennes, entre autres une collection de sarcophages, la plus nombreuse et la plus belle après celle de Latran. On regrette que certains de ces monuments, vraies reliques de famille, les tombeaux des saints d'Arles par exemple, n'aient pas été, lors de leur transfert des Alyscamps, déposés dans les églises de la ville, leur place véritable. L'archéologie et le sentiment chrétien n'y eussent rien perdu.

Plusieurs paroisses avaient été unies à celle de la Principale : — I. *N. D. de Beaulieu, de Bello loco*, qui remontait peut-être à l'époque de saint Césaire, mentionnée dans une transaction de 1220. Jusqu'en 1335, le prieur paya à l'abbesse de Saint-Césaire 140 livres par an, plus 10 livres de cire le jour des Morts. Il y avait à côté un hôpital très ancien mentionné dans le testament de Jacine, 1224. Démolie en 1374, lors des incursions de Charles de Duras. — 2. *Saint-George*, mentionné dès l'an 900 ; en 1220, le cardinal de Porto, légat du pape, y présida une transaction au sujet des églises « Sancti Cesarii et Sancte Marie de

Bello loco in Alyscampis ». Paroisse réunie à la Principale en 1630 : église démolie en 1647; les sœurs de la Miséricorde y bâtirent leur maison en 1666.— 3. *Saint Vincent, martyr*, paroisse réunie en 1633; l'église servit ensuite aux Jésuites, puis aux Carmes; démolie en 1647. Son emplacement est signalé par une croix de pierre, posée au lieu où fut trouvée une inscription témoignant des conversions merveilleuses conquises par les prédications de saint Vincent Ferrier. N. D. la Principale portait deux croix à ses processions depuis l'union de Saint-Vincent.

En 1790, la Principale était peuplée de 3,150 habitants et desservie par un curé et trois vicaires.

II. **Saint-Martin**, *S. Martinus de Burgo*, existait au VIII° siècle. Le 4 décembre 809, Louis le Débonnaire, roi d'Aquitaine, donna à George, abbé d'Aniane, « quamdam cellulam juris sui quæ est constructa in honore S. Martini infra muros arelatensis civitatis »; la charte mentionne des serfs dans son domaine. Il confirma cette donation en 810, 822, 837, et Charles le Chauve la renouvela en 853. Saint-Martin est encore nommé dans un acte de 1047, dans une sentence de 1192 rendue « in eccl. S. Martini », dans un décret de Michel de Morèze, en 1205, dans la liste de 1243, où son cens est illisible. La paroisse *Saint-Pierre de Pesulo*, dont on trouve mention dès le X° siècle, lui fut unie en 1506.

Mgr Gaspard du Laurens y reçut le baptême le 14 septembre 1567.

Cette paroisse a produit aussi le savant Pierre Quiqueran de Beaujeu, évêque de Senez, auteur du *De laudibus Provinciae*, 1550, et Honoré Quiqueran de Beaujeu, nommé chanoine de Nîmes par Fléchier, son ami, puis évêque de Castres. Illustre comme écrivain, orateur et savant, il prononça l'oraison funèbre de Louis XIV, à Saint-Denis, en 1715, et fut reçu de l'académie des Inscriptions. Il s'attacha aux erreurs jansénistes et les soutint avec une telle opiniâtreté que le vicaire de Saint-Martin, Imbert, appelé à son lit de mort, dut par deux fois lui refuser les sacrements. L'archidiacre, assisté du Chapitre, présida néanmoins les funérailles à Saint-Martin, le 27 juin 1736; le corps fut porté aux Prêcheurs.

Saint-Martin était la paroisse du *Grand Séminaire* et des *Frères des Ecoles chrétiennes* qui y avaient ouvert leurs classes en 1740. — Le Chapitre nommait le curé. « Il a perdu son droit de nomination, dit l'*Etat du diocèse* de 1767, attendu que l'archevêque a nommé trois fois de suite *pleno jure*, mais le droit n'est pas certain. »

En 1790, cette paroisse était peuplée de 2,300 habitants et desservie par un curé et un vicaire. — *Saint-Martin*, rebâti en 1635 et bien conservé, comme la plupart des anciennes églises d'Arles, sert d'entrepôt de blé. Son clocher, construit au XVI° siècle, porte des flèches sculptées pour rappeler le nom du sieur Flèche qui le fit élever. Auprès s'élevait l'*Arc de triomphe* de Constantin, à cinq portes, démoli en 1643.

III. Saint-Lucien, ancien temple de Minerve, dédié à la Sainte Vierge au IVe siècle, d'où ses noms de *N. D. du Temple* ou de *N. D. la Minerve*. La statue de cette déesse fut trouvée au siècle dernier à côté de l'église, qui, jusqu'en 1737, conserva comme nef une portion de l'ancien temple. Le nom de Saint-Lucien lui fut donné quand Charlemagne la fit restaurer pour recevoir les reliques de ce martyr qu'il y fit porter par l'archevêque Turpin.

Saint-Lucien est nommé dans une sentence de 1198, rendue « ante fores S. Luciani », et dans la liste de 1213 où il est taxé à 4 sous par an. Détruit pendant la révolution. Dans les souterrains qui l'avoisinent (anciens *Thermes* convertis en catacombes), on a jeté en 1839 les ossements qui remplissaient ses caveaux. — En 1730, cette paroisse, peuplée de 970 habitants, était desservie par un curé, que l'archevêque nommait.

La *paroisse Saint-Trophime*, peuplée de 4000 habitants, est confiée à un curé avec titre de 1re classe, archiprêtre d'Arles et doyen, assisté de 4 vicaires, chanoines honoraires d'Arles. Le *doyenné* comprend Saint-Julien d'Arles, Moulès, Raphèle, Saint-Martin de Crau et Fontvieille. L'*archiprêtré* comprend les doyennés de Saint-Trophime, la Major, les Saintes-Maries, Salon, Martigues et Istres.

Cette paroisse possède des maisons de sœurs de Saint-Charles, d'Augustines, de Filles de la Charité, de N. D. Auxiliatrice, de Saint-Thomas, et des Frères des Ecoles chrétiennes à la Malayse.

IV. DESCRIPTION

L'église Saint-Trophime, *mon. hist.*, une des œuvres classiques de l'architecture romane, compte parmi les belles cathédrales de France. Bâtie vers l'an 600 par saint Virgile ; agrandie et enrichie d'un portail célèbre, au XII° siècle, sous Raimond de Montrond ; dépouillée de sa forme basilicale, au milieu du XV°, sous le cardinal Alemand, par la démolition des trois absides voûtées qui la terminaient ; prolongée alors au moyen d'une grande abside, formant chœur avec déambulatoire et chapelles rayonnantes, adjonction signalée par le style ogival ; mutilée et défigurée, à la fin du XVII°, dans le goût néo-grec, sous J.-B. de Grignan, elle a retrouvé la pureté de son plan ancien, à la suite de la restauration dirigée par H. Revoil, de 1870 à 1873. Elle mesure 80 m. de long, 28 de large, 20 de haut et 2400 m. de superficie : c'est la plus vaste église du diocèse.

Extérieur. — Portail, 1152. — Ouvrage caractérisé par l'harmonie de l'ensemble, la délicatesse des détails, l'entente de la perspective. Rien n'y annonce le nouveau style chrétien, c'est le dernier soupir de l'architecture antique. Il est adossé au mur de l'église virgilienne, dont on aperçoit la ligne en petit appareil au-dessus de la corniche, et à qui appartiennent aussi la fenêtre carrée à colonnette formant meneau, les deux baies allongées des collatéraux, et quelques fenêtres sur le mur du nord. Supporté par dix degrés, le

Portail énonce une sorte de poème catéchistique auquel le dogme du *Jugement dernier* fournit son chant principal, avec des épisodes qui rappelaient au peuple les dogmes essentiels : Chute originelle, Incarnation et Rédemption, Royauté du Christ, Enfer, Purgatoire, Paradis. A remarquer que tout sujet ne se rapportant pas à la glorification du Christ a été écarté, tandis que sur le portail similaire de Saint-Gilles, les scènes de la Passion ont été reproduites avec une préférence marquée. Sous les entablements latéraux sont rangées les statues des apôtres et des titulaires, saint Etienne et saint Trophime ; chacun porte son nom inscrit sur un livre.

Quatre présentent des textes complets :
Saint Pierre, sur son livre,
Criminibus demptis reserat Petrus astra redemptis;
Saint Paul, sur son phylactère,
Lex Moïsi celat quod Pauli sermo revelat
Nam data grana Sinaï per eum sunt facta farina;
Saint Etienne, sur son étole,
Pro Xρο *Stephanus protomartyr suam animam ponit*
Stephanus. . . . . suam pro Xρο;
Saint Trophime, sur son pallium,
Cernitur eximius vir Xρι *discipulorum*
De numero Trophimus septuaginta duorum.

Nombre de détails historiques, scripturaires, ou emblématiques, saisissants, malicieux, grotesques même, rendent très intéressant l'examen attentif des scènes sculptées sur ce célèbre Portail.

Clocher, XII° siècle, 42 m., tour carrée massive reposant sur la coupole de l'église. On voit quelques traces du campanile qu'il a remplacé. Une terrasse crénelée, où était établie la vigie comm. nale, le surmontait, avant 1690. 4 cloches, dont une de l'ancienne sonnerie, et trois placées après le concordat. Il y en avait six au dernier siècle, dont une du XIII°, refondue en 1672, comptait parmi les plus vieilles de la chrétienté « que les Alemans et estrangers venoient voir par grand curiosité, disant *Ecce quam vetus est usus campanarum in Ecclesia Dei* ». (Gaignon, *Hist. d'Arles*).

Intérieur. — Nef, VII° - XII° siècle. — Sous la première travée, *substructions* de l'église du IV° siècle; — sous la 4°, *crypte* du XII°, comblée au XV°, qui a gardé les reliques de saint Trophime de 1152 à 1450, celle à deux arcatures, précédée d'un couloir. Il est désirable qu'on puisse un jour y accéder. — *Maître autel*, consacré par M⁶ʳ Chalandon, 8 décembre 1858, la face postérieure à rinceaux romans appartenait à l'ancien autel. — *Trône des archevêques*, paré d'une tapisserie de Catherine de Médicis et du fauteuil de M⁶ʳ du Lau. — Sur l'arc dominant l'autel, tabl. * *Lapidation de saint Etienne*, Finsonius, 1614, payé cinq cents écus par la ville, pour être placé en arrière de l'autel, dans un grand rétable doré, des menuisiers Charbonnier et Constantin, qui reçurent en paiement 1024 livres, 12 sols. — *Chaire* bois, style XII° siècle, dessinée par H. Revoil, sculptée à Louvain, 1897.

Collatéral droit. — *Tombeau* anépigraphe, du consul Balbi, 1458. — *Assomption*, tabl. Sauvan. — *Chap. S* Jean-Baptiste* ou *des Ferrier* (murée), bâtie par ces archevêques, oncle † 1521 et neveu † 1550, y ensevelis, ainsi que l'arch. Horace Montano, † 1603. — Croix de la Mission, 1892. — *Chap. SS. Trophime et Césaire*, dite des *Rois*, bâtie en 1620 par M⁹ʳ du Laurens, y enterré, 1630, avec monument « Ange gardien introduisant le prélat dans la gloire ; figure de la Charité, » par Jean Dedieu, aux frais du Chapitre en 1677. Une inscription, composée par l'historien Nostradamus, rapporte que cette chapelle en a remplacé deux autres, celle des *S*ᵗᵉˢ *Maries*, fondée par Rostang de Cabre, qui y fut inhumé en 1303 ; celle de *Tous les Saints*, bâtie en 1341 par Guasbert du Val, avec un tombeau qui devint cénotaphe, ce prélat étant mort archevêque de Narbonne ; que le *corps du B. Rostang* a été transféré sous l'autel ; que M⁹ʳ du Laurens, ayant obtenu de grandes indulgences pour ceux qui viendront prier, a fondé une messe basse chaque jour, six grand' messes par an avec orgue, le chant des litanies de la Vierge tous les soirs après complies, etc. Sur l'autel, dans un rétable, *Adoration des Mages*, vaste toile de Finsonius, 1614, que M⁹ʳ du Laurens paya 300 écus. Le prélat est peint sous les traits du roi Gaspard, son patron. — *Chaire* en marbres variés que M⁹ʳ du Lau fit exécuter à ses frais par le sculpteur portugais Emm. Carvalho, 1780 [1]. Les quatre animaux symboliques supportent la vasque et l'abat-voix.

---

[1] L'ancienne chaire portait cette date « Hoc praedicatorium fuit factum anno MCCCCLX. »

COLLATÉRAL GAUCHE. — *Annonciation*, par Finsonius, Naples, 1612 ; achetée 210 livres par les consuls pour la salle communale, 1614. *Déposition d'un évêque simoniaque*, tableau du XVe siècle, qui décorait la salle du Chapitre. — *Inscription du VIIe siècle*, à triple acrostiche, en grandes lettres onciales, attribuée à saint Virgile, mutilée par la pose des orgues, 1503. Il manque six vers sur neuf.

 Terrarum Roma Gemina de luce magistrA
 Ros missus semper Aderit velut incola JoseP
 Olim contrito Laeteo contulit orchO

Les majuscules, lues de haut en bas, donnent *Tro* (phimus) *Gal* (liarum) *Apo* (stolus). — Inscriptions à la mémoire de Mgr du Lau et du card. Alemand.

Fonts baptismaux, 1849, composés de deux *colonnes antiques* en basalte poli, prov. du temple de Cybèle à la Major et d'un *tombeau chrétien* qui renferma les reliques de saint Honorat ; apporté des Alyscamps, dont c'était le maître-autel ; surchargé de scènes évangéliques très dégradées ; expliqué par M. Le Blant dans son *Etude sur les sarcophages chrétiens d'Arles*, p. 41.

Tapisseries d'Aubusson, XVIIIe siècle, placées en 1889, sept panneaux représentant les Mystères de la vie de la Vierge.

Inscriptions obituaires des arch. Raymond de Montrond, † 1160, Raymond de Bolène, † 1182, Imbert d'Aiguières,

† 1202 ¹, Michel de Morières, † 1217, Hugues Béroard, † 1232, tous ensevelis dans la nef ainsi que Aicard de Marseille, † 1090.

CHAPELLES ABSIDALES. — *Chap. Saint-Etienne*. Une vieille tradition attribue à saint Trophime lui-même le choix de ce vocable ainsi que la possession du crâne du protomartyr. Cette insigne relique, presque intacte, porte des traces de lapidation. Il en est parlé dans le récit des translations du VII° siècle et de 1152. — Au pilier d'en face, épit. du B. Louis Alemand, archevêque et cardinal du titre de Sainte-Cécile, † 1450. — *Chap. Saint-Roch*. Portion majeure du corps du saint, provenant des Trinitaires, à qui le maréchal Boucicaut l'avait donnée au XV° siècle. La dévotion à saint Roch contre les épidémies s'est répandue surtout depuis que le concile de Constance, présidé par le cardinal de Brogny, archevêque d'Arles, assista à une procession où son image fut portée. En 1630, pour obtenir la cessation de la peste, les consuls firent entre autres vœux celui d'une procession annuelle en l'honneur du saint.

Chap. Saint-Sépulcre, bâtie en 1451 par le cardinal de Foix dont les armes à la voûte. L'autel est formé par un tombeau chrétien de l'époque byzantine, VII° ou VIII° siè-

---

1 En 1695, on découvrit son tombeau et son *épitaphe*, à côté de l'autel des SS. Simon et Jude. La voici, sans une traduction qui serait une trahison :

Hic jacet Imbertus. Hic thus tumulatur et imber,
Praesulis officium nomen utrumque notat.

Imber doctrinam, thus significat sacrificium,
Sic fuit Imbertus sacrificando docens.

cle, représentant Notre Seigneur assis et bénissant, accosté de deux apôtres à genoux ; c'est celui de *Geminus*, administrateur général du cadastre, mort à trente-huit ans. Le couvercle est perdu, mais on a le texte de l'épitaphe. — Sépulture et épitaphe de l'ingénieur Robert de Montcalm, † 1625, qui se ruina pour achever le canal de Craponne [1]; monument élevé par sa veuve qui y a inscrit ce cri de douleur et de tendresse : « Mortuus est aliis at mihi vivit adhuc. » — *Ensevelissement du Christ*, groupe pierre, XVIe siècle, à dix personnages, qu'on peut attribuer au sculpteur bourguignon qui a doté d'une œuvre similaire l'église Saint-Pierre d'Avignon ; autrefois aux Prêcheurs, ce qui explique le costume de plusieurs personnages. — *Ex-futur tombeau* des cardinaux de Foix, † à Avignon, 1472, et de Lévis, † à Rome, 1475.

Chap. N. D. de Grâce, où réside le Saint Sacrement. En avant, caveau des prévôts du Chapitre, ouvert en 1767 par le prévôt de Grille qui y fut seul inhumé, 1772. * *Statue de N. D. de Grâce*, marbre, par Léonard Mirano, de Gênes, bénite le 2 février 1619 par Mgr du Laurens, avant la procession qui la porta à Saint-Honorat, escortée du Chapitre, des consuls et de tous les corps religieux. En 1794,

---

1 Dès 1167, l'arch. Raymond de Bolène avait obtenu du comte de Provence l'autorisation de dériver de la Durance, au territoire de Félines, un canal qui, franchissant le défilé de Lamanon, eût fertilisé la Crau, assaini les marais de la Duransole et conduit l'eau jusqu'à Arles. Les pestes et les guerres interrompirent cette entreprise. Craponne et Montcalm la réalisèrent, non sans avoir utilisé les travaux précédents. Au milieu du XIIe s., un autre archevêque avait obtenu de la République, comme mesure d'hygiène, que les égouts ne se déverseraient dans le Rhône qu'en aval du point où l'on puisait l'eau pour l'alimentation des habitants.

le premier citoyen qui porta la main sur la Vierge vénérée, ayant mal posé le pied, tomba et se cassa la jambe. Nul n'osa poursuivre l'attentat. Lors de la réouverture des églises, la statue fut portée en triomphe à Saint-Trophime par les marins. — 2 tabl. de Raspal, *Mystères de la Vierge*. Cette chapelle absidale, défigurée par des adjonctions renaissance, reprendra bientôt ses lignes ogivales.

Chap. du Sacré-Cœur, dite des anniversaires, qu'une petite porte, surmontée encore des armes du Chapitre, et fermée en 1768, mettait en communication avec l'extérieur. Sépulture du chevalier de Guise, un des fils du Balafré, † aux Baux, 1614 [1], et de François de Rodulphis « de Bène en Piedmont », † 1566.

Chap. Saint-Trophime, et des *reliques*, munie d'une belle grille en fer, 1884. — *Chap. Saint-Joseph*. — *Chap. de la Croix* : *Descente de Croix*, *Christ en Croix*, tableaux d'auteurs inconnus.

Chœur. — Vitr. de Maréchal, *Sainte Vierge, saint Trophime, saint Virgile*, 1875. — *Stalles* de l'anc. salle capitulaire ; ont remplacé les belles stalles détruites en 1794. — Sépulture de Mgr de Forbin-Janson, dernier archevêque mort à Arles, 1741. — Orgue 1 cl. 8 jeux, pédalier, *Cavaillé-Coll*, 1874 ; de grandes orgues sont en projet. Le

---

1 La ville d'Aix, très affectionnée à ce lieutenant du roi, réclama son corps, mais celle d'Arles fit opposition. Le Parlement décida que le corps serait inhumé à Saint-Trophime, la mort s'étant produite près d'Arles, mais que le cœur serait porté à Saint-Sauveur, pour être déposé au caveau des archevêques. C'est en ce sens que doit être rectifié ce qui a été dit au tome 1er, p. 57.

premier orgue de Saint-Trophime fut posé, 1467, par Jean Robelin, au prix de 400 florins, fournis un quart par le Chapitre, le reste par le syndic de Grille.

Transept. — *Chap. Saint-Genès*, bâtie par M#sup#gr#/sup# Fr. de Grignan, 1680. — Autel formé d'un *tombeau chrétien du V#sup#e#/sup# siècle*, représentant le passage de la Mer Rouge. — * *Assomption*, bas relief marbre, provenant de l'église des Grands Carmes. — Sépulture et épitaphe des deux Grignan, François, † 1689; Jean-Baptiste, † 1697.

Sacristie, creusée sous le cloître en 1655; la voûte porte cette date avec les armes du chanoine Jacque de Boche. — Le *trésor*, très riche au moyen-âge, avait beaucoup perdu de son importance après les guerres civiles, comme le prouve un procès-verbal de 1632, et la disette de 1709. La révolution a détruit ou fait disparaître la *Sainte-Arche*, le reliquaire en vermeil dit *lo cap de sant Estève*, œuvre de l'argentier Fet, XV#sup#e#/sup# s.; les châsses des saints Trophime, Genès, Florentin, Infredus, év. de Cavaillon, Agricol, év. d'Avignon; une collection d'ornements à image; les insignes des rois d'Arles, qu'ils portaient le jour du couronnement, le diadème, le sceptre et la main de justice.

On y conserve un *olifant* du IXe siècle, une crosse du XIIe, une croix du XIIIe, une cassette du XVe, tous en ivoire; la *croix capitulaire* en cristal de roche, présent de Jean Ferrier Ier aux chanoines, XVIe siècle; divers vêtements et ornements de Mgr du Lau, son pallium, une étole qu'il aurait portée quand il fut assassiné, son camail, etc.;

divers insignes pontificaux légués par Mʳ Forcade, 1885. Les reliques sauvées de la profanation révolutionnaire forment un ensemble précieux : quatre parcelles de la vraie Croix, des ossements des saints Etienne, Mathieu, Sébastien, Antoine, Roch ; Anne, Laurent, Vincent, Isidore, Lucien, Didier, Georges, titulaires d'anciennes églises ; des saints d'Arles : Trophime, les Maries, Genès, Honorat, Hilaire, Césaire, Virgile ; les vierges Ursule, Rusticule (corps entier, moins le chef à la Major) ; cardinal Alemand (corps entier et chasuble avec son image, ses armes et autour ces mots *Cappa B. L...*).

Dans une salle, sur la sacristie, fragment de décoration picturale du haut moyen âge. En trois figures groupées, d'un dessin et d'un coloris frustes, vêtues de draperies dont les bordures étaient relevées de verroterie, on croit reconnaître la Sainte Vierge, sainte Madeleine et saint Etienne.

CLOITRE [1]. — Au IXᵉ siècle, à la suite des décrets des conciles, celui d'Arles, 813, en particulier, imposant la vie de communauté aux prêtres qui desservaient les cathédrales, un premier cloître, d'architecture très simple, fut ouvert au centre de la *canonica*. Ce cloître primitif a été rebâti par partie à quatre époques diverses.

La galerie romane, au nord, date du XIᵉ siècle ; la romano-byzantine, au levant, du commencement du XIIIᵉ, sous Hugues Béroard ; l'ogivale, au couchant, la plus intéressante,

---

[1] Cf. *Le cloître de Saint-Trophime*, par M. l'archiprêtre Bernard.

de la fin du XIV°, sous François de Conzié ; l'ogivale, dernière période, au midi, de la fin du XV°.

Les architectes louent ce monument à l'égal des plus remarquables. « Ce cloître est d'une grande richesse, dit Violet Le Duc, *Dict. d'architect.*, III, 417. On sent dans les sculptures aussi bien que dans les profils l'influence des arts de l'antiquité romaine. Les piliers, décorés de statues, sont composés avec un grand art et ont fort bon air. » — « Œuvre variée et saisissante, dit Revoil, *Archit. Rom.* II, 47, dont tout artiste, qu'il soit archéologue ou simple visiteur, emporte les impressions les plus profondes et les souvenirs les plus instructifs. »

Les quatre galeries qui entourent le préau sont composées chacune de trois travées divisées en quatre arcades que supportent des colonnes jumelles : piles d'angle et celles entre travées très puissantes. 325 mètres carrés.

Remarquer dans la *gal. du nord*, les statues de saint Trophime, saint Jacques, avec un pèlerin et un maure ; panneaux et chapiteaux historiés, Saintes Maries au tombeau, Résurrection de Lazare. Epit. du *doyen* Jourdan, † 1187, de Guill. Cavallier, † 1203, du *capiscol* Pons de Barcianèges, † 1201, de l'*ouvrier* Pons Rebolly, 1183 ; — *gal. du levant*, statues de saint Etienne et de saint Paul ; panneaux et chapiteaux : Lapidation de saint Etienne, Conversion de saint Paul, Mystères de la Sainte Vierge. Epit. du *précenteur* Durand, † 1212, de Guill. de Miramas, † 1239, du *prévôt* Boson, † 1181. Ecusson du Chapitre ; — *gal. du midi*, figure saisissante de Gamaliel ; sujets symboliques, traits de la vie du Sauveur. *Puits* dont la margelle a été taillée dans la base d'une colonne en marbre blanc du théâtre ; plusieurs chapiteaux et colonnes ont la même provenance et ont été retaillés sur place. Autel du XIIe siècle, avec le nom du prêtre *Galantier 1749*, qui mourut en y célébrant la messe ; — *Gal. du couchant*, sainte Marthe et la Tarasque, Madeleine chez Simon, Couronnement de la Vierge, Pentecôte. Epit. du *sacriste* Bertrand, † 1221.

Enseveli sous les ruines et les immondices, le cloître fut déblayé en 1826, et totalement restauré en 1844.

NOTRE DAME LA MAJOR
Sancta Maria Major Arelatensis

Après la conversion de Constantin et surtout les édits théodosiens désaffectant les temples du paganisme, beaucoup de ces édifices furent convertis en églises. Cette transformation se constate à l'origine de la Major, qui compte ainsi parmi les monuments vénérables fournissant une date à l'histoire de la religion et de l'art chrétien.

A Arles comme à Aix, le temple de Cybèle, mère des

faux dieux, fut dédié à Marie, mère de Dieu. Bâti au-dessus de l'amphithéâtre, il dominait la ville et la campagne. Cette église Sainte-Marie fut surnommée *Majeure*, comme sa sœur jumelle de Rome, ou la *Major*, comme sa sœur aînée de Marseille, étant regardée comme le plus antique et le plus digne des sanctuaires arlésiens consacrés à la Vierge, Sainte Marie du Temple, Sainte Marie de l'Abbaye, Sainte Marie la Principale, etc.

L'abside circulaire du temple, ornée de colonnes de basalte et de porphyre, devint le *presbyterium* de l'église. Huit de ces colonnes, données à Catherine de Médicis en 1569, sombrèrent en aval du Pont-Saint-Esprit, avec le bateau qui les portait à Paris. Deux autres ont été utilisées à Saint-Trophime, en 1819, quand on y a disposé des fonts baptismaux.

A la Major aussi, sous le seuil de la porte, fut trouvé, en 1578, l'autel de la Bonne Déesse, en marbre blanc, un des riches morceaux du Musée. L'inscription indique qu'il a été offert à la déesse par sa prêtresse Caiena Attice, affranchie de Prisca.

C'est le 8 des ides de juillet 452 que le temple transformé et agrandi fut consacré solennellement par l'évêque d'Arles, Ravennius, assisté de quarante-quatre évêques. A cette occasion, un concile se tint dans la nouvelle église.

Cette assemblée porta cinquante-six décrets sur le Baptême, la Confirmation, la Pénitence, l'Eucharistie, l'indulgence à l'article de la mort, etc., curieux pour la connaissance des mœurs et de l'état social chrétien à cette époque. On rappelle, par exemple, aux évêques, de ne plus tolérer ces pratiques païennes, brûler des flambeaux devant les idoles, honorer les arbres, les sources et les pierres ; quand un enfant exposé aura été recueilli, de le faire annoncer au peuple par le diacre, le dimanche suivant, afin que ceux qui voudront le reconnaître puissent le réclamer dans les dix jours. Ce temps écoulé, celui qui inquiètera les personnes qui auront recueilli l'enfant sera excommunié comme homicide.

D'abord simple titre relevant de la cathédrale, la Major devint paroisse distincte vers le XIe siècle. Cette église appartenait alors aux archevêques ; Raimbaud, qui siégeait au milieu de ce siècle, en restaura la façade. Dans la liste de 1243, « Eccl. Stae Mariae Majoris » figure pour un cens annuel de 25 sous. En 1221, Hugues Béroard la céda avec deux autres églises de la ville, Saint-Michel et Saint-Martin, à ses chanoines, en échange des églises de Méjanes en Camargue et des deux églises de Grans, Saint-Pierre et Saint-Michel, que ceux-ci lui transmirent.

Le culte de saint Marc. — La Major possédait une mâchoire de saint Marc, évangéliste. Fort vénérée des arlésiens, cette relique était portée en procession dans les calamités publiques, ainsi en 1485, lors d'une inondation du Rhône, en 1533, pour une grande sécheresse, etc.

En 1221, sous la podestarie d'Isnard d'Entrevenne, « Venise étant, dit-on, menacée d'une famine, les citoyens d'Arles s'empressèrent d'y envoyer des vivres, et ils obtinrent en reconnaissance la mâchoire de saint Marc. De là, ajoute-t-on, la station qu'on fait processionnellement chaque année, le jour de la fête du saint évangéliste, à l'église de N. D. la Major où cette relique est conservée, station accompagnée d'un panégyrique de la ville où le trait de la mâchoire et l'alliance avec Venise ont toujours place [1]. » Ce « Panégyrique de la ville d'Arles » qui introduisait un élément original dans le programme de la fête, fut institué, en 1467, par le conseil communal qui régla que le prédicateur serait choisi par les consuls de l'année précédente, même parmi les simples tonsurés, et qu'à cet orateur 30 livres seraient attribuées, s'il était natif d'Arles, et 20 livres, s'il était étranger. Ce discours auquel les gloires religieuses, civiles et militaires de la cité fournissaient invariablement sa division, était prêché le 25 avril en présence du Chapitre métropolitain, des quatre ordres mendiants, et des consuls en chaperon. En 1644, le comte d'Alais, gouverneur de Provence, y assista, ayant été reçu par les chanoines à la porte de l'église.

Le 25 avril 1678, « MM. les consuls, dit le registre municipal, ont entendu le discours de M. l'abbé d'Olivier qui les a apostrophés selon l'usage. » Plusieurs de ces discours ont été imprimés, ceux entre autres de M. de Montfort en 1742, du P. Fabre en 1743, etc. Celui-ci fut jugé si réussi et les compliments qui y étaient prodigués aux divers ordres avaient résonné si agréablement aux oreilles arlésiennes, que le P. Fabre dut, à la requête des consuls, prêcher

---

[1] Anibert, *Mém. sur l'anc. République d'Arles*, III, p. 99. — Peut-être ne faut-il attribuer le choix de la fête de Saint Marc qu'à une similitude héraldique « le Lion », pièce commune aux armes d'Arles et de Venise.

une seconde fois son discours le dimanche suivant, dans la grand' salle de la Mairie. C'est ce même jour peut-être que le peuple commença à désigner le *Discours des Antiquités* sous le nom de *Sermoun di Messorgo*.

L'Inventaire de 1478. — Les *ouvriers* [1] de la Major l'inscrivirent dans un registre rédigé en la langue mi-latine mi-provençale du temps. Après avoir mentionné le personnel paroissial, le curé d'abord « Petrus Roverii, curatus eccl. B. Mariae de Majori, » puis les ouvriers « probis viris Johanne Robardi, Trophimo Galloni, Bartholomoeo Colesse », ils énumèrent les richesses de la sacristie : dix calices, une rose d'argent avec perles et pierres précieuses qu'on met dans la main à Notre Dame aux jours de fête, des instruments de paix en argent, de beaux ornements à deux faces avec orfrois imagés, etc.

A la suite, ils portent les recettes et les dépenses, mais en pur provençal. Quelques dépenses sont accompagnées d'explications : « xxxiii de novembre (1482), es venguda la prossession générala de sant Trofeme ung dimergue e porteron lo cap de sant Trofeme et los senhors consos ambe los senhors canonges bordenaron que se fesa lo sermon de los noveles que nostre sire lo rey de Fransa (Louis XI) a mandat in stavilla. Fes lod. sermon fr. Bortomieu, prior de los predicadors, e declaret las dichas letras. » On n'avait pas de chaire, du moins pour ces cas extraordinaires et l'on se fit prêter celle de l'abbaye voisine : « Aquel jor, aguen la

---

[1] *Operarii*, nom des fabriciens au moyen-âge. Il en reste l'expression *bans d'œuvre*.

cadiera de las Donas Monges per far lod. sermon, aven pagat anaquel que l'aducha et retornada a lad. monestier IIII deniors. »—« A XVI de decembre aven fach anebir et defendre per lo servent de l'arcevisquat a Margarida, molher de Jaumes Clement, pastre, et a Monet, mason, que non aguesse a prendre de la peire ques dedins l'hostal de lod. Jaumes Clément, et a la dicha Margarida que non l'aguesse a vendre... (ce berger avait en effet légué sa maison à l'église).— Plus aven comprat et pagat a Lois Bariera, fator de Juhan Libel, marchant de Montpellier, XX pans e miech de damas blanc per far la capa que nos commandet Monsehor de Dinha cant visitet nostra gleisa, a rason de XVI gros lo pan, monta ff. XXVII gros IIII. » (L'évêque de Digne, Ant. Guiramand, avait fait la visite, par délégation d'Eustache de Lévis, qui, malade et infirme, achevait sa vie à Rome).

Ce curieux registre existe encore, protégé par une forte couverture en bois.

La Collégiale. — Sur la demande des prêtres et des fabriciens de la Major, en date du 15 janvier 1547, appuyée par Jean Ferrier et le conseil communal, une bulle de Jules III, de 1551, érigea le prieuré cure de cette église en collégiale de dix chanoines, tous prêtres célébrants, dont un doyen et un capiscol. L'installation se fit le 29 août. Les premiers doyen et capiscol furent Jean de Nicolaï et Antoine Grisot, et les derniers MM. Nalis et Blanchier. L'archévêque nommait le doyen, et le Chapitre les autres chanoines. Les revenus canoniaux étant devenus insuffisants, Mgr de Jumilhac obtint de Louis XV des lettres patentes constituant le doyen curé de la paroisse, et deux chanoines à son choix, ses vicaires. Le casuel de la paroisse devait être versé dans la caisse capitulaire, ainsi que les modestes émoluments que les autres chanoines se procuraient en desservant diverses chapelles de la ville.

Les chanoines de la collégiale n'avaient jamais marché aux processions générales, mais en 1636, à la procession du 10 août pour la prospérité des armes du roi, Mgr de Barrault les força à passer devant les bénéficiers de Saint-Trophime.

Chaque année d'ailleurs, le Chapitre métropolitain, curé primitif de toutes les paroisses, affirmait sa suprématie. Le jour de la Purification, qui est le titulaire de l'église de la Major, il arrivait processionnellement le matin et procédait à la bénédiction des cierges, après quoi il revenait à Saint-Trophime chanter la messe du jour.

A ces processions, comme toutes les fois qu'ils se rendaient en corps à la Major, les chanoines passant devant la maison marquée par la tradition comme ayant abrité saint Paul, lorsqu'il se dirigeait vers l'Espagne, s'arrêtaient et la saluaient par le chant de l'antienne, du verset et de l'oraison du grand apôtre.

Le 22 décembre 1790, les chanoines de la Major furent dispersés et les scellés posés sur leurs archives par les officiers municipaux.

Les *armes* capitulaires portaient : d'argent à une Notre Dame de carnation, vêtue de gueule et d'azur, avec sur son épaule dextre une étoile d'or, et sur son front une croisette d'or, ayant ainsi que son Fils la tête entourée d'une gloire d'or. (Bibl. Nat. *Armorial général*, Provence, II, 176).

— L'histoire de la Collégiale de la Major pendant la première moitié du XVII° siècle a été écrite par deux de ses doyens, MM. Barbier et Chaix [1]. On jugera de l'intérêt de ce journal par l'extrait suivant : « 1612, le premier d'aoust, les larrons ont dérobé nostre église, rompant la grand' porte du sementière [2], et prindrent et rompirent la custode où prindrent le S⁺ Ciboire, où repousait le S⁺ Sacrement, prindrent une grand couppe qu'il valait 60 escus et une petite d'argent et lesarent le S⁺ Sacrement sur le banc de S⁺ Veran. Estant descouverts par M. le curé et chanoine qui venoit se retirer et de veiller un mort, enfin sortirent avec les espées nues à la main et se firent faire jour, et vers la croix du S⁺ sementière jetèrent la grand coupe en courant, lesarent l'autre au Plan de l'Orme et lesarent dans l'église, après avoir tout rompu, armoires et blot, lesarent deux marteaux, des fourreaux d'espée et tous ses crochets et outils dans un sachet de cuir. Où toute la justice avec Messieurs les consuls vindrent et informèrent, faisant un beau procès verbal. »

— « 1621, 7 sept. A cause de la peste qui menace la ville, MM. les consuls ont défendeu, avec la lisense de Mons⁺ le viquere général, toutes les estations, prédications, prose-

---

[1] *Mémorial de messires Jehan Barbier et Pierre Chaix, doyens de N. D. la Major d'Arles*, édité par M. Em. Fassin, dans la *Revue Sextienne*. Les nombreuses publications du docte magistrat fournissent à ceux qui étudient l'histoire d'Arles une ample et très utile collection de matériaux choisis.

[2] Ce cimetière et le Plan de l'Orme ont formé la place actuelle de la Major.

cions et asamblées publiques, et à 7 heures du matin et 3 heures du soir par toutes les églises l'on sonera une cloche, et tous les vrais catholis et serviteurs de nostre bon Roy Louis (que Dieu nous conserve) diront trois *Pater* et *Ave Marya.* »

La dévotion à Saint Charles. — 1598. Silvio Santa-Croce, après avoir institué vicaire général le prévôt de Roquemartine, s'embarqua pour Rome avec une suite nombreuse, dont treize arlésiens. Le second jour de mer, un violent ouragan assaillit le navire : grand mât brisé, voiles déchirées. Les passagers, les matelots même perdaient espoir. Soudain l'archevêque exhorte ses compagnons à invoquer Mgr Charles Borromée qu'il a connu et vénéré. Tout le monde recourt avec ferveur au saint archevêque de Milan. La bourrasque cessa, et malgré la perte de ses agrès, le navire atteignit le port d'Ostie. Santa-Croce ayant fait accepter sa démission au pape, mourut à Rome en 1603. Il voulut être inhumé dans l'église Sainte-Praxède, dont saint Charles avait porté le titre cardinalice. Les arlésiens, ses compagnons, de retour en leur pays, racontèrent le bienfait dont ils étaient redevables à saint Charles, et devançant la décision de l'Eglise, lui élevèrent un autel à la Major, cinq ans après sa mort. Au reste, le travail n'était pas achevé, que le chapitre de Milan recevait de Clément X l'invitation de remplacer la messe des morts par une messe solennelle, à l'anniversaire du cardinal : c'était l'équivalent de la canonisation, que Paul V prononça en 1610. Ce pape approuva les statuts d'une pieuse confrérie en l'honneur du saint qu'on venait de fonder en lui donnant pour siège l'autel de la Major. Cet autel existe encore : c'est le premier en France élevé à saint Charles.

Le 4 novembre fut désormais marqué par de belles cérémonies. « 1615, le 4 novembre, jour et feste de saint Charles Bormo, cardinal, le Chappitre a fait les festes et grosse solennité; à la grand' messe, je doyen ay faict l'office et à la prosecion ont assisté Mᵍʳ d'Arles (du Laurens), M. le Viguier avec MM. les Consuls pourtant les torches, avec force noblesse qui ont assisté tant à la prédication qu'à la prosecion, avec tous les mendians et la musique où fesoit beau voir. Dieu en soit loué et saint Charles qui prie pour nous! A la prosecion li avoit pour le moins mille personnes; nostre église estoit visitée comme le jour du judy saint. »

Les anciennes paroisses. — La Major remonte, comme paroisse, au XIᵉ siècle, au temps que la ville entoura de murailles ses divers quartiers. Elle est inscrite, en 1270, parmi les 15 paroisses qui prêtèrent serment à Charles d'Anjou, et en 1481, parmi les 11 dont on reconsa les hommes en état de porter les armes. Sur les quatre paroisses supprimées, du XIIIᵉ au XVᵉ siècle, deux, *Sainte-Madeleine* et *Saint-Jean* furent réunies à la Major.

I. **Sainte-Madeleine** a conservé de son antiquité une preuve très rare, une charte du IXᵉ siècle. Charles le Chauve, « rex Francorum atque Italicorum necnon Alemanorum », avec le consentement de son épouse Hermentrude, fait donation à l'église Saint-Maurice, de Vienne, du couvent de

Saint-Genès, sis à une petite distance des murs d'Arles, et du monastère de la Vierge, « savoir l'église Sainte-Marie-Madeleine, « Virginis monasterium, Sanctae scilicet Mariae Magdalenae... », avec ses honneurs et dépendances, situé en deçà des murailles de cette ville, tous biens donnés à Hermentrude, à l'occasion de son mariage, et encore de l'église Saint-Gabriel avec ses dépendances. En la cité d'Arles, la veille des nones de juillet, le très pieux roi Charles et son épouse firent cette donation et munirent l'acte du sceau royal, l'an XV° de son empire, en présence du comte Odulphe et de nombreux seigneurs.

Cet important document, attribué à l'an 858, a été inséré et commenté par M. Faillon, dans les *Monuments inédits*, II, p. 615 à 627.

Il s'agit donc d'un monastère de la Vierge qui possède dans son enceinte une église dédiée à sainte Madeleine, ce qui convient parfaitement à l'abbaye fondée par saint Césaire, placée par lui sous le patronage de l'apôtre saint Jean, mais dont l'église était dédiée à la Sainte Vierge, et qui possède encore dans son voisinage, en deçà de la Porte de l'Aure, une église dédiée à sainte Madeleine, d'un roman primitif, et bien conservée.

Sans vouloir forcer l'argument, il ne déplaît pas aux défenseurs de nos traditions de trouver à Arles une église Sainte-Madeleine, qui, en 842, année où elle fut donnée en dot à Hermentrude, existait depuis un temps indéterminé, dépendant d'un monastère où, mieux qu'ailleurs, les traditions de l'Eglise d'Arles, transmises par saint Césaire, avaient dû se conserver.

Sainte-Madeleine n'est pas nommée dans la liste des cens dus au Chapitre, en 1213, ce qui s'explique par le fait qu'elle appartenait à une cathédrale étrangère, et s'accorde avec l'exemption inscrite dans la charte de Charles le Chauve : « Etant réglé que l'archevêque de Vienne aura, retiendra, possèdera et, avec la grâce de Dieu, fera ce qu'il lui plaira de cette donation, et ses successeurs aussi. »

« Bertrandus, prior eccl. beatae Magdalenae » contresigne un acte de 1246. Le domaine de Malmegarde, en Camargue, est marqué, en 1395, comme payant la dîme à Sainte-Madeleine.

Cette paroisse fut supprimée en 1409.

Les Minimes occupèrent l'église un an, 1615, avant d'aller aux Alyscamps.

Le trait suivant témoigne de la dévotion des Arlésiens à sainte Madeleine.

Le fait se passe à Saint-Maximin, sous le comte Louis II, le 22 juillet 1388. Le chef de la sainte était porté en procession par la petite ville. Au détour d'une rue, un groupe de pieux pèlerins marseillais, — jugez s'ils n'avaient pas été pieux pèlerins, — dispersa le cortège et, à main armée, s'empara de la précieuse relique. Ils l'emportaient déjà, quand Raimond d'Isnard, capitaine de la ville d'Arles, revenant du siège de Nice et de passage à Saint-Maximin avec sa compagnie, fond sur eux et les force à abandonner le chef vénéré qu'on rapporte en triomphe dans son église.

Chaque année, depuis lors, la ville envoya à Saint-Maximin son capitaine avec un détachement de citoyens hallebardiers pour la représenter et faire bonne garde autour des reliques, à la procession du 22 juillet, ledit capitaine ayant pour consigne d'arborer le guidon arlésien et de marcher à la droite du chef de la Madeleine. Des édits de Louis II et du roi René confirmèrent ce privilège.

Cette précaution ne fut pas inutile, car l'attaque, déjouée une première fois, se renouvela en 1447. Pour se dédommager sans doute de la perte des reliques de saint Louis de Provence, que les Aragonais avaient emportées à Valence, les Marseillais jetèrent de nouveau le désordre dans la procession pour s'emparer du chef de sainte Madeleine. Les Arlésiens, heureusement, occupaient leur poste d'honneur ; ils prêtèrent main-forte à la milice bourgeoise de Saint-Maximin et réprimèrent la tentative comme elle le méritait. « De quoi les consuls et les habitants de Saint-Maximin furent si reconnaissants qu'en mémoire de cette action, comme toutes les années il venait un capitaine de la ville d'Arles, le jour de la fête, accompagné de beaucoup de citoyens, les consuls lui remettaient en mains les clefs de la ville et défrayaient toute la compagnie ; ce qui a duré jusqu'en 1595, au temps des guerres civiles. » (Bouche, *Hist. de Prov.* II, 463).

II. **Saint-Jean de Moustier**, dans le voisinage de l'abbaye de Saint-Césaire, ainsi nommé parce que l'abbesse en avait le juspatronat. La série des textes qui font mention de cette paroisse s'étend de l'an mille à 1313, année de son union à celle de Sainte-Madeleine. En 1231, « Poncius, rector S. Joannis » signe comme témoin la cession de Menofrech à l'archevêque; en 1296, à la mort du prieur Arnaud, l'abbesse Adalasie de Lambesc nomme comme *rector* le prêtre Bernard, de la Roque. — De cette église, bâtie au IX° siècle, peut-être avant, il ne reste d'intact qu'une belle abside avec ornements romano-byzantins à l'extérieur et portent à la voûte intérieure la curieuse inscription *Ecce Athgnus Dei*. Le reste a été modifié et le sol a été relevé dans toute sa longueur, quand on refit les murailles et l'enclos de l'abbaye au début du XVII° siècle. A cette époque et pour le même objet, furent démolies les églises *Saint-Nicolas* et *Sainte-Agathe* qui dépendaient aussi du monastère. On respecta la belle église romane de *Saint-Blaise*, nommée *Saint-Césaire* depuis que les religieuses de l'abbaye y célébrèrent leurs offices.

— *Les derniers curés.* — M. Jean-Baptiste *Nalis*, dernier doyen de la collégiale, et curé de la paroisse, refusa tout serment en 1791, ainsi que ses vicaires, les chanoines Gay et Gautier. Menacés de mort, ils s'embarquèrent aux Saintes-Maries pour Nice, le 27 mars 1792. Ils résidèrent en Italie jusqu'au Concordat. Livrée aux constitutionnels, mais rayée de la liste des paroisses (réduites à trois, Saint-Trophime, Saint-Julien et Sainte-Croix), plusieurs fois fermée et rouverte, la Major fut rendue au culte catholique par Mgr de Cicé, le 9 août 1802. En ce jour, M. Nalis reprit la direction de sa paroisse qu'il garda jusqu'à sa mort en 1809.

Prêtre de grande foi et de jugement très sûr, il avait été honoré de la confiance de Mgr du Lau qui, de Paris où il siégeait aux Etats, entretint avec lui une correspondance active. Dix-sept de ces lettres, écrites de 1789 à 1792, ont été publiées par M. Gaudion. — A M. Nalis succéda M. Laurent Filhol, qui devint, 1825, vicaire général en résidence à Arles, où il mourut, 1831, à l'archevêché ; à M. Filhol, M. Julien Gaudion, homme antique, qui régit la paroisse quarante-cinq ans avec une bonhomie patriarcale dont le souvenir n'a point disparu. De belles fêtes ont célébré en 1895 les noces d'argent pastorales du digne curé actuel, le *quatrième en cent dix ans*, à qui nous souhaitons de faire encore monter cette rare moyenne d'administration.

En 1790, la paroisse était peuplée de 6,200 hab. et desservie par un curé et deux vicaires : en 1897, 5,000 hab. un curé et 3 vic. Quoique civilement du même canton Est que Saint-Trophime, un titre de 1re classe lui a été attribué dès le Concordat. Elle relève de l'archidiaconé d'Arles. Son *doyenné* comprend Saint-Césaire d'Arles ; Trinquetaille, Albaron, Faraman, le Sambuc ; Villeneuve, en Camargue ; Mas-Thibert et Tour Saint-Louis en Crau. Elle possède des religieuses carmélites, du Bon-Pasteur, de N.-D. des Sept-Douleurs.

—Eglise, tit. la Purification, romano-byzantine par l'ordonnance de la nef et des collatéraux : l'ogive y a été substituée au plein-cintre au XVIe s., lors de la reconstruction du sanctuaire et du chœur, et de l'exhaussement du pavé, ce qui enfouit les piliers au tiers de leur hauteur.

La Major ne présentait point alors l'aspect lourd et écrasé qui la dépare : on y descendait par une série de degrés, comme à la cathédrale de Sisteron, et l'édifice gardait intactes ses proportions élancées. Toutes les chapelles sont ogivales, XVI⁰ s.

Maître-autel marbre d'Emm. Carvalho, coût 3000 l., 1770 ; en a remplacé un autre à riche rétable, inauguré le 15 août 1463.

Autels du *Sacré-Cœur* ; — de *N. D. du Rosaire*, siège d'une confrérie florissante s'étendant à toute la ville ; — de *Saint-Véran*, vénéré dans la paroisse comme patron des bergers et bailles [1]. Tableau curieux, où autour de l'image principale, *Saint Véran domptant un monstre*, sont groupés les principaux traits de la vie du saint, le suivant entre autres.

Le saint évêque de Cavaillon mourut à Arles le 11 novembre 589, en concile provincial. Comme on hésitait sur le lieu où on l'ensevelirait, son manteau volant dans les airs marqua la route à suivre jusqu'au village de Vaucluse, où son tombeau existe encore. Les eaux de la Durance et de la Sorgue s'étaient écartées pour livrer passage au cortège triomphal.

Autel de *saint Charles*. Tablx. *Miracle des livres ; Madeleine et Jésus jardinier ; sainte Catherine, saint Charles et saint Véran.* — Plaque posée en 1660 pour rappeler

---

[1] L'*Inventaire* de 1478 parle d'un berger comme bienfaiteur de cette église. Il eut de nombreux imitateurs, grâce à la confrérie Saint-Véran.

les legs faits à la paroisse par le marchand arlésien Charles Cheinet.

Orgues, 2 claviers, 23 jeux, pédalier.

Façade, 1592. — A droite, divers fragments d'antiquités chrétiennes sont encastrés dans la muraille. A gauche, avance en carré sur la place, une construction qui paraît la partie la plus ancienne de l'édifice, c'est la sacristie vieille.

Sacristie, 1663. — *Dentelles* XIII° s., *Processionnal* et *Inventaire* du XV°, *Coutumier* de 1688; *ornements* du XVIII°, *Canons d'autel* et *livres liturgiques* exécutés au XIX° sous la direction de M. Filhol. — *Reliques* du vieillard Siméon (portion d'un bras), des SS. Hilaire, Côme et Damien, Véran, Gervais; de *saint Césaire* surtout, provenant de l'abbaye voisine, ossements, pallium, ceinture en cuir avec boucle et plaque d'ivoire représentant la sépulture de N. S., tunique avec cette inscription, *In isto transiit sanctus Caesarius*, sandales. Chef de sainte Rusticule, vierge.

Clocher, achevé en 1579, réparé en 1648, après dégradation par la foudre. Au dessus, statue dorée de la Mère de Dieu, par Lassalle, bénite par Mgr Chalandon, 26 mai 1867. — 4 cloches, 2 du moyen âge, celle de l'horloge était à la prison et sonnait l'agonie des condamnés à mort; 2 modernes, 1834, 1844.

SAINT-CÉSAIRE (1802)

Sanctus Caesarius Arelatensis.

———

Le *Vieux Bourg*, la seconde et la plus importante des agglomérations arlésiennes, renfermait dans son enceinte les deux paroisses de *Sainte-Croix* et de *Saint-Laurent*, qui, en 1802, ont été unies en une seule, celle de SAINT-CÉSAIRE, dont le siège a été établi dans l'ancienne église des Augustins.

Avec ses rues étroites et tortueuses, ses familles de mariniers et de ménagers où se sont maintenues l'originalité de la langue et des usages, l'ardente passion de l'indépendance, la pureté des types grec et sarrasin avec la grâce du costume provençal, la vieille *Roquette* constitue comme l'Acropole, la citadelle inexpugnable de la race et des mœurs arlésiennes.

Il faut remonter jusqu'à l'époque celtique pour découvrir l'origine du nom donné à ce quartier. Il lui vient non d'une roche erratique, dont il fût resté quelque trace, mais d'un de ces monuments mégalithiques sur lesquels les druides offraient les sacrifices humains. En l'autel posé sur deux colonnes, que la tradition décrit, on reconnaît un de ces larges blocs soutenus par deux pierres fixées en terre, un *dolmen*.

Chaque premier mai, deux jeunes gens, nourris à cette intention, étaient égorgés en l'honneur de Diane, sur cet autel. Il s'élevait, d'après Gervais de Tilsbury, « prope civitatem, in loco qui Roqueta dicebatur ». Cette position hors la cité indique bien que ce sacrifice n'était pas d'importation romaine, mais un rite du culte indigène, toléré par les conquérants.

Saint Trophime y trouva l'occasion première de prêcher le nom de Jésus-Christ. Tandis que les druides liaient les victimes vouées à la mort, et se disposaient à asperger de leur sang les spectateurs, le généreux apôtre traversa la foule. Lui annonçant que seule une victime divine peut expier les crimes des hommes, il interrompit le rite cruel et par ses adjurations délivra les victimes. Avec l'abolition des sacrifices humains, la chrétienté d'Arles fut fondée.

« C'est près de la porte de la Roquette, écrivait Expilly en 1762, qu'on voit les débris d'une certaine pyramide de pierre dure et qu'on croit être les restes du large autel, *ara lata*, qui selon quelques-uns a donné son nom à la ville d'Arles. » Avec plus de vraisemblance on estimera que les anciens chrétiens ont dû briser et jeter dans le Rhône ce monument d'une idolâtrie sanguinaire.

Au sixième siècle, saint Aurélien fonda deux monastères en ce quartier. Celui des femmes, *Sancta Maria de Roqueta*, se trouvait à l'endroit où le canal de Bouc commence, « près du lieu où on immolait les jeunes hommes ». Il disparut vers le VIIIe s. Sur son emplacement, les clarisses de Narbonne fondèrent, en 1265, une maison que Charles II, en 1304, et la reine Sanche, en 1337, dotèrent de privilèges divers. Celle-ci imposa ces conditions que « la messe conventuelle sera appliquée chaque jour pour le roi, la reine, le duc de Calabre et la princesse sa sœur, avec cette dernière oraison, *Hæc, Domine, oblatio salutaris famulum tuum regem nostrum Robertum, reginam, ducem, ducissam et sororem ejus tueatur adversis*; après leur décès, on dira la collecte des morts; aux sept heures du jour, *Salve Regina*, *Veni Creator*, avec leurs oraisons et celle pour le roi; chaque jour, 5 *Pater* et 5 *Ave* en l'honneur des Cinq Plaies, 7 *Ave Maria* en l'honneur des sept allégresses de Marie. Après complies, litanies de la Vierge « que la reine a envoyées ». Les clarisses se transportèrent en 1360 sur la paroisse Saint-Martin, puis sur Saint-Laurent. En 1630, réduites à un petit nombre, elles s'unirent aux Visitandines qui occupèrent leur maison.

L'abbaye des hommes, dédiée aux saints apôtres Pierre et Paul, occupait l'emplacement de l'église Sainte-Croix. Saint Aurélien la fonda, le 18 août 548, avec l'aide du roi Childebert. La règle qu'il composa ordonnait d'apprendre à lire à tous ceux qui l'ignoraient et de consacrer chaque jour deux heures à la lecture : nous la possédons encore. Les moines obtinrent du pape Vigile le privilège d'exemption.

Saint Florentin, premier abbé, mourut le 12 avril 553. Les vers de son épitaphe formaient par la réunion de leurs premières lettres cet acrostiche *Florentinus abbas in pace quiescit, amen*. Fort vague sur la vie du saint, elle est plus précise au sujet de son tombeau. Elle rapporte qu'inhumé d'abord dans le cimetière commun des frères, il fut enseveli ensuite dans l'église Sainte-Croix, *intra B. Crucis condens fastigia*, par l'abbé Constantin, son second successeur; qu'il y reposait depuis trente-cinq ans lorsque, vers l'an 600, son corps fut transporté dans l'autre église du couvent, dédiée à saint Pierre, plus vaste et plus accessible aux malades qui venaient réclamer leur guérison. Les derniers vers expriment avec une piété naïve la confiance de ceux qui ont édifié ce tombeau : « Recommandez à Dieu Januarius, le disciple que vos leçons ont formé, le poète dont les modestes vers ont retracé votre éloge, n'oubliez pas le sculpteur qui a travaillé ce marbre, souvenez-vous des moines Bénigne et Hilarin que vous avez connus. » Après venaient ces lignes en prose : « Saint Florentin a été le premier abbé de notre monastère, l'a gouverné cinq ans, est mort à 70 ans, la veille des ides d'avril, la XII⁰ année après le consulat de Basile le Jeune, et après lui le second abbé a été Redemptus. »

Parmi les reliques possédées par l'abbaye se trouvait un fragment de la vraie Croix. « Monasterium virorum in civitate Arelatensi fundatum a S. Aureliano episcopo habet reliquias de Cruce D. N. Jesu Christi, » rapporte un manuscrit attribué au IX⁰ s. par les auteurs du second *Voyage Littéraire*. Cette relique donna son vocable à la première église du couvent, qui fut ensuite délaissée, quand les restes de saint Florentin eurent été transportés à Saint-Pierre. Elle fut déposée à son tour dans cette église, et, par suite d'un nouveau courant de dévotion populaire, Saint-Pierre devint *Sainte-Croix*.

Sainte-Croix. — A partir des invasions sarrasines, on ne trouve plus trace de l'abbaye des Saints-Apôtres, non plus que de celle de Sainte-Marie de la Roquette. L'église Sainte-Croix ne disparut pas cependant. Elle devint un prieuré relevant de la cathédrale et, quand des murailles isolèrent les divers quartiers, une paroisse du Bourg. « Eccl. S. Crucis de Burgo » est nommée dans un acte de 1205, inscrite dans la liste de 1213 pour une redevance de 20 sous au Chapitre; en 1250, Ferréol, prieur de Sainte-Croix, contresigne un acte comme témoin; on la retrouve mentionnée dans les listes paroissiales de 1270 et 1481, etc.

— Le grand schisme d'Occident coïncida avec la guerre de succession qui troubla la Provence après la mort de la reine Jeanne. La lutte politique se compliqua d'une opposition d'obédience, le duc d'Anjou ayant reconnu le pape d'Avignon Clément VII, et son compétiteur Charles de Duras s'étant rallié au pape de Rome Urbain VI. En 1384, le Bourg d'Arles subit un des épisodes de cette double guerre. On l'a nommé *Journée du mal Saint-Jaume*. Les partisans d'Urbain VI, qui étaient en minorité, appelèrent à leur aide les Tuschins, commandés par Ferragut, capitaine du château des Baux. Dans la nuit du 24 au 25 juillet, les Tuschins franchirent la porte Agnel, ouverte par trahison. Ils se précipitèrent par les rues, et massacrèrent plus de deux cents personnes. Le viguier Goutaron fut poignardé dans son lit, de nombreuses femmes furent outragées, le commandeur des Hospitaliers, le prieur bénédictin de Saint-Julien et un de ses prêtres furent égorgés, etc. Cependant les partisans de Louis d'Anjou, revenus de leur première surprise, se groupèrent devant l'église Sainte-Croix et organisèrent une contre-attaque que le nombre fit réussir. Les Tuschins s'enfuirent à la pointe du jour, chargés des dépouilles des riches dont ils avaient pillé les maisons. Portant ailleurs leur brigandage, ils surprirent le château de Roquemartine où ils massacrèrent le seigneur d'Aube, le viguier et plusieurs serviteurs.

On ouvrit une information contre les complices des Tuschins. « Mot granda justicia s'en enseguit dels traditours, écrit un contemporain, car mots en moriron per justicia, tant nobles que foron talhadas las testas, capelan penduts et neguats, notaris neguats, e d'autres penduts assés a estradas, forcas et fenestras. » Il y eut en réalité 32 exécutions, 5 nobles, 26 bourgeois et le prêtre Laurent Escudier. On pendit devant la porte Agnel ceux qui l'avaient livrée, et devant la maison du viguier ceux qui avaient pris part à sa mort. Les corps des suppliciés furent jetés à la voirie, comme excommuniés par Clément VII, mais Urbain VI, pour la cause duquel ils avaient péri, les déclara de vrais martyrs. Un peu plus tard, Raymond de Turenne prétendit les venger en mettant à feu et à sang toute la Camargue.

La paroisse Sainte-Croix fut unie au Chapitre le 15 décembre 1514 ; une bulle de Léon X, à Viterbe 9 novembre 1515, confirma cet accord. Aux derniers siècles, on désignait quelquefois Sainte-Croix sous le nom de Saint-Florentin, à cause des reliques de ce saint qu'on y avait trouvées. « Il fallait autrefois, dit M. Bonnemant, descendre cinq ou six marches pour entrer dans l'église Sainte-Croix, mais on mit le pavé au niveau de la porte lorsqu'on refit les caveaux. En creusant, on trouva le tombeau de saint Florentin au milieu de la nef, vis-à-vis la chaire. On le plaça d'abord près la petite porte à gauche, et il y resta jusqu'en 1708 que le curé de Montfort le fit scier en deux pour en construire le maître-autel ; l'épitaphe du saint est par derrière l'autel. »

Cette église possédait aussi les reliques de saint Hilaire qui y avaient été apportées des Alyscamps vers la fin du XVIe siècle. Les révolutionnaires leur ont infligé la destruction dont on les avait préservées au temps des huguenots. Seul le couvercle du tombeau se trouve au Musée, avec cette inscription, *Sacrosanctae legis Antestis* (sic) *Hilarius hic quiescit.*

—En 1662 fut inaugurée une belle statue d'argent de N. D. d'Espérance, « sur laquelle j'ai fait des vers étant goutteux, le 30 avril, » écrit dans son journal l'annaliste Fr. Rebattu, à qui tout prétexte était bon pour enfourcher Pégase.

—Dans la nuit du 19 au 20 janvier 1780, des malfaiteurs enfoncèrent le tabernacle, brisèrent le ciboire et emportèrent les saintes espèces. Cet attentat sacrilège jeta la stupeur dans la ville d'Arles et en particulier dans le cœur de Mgr du Lau. « Que ne pouvons-nous couvrir cette monstrueuse profanation de l'abondance de nos larmes et même de l'effusion de notre sang, écrivait-il dans son mandement du 22 janvier. Plus vous partagez la douleur profonde qui nous accable, plus vous êtes saintement impatients de réparer, par le concours et la solennité de vos adorations, l'outrage fait au gage le plus précieux de l'amour de Dieu pour les hommes. Mais c'est surtout par une réforme salutaire dans votre conduite que vous consolerez avec éclat la religion éplorée. » Mᵍʳ du Lau présida, en versant des larmes, la cérémonie expiatoire qu'il avait prescrite dans l'église profanée.

Sainte-Croix, dont Gaignon avait dit en 1640 « c'est maintenant une cure des plus riches », était, en 1790, peuplée de 5000 hab., et desservie par un curé nommé par l'archevêque, deux vicaires et un auxiliaire. Livrée aux constitutionnels, elle fut désertée par la grande majorité des paroissiens, si bien qu'en 1792, le premier jour des XL heures, il ne s'y présenta pas un fidèle, et l'on ne put exposer le Saint-Sacrement, cependant que dans les églises desservies par les prêtres unis au pape, le peuple s'était rendu en foule.

L'*église* spacieuse, rebâtie en 1720, sert d'entrepôt. L'élégante tour du clocher date de 1599. Une poissonnerie s'élève sur le cimetière désaffecté en 1647.

Saint-Laurent. — L'église de ce nom a remplacé une chapelle dédiée à saint André. Ce changement a dû se produire lors de l'institution de la paroisse, ce qu'on ne peut reporter au-delà du XIIᵉ siècle. On trouve en effet, en 1180, un acte conclu « in Burgo, ante eccl. Sᵗⁱ Laurentii »; en 1191, une sentence arbitrale rendue « ante fores Sᵗⁱ Laurentii ». La liste de 1213 marque « eccl. S. Laurentii de Burgo » comme grevée de 20 sous annuels pour le Chapitre. Un acte de 1231 porte la signature de « Raymundus, rector St Laurentii », le plus ancien curé connu. Enfin Saint-Laurent est compris dans la liste des paroisses en 1270, et le dénombrement de 1481.

Le 30 décembre 1224, le bénéfice de *Saint-André et Saint-Laurent du Bourg* fut annexé à la précentorie du Chapitre.

Pendant la peste de 1720, le curé Michel mourut sur la brèche.

En 1738, une touchante fête de famille réunit les paroissiens autour de leurs prêtres et des marguilliers. M. de Châteauneuf-Molléges, un vaillant officier des armées du roi, avait été nommé fabricien quelques années avant, et depuis il tenait à honneur de siéger au banc d'œuvre chaque fois qu'un congé le ramenait à Arles. Le 9 mars on apprit sa promotion au grade de maréchal de camp. Et aussitôt, avec l'agrément de Mgr de Forbin, un *Te Deum* fut chanté à Saint-Laurent, en présence des consuls et d'une grande affluence.

Le dernier vicaire de Saint-Laurent fut M. *Laurent* Bonnemant. Ce nom rappelle un prêtre de science et de caractère. Tout en s'acquittant avec une piété et un dévouement exemplaires des devoirs de sa charge, il travailla à recueillir toutes les pièces qui pouvaient être de quelque intérêt à l'histoire de sa ville natale, sorte de vocation qui le saisit dès sa jeunesse et ne l'abandonna qu'à la mort. Il copia son premier document le 24 décembre 1760, — il avait dix-huit ans —, et le dernier le 3 avril 1794, à la veille de partir pour l'exil dont il ne devait revenir que pour mourir. « Cet homme qu'on ne saurait assez louer, a dit un de ses émules, le chan. Albanès, *Catal. des Man. de la Bibl. d'Arles*, s'attacha pendant près d'un demi-siècle à ramasser tout ce qui concernait la ville d'Arles sous quelque rapport que ce fût. Il recourut pour cela aux vieilles archives dont Arles était alors si riche, aux bibliothèques des savants locaux et étrangers, aux nombreux registres conservés par les notaires, et, prenant partout ce qu'il trouvait d'intéressant et d'utile dans le but qu'il s'était proposé, il parvint, par un travail qui ne se lassa jamais, à former ces beaux recueils sur l'histoire civile, ecclésiastique et politique de sa patrie, qui font l'ornement et le prix de la Bibliothèque municipale. »

Dans ses *Mémoires sur la République d'Arles*, l'historien Anibert lui a rendu cet hommage délicat : « J'ai recouru plus d'une fois à M. l'abbé Bonnemant qui m'a communiqué ses immenses et précieuses recherches avec la complaisance et l'intérêt d'un ancien ami. Je lui dois d'autant plus que, travaillant lui-même à l'histoire de l'Eglise d'Arles, il n'a pas balancé à se dépouiller en ma faveur des prémices de la découverte de plusieurs chartes qu'il ne tenait qu'à lui de se réserver, de sorte que sa générosité m'interdit en quelque manière un aveu que la justice m'arrache, c'est qu'il n'en avait pas besoin pour rehausser le mérite de son propre ouvrage. »

Cette histoire de l'Eglise d'Arles, l'œuvre de beaucoup la plus complète et la plus scientifique qui existe sur ce sujet, se compose de quatre gros volumes in-4° d'une écriture élégante et menue. Elle facilitera considérablement les travaux des futurs historiens de cette illustre Eglise.

Tout en lui laissant son vicariat, Mgr du Lau avait nommé M. Bonnemant bénéficier de Saint-Trophime, « sous-chanoine », comme expliquait celui-ci, n'ayant pu être nommé chanoine de premier rang, parce que le Chapitre d'Arles, plus rigoureux que celui d'Aix, exigeait chez ses membres les quartiers de noblesse. Il lui confia en outre la charge de promoteur de l'officialité [1].

A l'époque du schisme, tandis que son curé désertait le devoir, M. Bonnemant s'y maintint avec énergie. Forcé de s'exiler, il s'embarqua pour Nice et vécut dix ans en Italie, en diverses villes, surtout à Bologne. Comme Camoëns, dans le naufrage général, il sauva ses plus précieux manus-

---

[1] La tension habituelle de l'esprit n'est pas sans exciter quelque nervosité chez les hommes d'étude. M. Bonnemant ne faisait pas exception à la règle. Il éclatait quelquefois au plus léger propos. L'archevêque avait formé le projet d'introduire la liturgie parisienne dans son diocèse. Il chargea le vicaire de Saint-Laurent de composer les légendes du nouveau propre, lui recommandant de respecter la tradition sur l'évangélisation de la Provence aux temps apostoliques. Quelque temps après, M. Bonnemant étant venu lui soumettre sa rédaction, le prélat, mêlant quelques réserves à des éloges mérités, indiqua à l'auteur diverses corrections qui lui paraissaient désirables. Piqué au vif, l'abbé jeta le manuscrit à ses pieds, le priant de confier le travail à un autre, et partit brusquement. Mgr du Lau apprit bientôt que M. Bonnemant, tout aux regrets de son incartade, n'osait plus se présenter à l'archevêché. Il l'invita à dîner et l'accueillit avec la plus aimable affabilité. A la fin du repas, il lui dit : « J'ai dû oublier votre faute, monsieur, mais non vos services, et j'ai voulu devenir de nouveau votre ami. Rendez-vous encore utile à l'Eglise, c'est là votre tâche; la mienne est de récompenser ceux qui, comme vous, lui ont consacré leurs talents et leurs veilles. » Et sur ce, il lui remit le brevet d'une pension de 1500 livres qu'il avait obtenue du roi à son intention.

crits. Il laissa en dépôt à Nice, chez une famille amie, douze registres qu'il ne voulut pas reprendre en rentrant en France, craignant de nouvelles tourmentes. On ne le sut à Arles qu'en 1835 : ils avaient alors passé à la bibliothèque de Nice. Sur la demande de la municipalité, le ministre des affaires étrangères engagea avec le gouvernement sarde une négociation diplomatique qui aboutit à la restitution de cet important recueil. L'année précédente, la ville avait racheté plus de cent manuscrits à ses héritiers.

À peine revenu de l'émigration, M. Bonnemant mourut à Arles le 6 octobre 1802. Une modeste pierre au cimetière marque la place où repose ce vaillant travailleur dont nous saluons la mémoire avec une reconnaissante admiration.

— L'*église* Saint-Laurent, rebâtie au XVII° s., large vaisseau bien conservé, sert d'entrepôt. On voit au dehors l'abside de l'ancienne église romane, encastrée dans la construction nouvelle, et, à l'intérieur, l'épit. et sép. de Guillaume *Marcel*, de Toulouse, ambassadeur de Louis XIV auprès du dey d'Alger en 1689, mort à Arles en 1743. Ce diplomate, instruit dans l'histoire ecclésiastique, a laissé divers ouvrages estimés et le manuscrit *Promptuarium ecclesiasticum Eccl. Metropolitanae Galliarum*, annales du diocèse jusqu'à Mgr de Mailly, déposé à la Bibl. d'Aix. — En 1790, cette paroisse avait 2,400 hab. et était desservie par un curé, nommé par l'archevêque jusqu'en 1625 et depuis par le Chapitre, avec un vicaire.

La paroisse actuelle. — Les Augustins ignoraient la

date de fondation de leur maison. Elle existait déjà en 1279. « Je lègue à l'œuvre de la maison des FF. de Saint Augustin d'Arles 15 livres, et pour leur vestiaire 100 sous, » écrivait dans son testament du 28 août, Marie Aigretta, veuve de Pierre Guersi. Ces religieux sont mentionnés aussi dans un acte de 1293. Sous le priorat de Jacques de Reillane, en 1388, 100 livres d'or leur furent léguées pour la reconstruction de leur église. Inaugurée en 1451, ainsi que le cloître qui est aujourd'hui enfermé dans les maisons voisines, cette église fut agrandie de deux travées, en 1492 et 1514, aux frais de la ville. Fort endommagée par un incendie, elle fut restaurée en entier, moins la travée du bas qu'on décida de ne pas relever, et consacrée le 23 janvier 1628, sous le vocable de Sainte-Marie et Saint-Augustin, par Gaspard du Laurens, en présence des consuls. La ville paya une partie de la construction, avec les frais de la fête s'élevant à 85 livres, 10 sols.

Des *Annales* du couvent il n'y a guère à retenir qu'un conflit avec la paroisse au sujet des droits de funérailles, différend qu'on retrouve partout entre religieux possédant un cimetière ouvert aux sépultures des fidèles et les paroisses maintenant leur droit de juridiction. Celui-ci fut réglé en 1602, par la médiation de l'archevêque.

— Une sorte de moine, se disant augustin réformé, pieds nus, mine austère, s'introduisit dans la maison, en 1603. Ce « funeste et misérable homme » fut à peine admis qu'il prétendit régenter tout le monde et réformer toutes choses. Se prétendant docteur de l'université de Paris, il montait dans les chaires et haranguait le peuple avec une véhémence si abondante qu'il lui fallait s'essuyer la bouche à chaque instant, « os suum lanco stropheo sæpe tergebat », dit la Chronique du couvent. La populace s'écrasait à ses sermons et s'écriait : « C'est un nouveau Jean-Baptiste ! Il n'y a que la Vierge au-dessus de lui ! » Cependant le provincial Laurent Roux, informé de cette histoire, interrompit sa tournée pour visiter le couvent d'Arles. Ayant interrogé le nouveau Jean-Baptiste, il reconnut qu'il n'était ni docteur, ni religieux, ni prêtre, quoiqu'il fit semblant de dire la messe, « ains un pipeur, abuseur, suppost de Satan », et il le mit à la porte. Et comme le faux moine continua ses impostures, l'archevêque l'incarcéra en prison d'Eglise.

Cet acte de rigueur fit éclater l'orage. Une bande de trois cents fanatiques, attribuant cette détention aux manœuvres des Augustins, entreprit le siège du couvent sur les dix heures du soir. « Le provincial et les religieux coururent grande fortune. » Trois jours durant, les mutins crièrent, menacèrent, lancèrent des pierres. Les autres religieux, cordeliers, minimes, prêcheurs, capucins, se répandirent dans les groupes, épuisant tous les arguments pour les apaiser. Le calme ne se rétablit que lorsqu'on apprit l'évasion du prisonnier. Ce détraqué renouvela ses excentricités au bourg de Cuers où l'on fut moins endurant. On assure qu'il y fut sommairement jugé, et livré au feu.

En 1614, l'observance primitive fut rétablie dans la maison d'Arles. Cette réforme réussit d'abord si bien qu'elle fut proposée en modèle à l'ordre entier, mais elle ne put se maintenir. C'est en 1637 seulement que les *Augustins déchaussés* s'établirent à Trinquetaille, d'où ils allèrent se fixer à l'hôtel de Forbin, près Saint-Julien, où on les nommait Réformés ou Petits-Pères, tandis que ceux de la Roquette étaient désignés sous le nom de Grands Augustins.

En 1794, les Grands Augustins furent dispersés. Leur église, dépouillée de ses ornements y compris la cloche, devint en 1802, sous le titre de *Saint-Césaire*, le siège de la 3ᵉ paroisse d'Arles.

L'union future de Sainte-Croix et de Saint-Laurent chez les Augustins avait été annoncée et réalisée quelques heures, deux siècles avant. Favorable à la Ligue, mais redoutant l'ambition du duc de Savoie, le conseil communal vota, le 28 novembre 1590, cette résolution : « Tous les habitants, chacun en sa paroisse, s'assembleront pour prêter serment de fidélité à Dieu et à la foi catholique, apostolique et romaine, et d'exposer leurs vie et moyens pour la conservation d'icelle et des conventions, franchises et libertés de la ville... » Le 29 au matin, les paroissiens de Sainte-Croix et ceux de Saint-Laurent, assemblés dans le réfectoire des Augustins, prêtèrent les premiers le serment prescrit.

La Sainte de la Roquette. — Isabelle Roux, plus connue sous le nom d'Isabelet qu'on lui donnait dans son enfance, fut baptisée à Saint-Laurent, le 19 avril 1764. D'un naturel capricieux et colère, — jusqu'à la fin de sa vie elle s'accusa avec larmes d'avoir mordu le doigt à son frère, — la première communion la transforma. Douée d'une vive intelligence et d'une beauté qui a laissé un long souvenir, elle voulut à seize ans se consacrer à Dieu. Mais les menaces de son père, un rude capitaine marin, effrayèrent tellement les sœurs de la Visitation qu'elle dut, sur leurs propres instances, rentrer dans le monde. Alors commença pour la pieuse fille une vie toute d'union à Dieu, d'humilité, de tendre charité auprès de ses parents, des malades et des pauvres, d'influence salutaire à l'égard des âmes souffrantes et éprouvées. Des grâces extraordinaires, des miracles même furent accordés à ses prières.

Tel de ces épisodes charme à l'égal des plus suaves légendes du moyen-âge. Un jour, son père l'avait menée à la mer, sur son bateau. Au retour, vers les embouchures du Rhône, une tempête désempara le frêle navire. Désespérés de l'inutilité de leurs efforts, les matelots se réfugièrent sous le pont, tandis que le pilote se cramponnait au gouvernail. Isabelle seule avait gardé son calme souriant. Elle rappelle les hommes sur le pont et leur dit que ce n'est pas le moment de s'abandonner, mais celui de se recommander à Dieu. Sous la pluie et les éclats de la foudre, elle les tient agenouillés autour d'elle, et sa voix pure monte vers le ciel, interprète des âmes épouvantées. A mesure qu'elle parle, les vents s'apaisent, la fureur des flots tombe et la tempête s'éloigne. Ainsi d'un signe de croix Christophe Colomb brisait les trombes océaniques. Les matelots émerveillés crièrent au miracle. Ils n'en pouvaient douter en voyant la robe de la jeune fille restée sèche sous les torrents d'eau qui les avaient inondés.

La maison d'Isabelle prenait vue sur le port. Depuis ce

prodige, chaque fois qu'ils organisaient une expédition plus aventureuse, les marins, au moment du départ, lui demandaient de paraître à sa croisée et de les bénir. L'humble fille ne pouvait s'y résoudre, mais on la suppliait avec de telles instances que, son bon cœur n'y tenant pas, elle tombait à genoux, joignait les mains, et levant au ciel ses yeux de vierge, suppliait le Maître des éléments de se montrer propice à ces bonnes gens. Les voiles alors se déployaient joyeuses, et, suivi par le regard d'Isabelle, le navire glissait sur le fleuve, avec la certitude d'un heureux retour. Aucun de ces vaisseaux ne périt. Seule naufragea misérablement la tartane d'un capitaine qui avait raillé la démarche de ses camarades et à qui la jeune fille avait dit : Vous riez, et vous êtes cependant celui qui aurait le plus besoin de prier.

Ces faits se passaient quelques années avant la Révolution. Quand les églises furent livrées aux schismatiques, Isabelle demeura fidèle aux légitimes pasteurs. Son attitude résolue la fit décréter de prise de corps. Deux fois les émissaires se présentèrent chez elle sans oser l'emmener. Elle put impunément aux plus mauvais jours circuler par la ville, portant sur son costume d'une simplicité monacale le crucifix fièrement étalé.

Depuis lors elle s'adonna à l'éducation des petites filles ; jusqu'à ces dernières années, on a reconnu à leur caractère et à leur piété solides les élèves qu'elle forma. Elle offrait en même temps l'exemple d'un amour filial infatigable. A soixante ans, elle menait encore sa mère aveugle à l'église, avec un respect et des attentions qui touchaient tous ceux qui en étaient témoins. C'est au cours de cette période, la plus longue de sa vie, qu'on l'a vue ravie en extase et élevée au-dessus du sol, qu'on l'a entendue prophétiser des guérisons inespérées.

En 1823, quand les Carmélites revinrent à Arles, Isabelle Roux, quoique ne pouvant encore entrer dans leur maison, se fit inscrire comme première postulante. Devenue libre par la mort de sa mère, elle revêtit, le 25 février 1824, les livrées de sainte Thérèse, sous le nom de sœur Thérèse-Elisabeth du Saint Cœur de Marie. Mais voici qu'elle, qui n'avait cessé jusque-là de jouir d'une parfaite santé, tomba malade, à peine entrée au couvent. Dès lors la souffrance physique devint sa compagne inséparable. Elle put dire avec vérité durant les trois années qui précédèrent sa mort : Je suis clouée avec Jésus-Christ sur la croix. Le 5 octobre 1825, les Carmélites se transportèrent du Planet de la Major à l'ancienne maison des Récollets. Pendant la procession, sœur Isabelet fut saisie d'une crise si violente qu'on dut la déposer dans l'église de la Major. La foule envahit le temple, avide de contempler la Sainte, dont l'humilité subit alors la plus pénible des épreuves. On lui baisait les mains, on lui présentait des objets de piété, on coupait même des lambeaux de sa robe. M. de Grille réclama comme un honneur de la prendre dans sa voiture et de la conduire au nouveau monastère. Quelques mois après, le 22 juin 1826, la *Sainte de la Roquette* s'éteignit dans la paix du Seigneur. Elle avait soixante-six ans.

Ses restes déposés au cimetière furent rapportés le soir

même au couvent et inhumés dans le cloître. On avait remarqué aux obsèques que le corps, amaigri par les austérités, avait repris sa pesanteur ancienne. Tandis qu'on le ramenait, un jeune homme, atteint d'une maladie de poitrine, dans un élan de foi s'empara du cercueil et se mit à le porter seul, déclarant que le poids en était léger. Les assistants ayant vérifié le fait craignirent qu'on eût dérobé le corps : on ouvrit la bière et les restes de la sœur furent trouvés intacts. Quant à l'heureux porteur, il se retira complètement guéri.

La vénération publique s'est attachée à la mémoire de *sœur Isabelet*. On conserve avec dévotion son portrait dans beaucoup de familles ; on demande des neuvaines auprès de son tombeau dont la pierre porte la trace des nombreux cierges qu'on y a fait brûler ; des malades réclament son manteau ou quelque parcelle de ses vêtements. Dieu accorde souvent à cette confiance envers sa servante de surprenants résultats. Il est à désirer que la mention de ces grâces et les attestations qui s'y rapportent soient conservées avec soin. Un jour peut-être elles permettront à l'Eglise d'associer le nom d'Isabelle Roux à ceux des glorieuses vierges arlésiennes, Césarie et Rusticule, Ursule et Dorothée.

— *Henri Tempier*, né à Saint-Cannat, 1778, quitta, en 1816, son vicariat de Saint-Césaire, pour se joindre comme premier compagnon à M. de Mazenod, quand celui-ci commença à organiser la congrégation des futurs Oblats. Après une brillante carrière de missionnaire, il remplit à Marseille les fonctions de supérieur du séminaire et de grand vicaire, et mourut à Paris, en 1870, vicaire général de sa congrégation.

— Succursale d'abord, érigée en cure de 2e classe par décret du 4 juin 1826, la paroisse Saint-Césaire dépend de l'archidiaconé d'Arles et du doyenné de la Major; 3 vic.; 4800 hab.; maisons de *Frères des Ecoles chrétiennes*, 1894, et de *Sœurs Augustines* garde-malades.

Eglise (1451-1628). — Sur la petite porte, statue de saint Clément, pape. Long. 42 m., larg. sans les chapelles, 10 m., haut. 11 m. Nef ogivale avec 8 chapelles enfoncées.
— *Chœur* derrière l'*autel majeur*, belle œuvre grecque, que des adjonctions massives déparent depuis 1885. En arr., tabl. de *Saint-Laurent*, prov. de l'église de ce nom. — A remarquer à droite, la *chap. de la Vierge*, avec *inscription de 1479*, relatant qu'un domaine sis dans le Plan du Bourg, *in Plano Burgi*, a été donné pour son entretien; tabl. *N. D. de Miséricorde*; la *chap. des Marins*, tabl. *Stella Maris*, avec saint Roch et saint Charles ; — à gauche, dans la chap. du Christ, tabl. *Miracle de saint Césaire*, prov. de l'abbaye de ce nom. Epit. et tombeau d'Hon. Quiqueran de Beaujeu, grand-prieur de Saint-Gilles, † 1689. Une autre plaque rappelle qu'en 1688 le grand-prieur fonda dans cette chapelle une messe quotidienne pour lui et les siens.

Orgues, 2 claviers, 22 jeux, Mader, 1866.

Dans la *sacristie*, inscription rappelant sa construction en 1843, et la mémoire du premier curé de la paroisse, M. Joseph Muratory, † 1834, *reliques* de saint Laurent, un doigt entouré de chair calcinée, et de saint Césaire, nombreux fragments.

Clocher restauré après la révolution, 4 cloches modernes.

— A côté, dénaturée, anc. chap. des *Pénitents Blancs*, bâtie en 1532 et dédiée au Saint Nom de Jésus.

SAINT-JULIEN
Sanctus Julianus Arelatensis

L'enceinte romaine de la ville d'Arles montait au nord et au couchant moins haut que le mur actuel. Descendant des Arènes à la rive du Rhône presque en droite ligne, elle rejetait vers la campagne les terrains occupés aujourd'hui par le quartier Saint-Julien. Jusqu'à la construction du Bourg Neuf, ces terrains formèrent l'extrémité méridionale du Trébon, *ager Tripontius*, plaine fertile, coupée de ruisseaux et de marais.

A quelques pas des murailles s'élevait une chapelle dédiée à saint Julien.

On la trouve mentionnée dès le 18 janvier 978, dans un acte qui relate le don fait à l'abbaye de Montmajour par Eyrardus, évêque de Carpentras, tenant la place d'Ictier, archevêque démissionnaire, de quelques « mansiones coopertas cum corte et exago [1] » situées « prope ecclesiam S. Juliani ».

D'autres chartes de 1038, 1040, 1055, marquant cette église comme confront de diverses terres données à l'abbaye Saint-Victor, déclarent qu'elle est située dans le voisinage et au levant du Rhône.

Au début du XII° siècle, Saint-Julien, devenu paroisse du *Bourg Neuf*, fut rebâti et agrandi. Il eut alors l'honneur, que dans le diocèse il ne partage qu'avec Saint-Nicolas de Tarascon, d'être consacré par un pape. Sur la demande d'Atton de Bruniquel, Calixte II, passant à Arles au mois de juillet 1119, procéda à cette cérémonie.

Le Bourg Neuf fut muni en 1190 d'un rempart élargissant le périmètre de la Cité, et dont l'enceinte actuelle reproduit encore le tracé. Ainsi fut mis à l'abri le vieil hôpital d'*Arcus Mirabilis*, ayant reçu ce nom du voisinage de l'arc de triomphe, qui était à égale distance des Arènes et de la porte du nouveau rempart. On laissa en dehors la maison des Templiers et l'église Sainte-Luce, récemment bâties, qui ont donné leur nom à la porte de la Cavalerie et au faubourg du Temple. Hors cette porte, un second hospice fut fondé en 1225, et confié aux cisterciens de Sénanque.

La liste de 1243 inscrit Saint-Julien pour une rente de

---

1 Mas à toiture avec cour en avant et chemin de sortie. — Cf. Ducange, v. *Cortis*, *Exagum*.

40 sous au Chapitre. Un acte de 1214 porte la signature de « Raymundus de Agello, rector Eccl. S. Juliani de Burgo Novo », le plus ancien curé connu. Une sentence arbitrale du 18 mars 1248 règle que les droits de funérailles à Saint-Julien seront partagés entre les chanoines et l'archevêque, qui restera en possession de cette église et de Sainte-Marie la Principale, sous le cens de 40 sous et 6 livres de cire. Cette église est comprise dans la prébende de l'archidiacre en 1222, et nommée dans la liste des paroisses de 1270, 1481, 1590.

On connaît le rôle joué dans la République, au XIII° siècle, par la célèbre Confrérie, qui n'avait de religieux que le nom, et les excès qu'elle commit contre Jean Baussan, en qui elle poursuivait d'une même haine le suzerain de la commune et le pasteur du diocèse. C'était, en réalité, l'esprit albigeois qui s'agitait sous le masque des libertés municipales. Entre autres vexations inventées contre le clergé, les Confrères interdirent, sous des peines sévères, de rien payer aux prêtres et de leur rendre aucun service.

L'acte d'intolérance le plus brutal fut commis aux abords de Saint-Julien. Un brave homme ayant déclaré que « à l'honneur de Dieu et malgré le Diable » il servirait de parrain à un enfant, et que « en dépit de toute interdiction » il offrirait au prêtre l'honoraire usité pour les baptêmes, Pierre de Monteil, un des confrères, furieux de cette résistance, lui brisa son bâton sur la tête. Ces excès et bien d'autres, commis en 1236, furent constatés dans une information qu'on trouve aux Archives départementales. Quelques mois plus tard, leurs auteurs s'en humilièrent devant l'archevêque qui leur pardonna.

— A la voûte de l'ancienne église pendait un crocodile, ex-voto singulier du chevalier d'Arlatan, quand il eut délivré ses compatriotes des ravages de ce monstre. Ayant entendu la messe et communié dans l'église Saint-Julien, Arlatan s'était avancé dans la Crau, où bientôt il rencontra l'horrible bête blottie sous un des arbustes qui produisent le vermillon. Il lui plongea son épée dans la gueule et le livra ensuite à son jeune fils qui l'acheva. Les arlésiens accueillirent Arlatan avec des cris de joie et le portèrent en triomphe jusqu'à Saint-Julien, où tous rendirent à Dieu de vives actions de grâces. Arlatan fut surnommé le Libérateur et récompensé par le droit de prélever un tribut sur la récolte du vermillon. Amateur des prouesses chevaleresques, le roi René renouvela ce privilège en 1470, fixant la perception à un denier coronat par livre, soit douze sols par quintal [1].

Le 11 janvier 1356, Etienne de la Garde fit la visite canonique à Saint-Julien. Il prescrivit aux *ouvriers* « quod fecerint facere unam custodiam pro corpore X^i, et operiri ecclesiam taliter quod non pluat » le tout avant Pâques, sous peine d'excommunication et d'une amende de 40 sous applicable à l'œuvre de Saint-Trophime.

— Lors de l'entrée des Tuschins à Arles, dans la funèbre nuit du *Mal Saint-Jaume*, 24 au 25 juillet 1384, le prieur-

---

[1] Un ex-voto identique à celui de Saint-Julien se voit à Bollène dans la gracieuse chapelle de N. D. de Bonne-Aventure, près le pont du Lez.

curé de Saint-Julien et un de ses vicaires furent surpris dans la maison curiale et massacrés.

— En 1451 se produisit l'évènement capital de l'histoire de Saint-Julien, son union avec l'abbaye de Montmajour qui l'enserrait dans ses possessions dès le X° siècle.

De vieux différends divisaient les Bénédictins de Montmajour et les Antonins de Vienne, au sujet du prieuré de Saint-Antoine en Viennois possédé par les seconds mais fondé par les premiers. Le cardinal Pierre de Foix, administrateur de l'archevêché d'Arles et de l'abbaye de Montmajour, obtint du dauphin de France, le futur Louis XI, des arbitres chargés de rétablir la paix. Ceux-ci réduisirent à 1500 florins la pension que les Antonins payaient à Montmajour, réduite déjà à 1300 livres tournois en 1297, et à 205 marcs en 1442. Mais, pour dédommagement, le cardinal unit à l'abbaye le 24 juillet 1451, les prieurés de N. D. de Correns, de Saint-Genès de Martigues, et de Saint-Julien d'Arles.

La lutte se réveilla bientôt, non sur une question financière, mais sur une difficulté autrement grave et passionnante, la possession des *reliques de saint Antoine du Désert*.

Comment le corps de saint Antoine se trouvait-il à Montmajour ?

Le patriarche de la Thébaïde mourut en 357. Ses restes furent transférés à Alexandrie en 529, à Constantinople en 704, en France dans la première moitié du XI° siècle. Cette dernière translation est attribuée par les Bollandistes et par

Chantelou, à Jocelyn, fils du comte Guillaume le Grand. Un acte conservé aux archives de Saint-Julien racontait que Didier, baron du Dauphiné, un des héritiers de Jocelyn, avait reçu du pape Urbain II ordre de déposer ces reliques dans un monastère, au lieu de les porter à la guerre, comme il faisait d'habitude. Dans ce but Didier fonda, en 1094, à la Motte, près Vienne, un prieuré qu'il confia aux moines de Montmajour. La possession du corps de saint Antoine fit établir à la Motte un hôpital pour les malades atteints du mal des ardents contre lequel ce saint était spécialement invoqué. Les servants de cet hôpital s'aggrégèrent en congrégation sous le nom d'*Hospitaliers de saint Antoine* ou d'*Antonins*. A la longue, l'hôpital devint plus puissant que le prieuré. Il finit même par se l'annexer, après une longue résistance.

En 1290, au plus fort de la querelle, les bénédictins, auxquels on faisait la vie intenable, reprirent le chemin de Montmajour, emportant nuitamment le corps de saint Antoine, moins un bras qui resta à la Motte, dans un reliquaire d'argent. Il serait trop long de narrer tous les gestes des Antonins, procédures juridiques et expéditions à main armée, pour recouvrer le trésor enlevé. Même après la transaction de 1454, une bande à leur solde essaya de surprendre Montmajour pour s'emparer des reliques. Six cents arlésiens sous les ordres de Quiqueran de Beaujeu et de Renaud d'Alen, la mirent en fuite.

Dans le dessein de prévenir une nouvelle tentative, l'archevêque Nicolas Cibo, abbé de Montmajour, transféra, sur la demande des religieux, le saint corps dans le prieuré de saint Julien, à Arles, le dimanche 9 janvier 1490, en présence du Chapitre, des consuls et du capitaine désormais commis, avec sa compagnie d'hommes d'armes, à la garde de la châsse. Sitôt le cortège entré, on ferma les portes de la ville pour éviter toute surprise.

Désespérant de s'emparer des reliques, les Antonins eurent assez de crédit pour obtenir d'Innocent VIII une bulle déclarant les reliques d'Arles fausses et supposées, excommuniant les moines et les habitants s'ils persistaient à publier qu'ils possédaient le corps de saint Antoine, unissant et soumettant Montmajour à Saint-Antoine en Viennois : l'abbaye mère tombait ainsi sous la dépendance du prieuré qu'elle avait fondé. Le parlement de Paris vérifia la bulle et commit le conseiller Verger à son exécution. Mais celui-ci, informé des dispositions menaçantes des arlésiens, n'osa franchir le Rhône et chargea un huissier de signifier la bulle aux consuls. Sans respect pour cet ambassadeur, le premier consul l'incarcéra dès son arrivée. « Après l'avoir détenu quelques jours, il le fit conduire sur le bord du Rhône, et peu ne s'en fallut qu'il ne fût jeté dans cette rapide et impitoyable rivière, pour servir de pâture aux poissons [1]. »

Sur ces entrefaites, les États du Dauphiné, prenant fait et cause pour les Viennois, levèrent des troupes contre la ville d'Arles. De leur côté, les États de Provence, — clergé,

[1] J. Seguin, *Dissertation sur la translation du corps de saint Antoine*, p. 39.

noblesse et tiers, — convoqués par le gouverneur François de Luxembourg, s'assemblèrent à Aix, dans le réfectoire des Prêcheurs, le 20 mars 1494. Tous « unum corpus totius patriæ facientes », selon la belle expression du procès-verbal, déclarèrent nationale la cause arlésienne. Dans l'intérêt de l'abbaye et l'honneur de saint Antoine « cujus corpus sanctissimum in eadem arelatensi civitate requiescit », ils constituèrent l'archevêque Cibo et quatre notables, leurs procureurs auprès du roi et du pape, à l'effet d'obtenir révocation de la bulle.

Comme elle n'avait pu, non plus qu'à la ville, être signifiée à l'abbaye, les Antonins obtinrent l'envoi de nouveaux commissaires royaux chargés de cet exploit. Ceux-ci rôdèrent à distance prudente, séjournant à Avignon, à Beaucaire, à Tarascon, à Fourques même, les jours de vaillance, mais ne parvinrent jamais à pénétrer dans l'abbaye ou dans la ville. Le plus hardi, Jacques de Larche déclare « n'avoir eu faculté ne obéissance d'entrer en icelle abbaye de Montmajour ne approucher les portes d'icelle obstant ce que lesdites portes étaient clauses et fermées, et y avait en icelle et ès dites portes et sur les murailles plusieurs gens en armes faisant grand guet... », il se résigna à clouer sa copie au tronc d'un arbre. N'ayant pu non plus entrer en ville, il placarda un ajournement au *lindart* de la porte de la Cavalerie, le 24 novembre 1494.

Après deux ans de vaine attente, les commissaires remontèrent à Paris, et les arlésiens et les moines continuèrent à ignorer légalement un acte qu'ils ne s'étaient pas laissé signifier. Nouvelle levée à Grenoble sur requête des Antonins : les troupes dauphinoises ravagèrent la campagne d'Arles et ruinèrent la Camargue.

Ces excès desservirent une cause déjà mauvaise. Le conseil du roi annula la procédure contre les consuls, et le pape Alexandre VI, mieux informé après son entrevue avec l'archevêque, révoqua l'union entre Montmajour et Saint-Antoine, par une bulle adressée aux Etats de Provence, le 2 février 1495. Ceux-ci, réunis à Aix le 22 mars 1496, en entendirent la lecture faite par l'archevêque d'Aix, Herbert. En 1502, un accord entre les deux abbayes fut conclu à Valence ; on n'y traita que les points financiers, et les Antonins n'osèrent rouvrir la querelle des reliques. Le pape Jules II confirma, en 1504, la décision de son prédécesseur, et quand Léon X voulut avoir des reliques de saint Antoine, c'est à Saint-Julien d'Arles qu'il envoya son neveu Jules de Médicis, le futur pape Clément VII. Celui-ci obtint, le 19 juillet 1517, deux doigts de la droite du saint, dont l'un fut donné par le pape aux Antonins de Rome, et l'autre déposé dans la métropole de Florence.

L'argument principal des adversaires de Montmajour se réduit à dire que les bénédictins n'ont prétendu posséder les reliques de saint Antoine qu'en 1490, quand ils ont senti leur autonomie menacée, prétention qui leur fournissait le moyen de soulever la Provence en leur faveur.

A cette assertion on répond par des témoignages antérieurs à 1490 d'un demi-siècle et plus, qui empruntent une réelle autorité du nom de leurs auteurs; saint Antonin

1459, et saint Vincent Ferrier † 1419 [1], tous deux non bénédictins.

Diverses vérifications de ces reliques ont été faites. En 1609, parmi les signataires du procès-verbal figurent « Mathieu Amodry, rentier des oblations de saint Antoine; Gabriel de Camaret, capitaine de la Ville et de Monseigneur saint Anthoine. » Dans un compte de 1618, l'orfèvre Igonnet expose que « il a fait une *riveure* pour retenir la tête M⁽ʳ⁾ saint Antoine, a cloué le corps dudit avec sa platine de cuivre, a suspendu une clochette d'argent au col à un des petits pourceaux qu'il n'y avait point, laquelle avait été donnée par une bonne femme, a remis toute la châsse en colleur, et disposé au dedans 2 pans de trelis rouge pour garder que les saintes reliques ne se perdent, et l'a remontée une pièce après l'autre, comme il étoit auparavant. »

Au sujet de la vérification de 1663, présidée par M⁽ᵍʳ⁾ de Grignan, l'historien Séguin donne ces détails : « Les saints os ayant été exposés sur une table dans la vénérable église Saint-Julien ont été comptés et désignés avec grand respect par des maîtres chirurgiens qui ont admiré sur toutes choses la tête et le crâne de ce grand saint, qui est extrême-

---

[1] Voici ces textes : « Nunc pro certo corpus B. Antonii est in abbatia Montis majoris prope Arelatem in provincia Provinciae et brachium apud Viennenses, ubi nunc fit concursus populorum. » (*S. Antonini Hist.*, p. II, tit. 12). — « Antonii corpus celatur in quadam abbatia prope Arelatem circumdata paludibus, sub custodia religiosorum ej. abbatiae. » (*S. Vinc. Ferr.* Libr. II et III). — Ajouter cet extrait du Registre des Comptes des Prêcheurs d'Arles, au dim. 17 janv. 1445 : « Recepi de questa Purgatorii VIII sol. quia fuit festum B. Antonii, et pauci venerunt ad conventum. » Tous documents cités dans la belle et solide *Histoire de l'abbaye de Montmajour* par M. Marin de Carranrais.

ment gros, et les deux fémurs qui sont fort longs, épais et proportionnés qui marquent que ce saint devait être d'une taille très avantageuse et qu'il avait un corps très vigoureux... sa tête est dans une châsse d'argent et ses ossements dans une caisse de plomb, enveloppés de drap d'or, où ils rendent une odeur suave et très agréable. »

Il fut procédé à la dernière, en 1854, par Mgr Darcimoles qui déposa les reliques dans une boîte munie de son sceau qu'on enferma dans une châsse en bronze doré surmontée du monogramme du Christ et supportée par des lions, avec le blason de la ville, aux frais de qui elle fut exécutée.

La controverse sur l'authenticité des reliques ayant repris il y a cinquante ans, non sans quelque vivacité, dut cesser sur cette décision de la Congrégation des Rites, du 12 février 1859 : « Sacra Congregatio rem adeo amplexam agnovit ut omnino decernendum censuit nihil hac super re interloquendum esse. » Et depuis, la ville d'Arles n'a plus été troublée dans la possession de son trésor.

— La *procession de saint Antoine* est ainsi décrite dans le *Cérémonial de ce qui est arrivé de remarquable dans la ville d'Arles sous le consulat de MM. de Mandon*, etc. (Bibl. d'Aix), sorte de coutumier rédigé par les consuls de 1678 pour la gouverne de leurs successeurs : « A cette procession assistent tous les religieux avec leur croix, et les moines de Montmajour y font l'office. Deux des moines viennent prendre MM. les Consuls et le Major de la Ville qui prie ses amis de l'accompagner après leur avoir donné un déjeûner à l'Hôtel de ville, d'où l'on part à midi pour se rendre à Saint-Antoine. Ce jour-là il précède les consuls avec son aide-major. Etant arrivé à l'église, il ouvre lui-même avec une clef qu'on garde à l'hôtel de ville, l'armoire où l'on tient la châsse du saint, et les moines ouvrent en même temps avec une autre clef. Ensuite la procession part. Les sergents de ville avec leurs hallebardes marchent devant le saint, ayant au milieu d'eux le drapeau de la ville, ensuite marche l'aide-major, suivi de tous les gens que le Major a invités, parmi lesquels les capitaines de quartier, celui du guet, et les estimateurs qui ont aussi un drapeau. Le Major avec sa canne se tient à côté du saint, portant un bouquet que les marguilliers lui ont offert, en entrant dans l'église. Deux consuls précèdent la châsse et deux autres la suivent ; les varlets de ville se tiennent autour, portant des cierges de cire jaune donnés par les moines. *Les portes de la ville doivent être fermées.*

« La procession étant arrivée sur la place du Marché, devant Saint-Trophime, on arrête la châsse, faisant face au Portail ; la musique du Chapitre sur les marches tourne le dos à l'église, la musique des moines se place sur une estrade au milieu du Marché. MM. les consuls, le Major et MM. du Siège sont assis devant l'église. La musique de Saint-Trophime chante un motet en réponse de celui que celle de Saint-Antoine a chanté en arrivant. Lesquels motets finis, la procession se remet en marche dans le même ordre jusqu'à l'église où le Major referme la châsse et remporte sa clef à l'hôtel de ville, précédant les consuls et suivi de la même escorte. »

Ce cérémonial s'observa de 1490 à la fin du XVIII° siècle, aux processions du 17 janvier et de l'Ascension, sauf quelques années d'interruption, en 1639, quand la réforme de Saint-Maur fut introduite à Montmajour. On supprima l'escorte en 1549, mais on en maintint le capitaine avec le titre de Major de la ville et de saint Antoine. Cette fête donna origine à la foire du 17 janvier, se tenant dans toute la longueur de la rue de Saint-Julien.

Une grave difficulté s'éleva à propos de cette procession entre moines et chanoines. Le Chapitre, humilié de voir les bénédictins précédés d'un bedeau majestueux, armé d'une masse d'argent, assigna les religieux devant la sénéchaussée d'Arles, réclamant la suppression de la masse et de son porteur, mais le lieutenant civil rejeta cette demande. Le Chapitre en avait appelé à Aix, quand le 19 février 1768, sur la médiation de M§r de Jumilhac, un accord régla que le bedeau garderait son costume, mais ne porterait plus qu'une simple baguette, la masse étant reconnue propriété des chanoines.

Dès l'arrivée des reliques, en 1490, on résolut de remplacer par une châsse de vermeil celle d'ivoire dans laquelle elles avaient été apportées et de construire une belle église en l'honneur de saint Antoine : la ville avança 13,000 florins pour le reliquaire et donna 2000 florins pour le nouvel édifice qui ne fut d'ailleurs construit qu'en 1648.

On accourut aussitôt vénérer les reliques, même des localités éloignées : le 16 février, c'était la procession des Salonais ; le 24, celle des Tarasconais, et avec eux M. de Saint-

Vallier, sénéchal de Provence. « Ce grand saint, dit encore Seguin, fait sentir les effets de sa protection à un nombre infini de fidèles qui lui adressent leurs vœux, et surtout aux habitants d'Arles qui, en temps de maladie contagieuse ou de stérilité [1], ont reçu des grâces très singulières par son intercession. » Pour désigner l'église devenue le centre de cette dévotion, le nom de saint Antoine finit par l'emporter sur celui de Saint-Julien, ce qui dure encore de nos jours. On compta saint Antoine parmi les patrons d'Arles : « Attendu que cette ville est des plus anciennes et particulièrement catholiques de la province, pour marque de ce, et qu'on doit croire par l'intercession des Bx SS. Trophime, Etienne, Marc et *Antoine*, les reliques desquels reposent aux églises St Trophime, St *Antoine*, et N. D. la Major, que la ville a été miraculeusement préservée de la trahison découverte ces jours passés, vote qu'on mettra sur la porte du ravelin de Marcanoù les images de St Trophime et St Etienne, un crucifix au milieu, et sur le ravelin de la Cavalerie, les images de St Marc et St *Antoine*, un crucifix aussi au milieu, le tout en relief. » (Délib. comm. du 18 nov. 1590).

Le culte de saint Antoine remontait d'ailleurs très haut dans la ville d'Arles. Les Antonins, ces mêmes religieux dont les démêlés avec Montmajour durèrent si longtemps, y avaient bâti au XIIe siècle un *hôpital* et une *église* con-

---

[1] En 1734, année de grande sécheresse, Mgr de Forbin présida la procession de saint Antoine.

nue sous le nom de *Saint-Antoine le Vieux* jusqu'au jour où elle prit celui de Saint-Claude, à cause des reliques de ce saint qui y furent déposées. Ce prieuré continua, même après le départ des Antonins, à dépendre de l'abbaye de Saint-Antoine du Viennois. Une autre *chapelle saint Antoine* s'élevait au moyen-âge sur l'emplacement du cimetière actuel.

— La PAROISSE SAINT-JULIEN a vu reculer ses limites, à trois reprises : le 2 octobre 1647, par l'union du prieuré-cure de Saint-Michel de l'Escale, aux Arènes, auquel avait été uni précédemment le prieuré de Saint-Pierre de Fabregoule, aux Alyscamps; le 25 janvier 1633, par l'union d'une partie de la paroisse Saint-Vincent, supprimée; le 6 mars 1657, par l'adjonction de la paroisse *Saint-Isidore* dont le bénéfice resta attaché au Chapitre. Saint-Julien rentrait ainsi en possession de son territoire primitif, car tout indique que la paroisse Saint-Isidore en avait été démembrée précédemment. Réduit au rang de chapelle de secours, Saint-Isidore conserva le culte jusqu'au 22 décembre 1734, quand Mgr de Forbin ordonna d'y supprimer tout service. A cette occasion, un paroissien, doué d'une force peu commune, descendit la cloche et la porta sur ses épaules jusqu'à Saint-Julien.

La *paroisse Saint-Isidore* datait du XIIIe siècle au moins. Sur nomination de l'abbé de Montmajour, dont elle relevait, le vicaire général Raimond de Coiron en conféra le vicariat au prêtre Aicard Boncose, le 20 avril 1343. Elle avait été érigée en vicairie perpétuelle en 1686, était desservie par un curé et un vicaire, et peuplée de 1100 h. L'église, dite aussi Saint-Sille ou Cyle, sert aujourd'hui de remise.

— Jusqu'à l'introduction de la réforme de Saint-Maur à Montmajour, 1639, Saint-Julien fut desservi par huit religieux conventuels constituant un *prieuré* urbain [1].

Depuis cette réforme, des difficultés s'élevèrent entre le diocèse et l'abbaye, au sujet de la nomination du curé. Une transaction entre Mgr J.-B. de Grignan et le cardinal Bichi, abbé commendataire de Montmajour, régla qu'il serait nommé alternativement par l'archevêque et le chapitre régulier. Celui-ci, usant le premier de ce droit, conféra le titre à Pierre Borel, le 1er juin 1697. Les revenus et prérogatives autres que la nomination restèrent unis à l'office de corrosier de l'abbaye, jusqu'à sa suppression en 1787 : ils furent alors attribués à la mense épiscopale d'Arles.

Parmi les 33 chapellenies de Saint-Julien, se trouvait celle de *Radix Jesse* attachée à la chapelle de la Vierge, et possédée d'abord par la famille de Jessé, et plus tard par celle de Cadenet-Charleval. Cette famille la conférait, sous l'approbation de l'archevêque, à de dignes prêtres, d'ordinaire peu favorisés de la fortune. C'est ainsi qu'elle fut attribuée à deux prêtres aixois, en 1739, à M. de Reboul-Lambert, futur évêque de Saint-Paul-Trois-Châteaux, et en 1754, à M. Didier, curé du Saint-Esprit, exilé par les Jansénistes.

— M. Jacques CONSTANT, né à Arles en 1754, était curé en

---

[1] Pendant la peste de 1630, les bénédictins ayant quitté Montmajour, firent les offices à Saint-Julien de la fin mars au 1er juin.

1791. Le schisme ne le séduisit point : il refusa le serment et se réfugia en diverses villes d'Italie. L'ambassadeur de Naples en Angleterre, qui l'avait apprécié, le mena à Londres, où il séjourna jusqu'au Concordat, n'ayant cessé de fournir à ses confrères exilés l'appui et le conseil dont ils avaient besoin, et à la société anglicane les exemples d'édification qui ont rendu le séjour du clergé français si utile aux âmes droites égarées par les préjugés.

Saint-Julien avait moins que les autres églises d'Arles souffert des dévastations révolutionnaires, et le culte catholique s'y était malgré des intermittences maintenu avec quelque régularité. Un rapport adressé à Mgr de Cicé, en 1802, constate que « l'église de Saint-Julien est la seule paroisse catholique ouverte depuis un an, desservie par trois prêtres. » L'un était M. Constant qui avait repris la direction de sa paroisse ; les deux autres, MM. Jaubert et Gastinel qui y avaient exercé leurs fonctions pendant que les autres églises étaient usurpées ou fermées. M. Constant ne tarda pas à être promu curé de Saint-Trophime. Il est mort chanoine à Aix, en 1825.

Une fin tragique avait frappé le curé constitutionnel.

Antoine Tinel, d'abord vicaire à Barbentane, son pays natal, fut élu en 1792 à la cure de Saint-Julien. Ses sympathies pour les Chiffonniers le perdirent. Les révolutionnaires arlésiens s'étaient en effet divisés en deux partis qui se haïssaient à mort : les Chiffonniers ou Syphoniers, ainsi nommés parce qu'ils se réunissaient dans la maison du chanoine Giffon, modérés et favorables aux Girondins, appuyés par les honnêtes gens ; et les Monaidiers, qui s'assemblaient à l'ancienne Monnaie, terroristes et partisans des Montagnards. Les conventionnels en tournée dans le Midi résolurent de mettre un terme à cette division par le procédé sommaire alors en usage. Sur l'ordre du représentant Maignet, les chefs des deux factions furent traduits devant la Commission populaire d'Orange. Les plus scélérats s'en tirèrent, mais les modérés furent moins heureux. Arrêté le 25 avril 1794, transféré à Orange le 13 juillet, M. Tinet fut condamné à mort le 27 juillet, *neuf thermidor*, et exécuté, à la sortie de l'audience, à l'heure où triomphait à Paris le coup parlementaire qui mit fin à la Terreur, et amena à Orange même l'élargissement des curés constitutionnels de Saint-Laurent d'Arles et de Moulès.

— Dans la chapelle du Sacré-Cœur, une plaque rappelle la mémoire glorieuse du curé Joseph *Ollivier*, natif de Lambesc. Se trouvant aux eaux de Lamalou, quand le choléra fondit sur la ville, il se hâta de rentrer dans sa paroisse. Saisi par le mal, presque au lendemain de son arrivée, il succomba le 28 juillet 1884, âgé de 74 ans. Les funérailles durent être hâtées, mais le 2 août, un service solennel, chanté en présence de l'archevêque, fournit au clergé et aux paroissiens l'occasion de témoigner leurs regrets reconnaissants à cette victime du devoir pastoral.

— En cette paroisse est né *Antoine* PORTAIL, un des fondateurs de la congrégation de la Mission. Il signa devant notaire l'acte où il est dit que « le sieur Vincent choisit, élit, agrège et associe les sieurs Ducoudray, Portail et de la

Salle, pour vivre en congrégation ou confrérie, et s'employer au salut du pauvre peuple des champs, selon la prière qu'ils lui en ont fait... » Doué des talents qui peuvent acquérir un nom, d'une éloquence et d'une science théologique qui l'avaient fait remarquer en Sorbonne, il s'adonna de préférence aux missions les plus obscures. Saint Vincent de Paul, qui l'aimait tendrement, lui confia la conduite des Filles de la Charité, sa plus belle œuvre ; il eut la douleur de le voir mourir ainsi que Mlle Le Gras, en 1660, quelques mois avant lui. Abelly apprécie ainsi ce saint prêtre : « C'était le premier que M. Vincent s'était associé pour la Mission, le premier prêtre de sa Congrégation dont il avait été depuis le secrétaire et le premier assistant ; et enfin celui qui l'avait le plus soulagé dans la conduite de cette congrégation et en qui il avait une confiance entière. » La bibliothèque de la ville possède plusieurs lettres autographes de M. Portail.

— En 1790, la paroisse, peuplée de 4000 hab., était desservie par un curé, à la nomination de l'archevêque, et un vicaire. — En 1897, 3000 hab , un curé et deux vicaires ; rétablie comme rectorerie, en 1802, cure de 2e classe par décret du 19 avril 1854. Archidiaconé d'Arles, doyenné de Saint-Trophime. Elle possède l'école principale des Frères de la Doctrine chrétienne, et un *asile* tenu par les sœurs de Saint-Charles, bénit le 13 octobre 1896 par Mgr Gouthe-Soulard.

Église. — Histoire. — Simple chapelle hors les murs au Xe siècle, remplacée par une église que Calixte II consacra en 1119, Saint-Julien faillit être reconstruit sur de grandes proportions au moment où les reliques de saint Antoine y furent portées. Le 6 février 1490, le conseil communal délibéra d'acheter, au prix de 2000 florins, la maison de Trophime Boy « per far una gleysa a honor de Monsen sant Anthoni ». Il ne paraît pas que ce projet ait passé à exécution. Mais le développement croissant du Bourg-Neuf accentua l'insuffisance de l'ancien édifice. C'est pourquoi, l'an 1647, les marguilliers décidèrent une reconstruction totale. Autorisation fut accordée par Montmajour « pour n'estre la vieille église d'une forme décente, pour nombre de paroissiens et concours d'étrangers qui se rendent aux reliques de saint Antoine ». Les bénédictins permirent en outre de prendre gratuitement tous terrains nécessaires, et même de démolir la maison prieurale, à condition de la remplacer par un logement suffisant, se réservant dans la nouvelle église les mêmes droits que dans l'ancienne, surtout le soin des reliques de saint Antoine.

Mgr de Grignan en posa la première pierre, 1648, et, le 21 novembre 1662, la dédia aux saints Julien et Antoine. La dépense fut lourde, quoique dès la première annonce du projet les paroissiens eussent souscrit sept mille livres : on dut vendre presque tout le riche trésor de la sacristie, entre autres 15 calices, la plupart ornés de pierres précieuses.

François de Grille, fils d'un des consuls, y fut le premier baptisé, le premier présenté aux relevailles, et le premier enterré. Une inscription spéciale relate ces évènements considérables et leur date.

Les reliques de saint Antoine furent placées dans la nouvelle église, le 17 mars 1663. A cette occasion l'archevêque, assisté de l'évêque de Bethléem, procéda à leur vérification en présence des consuls et du capitaine de saint Antoine.

Si nous n'avions lu de nos yeux les pièces relatives à la construction de l'église Saint-Julien, nous n'aurions jamais osé attribuer à un vaisseau franchement ogival une époque si récente, 1648-1662, mais les textes sont formels. Preuve nouvelle que les périodes des divers styles d'architecture dans le midi ont commencé et fini plus tard que dans le nord, et que dans l'architecture provençale, le style ogival a persisté en concurrence avec le style néo-grec un siècle et plus.

Sous une direction active, de nombreux embellissements ont mis en évidence dans cette église les beautés d'ensemble et de détails. On peut sans doute désirer encore que celles des 15 grandes fenêtres qui furent murées autrefois soient rouvertes et garnies de verrières ; que certains ornements où l'on tint plus de compte de la commodité que des règles artistiques, soient ramenés à leurs vraies lignes et proportion, etc., mais ce qui a été fait donne bon espoir pour ce qui reste à faire. Avec ses œuvres d'apostolat et de bienfaisance, ses réunions musicales et artistiques, ses florissantes écoles catholiques, Saint-Julien fait penser à ces églises du moyen-âge qui voyaient groupés sous le clocher paroissial tous les organes de la Cité chrétienne.

Description. — Belle façade grecque à deux ordres,

1662. — Une nef ogivale, 45 m. de long, 12 de large, plus la profondeur des chapelles.

Chapelles. — A droite : 1. *Fonts baptismaux*, cuve bronze, imitée de celle de Liège, représentant la Mer d'airain soutenue par les taureaux symboliques. Cuve ancienne creusée dans un chapiteau antique. — 2. *Saint-Louis de Gonzague* avec autel rétable dont le tombeau fut porté à Barcarin. Tabl. *Immaculée Conception.* — 3. *SS. Anges*, avec autel et rétable du XVII° s., c'est l'ancien maître-autel qu'encadrait la boiserie du Saint-Sacrement. — 4. *Sacré-Cœur*, dalle du curé Ollivier, † 1884. — 5. *Ste Vierge*; *Annonciation*, st. m. copie de celle de Chastel, à la Madeleine. * *Annonciation*, tabl. signé *Ludovicus Finsonius, belga brugensis anno....*

Maître-autel grec de marbres variés : le sanctuaire est orné d'une riche boiserie circulaire, en style grec, avec colonnes, niches, statues, exécutée en 1683 aux frais de l'association du Saint-Sacrement, œuvre paroissiale de prière et de charité remontant à 1530. Trois peintures y sont encadrées : au milieu, *Saint Julien et sainte Basilisse, son épouse, consacrant à Dieu un hôpital*, aut. inc. ; à droite, *la Cène*, par L° Parrocel, à qui payée 136 livres ; à gauche, *Adoration des Mages*, par Gabriel d'Aix, payée 66 livres. — *Monument* (?) *à N. D. de Lourdes*, 1884. — Sur le grand arc, *Multiplication des pains*, bon tableau de l'école du Poussin.

Dans le pilier de droite, sous la statue en bois du saint,

* *Châsse de Saint Antoine.* En deux autres reliquaires, ossements des SS. Clément, Isidore, Julien et Ursule.

L'inscription sous la statue bois de saint Julien rappelle la pose de la 1ʳᵉ pierre, 1648, et la consécration de l'église, 1662 ; celle sous la statue de saint Antoine, la translation des reliques de ce saint, 1663, et leur dépôt dans une châsse payée par la ville.

Chapelles à gauche. — 1. *Sainte Anne.* Tabl. * *Saint Antoine,* attribué à Finsonius ; * *Sainte martyre.* — 2. *Saint Joseph.* Tabl. * *Saint Isidore ;* — * *Vierge priée par les Anges, saint Augustin, sainte Angèle, sainte Ursule,* autrefois aux Ursulines. — 3. *La Croix,* avec un riche calvaire, 1827. Tabl. *Saintes Maries,* Armand, 1890. — 4. *Purgatoire.* Tabl. *N. S. adoré par deux saints ; saint Jérôme ; saint Genès.* Toutes ces chapelles ont été restaurées avec goût récemment ; leur orientation a été disposée en ordre symétrique avec celles d'en face.

Autres tableaux : *Assomption ; Concert angélique,* attr. à L. Parrocel : *Christ en croix ; sainte Catherine ; saint Antoine ; saint Julien ; saint Isidore ; saint Vincent ; — Martyre de Saint Genès le comédien* par Lestang-Parade, don du roi, 1845, sur demande de M. de Grille.

Sous la tribune, inscript. lat. 1659, rappelant que l'avocat *Antoine Sauvage,* « homme érudit et probe, d'autant de bonne foi que d'habileté, hardi sans licence, franc sans verbiage, ennemi des procès et des intrigues », le phénix enfin des hôtes du prétoire d'Arles, a institué Saint-Julien son héritier universel, *Sanctum Julianum haeredem ex asse instituit* ; — autre de 1697, relatant que par acte reçu au Châtelet, *Julien Clément*, 1ᵉʳ valet de chambre de feue Mᵐᵉ la Dauphine, a fondé une messe chaque jour aux Carmélites, substituées à la paroisse Saint-Julien, au cas que le temps apportât quelque changement aux clauses du contrat. Une plaque semblable se trouve dans l'ancienne église des Carmélites.

SACRISTIE, 1865. Ornements du XVIᵉ s.

CLOCHER, 1662, 4 cloches ; la grande, 1621, vient de Montmajour.

NOTE *sur le titulaire de cette église.*

Parmi les 35 personnages du nom de Julien que l'Eglise honore comme saints, deux ont été spécialement vénérés dans le midi de la France : le *soldat Julien*, martyrisé à Brioude, en 285, auquel sont dédiées les plus anciennes églises de ce vocable, à peu près toutes celles antérieures au XIᵉ siècle ; et *Julien* dit *l'Hospitalier*, époux de sainte Basilisse, martyrisé avec elle à Antioche, sous le même Dioclétien. Celui-ci consacra ses revenus au soulagement des pauvres et des malades, et transforma sa maison en une sorte d'hôpital. Son culte ne se répandit guère en Occident que vers le XIᵉ siècle. Propagé par les Frères Pontifes, qui regardaient ce saint comme leur précurseur, il se répandit avec rapidité au milieu des peuples du moyen-âge, adeptes généreux des idées chevaleresques, admirateurs intéressés et reconnaissants de toutes les institutions de protection et de défense.

Une légende dramatique, — un fils tuant par erreur son père et sa mère dans un accès de jalousie, et s'adonnant ensuite aux œuvres de miséricorde pour expier son crime involontaire, — vint se greffer sur l'histoire de saint Julien et le rendit encore plus populaire. Autant, en effet, la fable de l'Œdipe antique, victime jusqu'au bout d'une inexorable fatalité, répugnait à ces âmes confiantes, autant les séduisait la légende du nouvel Œdipe avec ses enseignements consolants de Bonté infinie, de Miséricorde sans limite et de complète Réparation. Suite ininterrompue d'aventures extraordinaires et merveilleuses, cette légende montrait comment de lointains pèlerinages, d'héroïques pratiques de charité envers les pauvres, les malades, les lépreux, les voyageurs, toutes les formes de pénitence alors en honneur, avaient purifié l'auteur involontaire d'un double parricide et lui avaient obtenu plus que le pardon, la gloire même des bienheureux.

Si bien que presque partout, grâce à sa légende, saint Julien l'Hospitalier remplaça saint Julien le soldat. Cette substitution ne s'est point produite à Arles et ailleurs, sans amener dans la date de la célébration des fêtes et la rédaction des leçons de l'office des confusions qui ont jeté les liturgistes locaux dans plus d'un embarras. Ainsi Mgr du Laurens assigne la fête du titulaire de Saint-Julien, non au 28 août, qui est la date du martyre du soldat, mais au 9 janvier, qui est celle du martyr d'Antioche ; Mgr de Grignan, lors de la consécration de l'église, en 1662, se rallie non à l'histoire, mais à la légende de l'Hospitalier, il déclare saint

Julien confesseur non pontife, mais il lui assigne le 27 janvier qui appartient à saint Julien, évêque du Mans, très honoré dans l'ouest de la France, et peu connu dans le midi. Et depuis la paroisse honore son titulaire sous le titre de confesseur le dimanche qui suit le 27 janvier.

A Arles donc saint Julien l'Hospitalier s'était substitué à saint Julien le soldat. Quand les Confrères du Saint-Sacrement firent peindre leur grand tableau, ils commandèrent au peintre une scène de l'*histoire* de l'Hospitalier, la fondation d'un hospice, et au sculpteur, pour la statue, un trait de sa *légende*, saint Julien essuyant ses yeux inondés de larmes et brisant son épée parricide. En quatre autres églises du diocèse, Eguilles, Saint-Julien des Martigues, Peynier et Miramas le Haut, le culte du soldat s'est maintenu, non pourtant sans que la légende de l'Hospitalier ait quelque peu défiguré son souvenir. A Miramas, en particulier, dans la vieille église du cimetière, trois statues différentes, dont la plus récente remonte à trois siècles, portent le costume militaire romain, caractéristique de saint Julien de Brioude, mais l'une le représente tenant un faucon au poing, les deux autres foulant aux pieds une tête, qui sont des caractéristiques de l'Hospitalier, célébré aussi par la légende comme grand chasseur. Le curieux tableau de l'autel présente un soldat avec les attributs du martyre, mais tenant le faucon au poing.

Conclusion : le titulaire de cette église à l'origine a été saint Julien de Brioude, soldat martyr ; nous croyons qu'il n'a pas cessé de l'être encore. Il est possible néanmoins, mais on n'en a pas la preuve, que le pape Calixte II l'ait dédiée à saint Julien l'Hospitalier, martyr aussi, cette dédicace s'étant faite au temps où ce saint était dans sa plus grande popularité. En tout cas, ce titulaire n'est pas un confesseur, mais un martyr.

TRINQUETAILLE

Trencatallae

Faubourg de la ville d'Arles à laquelle l'unit un superbe pont métallique jeté sur le Rhône, Trinquetaille était à l'époque romaine une ville plus considérable que celle de la rive gauche. *Duplex Arelas*, écrivait Ausone, pour désigner ces agglomérations bâties sur le fleuve, en face l'une de l'autre. Une colonie, envoyée par Jules César, et commandée par le questeur Claudius Nero, le grand père de Tibère et de Caligula, s'établit à Arles, 46 ans avant Jésus-Christ. Après avoir occupé la hauteur de la rive gauche pour commander la ville indigène dont les magasins et les fabriques s'étendaient en aval, elle s'installa dans l'île de Camargue là où se trouve le faubourg actuel.

La *Colonia Julia Paterna* comprenait six mille hommes, vétérans peut-être de la VI° légion, comme l'indiquerait le nom d'*Arelate Sextanorum* qu'elle a porté quelquefois, mais plutôt citoyens de la plèbe italique, récompensés de leur dévouement à César par une concession de terres en Gaule, et désignés ainsi pour honorer une des légions victorieuses [1]. Les deux villes parvinrent à leur apogée sous Constantin. La rive gauche, c'était la ville patricienne, à l'enceinte sacrée, séparée par un *medianum* de la ville primitive à laquelle les colonies phéniciennes et grecques s'étaient adjointes : elle étalait avec orgueil ces monuments majestueux dont les ruines étonnent encore. La rive droite c'était la ville du commerce, des négociants, des ouvriers, des mariniers. Peuplée d'environ trente mille âmes, elle occupait un espace considérable dont trois stations de sépulcres marquent les limites.

Les tranchées ouvertes, 1865, pour l'établissement de la ligne de Lunel, mirent à découvert tout un quartier de Trinquetaille antique. Durant quelques mois, à la vue de ses rues étroites et solidement pavées, de ses maisons aux fortes assises, de sa voie publique creusée d'ornières profondes et bordée de tombeaux, on se crut transporté à quinze siècles de distance. Et le soir, sous la clarté des étoiles, quand la ville moderne s'était endormie à son tour, l'imagination se plaisait à réveiller la vieille cité surprise dans son sépulcre et à lui rendre la vie et l'activité.

Les mêmes découvertes se sont renouvelées lors de la construction du chemin de fer de la Camargue. Cette ligne

---

[1] C'est le sentiment de Mommsen, *Histoire Romaine*, et de Herzog, *Galliae Narbonensis Historia*.

traverse le quartier des villas où se délassaient les négociants des deux villes. C'est à la sortie de Trinquetaille qu'a été trouvé le beau sépulcre qu'on admire au musée. Chaque fouille montre que le sol y recèle autant de richesses archéologiques que la rive opposée. Diverses pierres tumulaires, que la façon de dater permet d'assigner à la fin du V° siècle ou à la première moitié du VI°, ont été découvertes durant ces travaux: celles de *Paulus* de bonne mémoire, 44 ans, décédé la veille des nones de janvier, indiction VII°, la 2° année après le consulat de ....; de *Procula,* morte aux nones d'octobre, 55 ans; de *Martina,* 7 ans, morte le 5 des calendes d'octobre; de *Marsiola,* 50 ans, en avril; de *Johannula,* 20 ans, le 8 des ides de novembre, indiction XV°; de *Mansuetus,* de bonne mémoire, 45 ans, le 3 des nones de septembre, indiction V°, qui a voulu être enseveli *cum filia sua Blandola.* Ces épitaphes, précieuses pour l'histoire chrétienne d'Arles, ont été emportées à Marseille [1].

La vraie religion y avait été prêchée par saint Trophime. Une légende rapporte même que saint Paul Serge, au moment où il quittait saint Trophime pour se rendre à Narbone, ressuscita un pilote qui s'était noyé dans le Rhône, et opéra plusieurs conversions, grâce à ce miracle.

Martyre de saint Genès. — En 303, sous Dioclétien et le préfet Rictiovare, le jeune Genès, greffier du prétoire, appelé à transcrire un arrêt de mort contre un chrétien, se

---

[1] Ainsi qu'un sarcophage chrétien des Alyscamps datant du IV° siècle, que *Presidia* fit élever à son très doux mari *Flavius Memorius,* comte de la Mauritanie Tingitane.

leva brusquement, et, jetant aux pieds du juge style et tablettes, sortit en criant : Moi aussi, je suis chrétien ! Poursuivi jusqu'au Rhône, il le franchit à la nage, mais fut saisi sur la rive opposée, traîné devant le temple d'Isis et décapité. Encore catéchumène, il fut baptisé dans son propre sang.

Les chrétiens convertirent le temple d'Isis en église, et sur le lieu de la décollation, ils élevèrent une colonne, d'où l'église s'appela *sanctus Genesius de Columna*. Un mûrier se trouvait auprès. Grégoire de Tours raconte que les fidèles en emportaient les feuilles et l'écorce, si bien qu'il se dessécha. On se mit alors à râcler la colonne, et à garder la poussière comme relique.

On se rendait en procession à cette chapelle le 25 août, anniversaire du martyre du saint. En cette journée les arlésiens éprouvèrent deux fois sa protection puissante. Du premier de ces miracles il reste une relation contemporaine que Génébrard a éditée, l'attribuant à saint Hilaire, poétique et non exempte de l'emphase qui sévissait à cette époque. Nous la résumons.

Le 25 août 427, avant le lever du soleil, les arlésiens, auxquels s'étaient unis de nombreux étrangers, partaient de Saint-Étienne pour aller chanter l'office et la messe à l'église stationale. Ils tenaient tous un flambeau à la main, et à chaque rue par où s'engageait la pieuse théorie, devant ces étincellements, les ténèbres de la nuit se dissipaient. A la fin de la procession, marchaient les clercs de la cathédrale, précédant le bienheureux père Honorat. L'évêque avait à peine passé le pont[1], et avec lui le prêtre Hilaire, *astante me et pedem ab ipso ponte referente*, qu'un cri d'angoisse courut d'une rive à l'autre, strident, désespéré. Sous le poids de la foule, les bateaux du pont s'étaient disjoints, et par l'ouverture béante, les pèlerins s'engouffraient pressés dans les flots. En voyant cette scène d'épouvante, Honorat lève les mains au ciel et réclame l'aide de saint Genès. Un péril si extrême manifesta la puissance du martyr. Le sauvetage commence, difficile et dangereux, aggravé par les bonds désordonnés des chevaux attelés aux litières des patriciennes. On put néanmoins sauver les victimes de l'accident jusqu'à la dernière. Pas un noyé. Tel le peuple de Dieu avec Moïse et Josué. Tous reprirent leur place dans le cortège, trempés jusqu'aux os, mais désireux de ne pas différer d'un instant leurs actions de grâces au protecteur de la cité. Détail typique, les jeunes chrétiennes qui s'étaient parées de leurs plus riches atours, *in honorem Dei*, remarque saint Hilaire, sauvèrent toutes leur collier d'or et ne perdirent pas même une des épingles avec lesquelles les mains maternelles avaient fixé leurs cheveux ondulés. (*Sermo de miraculo S. Genesii martyris arelatensis.*)

Ce beau miracle se renouvela le 25 août 1428 : « Le jour de la fête de saint Genès, le pont d'Arles sur le Rhône se rompit pour n'avoir pu supporter un peuple immense qui

---

[1] On voit encore les amorces en pierre de ce pont formé de bateaux qu'un tablier de bois reliait entre eux, selon que le récit de saint Hilaire le donne à entendre. Ausone au IVe s. l'appelle *mediam plateam ponte navali*, saint Paulin au Ve *mollem pontem*, Cassiodore au VIe *pontem tabulatum*. D'après les historiens arabes, on y tenait des réunions et des marchés.

s'empressait d'assister à la fête de ce martyr, qu'on célébrait dans sa chapelle à Trinquetaille. Heureusement cet évènement n'entraîna la perte d'aucun arlésien. »

Une troisième fois, le lundi de Pâques 1637, jour de la fête populaire, le pont se rompit sous le poids de la foule. Ce n'était pas la fête de saint Genès : il y eut une centaine de noyés.

Du temps de Grégoire de Tours, une femme, accusée d'adultère par son mari, fut condamnée par le juge à subir l'épreuve de l'eau, comme le prescrivait la loi salique. On fit monter la malheureuse sur une barque, et, après lui avoir attaché une grosse pierre au cou, on la précipita dans le Rhône. Mais elle, pendant ces apprêts lugubres, avait recouru à saint Genès, l'invoquant en ces termes : « Bienheureux Genès, glorieux martyr qui avez sanctifié ces eaux quand vous les avez traversées à la nage, vous connaissez mon innocence, sauvez-moi. » Un remous la tira du courant et la rejeta saine et sauve vers la barque. Alors le peuple transporté l'escorta jusqu'à la basilique du saint, « et plus jamais son mari ni le juge ne la tourmentèrent ». (*De gloria martyrum*, I, 69).

La mort de Genès fit donner à la rive droite le nom de *Villa sancti Genesii*, comme le séjour de Constantin fit appeler la rive gauche *Urbs Constantina*.

Pillée par les sarrasins plusieurs fois, exposée par sa proximité du petit Rhône à de continuelles surprises, la Ville de Saint-Genès fut abandonnée au VIII siècle. Ses habitants se transportèrent en masse sur la rive opposée, les uns bâtissant des quartiers nouveaux, les autres s'installant sur les places publiques, dans les monuments antiques, à l'amphithéâtre surtout. Un village couvrit l'arène, les maisons escaladèrent les gradins, longèrent les galeries, se nichèrent sous les arcades, pressées en passages tortueux et ardus. Les Aréniers, fidèles au culte de saint Genès, lui dédièrent une chapelle qui, avec celle de Saint-Michel de l'Escale, servit de paroisse au *castrum de arenis* [1]. Cette ville, la plus originale qui fut en France, a disparu en 1825, lors du déblaiement général des arènes, et avec elle l'église et la rue Saint-Genès.

Dès le X° siècle, le péril sarrasin s'étant éloigné, la rive droite se repeupla. Les ruines de la *Villa sancti Genesii* fournirent les matériaux pour bâtir la ville nouvelle de Trinquetaille, *Trencatallae*, dont un château-fort, construit à la pointe de l'île, et de solides remparts défendaient l'approche. Comme ceux d'Aix et de Marseille, les évêques d'Arles dirigèrent la reconstruction de la ville et les travaux destinés à la protéger : c'est ainsi que, *défenseurs* de la cité, ils en devinrent les *seigneurs*.

A cette époque il faut rapporter l'établissement des trois hôpitaux du quartier, mentionnés dans le testament de Jacine, en 1224.

De bonne heure, les archevêques cédèrent cette seigneurie à leurs alliés, les princes des Baux, dont le nom paraît alors pour la première fois, se réservant la suzeraineté. Le plus

---

[1] Les Arènes de Nîmes, envahies et occupées de la même manière, possédaient aussi deux églises, *Saint-Martin* et *Saint-Pierre*.

ancien acte d'hommage daté de 1103. Voici, dans ses parties essentielles, celui de 1238, rendu au palais communal, en présence de Benoît d'Alignan, évêque de Marseille, et de Raymond Bérenger, comte de Provence : «.... faisons savoir que le seigneur Barral de Baux a juré hommage à Jean, archevêque de la sainte Eglise d'Arles, pour le château de Trinquetaille, les ports de la Cité et du Bourg d'Arles..... l'archevêque a investi Barral de tous ces biens et fiefs, promettant de le défendre et de le protéger ; et pour garantie de cet accord, ils se sont donné le baiser de paix et de fidélité. Le seigneur Barral a promis de livrer audit archevêque et à ses successeurs, chaque année le jour de Saint-Trophime, dix paires de lapins avec leurs peaux. »

En 1300, l'église d'Arles racheta cete seigneurie. Le 9 juillet, Bertrand Raolin, procureur de Bertrand de Baux, comte d'Avelin, vendit à l'archevêque, moyennant 2000 livres provençales comptant, les château et ville de Trinquetaille et dépendances, et toute juridiction haute, moyenne et basse. Le 20, devant une foule compacte, Rostang de Cabre passa le pont à cheval, escorté de Raolin et des chanoines de Saint-Trophime au complet. Après les formalités de la prise de possession, le procureur de Bertrand de Baux et le notaire de l'archevêque dressèrent le procès-verbal où il fut observé que le cédant ne garantissait pas la juridiction au-delà des fossés dudit lieu. Rostang de Cabre fit alors arborer sur le donjon du château sa bannière d'archevêque, portant l'aigle aux ailes éployées, accosté d'une mitre et d'une crosse. A l'instant le héraut clama trois fois : *Adjuva* nos Deus salutaris noster. Sancte Trophime, Sancte Stephane. Bona fides Domini Arelatensis archiepiscopi ; formule traditionnelle des prises de possession par les archevêques d'Arles. Enfin une belle cavalcade promena l'étendard seigneurial par les rues de Trinquetaille, s'arrêtant de temps en temps pour publier le changement de souveraineté et exciter les acclamations populaires.

Le 7 septembre 1579, le cardinal Silvio Sainte-Croix vendit la seigneurie à la commune pour 725 écus d'or, « valant l'écu soixante sols ».

— Le château des princes des Baux commandait l'entrée de l'île, au quartier de la Pointe. Les sables du Rhône en recouvrent les ruines, ainsi que celles du *couvent des Frères Mineurs.*

Cette maison avait été fondée en 1248 par Raymond de Baux proche le château, sur l'emplacement d'un cimetière romain. Au retour de la V° croisade, où sa vaillance l'avait illustré, ce prince ramena de Terre-Sainte une colonie de Frères Mineurs. C'est dans ce couvent que saint François d'Assise apparut à ses frères, réunis en chapitre, au moment où saint Antoine de Padoue leur commentait le *titre* de la Croix. Le frère Monald fut le premier à apercevoir le séraphique patriarche, debout au-dessus de la porte et bénissant les religieux :

  Il preschoit une fois au chappitre
  Ou la province fist congregacion.
  De la croix de Jhurarst le tiltre
  Il print pour faire sa predicacion.

Là il narra la grande allusion
Que Jhnrarst porta pour les humains
Quant pour fare nre redempcion
Il fut perchie aux piez com aux mains.
En icelle heure saint Franchois, notre père,
Lequel estoit en aultre nation
Se démoustra en nouvelle manière
En ce lieu là sans nulle fiction
Crucifié par contemplacion,
En approuvant le sermon St Anthoine
Puis leur donna la benedicion.
Chacun le vist, et fut chose certaine [1].

En mémoire de quoi, ces vers furent gravés dans la salle du chapitre :

Dum sacra ad Rhodanum celebrant comitia patres,
Divinumque animis fundis ab ore melos,
Optative loco papae Franciscus ablatus
Visitur esse oculis, dive Monalde, tuis.

Frère Monald mourut en odeur de sainteté et fut enterré en son couvent. — En 1298, Etienne de Montaren, abbé de Montmajour, décédant à Viterbe, réglait dans son testament que son cœur serait porté en l'église des Mineurs de Trinquetaille.

---

[1] *La vie de Monseigneur saint Anthoine de Padoue, de l'ordre des Frères Mineurs*. Man. du XVe s, à la Bibl. Nat. legs Brigot. — Ce miracle a fourni à Fra Angelico le sujet d'un de ses chefs-d'œuvre, conservé au Musée de Berlin. On y a joint cette légende : « Comment au chapitre d'Arles St François apparut à ses frères et les bénit. »

Détruit en 1358 par les bandes d'Arnaud de Servole, ce couvent fut rétabli deux ans après par Raymond de Baux près le château de la Carbonière, entre le Théâtre et les Arènes. La commune donna le terrain pour l'église. En 1397, à la requête du notaire Dupuy, le gardien du couvent déclare n'avoir plus aucun droit à prétendre sur l'emplacement de l'ancien monastère, parce que Barral de Baux ne l'avait donné aux Mineurs qu'à la condition d'être toujours affecté au culte divin ; que Trinquetaille et le couvent avaient été détruits pendant la guerre du duc d'Anjou ; que les ornements, livres, joyaux, avaient été transportés à Arles, et même les pierres pour bâtir la nouvelle maison.

Les seigneurs des Baux, auxquels on doit tant de fondations religieuses, favorisèrent aussi *la commanderie de Saint Thomas.*

Le comte Raymond Bérenger Ier avait, dès 1112, manifesté l'intention de fonder une maison d'Hospitaliers, mais c'est l'archevêque Atton qui, en 1117, du consentement de ses chanoines, donna à ces religieux une église à Trinquetaille, dédiée à saint Thomas, apôtre, sous la condition de ne point percevoir de dîme dans le diocèse, de ne pas ensevelir d'étranger dans leur cimetière et de rendre révérence et fidélité à l'Eglise d'Arles. Cette donation fut confirmée en 1129 par Bernard, qui, en présence des évêques d'Avignon et d'Orange, imposa un cens de 25 sous melgoriens à payer au Chapitre, chaque veille de Noël. Raymond, en 1144, ajouta l'obligation de passer gratis dans la barque de la commanderie les clercs de l'Eglise d'Arles « avec leur besaco et tout le nécessaire ». Si en 1193, le pape Célestin III menace les Hospitaliers d'interdit, pour avoir enterré des excommuniés, en retour Innocent III, en 1204, défend aux archevêques de rien percevoir sur leurs biens, de les empêcher d'ensevelir les fidèles qui éliront sépulture en leur cimetière, etc.

« La maison de l'Hôpital, dit la liste de 1213, fournit au Chapitre, le jour de saint Thomas, apôtre, 25 sous melgoriens et un âne d'outre mer tout harnaché. »

Raymond de Baux légua à cette maison, en 1178, un clos de vigne et une grande terre qui devinrent son jardin.

Dans une liste de cens dus au Chapitre d'Arles en 1338, qui se trouve aux Arch. dép. (Archevêché d'Arles ; Droits sur Martigues), « Præceptor Hospitalis S^{ti} Thomae Trincatalhiarum » est marqué 50 sous chaque année. La même somme est inscrite en regard du « Præceptor domus Theutonicorum de Trincatalis. » Cette dernière mention est la preuve formelle mais unique de l'existence des chevaliers Teutoniques à Arles.

A la suppression de l'ordre, en 1789, le revenu de cette commanderie Saint-Thomas s'élevait à 30,000 livres.

— En 1144, le comte de Provence Bérenger Raymond, mort des blessures reçues au combat naval de Melgueil, livré aux Génois qui soutenaient les seigneurs des Baux, fut enseveli dans l'église Saint-Thomas.

Cet évènement funeste ouvrit la longue guerre de succession entre les seigneurs des Baux, aidés des comtes de Toulouse et de Forcalquier, et les comtes de Provence, soutenus par les comtes de Barcelone et de Montpellier.

En dix ans, Trinquetaille, principal objectif des deux armées, soutint trois sièges qui sont les évènements militaires les plus importants de l'histoire de Provence.

Deux fois, en 1150 et en 1156, Raymond-Bérenger échoua dans le dessein de venger son père. La France entière s'intéressa aux péripéties du second siège, comme le prouve un acte de Pons, évêque de Carcassonne, « fait le 22 avril de l'an 1156, sous le règne de Louis, roi de France, pendant que Raymond Bérenger, très vaillant comte de Barcelone, assiégeait le château de Trinquetaille. »

Avant de tenter le dernier effort, le comte s'assura de la ville d'Arles. En ayant abattu les remparts, il y établit la base de ses opérations. Une défense habile et opiniâtre rendit une fois encore le succès incertain, mais un stratagème, renouvelé de la poliorcétique des anciens, le fixa du côté provençal. Raymond fit édifier une tour de bois pouvant loger deux cents chevaliers et leurs servants. L'énorme machine traversa le fleuve, soutenue par des radeaux reliés entre eux. Son pont mobile s'abattait à peine sur les créneaux du fort, que les Baussens s'enfuirent, saisis de terreur, 1161. — Hugues de Baux, forcé bientôt dans sa capitale escarpée, ne se résigna point à subir la tutelle d'une race étrangère. Il s'exila en Sardaigne où il fonda la dynastie des Juges d'Arborée.

En août 1192, Hugues de Baux, petit-fils du précédent, se présentait sous le porche de l'église Saint-Thomas, suppliant le commandeur Bertrand de Millau de l'admettre dans l'ordre de Saint-Jean, comme confrère pendant la vie, et comme frère à l'article de la mort, avec part aux mérites des religieux. Sa demande fut accueillie et Hugues signa un acte dans lequel il promettait à la communauté une saumée de blé chaque année, et élisait sépulture en son cimetière.

De la même époque voici une donation rédigée en provençal, curieuse pour l'histoire de la langue: « Coneguda causa sia a trastots aquels que i son vi son adavenir qu'Eù Bertrans Guilhem don à Dieù e als paupres de Jehrusalem e als fraires de la maison de sant Thomas e ad aquels que i son vi son adavenir, de bon cor e de bona volontat, tot aquo qu'eù ai vi dei aver al Tor d'Ansorie en la man de En G. Baile, maistré de la maison... Aquest don fon faig en la gleisa de sant Thomas, al mes de mai, anno ab Incarnatione Dni MCXC », témoins Arnaut de Trencatallas, etc.

Le 8 janvier 1208 fut marqué par le *meurtre de Pierre de Castelnau*, légat d'Innocent III. Se rendant de Saint-Gilles à Arles, il avait couché la veille à Fourques. Le lendemain, messe dite, il prit le bac de la commanderie de Trinquetaille, dans l'intention sans doute de s'arrêter quelques heures chez les Hospitaliers. Des fourrés qui bordent le Rhône, un assassin fondit sur lui et le frappa mortellement d'un coup de lance au bas des côtes. « Que Dieu te pardonne, comme je te pardonne, » dit à l'assassin sa charitable victime. Ramené à Fourques, Pierre de Castelnau expira bientôt, ayant offert sa vie pour les hérétiques et exhorté jusqu'au dernier soupir ses compagnons à se dévouer pour leur conversion.

Au sujet d'un évènement de cette importance, et ceci est une leçon pour ceux qui écrivent l'histoire, les auteurs contemporains ne s'accordent ni sur le lieu ni sur le jour où il se passa, tenant les uns pour la rive droite du Rhône, les autres pour la rive gauche, les uns pour le 8, les autres pour le 15 janvier. Il semble plus rationnel de placer le théâtre du martyre sur la rive gauche. Le crime était plus facile à commettre sur une rive solitaire comme celle-ci, où l'on pouvait se poster sans être aperçu, que sur la rive droite, voisine du village de Fourques, d'où un nombreux cortège dut escorter le légat jusqu'à l'extrême limite des états du comte de Toulouse. Ce sentiment s'appuie encore sur un très ancien manuscrit de Montmajour, intitulé *Breviarium cum ceremoniali*, Arch. dép., qui s'exprime ainsi : « Dnus Petrus de Castronovo, apostolicae sedis legatus, super ripam Rhodani, juxta hospitale beati Thomae, propter veritatem et justitiam mortuus est mundo, vivit autem Deo. » Le manuscrit donne la date du 8 janvier, *sexto idus Januarii*.

Le corps du martyr fut enseveli à Saint-Gilles, dans le cloître, puis dans l'église souterraine. Le pape Pie IX a autorisé, en 1866, le culte public du B. Pierre de Castelnau, dans le diocèse de Nîmes, avec fête le 15 mars.

— Depuis qu'ils avaient pris de force Arles et Trinquetaille, les comtes de Provence s'étaient posés en tuteurs gênants et soupçonnés de la république. Charles d'Anjou surtout fut détesté par la faction qui, depuis longtemps, entretenait le désordre. L'audace de celle-ci ne connut plus de borne à la nouvelle que Charles, parti pour la croisade, était tombé gravement malade à Chypre. C'était à la fin de 1248. Les frères Gaillard prirent la tête du mouvement. L'un d'eux tua de sa main un gentilhomme qui s'était rendu à discrétion ; l'autre leva le couteau sur l'archevêque Jean Baussan qui s'opposait à leurs excès. De nombreux nobles et bourgeois, suspects de sympathie pour les provençaux, furent incarcérés et traités avec la dernière inhumanité. Contre les Templiers et les Hospitaliers, désignés à la haine populaire par leurs rapports continuels avec les croisés, les pires violences furent commises. Après avoir démoli la maison du Temple, la foule furieuse se précipita vers la commanderie hospitalière de Trinquetaille et la livra au pillage. Plusieurs religieux s'étaient réfugiés dans l'église : les émeutiers les y poursuivirent et les massacrèrent au pied de l'autel.

— Le 13 août 1300, l'Eglise d'Arles avait repris possession de l'entier domaine de Trinquetaille. Cette possession fut violemment troublée par deux fois.

Soupçonné d'intelligence avec Louis d'Anjou et Duguesclin, qui allaient bientôt prendre Tarascon et assiéger Arles, Guillaume de la Garde vit, en 1368, saisir sa seigneurie de Trinquetaille et détruire le château par le sénéchal Raimond d'Agoult, agissant au nom de la reine Jeanne.

A la mort de l'archevêque Rochechouart, la reine Marie de Blois, sa parente, désireuse moins d'établir ses droits d'héritière, que de procurer à son fils Louis II le moyen d'intervenir avec quelque autorité dans la querelle du grand schisme, s'empara encore du bourg et du château, 1398. Ce séquestre dura cinq ans, après lesquels Artaud de Mézel put ressaisir ses droits de temporalité.

— Le 7 février 1425, Jean Rogier, chartrier du château de Trinquetaille, fut enfermé aux prisons royales d'Arles, sous une accusation quelconque. Louis Alemand, récemment installé, exigea la libération de l'archiviste, par le double motif qu'il était domicilié ès terres d'Arles, et qu'il était officier de l'archevêque. Jean Rogier fut donc transféré aux prisons ecclésiastiques.

Lors de la réunion de la Provence à la France, les commissaires de Louis XI occupèrent le pont de Fourques comme domaine de la couronne. Nicolas Cibo protesta, alléguant que le pont appartenait en entier à son Église, vu que Bertrand de Baux, vassal de l'archevêque, l'avait refait en 1294. Il obtint levée de la main-mise royale.

— Des scènes déplorables qu'expliquent la misère et la démoralisation causées par la peste, se produisirent en 1721.

Voulant préserver les villes voisines, le gouverneur militaire avait interdit de sortir d'Arles sous peine de mort. D'autre part, afin d'assurer la sécurité de la ville, il avait relégué tous les mendiants à Trinquetaille. Le 4 juin au soir, 3000 séditieux, armés de fusils, de bâtons et de haches, forcent les barricades, passent le pont et se mettent à piller les maisons abandonnées. Dans le dessein de prévenir de plus grands crimes et une sanglante répression, Mgr de Forbin sort de son palais, avec le gouverneur, les consuls, plusieurs prêtres et notables. Il va droit aux insurgés et les harangue, quand l'un d'eux le frappe d'un coup de pierre en pleine poitrine. L'archevêque, toujours calme, attire le misérable sur son cœur, lui disant : Mon ami, je vous pardonne. Le cri de *Vive Monseigneur* retentit de tous côtés, et les émeutiers reprennent le chemin de Trinquetaille.

La nuit porta mauvais conseil. Au point du jour, de nouveaux rassemblements se forment, on demande à grands cris la tête du curé de Trinquetaille, M. Moreau, qui honorait sa paroisse par ses vertus et son talent oratoire. Mgr de Forbin se porta une seconde fois au-devant des révoltés. Un scélérat lui décharge sur l'épaule un coup de hache qui l'aurait tué si un domestique n'eût détourné le bras du meurtrier. Insensible au danger, le prélat redouble ses adjurations. Ce fut alors que le matelot Castellan ne craignit point de souffleter son archevêque qui, parfait imitateur de la patience du Christ, arrêta de la main ceux qui se précipitaient pour le venger. Ce que voyant, le sacrilège tombe en larmes aux genoux du prélat qui le relève comme un père et lui offre même ses services. En 1741, quand Mgr de Forbin mourut, son ancien insulteur, devenu sa conquête, obtint la faveur de l'ensevelir. Il en profita pour couper un morceau de sa soutane qu'il garda comme une relique. Et jusqu'à la fin d'une longue vie, il ne cessa de demander à Dieu et aux hommes pardon de son crime.

— Les consuls d'Arles, seigneurs de Trinquetaille, l'ont administré en cette qualité de 1586 à 1790. Ils venaient chaque année, le lundi de Pâques, s'y faire reconnaître. A la sortie du pont, ils s'arrêtaient au local nommé la Commune, pour recevoir le serment du bailli du lieu, délivraient quelques prisonniers, puis, remontant le quai, entraient dans l'église Saint-Pierre, où le *Te Deum* était chanté. Tout Arles accourait à cette fête municipale et religieuse, qui a laissé un souvenir, la foire des noisettes.

Jusqu'à la Révolution aussi, le 1ᵉʳ août, les consuls assistaient à la grand' messe et à la procession de saint Pierre. Des contestations et des procès s'élevèrent sur les honneurs à leur rendre. Vers 1750, il ne leur resta que le privilège d'avoir des sièges réservés dans le chœur. A cette procession on portait le beau buste d'argent de saint Pierre qu'en 1740 les paroissiens avaient payé 3000 livres à l'artiste Clerc, d'Avignon.

1790. — 800 hab. ; paroisse desservie par un curé-prieur ; patron, le chapitre de Saint-Gilles ; collateur, l'abbé de Saint-Gilles, et l'archevêque d'Aix depuis 1777 ; *forma dignum* accordé par l'archevêque d'Arles, non comme ordinaire, mais comme délégué du légat d'Avignon ; un vicaire.

1897. — 3000 hab. ; curé desservant, un vicaire. Archidiaconé d'Arles, doyenné de la Major.

ANCIENNES ÉGLISES. — Les trois églises qui ont successivement servi de paroisse à Trinquetaille, ont toutes porté le nom de Saint-Pierre.

1. On regarde comme ayant porté ce nom la première, une antique église bâtie à l'extrémité nord de la ville ro-

maine, dite *Saint-Pierre de Gallègue*, *Stus Petrus de Gallico*. Inscrite dans la liste synodale de 1213 pour un cens de douze deniers, elle fut peu après cette date unie à Saint-Pierre, sur le Rhône, nouveau siège de la paroisse. Elle conserva un chapelain qui assista au synode de 1450. En 1780, Anibert (I, 175) parle de « l'Eglise abandonnée, vulgairement dite S¹ Pierre le Vieux ». On la démolit en 1786, et de ses pierres on releva la muraille du cimetière qui est à côté. Son abside avait été épargnée, mais il y a cinquante ans, on l'abattit quand on eut besoin de nouvelles pierres pour réparer la même muraille.

Le titre de Saint-Pierre *de Gallico* nous a conservé le nom que les Romains attribuaient à l'extrême sommet de la Camargue, la Pointe actuelle. C'était sans doute le quartier dans lequel les Gaulois, refoulés par la colonie nouvelle, avaient été autorisés à se maintenir. Le *Gallicum* possédait une seconde église, « Sancta Maria in Gallico », dont le sieur Raymond Macip était prieur en 1359. C'est probablement la même que *Sancta Maria de Capella*, située d'après une charte « in magno viridario de Trincatallis », et que la liste de 1213 inscrit pour 4 deniers synodaux.

610, octobre. — Lors des funérailles de saint Virgile, le cortège fut joint à l'entrée des Alyscamps par un modeste convoi, venant de l'autre rive du Rhône, celui d'une jeune fille du *Gallicum*. Dans un élan de confiance, les compagnes de la morte firent toucher aux restes du saint le cercueil virginal qu'elles portaient. Et soudain la jeune fille revint à la vie, manifestant à tous les yeux la puissance du bienheureux pontife.

2. — *Saint-Pierre de Trinquetaille* s'élevait sur le bord du Rhône, en face le couvent des Prêcheurs. Ses fondations plongeaient dans les eaux du fleuve, comme à Pise celles de Santa Maria della Spina. Il existait en 1146, quand fut donnée à l'abbaye de Saint-Gilles une maison « juxta S. Petrum de Trincatallis, » mais comme il n'est pas inscrit dans la liste de 1213, on doit croire qu'en cette année la paroisse avait encore son siège *in Gallico*. Le 18 septembre 1260, un acte au sujet du domaine de Gageron fut conclu « in eccl. S. Petri de Trincatallis », en présence du seigneur Barral de Baux, ce qui fait penser que la nouvelle paroisse y était établie.

Reconstruite en 1614, — M⁹ʳ du Laurens en posa la première pierre le 2 mars devant les consuls, — et inaugurée en 1648, elle fut de nouveau agrandie en 1663, les consuls ayant accordé à l'œuvre de Saint-Pierre « une plateforme de 3 cannes de long », le prix-fait fut donné au maçon Clastre. Le sieur Jean de Rhodes y fonda en 1549 la chapellenie Saint-Jean, qui assurait chaque dimanche une messe tardive, attribuant cinq liards et le dîner au prêtre qui l'aurait dite.

Sous la Terreur, Saint-Pierre fut converti en dépôt de sel. Après le Concordat, on donna au curé le choix entre cette église et celle des capucins pour rétablir la paroisse. Il choisit l'église des capucins que la ville prit en location.

L'ancien Saint-Pierre a été démoli, 1860, lors de la

construction des quais du Rhône. L'ancien prieuré monumental, la rue des Morts et celle du Paradis, qui reliaient cette église au cimetière, indiquent encore son emplacement, en amont du pont métallique.

3. Église actuelle. — Les capucins s'établirent d'abord aux Alyscamps en 1584, puis à Trinquetaille en 1677, où leur chapelle provisoire fut bénite le 1ᵉʳ juillet par M. Masson, curé de Sainte-Croix. Cette chapelle fut remplacée par l'église actuelle que Mgr de Mailly bénit le 13 juin 1708, en la fête de saint Antoine de Padoue, sous le vocable de Saint-François. Cet édifice occupe, le texte de divers actes notariés en fait foi, l'emplacement de l'ancienne église Saint-Thomas, dont il ne restait en 1677 que quelques pans de muraille. Sous son pavé doit donc reposer le corps du comte de Provence Bérenger-Raymond, † 1144, enterré dans l'église de la Commanderie.

En 1760, les consuls d'Arles furent invités à la soutenance solennelle d'une thèse de philosophie. Un des jeunes religieux les accueillit par un compliment qui les mit gracieusement en demeure de faire démolir une vieille maison qui masquait la vue de la porte de l'église vers le Rhône. Voici deux strophes de cette pièce qui n'a qu'un défaut, sa longueur.

> Domus haec si raderetur
> Ecclesia cerneretur
> Ex oppidi medio,
> Pulchra certe perspectiva

Urbis multum ornativa
Quam non solus cupio.

Domus illa circumdetur
Per consulesque ligetur
Duplicibus funibus
Haec pro certo eradetur
In Rhodanumque trahetur
A nostris consulibus.

La perspective *multum urbis ornativa* fut établie quelque temps après, plus belle que de nos jours, car elle continuait sur la ville, en ligne droite, par le pont de bateaux.

En 1790, au moment de la dispersion, le couvent comptait 6 religieux.

L'église des Capucins devint, en 1803, le siège de la paroisse.

Le dimanche des Rois 1825, pendant l'office, de la voûte, battue par le mistral, une pluie de mortier et de pierres tomba sur les assistants qui, saisis de terreur, se précipitèrent vers la porte. Il y eut de nombreux blessés, mais point de mort. Le maire, d'accord avec le clergé, fit fermer l'église que le propriétaire n'avait jamais voulu réparer. Le 22 février l'immeuble était vendu à la ville qui entreprit sur le champ les travaux nécessaires.

Le *clocher* bâti à cette époque, ayant été renversé par la foudre, a été remplacé par un nouveau campanile, Véran, archit., que surmonte une statue du Sacré-Cœur, Dieudonné : le tout bénit le 10 mai 1874 par le digne curé Denis Roux, qui mit sa paroisse sous la protection du Sacré-Cœur. Le 25 septembre 1882, Mgr Forcade consacra l'église la dédiant à saint Pierre, en présence de Mgr de Peretti, auxiliaire d'Ajaccio.

Façade, statue de *saint Pierre* qui a remplacé celle de saint François.

Chœur des religieux uni à l'église en 1837 : de fortes colonnes de pierre ont remplacé la muraille pleine qui l'en séparait. Des capucins, il reste un bénitier de 1640, une vierge de 1646, et la grande Vierge en marbre, œuvre italienne du XVIII° siècle. L'autel de saint François est actuellement dédié à saint Joseph.

Quelques bons tableaux : *Saint Pierre en prison*, de Raspal ; *Adoration des Bergers, Présentation au Temple* ; — 2 panneaux de rétable, *Adoration des bergers, Adoration des Mages*. — Copie de la *Vierge au raisin*, de P. Mignard, don de l'Etat, 1882. Reliques de saint François de Sales et de sainte Chantal, provenant de la Visitation d'Arles [1].

[1] Entr' autres, cette lettre autographe du saint évêque : « † Non, ma très chère fille, je ne suis plus en peyne de l'accident d'avant hier, car j'espère que vous en voyla quitte pour ce coup, moyennant la grace de N. S. et la sainte Providence en laquelle je remetz ma très unique fille, comme moy mesme O Dieu seigneur Jésus pour qui soul je désire nostre vie, et à qui je me résigne pour nostre mort, que vostre volonté soit faite. Je veux bien que vous veniez demain si vous vous trouves assez forte, et croyez que si vous avez envie de me voir, je n'en ai pas moins de vous regarder. Mays doncques disnez de bonne heure, plus tost à neuf qu'à dix, affin que vous puissiez vous reposer quattre heures avant que monter à cheval. Je prie la Vierge Marie qu'elle vous tienne en la protection de sa pitoyable maternité, et votre bon ange et le mien, qu'ils soyent vos conducteurs affin que vous arriviez en prosperité entre les accueils de ce pauvre très unique père et de vos chères filles que tous vous attendons avec mille souhaits, en particullier moy qui vous suis en N. S. ne plus ne moins que vous mesme. Vivo Jésus, Amen. » « † A Madame Madame la baronne de Chantal m † »

Au clocher, 4 cloches modernes.

ANCIENNES CHAPELLES. — *Saint-Louis*, de la Trésorière, près le petit Rhône, ancienne succursale, fondée par Mgr de Barrault, le 14 août 1658, et qui a duré jusqu'en 1791.

Saint-Genès de la Colonne. — Son origine a été indiquée plus haut. La chapelle actuelle paraît dater du IXe s., et remplaça sans doute l'ancien temple d'Isis converti en église, que les sarrasins détruisirent. Son nom lui venait d'une colonne de marbre qui, d'après la tradition, marquait l'endroit du martyre de saint Genès. Haute de 20 pieds, elle était distante d'une canne de l'angle sud-est de la chapelle. Les Hospitaliers y avaient gravé leurs armes comme indiquant la limite de leurs possessions de ce côté. En 1805, on l'enleva pour la transporter à Paris, avec d'autres antiquités, mais elle se brisa sur le bord du bateau, et les morceaux tombèrent dans le Rhône. Des sondages entrepris en 1884 ont ramené en cet endroit un beau chapiteau qu'on suppose lui avoir appartenu.

En 1067, Rainoard et sa femme Mirmande donnent à l'abbaye Saint-Victor une métairie « près de l'église Saint-Genès, sur le bord du Rhône ». En 1201, Imbert d'Ayguières assigne à sa métropole une pension de six setiers d'orge « sur une terre près Saint-Genès de la Colonne », pour qu'à son anniversaire on traite 13 pauvres et qu'on fasse brûler la lampe devant l'autel de saint Pierre et saint Paul. En 1213, Saint-Genès de la Colonne est taxé alternativement un an à « xxx scutellos et xvi gradalxos » et l'autre à « x rusticias ligneas et x scyphos [1] » payables le jour de Noël. En 1258, le bénéfice qui avait été donné précédemment aux chanoines réguliers de Saint-Nicolas de Campagnac près d'Uzès, fut cédé aux Hospitaliers. On trouve en 1446 un legs fait à l'ermite de Saint-Genès par la dame de Montredon, près Sommières.

Ruinée par les guerres de la Ligue, la chapelle fut restaurée au XVIIe siècle. L'avocat Gachet y fonda, en 1684, une messe quotidienne dotée de 160 livres de rente, attribuant la nomination du chapelain aux recteurs de l'Hôtel-Dieu; la même année une réfection générale fut opérée comme l'indique la date inscrite à la voûte. La chapelle latérale N. D. de Vie fut construite en 1689 aux frais du prieur.

L'antique pèlerinage du 25 août, interrompu depuis l'horrible catastrophe de 1637, fut rétabli en 1655. En 1688, le chapitre métropolitain y vint en procession avec le buste du saint. Mais quelques années plus tard on décida de faire la station à Saint-Genès des Arènes, et le pèlerinage fut supprimé de nouveau.

Jusqu'à la Révolution, les pénitents bleus s'y sont rendus en corps, le lundi de Pentecôte, leur aumônier disait la messe et donnait la bénédiction; au retour ils faisaient station à l'église Sainte-Croix, puis allaient recevoir une dernière bénédiction dans leur chapelle.

Le bénéfice Saint-Genès uni depuis plusieurs siècles à

---

1 30 assiettes, 10 plats, — 10 écuelles de bois et 10 verres.

l'office du sacristain de l'abbaye de Cruas, le fut au séminaire de Viviers, après la suppression de cette abbaye, quelques années avant la Révolution.

La chapelle fut vendue en 1794 comme bien national 3950 livres en assignats, et depuis on a le regret de la voir servir de remise. Dans le mur sont encastrés divers débris chrétiens, entr'autres un devant de tombeau où l'on reconnaît la multiplication des pains. Sur la grande porte, XVII° s. : *Pavete ad sanctuarium. Ego Dominus ;* sur la porte de l'ermitage : *Non est solide solus qui soli Deo non vacat.* Dans cet ermitage on trouve un couloir couvert contournant l'abside et ayant vue dans l'intérieur de l'église, qui permettait aux pèlerins de vaquer à leurs dévotions, quand elle était fermée : la *transenna* a disparu.

Chap. Saint-Genès de la Corrège, S. Genesius de Corregia taxée à 6 deniers dans la liste de 1213, et dont le chapelain assista au synode de 1450. — *Chap. du Château*, dont on ignore le titulaire ; son chapelain assista au même synode. — *Saint-Médier*, S. Mederius ou Emeterius, dont le terrain confrontait celui de Saint-Thomas, d'après une charte de 1199 ; taxé en 1213 à 5 sous de cens et à 12 deniers synodaux. Dans un acte de 1209 : « Je Bernard Baston, décidé à m'engager dans la croisade contre les Albigeois, *cum cruce signatis contra hereticos expugnandos cupiens proficisci,* lègue à l'église Saint-Médier L sous. » — *Saint Pierre de Tor*, inscrit dans la liste de 1213 pour 4 deniers synodaux.

— L'*île de la Cape*, située en aval du Trinquetaille, parait être l'île dont parlent les vies des saints évêques d'Arles, *insula suburbana*. Ce nom lui convient mieux qu'à Montmajour qui, se trouvant en eau morte, ne fut jamais une île au sens absolu, et en tout cas, en amont du fleuve, fut une île *super urbana*.

En l'île suburbaine donc, une abbaye avait été fondée par saint Honorat. Cette abbaye compta parmi ses religieux saint Ailbeur, le futur compagnon de saint Patrice en Irlande, et parmi ses abbés l'ancien rhéteur africain Pomère, *Julianus Pomerius*, maître de saint Césaire, auteur du *De vita contemplativa*, que saint Ennode, son ami, faisant allusion à son séjour dans cette île, appelle *alumnus Rhodani*, et saint Césaire lui-même que saint Éon mit à sa tête pour la réformer.

En trois ans, le jeune abbé mena l'œuvre à bonne fin. Plusieurs de ses homélies *ad monachos* ont été composées et prêchées dans cette abbaye. « Gardons-nous de croire qu'il suffise d'être venus en cette île pour mériter le ciel », dit-il dans la première. En d'autres, il s'élève avec vigueur contre le relâchement de ses frères. Il leur montre l'abîme de la damnation ouvert sous leurs pas. Il les menace de venir à eux « non plus seulement avec les verges de la parole, mais avec ces fouets dont leurs cœurs endurcis ont besoin ». Après ces reproches, la tendresse reprend le dessus, il les conjure en pleurant de se convertir et, si leur cœur peut être sensible à l'amour de celui qui leur parle, il les supplie par cet amour d'écouter sa voix [1].

[1] Cf. Villevieille, *Histoire de saint Césaire*, p. 67.

La réforme accomplie, saint Césaire fut malgré lui arraché à sa solitude pour monter sur le siège d'Arles.

Cette abbaye, abandonnée par les religieux lors des invasions sarrasines, se releva de ses ruines au IXe siècle. Le comte Leibulfe et sa femme Oda donnèrent l'île Saint-André de la Cape aux moines de Lérins, tous droits de l'archevêque Notton réservés, par un acte du 7 novembre 824, dont copie existe aux archives de Lérins, à la préfecture de Nice. Juste un siècle après, le 23 juin 923, l'évêque de Marseille reçut de son métropolitain donation de l'ancienne abbaye. « Manassès, par la grâce de Dieu, humble archevêque de la Sainte Eglise d'Arles, aux enfants de son Eglise. Soit connu de tous que le vénérable évêque de Marseille, Drogon, est venu nous trouver tout en larmes et gémissements. D'une voix entrecoupée de sanglots, il nous a raconté que ses chanoines n'ont plus de maison pour se réunir, à cause des incursions incessantes des sarrasins, et nous a demandé de lui venir en aide, en lui accordant une de nos possessions qui puisse fournir vivre et vêtement à lui-même et aux enfants de son Eglise, de l'un ou de l'autre sexe, serfs ou libres, savoir l'abbaye Saint-André, dans le territoire de la ville d'Arles, en l'île de Camargue, sur le fleuve du Rhône... Nous lui avons donc accordé cette abbaye de Saint-André, avec toutes ses dépendances. »

Que ces mots « en l'île de Camargue » doivent être entendus dans un sens large et d'une petite île, voisine et dépendante de la Camargue, c'est ce que prouve une charte (*Livre rouge*, 51), ainsi résumée dans l'Inventaire de Gaignon, p. 32 :

« En 1190, Guillaume Porcellet, sous prétexte qu'il avait acquis le château de la Cappe, de Ildefons, comte de Provence, avait usurpé les dîmes des églises de N. Dame et de *Saint-André* de la Cappe, sur quoi les archevêques auraient interdit lesdites églises, aurait supplié l'archevêque Imbert l'absoudre de cet interdit, promettant rendre les clefs desdites églises et restituer les oblations, dîmes, prémices et autres droits et promet que lui et ses successeurs donneraient entretien de son propre aux prêtres qui serviront les dites églises... et par ce moyen a été absous. »

Porcellet récidiva. Ayant fortifié les deux églises, il arrêtait les barques et commettait journellement toutes pilleries et vexations. Le légat Milon, pour lors à Arles, à cause des Albigeois, en faveur de qui Porcellet créait ainsi une diversion, assembla les milices du pays pour mettre le siège devant ces temples convertis en cavernes de brigands, selon l'expression d'Innocent III dans une de ses lettres. Guillaume prévint ces rigueurs : il se soumit au légat qui fit démolir les deux églises.

Un peu en dessous de l'île de la Cape, mais en Camargue, se trouvait l'église *Saint-Michel de la Cape*, taxée en 1213 à 8 muids de froment, et pour la condamine de Saint-Etienne à 9 muids, moitié froment, moitié orge ; unie ensuite au chapitre et desservie jusqu'au XIVe siècle, ruinée par Raymond de Turenne. C'était la limite extrême de la seigneurie de Villeneuve.

HOSPICES

Hôpital Saint-Esprit. — Dans les ruines des villes antiques, pas plus à Arles qu'ailleurs, on n'a découvert aucune trace d'hôpitaux ou de maison d'assistance pour les pauvres : la société païenne n'y songea jamais. Le christianisme au contraire en a créé dès qu'il en eut la liberté.

Vers l'an 510, « le bienheureux Césaire s'occupa avec amour de secourir les malades : il leur affecta une maison spacieuse, voisine de la basilique dont ils pouvaient sans peine suivre les offices, il leur procura des lits et des litières, recueillit des fonds pour leur entretien et chargea un personnel choisi de leur donner l'aide et les soins nécessaires. » (*Vita S. Caesarii.*) Des hôpitaux plus anciens existaient à Arles, sans quoi les historiens du saint n'auraient pas manqué d'observer que sa fondation fut la première.

Le service était confié à un prêtre, assisté de diacres et de clercs qui se consacraient au service des pauvres, et de diaconesses faisant fonctions d'infirmières. En 1270, le concile de la province d'Arles rappela cette discipline : « On établira dans les hôpitaux des personnes religieuses qui en auront soin. » Au début du XIII° siècle, Arles comptait au moins onze hospices ou hôpitaux, ceux d'*Arcus Mirabilis* du Bourg neuf, de Saint-Michel, de Beaulieu, de Saint-Esprit du Bourg, des Pauvres du Bourg, de Trinquetaille, des Infirmes du Pont de Crau, de la Trinité, de Saint-

Antoine, etc., tous favorisés par le testament de Jacino, femme de Geoffroy Bastonis, du 22 mars 1224.

L'hôpital *Saint-Esprit* avait été fondé par les religieux de Montpellier, le 24 février 1174. Il était situé sur la place de ce nom près d'un hospice plus ancien réservé aux pèlerins de Terre-Sainte. Toujours le plus important, il a subsisté seul. Le cardinal Alemand s'y rendait souvent pour assister les malades et le dota d'abondantes aumônes.

En 1562, on transporta l'hôpital en son quartier actuel. Mais comme, douze ans après, on décida de lui réunir tous les autres, il fallut reprendre l'édifice sur un plan plus vaste. La première pierre fut posée en 1575 par le cardinal Sainte-Croix, qui contribua généreusement à la construction, et constitua à la maison une rente de 100 setiers de blé et 50 de seigle, exemple qui fut suivi par le Chapitre et les divers corps religieux. « Les pauvres malades y sont traités et médicamentés en grande charité, écrivait Gaignon en 1640, toutes les autres misères y sont soignées, enfants, vieillards, insensés ; on paye quantité de nourrices pour l'allaitement. » L'archevêque présidait la commission, 9 anciens consuls, et deux prêtres nommés l'un par le prélat, l'autre par le Chapitre. « M. l'archevêque, l'économe de la Sainte Eglise, et M. le juge résolvent et délibèrent en toute chose. »

L'œuvre des malades reçut d'utiles compléments : la *Convalescence des hommes*, 8 lits, fondée par le sieur Laugier, 1730 : la *Convalescence des femmes*, 15 lits, par la dame Besson, 1739 ; à cette maison s'était annexé un dispensaire où des dames charitables distribuaient chaque jour à vingt malades de la ville, remèdes, pain, viande et bouillon, d'où le nom *Œuvre du Bouillon.*

Saint Benoît Labre reçut l'hospitalité dans cette maison en 1773. On a longtemps conservé le lit dans lequel il coucha.

La direction intérieure avait été confiée, en 1664, à six *Augustines*, venant de Riom, de la congrégation fondée en 1629 par M. Bouray, vicaire auxiliaire de l'église Saint-Ours, à Loches en Touraine. Le chanoine du Molin aida puissamment à la fondation qui fut autorisée le 20 octobre 1666 par lettres patentes signées de la main de Louis XIV. Ces religieuses n'ont pas de maison mère, et se recrutent dans les villes où elles sont établies. Celles d'Arles avaient fondé les maisons de Beaucaire et de Caromb ; cette dernière existe encore, transférée à Carpentras.

Elles se conduisirent héroïquement durant la Révolution. On leur supprima leur modique allocation, on leur confisqua les revenus de la communauté, on leur interdit le port du costume religieux : un jour elles virent leur aumônier *Maurice Castellet*, ancien augustin, mené de force à Marseille, c'est-à-dire à l'échafaud. Il fut condamné à mort le 10 février 1794 et exécuté le lendemain. Son crime, d'après l'arrêt : avoir dénoncé la Convention comme un composé de scélérats. « Il ne nous reste que notre crucifix, disait la supérieure Marie-Félicité, mais nous n'abandonnerons pas nos malades. » Elles ouvrirent une école de filles, et avec la rétribution recueillie, elles pourvurent aux besoins de l'hôpital et de leur communauté. Cette situation dura sept ans.

En 1813, le typhus éclata parmi les autrichiens du corps d'occupation. Ces malheureux furent cantonnés dans le collège où les sœurs se multiplièrent. Aucune ne périt, mais l'aumônier *Guirand*, l'économe et plusieurs médecins succombèrent.

M. Jean *Firmin*, de Tarascon, aumônier de 1844 à sa mort, 1864, imita cette noble conduite. Son dévouement, aussi imperturbable que sa joyeuse humeur, lui mérita la décoration de la Légion d'Honneur, durant l'épidémie cholérique de 1854. Les *Hospitalières de Saint-Thomas* ont pris possession des services en 1895. Le spirituel de la maison est confié à un aumônier, portant le titre de curé, chargé aussi du service de *la Charité*.

— *Chapelle*, 1656, possède un ciboire, 1666, et un bel ostensoir, 1675, de Troph. Ag‌rd. Elle est au centre des salles qui ont vue sur elle. On peut regretter que ce bel établissement ne soit pas complété par une chapelle digne de lui, ce qui se réaliserait le jour où, tout en conservant l'oratoire actuel, on affecterait à cet usage de haute charité, l'ancienne église des Trinitaires attenante à l'hôpital et lui appartenant.

La Charité. — Mgr François de Grignan acquit le jardin du médecin Ferrier, proche la ville, afin d'y établir un asile d'enfants et de vieillards. Le terrain fut bénit le 8 décembre 1641 par le vicaire général Fontaine, en présence du chapitre et des consuls. On planta une croix au centre et

« on tira quantité de canonade », dit une relation du temps. La chapelle fut bâtie en 1656 des aumônes de plusieurs. Les orphelins et les incurables s'y installèrent en 1661 : on les confia en 1664 aux Augustines qui les servent encore. Cette maison spacieuse et bien distribuée, mais en contrebas du canal et exposée aux inondations, sert maintenant de haras.

En 1792, on transporta les enfants et les vieillards dans un couvent voisin, dont les Carmélites venaient d'être expulsées. Ces saintes filles l'occupaient depuis le 30 avril 1632, et c'est dans le parloir que la sous-prieure avait quelques jours avant répliqué avec tant de fermeté et d'à-propos aux invites schismatiques de Benoît Roux. — *Eglise* dédiée à Saint-Joseph, occupant un terrain donné par le chanoine Saxi, l'auteur du *Pontificium Arelatense*, bénite en 1631. La façade orne la lice. — *Autel majeur*, 1718, avec * rétable grandiose du sculpteur Péru, à qui payé 2500 livres, ayant au centre * *Apothéose de Sainte Thérèse*, par Pierre Parrocel, à qui payé 400 l. — Chaire par Péru, 750 l. — *Ostensoir* : « L'an 1673, Trophime Agard, maître orfèvre D. L. R. a donné la fasson a l'honneur et gloire de Dieu. A la Charité d'Arles. » Un ciboire, plus bel encore, du même, fut volé il y a peu d'années. — 18 sept. 1757, sacre de M. Amat de Volx, grand vicaire, pour l'évêché de Sénez, par Mgr de Jumilhac, assisté des évêques de Marseille et de Nîmes.

ANCIENNES MAISONS DIOCÉSAINES

Archevêché. — A Arles comme à Rome, Constantin adjoignit aux basiliques qu'il fondait, une résidence pour l'évêque. C'est ainsi qu'il abandonna à saint Marin le palais prétorial sis à côté de la basilique Saint-Etienne. Quelques vestiges de cette résidence subsistaient au XVIe siècle. « Le palais épiscopal d'Arles, dit Nostradamus, *Hist. de Prov.*, a. 1595, est fondé sur une antique porte qu'on tient fabrique des Romains. »

Dans ce palais les grands évêques d'Arles ont vécu ; les plus vénérés, saint Honorat, saint Hilaire, saint Eon, saint Césaire, saint Virgile sont morts, en quels sentiments admirables, nous l'avons rapporté.

Les premiers linéaments d'un *séminaire* s'y reconnaissent, vers 430, un siècle avant le concile de Vaison : « Le bienheureux Hilaire établit autour de lui une congrégation nouvelle où l'on gardait le silence et le recueillement, où l'on poursuivait la perfection de la continence, et qu'il anima de ses exemples en la formant par ses leçons. » (*S. Hilarii vita*). La famille épiscopale comprenait non-seulement les prêtres de la basilique, mais encore les diacres et les clercs qui aspiraient au sacerdoce. Le régime différait peu de celui de nos maisons ecclésiastiques, vie sous le même toit, prières en commun, lecture au réfectoire durant le repas, cours réguliers ayant pour objet principal le commentaire des Saintes Ecritures[1]. A chacun sa cellule comme le prouve le trait du diacre Cyrille proposé par saint Virgile à la construction des basiliques nouvelles, le premier *operarius* connu.

Imitant la conduite des autres arlésiens, Cyrille se pourvoyait de matériaux aux monuments du paganisme qui, abandonnés depuis le triomphe de la religion chrétienne, tombaient en ruines. Un bloc de marbre mal assujetti écrasa le pied du pauvre diacre qu'on transporta dans sa cellule. Elle était voisine de celle de saint Hilaire qui entendait les gémissements du blessé et en avait le cœur navré. L'évêque s'endormit cependant, et eut un songe dans lequel il entendit une voix lui demander : Veux-tu que ton diacre ne souffre plus? — Oui, je le désire de tout cœur. — Laisse-toi donc couper le pied à sa place, le sien sera guéri. » Et de suite ce bon père avança le pied pour qu'il fut coupé. Sous le tranchant du fer, Hilaire s'éveilla. Plein de confiance dans la promesse reçue, il pénétra dans la cellule de Cyrille qui déclara que depuis un moment toute douleur avait disparu. Dans sa cellule, saint Hilaire vaquait à quatre travaux à la fois, lisant un livre, en écoutant un autre, dictant à son notaire, et tressant du filet pour les pauvres.

Durant le siège de la ville par les Francs, les arlésiens, trompés par les juifs et les ariens, s'imaginèrent que saint Césaire les trahissait. Aux cris de *A l'eau! au Rhône!* ils

---

[1] Des chrétiens aisés servaient de correspondants aux clercs étrangers, et les prenaient quelquefois chez eux. C'est ainsi que saint Césaire de Lérins avec une santé épuisée, reprit des forces dans la maison de Firminus, grâce aux soins de la mère de celui-ci, la bonne *Gregoria*.

forcèrent la porte du palais, se saisirent de l'évêque et l'incarcérèrent dans une tour du palais de la Trouille qui donnait sur le fleuve. Le soir on voulut le transférer au château d'*Ugernum* (Beaucaire), mais, malgré les efforts des rameurs, la barque ne put remonter le courant. On le ramena donc sans bruit dans sa chambre, où personne n'osait pénétrer. Un soldat goth s'étant couché dans le lit de Césaire, avait été trouvé mort le matin. « Dans la maison de Césaire, présent ou absent, la table était toujours prête pour les clercs ou tout autre : nul prêtre ne venait à Arles comme à une ville étrangère. Il nourrissait chaque jour de nombreux captifs, ingénus et nobles, qu'il avait rachetés. Le grenier se trouvant vidé jusqu'au dernier sac : Nous n'aurons rien pour demain, dit l'économe. — Eh bien, nous jeûnerons répliqua le saint. Et se tournant vers un de ses familiers : Dieu y pourvoira. L'aumône n'a jamais fait mourir de faim. »

L'*école épiscopale* aurait, d'après une tradition, reçu en 526 le jeune Clodoald, le seul des fils de Clodomir échappé au massacre de ses frères, que sainte Clotilde aurait confié à saint Césaire pour l'élever dans la science et la sainteté. Au début du XII° siècle, elle compta parmi ses élèves un jeune anglais de très humble condition, fils de serf, qui y fut admis gratuitement, Nicolas Breakspear, le futur ADRIEN IV, le seul pape de sa nation. Le *Liber pontificalis* laisse deviner quelle éducation il reçut à Arles : « C'était un homme doux et patient, versé dans les langues grecque et latine, à la parole abondante, à l'éloquence polie, habile dans le chant liturgique, remarquable prédicateur, lent à la sévérité, prompt à l'indulgence, heureux de prodiguer l'aumône, orné de toutes les vertus qui sont le fruit des bonnes mœurs. »

L'archevêque, aux XII° et XIII° s., se trouva en même temps Lieutenant du Saint-Empire, souverain en titre de la moitié de la *Cité*, de la ville de *Trinquetaille* en entier, d'un quart du *Vieux-Bourg* en partage avec les Porcelle s; suzerain du *Marché*, inféodé aux vicomtes de Marseille, et du *Bourg-Neuf*, inféodé aux seigneurs des Baux. Son palais devint le centre politique le plus important de la République, et c'est dans cette enceinte que le conseil général s'assemblait chaque année pour l'élection des consuls. Durant les années orageuses qui marquèrent l'agonie du régime, il fut le théâtre d'excès et de violences déplorables.

En 1676, Fr. de Grignan y établit un *Bureau charitable* analogue à celui que le card. Grimaldi avait fondé à Aix en 1671. Chaque dimanche, après vêpres, on y conciliait les différends et on pourvoyait à la défense gratuite des pauvres.

L'archevêché fut restauré plusieurs fois par les archevêques Alemand, Pierre de Foix, Jean Ferrier et J.-B. de Grignan. A ce dernier sont dus le grand escalier et les divisions intérieures dont quelques-unes ont gardé leurs belles dimensions. Un riche carrelage émaillé, avec ses armes au centre, marque son cabinet de travail. Mgr du Lau a construit la façade actuelle, 1786.

Sont descendus à l'archevêché les papes Urbain II, Calixte II, Innocent II, le légat Pierre de Castelnau, le roi Louis II avec sa mère Marie de Blois et son épouse Yolande,

Anne d'Autriche, Louis XIV, 17-19 mars 1660, le roi d'Espagne Philippe V, son épouse Marie-Louise de Savoie, le card. d'Este, 1663, le cardinal-légat Flavio Chigi, 1664, le saint évêque de Cahors Alain de Solminihac qui vint s'y mettre en retraite auprès de Mgr de Barrault, avant son sacre, 1636, etc.

— La plus ancienne *chapelle* était dédiée à la Sainte Vierge, « capella nostra gloriosae Virginis Mariae », dit une charte de l'arch. Aymard en 1185. Au XVIe siècle, Ferrier Ier ayant ajouté à la cathédrale, touchant le palais, une chapelle dédiée à saint Jean, la réserva aux archevêques ; au XVIIe siècle, une partie du 1er étage fut affectée à ce service. Cette chapelle traversait tout l'archevêché, mais Mgr Fr. de Grignan la réduisit aux dimensions d'un oratoire domestique, ne lui laissant que la partie au levant. Mgr de Forbin y remit, en 1731, le pallium à Mgr de Brancas et à Mgr de Belsunce ; il y fit signer à ses suffragants le formulaire d'Alexandre VII contre le jansénisme, 1734.

Dans la cour, en 1690, fut fondu le bourdon de l'Horloge par Alibert, d'Avignon. On y voit une statue de *saint Christophe* par Dedieu, élevée aux frais de la famille Pillier, dont elle porte les armes, et qui est restée à la cathédrale jusqu'en 1870.

Un décret de Napoléon Ier, 31 octobre 1810, affecta l'archevêché au presbytère de Saint-Trophime.

Séminaire. — Cette maison fut fondée en 1675, à côté de l'église Saint-Martin, par Mgr Fr. de Grignan, qui avait obtenu en 1678 des lettres patentes de Louis XIV l'y autorisant ; les subsides du clergé l'aidèrent puissamment pour la construire et la meubler. Elle fut confiée aux Oratoriens, avec le P. Forisier pour premier supérieur.

M⁀ de Forbin les expulsa en 1726, à cause de leurs sentiments jansénistes, non sans avoir été réduit à faire ouvrir la porte par un serrurier. Donnée alors aux prêtres de Sainte-Garde, la maison fut remise aux Lazaristes, en 1750, par M⁀ de Jumilhac.

Entre temps M⁀ de Bellefonds plaça à la tête du séminaire M. Hody, prêtre éminent qu'il avait fait venir de son ancien diocèse de Bayonne. Mais quand ce prélat passa au siège de Paris, M. Hody entra aux Missions-Etrangères où il mourut en 1796, après avoir été trois fois supérieur général.

Ces changements incessants arrêtèrent l'essor de la maison. Peu d'élèves la fréquentaient : la plupart des clercs suivaient des cours privés de théologie chez des prêtres de paroisse, ou bien les classes que deux jésuites professaient au collège depuis que M⁀ de Forbin y avait transféré les chaires de théologie « suivant la doctrine de saint Thomas » fondées en 1654 chez les Oratoriens de la Principale par le chanoine du Molin. Après la suppression des Jésuites, presque tous entrèrent à l'un des séminaires d'Avignon, celui de Saint-Charles, dirigé par les Sulpiciens, et celui dit d'*Annecy* que le cardinal de Brogny, au XVᵉ siècle, avait doté pour recevoir quatre clercs arlésiens suivant les lectures de l'université d'Avignon.

A l'arrivée de M‍gr du Lau il n'y avait pas 15 élèves. Pour relever son séminaire, le saint prélat déclara que les examens d'ordination seraient désormais une épreuve sérieuse, obligea chaque séminariste à prêcher à la rentrée un sermon composé pendant les vacances, assista aux argumentations, présida les examens, fonda des prix importants pour ceux qu'auraient signalés leurs succès et leurs exemples de régularité. Il fonda des bourses et fournit aux élèves pauvres les livres de théologie, le bréviaire et même les vêtements.

— La maison fut bénite le 7 janvier 1675 ainsi que la chapelle intérieure et les ornements par le coadjuteur J.-B. de Grignan. *Massillon*, 1682, et *Surian*, 1687, y étudièrent la théologie. M‍gr de Beaujeu y professa, et, devenu évêque de Castres, il affecta, en 1720, au temps de ses incartades jansénistes, de poser solennellement la première pierre du nouveau bâtiment que les Oratoriens, tous interdits par M‍gr de Forbin, faisaient construire : c'est celui qu'on voit encore au midi de l'église Saint-Martin.

— Il n'y avait pas de *petit séminaire* : les études classiques se faisaient au collège.

MAISONS RELIGIEUSES

Frères des Écoles chrétiennes, établis près Saint-Martin, 1740, sous le F. Honorat ; 1744, près Saint-Julien, dans l'ancien couvent des Clarisses de Nîmes, fondé par ces religieuses, chassées par les huguenots, 1567; rétablies en 1818 sur la Major, tiennent trois écoles, sur Saint-Trophime, Saint-Césaire et Saint-Julien, celle-ci leur résidence.

CARMÉLITES, 1632, où est la Charité; rétablies près la Major 1823, puis, 1825, dans le couvent des Observantins, 1463, puis des *Récollets*, 1602. — Eglise restaurée et bénite en 1843, dédiée au Saint-Cœur de Marie. Inscription à la mémoire des Sermet de Tournefort, de Rognes, père † 1837, et fille, R. M. Saint-Pierre † 1850. Dans le cloître ogival, sép. de sœur Isabelet. Séparées de l'église, sacristie et chapelles ogivales où ensevelis *loco incerto*, le *P. Menc*, martyrisé par les protestants à Vauvert, 1574; le consul *Sabatier*, mort pour le culte des Saintes, 1576, et l'historien *Anibert*, † 1782. — Sur la Major.

AUGUSTINES, 1664. — Orphelinat et asile de vieillards à la Charité. — Garde-malades, sur Saint-Césaire.

SŒURS DE SAINT-CHARLES, de Lyon, 1848. — Ecole et pensionnat, dans l'ancien couvent des Cordeliers ou FF. Mineurs, établis à Trinquetaille, 1218, et transférés en ce lieu, 1387. Y mourut, 28 mars 1569, Bernard d'Elbène, évêque de Nîmes, chassé par les huguenots, que le cardinal Santa-Croce avait fait son vicaire général, pendant sa nonciature à Paris. — *Eglise* rebâtie 1412, consacrée, 1445, par Robert Damiani, évêque de Tibériade, substitué au cardinal Alemand dans l'administration du diocèse; clocher du

XV⁰ s. — Les *pénitents gris* de la S¹ᵉ Croix s'y réunirent depuis 1549. Desservie et restaurée de 1875 à 1884 par les PP. de N.-D. du Sacré-Cœur d'Issoudun, au nombre desquels le P. Navarre, devenu depuis archevêque dans la Nouvelle-Guinée. — Sur Saint-Trophime. — Asile sur Saint-Julien, 1896.

Sœurs du Bon-Pasteur, d'Angers, 1837, tenant école, pensionnat et refuge. Chapelle bénite en 1874, 23 mars, par Mᵍʳ Forcade. — Sur la Major.

Filles de la Charité, de Paris, 1851, tenant crèche, orphelinat, ouvroir, patronage de jeunes filles. Elégante *chapelle* ogivale, bénite le 28 mars 1870, centre de la dévotion à N. D. de la Salette. — Sur Saint-Trophime.

Sœurs de N. D. Auxiliatrice de Montpellier, 1857, garde-malades. — Sur Saint-Trophime.

Sœurs N. D. des Sept-Douleurs, de Tarbes, 1877, asile pour les vieillards des deux sexes. Une belle et vaste construction, commencée sous les auspices de Mᵍʳ Gouthe-Soulard, pourra, quand elle sera achevée, hospitaliser cent vieillards. — Sur la Major.

Sœurs de Saint-Thomas, d'Aix, 1895, desservent l'Hôpital général. — Sur Saint-Trophime.

———

Avant la Révolution, la ville d'Arles possédait outre les maisons religieuses déjà nommées : la *Commanderie des Hospitaliers*, ou chevaliers de Malte, fondée à Trinquetaille sous le nom de Saint-Thomas, 1119 ; quand celle-ci, vers 1360, eut été détruite par Arnaud de Servole, remplacée sur la rive gauche par la *Commanderie Saint-Jean*, que fonda le commandeur Raymond de Pleinchamp ; — chapelle dédiée à saint Jean et sainte Luce, celle-ci titulaire de l'ancienne maison des *Templiers*, bâtie par Melchior de Cossa. Le grand prieur de Saint-Gilles vint s'y établir pendant les guerres du XVIᵉ s., et, en 1615, confondit les deux maisons en une seule, ne laissant à Saint-Gilles que la collégiale, d'où le nom de *grand prieuré* donné depuis à la commanderie d'Arles.

Trinitaires, maison fondée par saint Jean de Matha, 1195 ; outre le rachat des captifs, hospice de pèlerins, 1200, lequel fut accordé, 1409, au maréchal Boucicaut qui y déposa les reliques de saint Roch. *Eglise Sainte-Trinité* ou *Saint-Roch*, bâtie, 1630, pendant la peste ; façade refaite, 1884. On y voit une inscription à la louange du prévôt Aube de Roquemartine. — Y est mort, 1658, le P. Porchier, historien de la ville.

FF. Prêcheurs, 1231, près la porte Agnel, et l'église Saint-Didier, puis près la porte de la Cavalerie ; en 1362 bâtissent près Saint-Martin nouveau couvent et belle église, où le 18 septembre 1477, le roi René assembla les notables, leur demandant des subsides pour satisfaire son beau neveu Louis XI. Les *Pénitents Bleus* de N. D. de Pitié s'y réunirent depuis 1549. Y fut inhumé Mᵍʳ de Beaujeu, évêque de Castres, 1737. Y ont vécu le P. *Amat*, de Graveson, célèbre théologien et historien de l'Eglise, ami de Benoît XIII, 1725 ; et le P. *Chauvin*, guillotiné à Marseille en 1794, qui confessa ses compagnons de captivité et les prépara à une sainte mort.

Carmes (Grands), 1349, entre l'hôpital et Saint-Trophime, église l'Assomption, 1397-1446, dont restent une chapelle richement étoilée et un bas-relief porté à Saint-Trophime.

Carmes déchaussés, hors ville, au midi, 1638. *Eglise* bâtie en 1676.

Monastère Saint-Jean. — Il remontait à saint Césaire, dont ce fut la fondation préférée. Des couvents de femmes existaient à Arles déjà : vers 370, en effet, l'épouse de saint Paul était entrée chez les religieuses arlésiennes, quand il fut élu évêque des Tricastins, mais la discipline monastique complète, pauvreté, chasteté, obéissance, clôture perpétuelle, ne fut réalisée pour la première fois qu'en ce monastère. Saint Césaire en avait commencé la construction en 507, entre le rempart et les Alyscamps : le siège d'Arles par les Francs l'interrompit deux ans ; il ne s'ouvrit qu'en 512.

Outre l'oratoire intérieur, saint Césaire bâtit une église extérieure où les fidèles étaient admis. Il la dédia à la Sainte Vierge, le 6 juin 524, à l'ouverture d'un concile qui réunit 12 évêques et les procureurs de cinq autres. Les principaux décrets fixaient l'âge du diaconat à 25 ans, celui de la prêtrise et de l'épiscopat à 30, et défendaient d'ordonner un converti avant un an. Deux nefs s'ajoutèrent bientôt à cette église, avec les autels de saint Jean et de saint Martin. Saint

Césaire composa pour ces religieuses sa règle *ad Virgines* [1], un discours et deux lettres, vrais traités de perfection monastique ; dans son testament, il les recommanda à son successeur avec une insistance paternelle et dota leur maison d'abondantes ressources. Quelques heures avant de mourir, il s'y fit porter pour adresser à ses chères filles ses recommandations suprêmes.

La première abbesse fut *sainte Césarie*, sœur du fondateur. Après elle, *sainte Césarie* la jeune, à qui fut dédiée la Vie de saint Césaire, sainte Liliole, célébrées toutes deux par Fortunat. L'une accueillit sainte Radegonde qui venait s'instruire pour sa fondation de Poitiers, et l'autre la reine Theudegilde, veuve de Caribert, roi de Paris, qui y mourut après huit ans de profession ; sainte *Marcie* dite *Rusticule*, 574-632, célèbre par ses miracles ; puis, à l'approche des invasions sarrasines, durant cet âge héroïque et obscur, sainte *Eulalie*, sainte *Léocadie*, sainte *Suzanne*, sainte *Julienne*, sainte *Eugénie*, sainte *Victoire*, sainte *Euphémie*, sainte *Préminole*. Dans les temps modernes, la grande naissance de la plupart de ses abbesses, crossées et perpétuelles (Adalasie de Lambesc, 1342 ; Rixende de Saint-Cannat, 1314 ; de Croze, Gantelmi, d'Etienne, de Grille, de Causans, de Saint-Aignan, etc. de Chabrillant, la dernière élue en 1775), son étendue, ses possessions et revenus, avaient

---

[1] Cette règle est toute d'austères conseils et d'attentions délicates. (Voir *Patr. Lat.* LXVII, p. 1008). Elle ordonne que les sœurs apprennent les lettres et vaquent à la lecture deux heures par jour. Sous la direction de sainte Césarie, les 200 religieuses copiaient avec de riches ornementations les manuscrits, surtout ceux de la Sainte Ecriture. (*Vita S. Cæs.*, c. v, n. 44)

fait surnommer cette abbaye le *Grand Couvent*. C'est dans son enceinte et son voisinage que Mistral a placé les plus dramatiques épisodes des aventures de *Nerto*, gracieuse princesse de Château-Renard.

Aux donations et privilèges marqués dans le testament de saint Césaire, de nombreux dons s'étaient ajoutés, entre autres la possession des châteaux de Nyons, Vinsobre et Mirabel, pour lequel les dauphins de Viennois leur payaient en hommage annuel neuf onces d'argent, et les seigneurs des Baux sept marcs d'argent plus une coupe d'argent avec son pied. Dans la visite des domaines de l'abbaye en Camargue, à lui confiés par l'empereur Louis II, saint Rotland trouva la mort, 869. L'abbesse Héloïse se fit rendre, en 992, l'administration de ces biens.

Les religieuses adoptèrent en 817 la règle de saint Benoît en vertu d'un décret général du concile d'Aix-la-Chapelle : alors, sans doute, elles remplacèrent par la robe noire le costume blanc que leur fondateur leur avait donné. Elles furent réformées en 1147, 1494, et 1673 par Fr. de Grignan. Elles-mêmes, en 1360, introduisirent la régularité dans le monastère Saint-Honorat, de Tarascon, fondé en 1358. Un légat d'Urbain V, le chartreux Jean de Lengis, abolit, en 1639, un curieux usage remontant à saint Césaire, en vertu duquel les religieuses sortaient de leur clôture pour assister aux funérailles des chanoines de la cathédrale, et les chanoines assistaient en corps aux obsèques des religieuses. Au XVIIIe siècle le nombre et les ressources avaient bien diminué dans l'abbaye : on n'avait plus que le souvenir des 300 religieuses de chœur, sans compter les novices et les converses, que mentionne un acte de 1339, et les rentes étaient réduites à une douzaine de mille livres.

Saint Césaire avait bâti son couvent à l'extrémité des Alyscamps voisine du rempart, à mi-chemin de la cathédrale et de la basilique Saint-Genès. Au VIII° siècle, disent les uns, sous saint Césaire même, après le départ des Francs, disent les autres, la maison fut transportée en ville, dans le quartier le plus rapproché de l'emplacement abandonné, c'est-à-dire le plateau entre la porte de l'Aure et la porte Romaine. L'église Sainte-Marie fut bâtie à côté d'un Baptistère dédié à Saint-Jean, que saint Césaire dénomme dans sa règle *vetus baptisterium* et qui paraît avoir été le premier baptistère de l'Église d'Arles. De cette église, en admettant le second sentiment, les religieuses passèrent à celle de *Saint-Blaise*, depuis *Saint-Césaire*, que la ville leur céda en 1360. Elle aurait été bâtie en 1005 ; l'abside paraît plus ancienne ; les Porcelets l'avaient agrandie d'une travée en 1280. Quand on l'a réparée au milieu de ce siècle, on a trouvé des vases acoustiques dans le mur. Au fond d'une cour était la chapelle *Sainte-Agathe*, sépulture des religieuses.

— De nos jours diverses parties de l'emplacement du Grand Couvent ont été occupées par une maison de *Sœurs Dominicaines*, transférées à Lourdes depuis dix ans, et par l'*Asile des Vieillards*.

— *Sœurs Ursulines*, la Major, 1602 ; fondèrent Tarascon, Saint-Remy, etc.

— *Sœurs N. D. du Refuge*, la Major, avec l'église *Saint-Paul*, au lieu du séjour de l'Apôtre, 1634.

— *Sœurs de N. D. de Miséricorde*, du P. Yvan. Saint-Trophime, 1666.

— *Sœurs de la Providence*, dites *Sœurs Noires*, du P. Baret, enseignant aux orphelines « lecture, écriture, calcul, couture, ménage » fondées en 1741.

— CHAPELLE SAINT-JOSEPH, du Collège, anciennement aux Jésuites. — Bâtie de 1653 à 1660, avec le legs de douze mille livres de l'arlésien Vautier, médecin du roi. Edifice grec, à galeries, et riches boiseries. Par vœu des consuls, durant la peste de 1720, 31 décembre, un autel y fut érigé à saint François Régis, auquel, jusqu'en 1871, messe célébrée devant la municipalité le 1er janvier. — *Jésuites* établis 1625, reçoivent, en 1636, le collège alors situé sur le Théâtre romain, où, en 1651, au pied des deux colonnes, fut trouvée la Vénus ou Diane d'Arles ; 1646, au local actuel, qu'après approbation royale de 1648, ils occupèrent jusqu'à leur suppression. Un des régents fut le P. d'Augières, d'Arles, érudit et poète, † à Lyon, 1710. De 1763 à 1790, le collège fut dirigé par des maîtres presque toujours prêtres, que le Bureau d'administration nommait, sur présentation de l'archevêque. — De 1850 à 1854, la ville le confia aux prêtres du diocèse ; puis aux Maristes jusqu'en 1863 qu'elle l'a remis à l'Université.

LES GRANDES RUINES CHRÉTIENNES

Alyscamps. — La voie Aurélienne, de Rome à Arles par les Alpes maritimes, gravissait, aux abords de la ville, un plateau rocheux dont les pentes extrêmes étaient battues par les vagues des étangs, mais que son altitude tenait à l'abri des inondations. Profitant de cette position favorable, les premiers romains avaient aligné leurs tombeaux des deux côtés de la voie. Aux Champs Elysées païens, *Elysii campi*, succéda un grand cimetière chrétien, qui en a gardé le nom, les Alyscamps.

La tradition et la légende ont enveloppé de majesté et de poésie l'origine de cette nécropole. Saint Trophime, pour la bénir, convoqua les fondateurs des Eglises des Gaules, Maximin d'Aix, Eutrope d'Orange, Saturnin de Toulouse, Martial de Limoges, Paul de Narbonne, Front de Périgueux. Mais quand il fallut procéder à la cérémonie, tous se récusèrent par un sentiment d'humilité. Alors apparut Jésus-Christ en personne, qui de sa main divine consacra le cimetière. Où le Sauveur s'était prosterné, il laissa la trace de ses genoux : et à cette place un autel fut érigé qui donna origine à la chapelle de la Genouillade.

Cette dédicace merveilleuse fut suivie d'une autre presque aussi extraordinaire. Saint Trophime éleva non loin de là une chapelle « à la Mère de Dieu encore vivante », s'il faut en croire une inscription de date assez récente, qu'on y lisait du temps des Pères Minimes, *Hoc sacellum dedicatum fuit Deiparae adhuc viventi*.

La basilique des Alyscamps fut bâtie dans la première partie du IVe siècle, et dédiée à saint Genès, le jeune martyr dont elle abrita les restes. Cette basilique était placée à côté de l'oratoire « que le bienheureux Trophime, prédécesseur de Denis de Paris, cousin de Paul, d'Etienne et de Gamaliel, éleva à la Mère de Dieu et honora toute sa vie d'un culte particulier », dit la lettre de Michel de Morèse en 1203. Saint Honorat ayant été déposé dans cette église en 429, le peuple associa le nom du pontife à celui du martyr, et se mit à la désigner sous le vocable des saints Genès et Honorat : mille ans après, le nom de celui-ci finit par dominer exclusivement.

Ces saintes reliques, unies à celles de saint Trophime, et à mesure que les années se succédaient, à celles de tous les saints arlésiens, amenaient aux Alyscamps les pèlerins des provinces les plus éloignées. Une pieuse femme de Vaison s'y rendit une année pour la fête de saint Genès. Par les sentiers bordés de tombeaux, elle allait fervente et recueillie faire ses dévotions d'une chapelle cimétériale à une autre, réservant la basilique du saint martyr pour sa dernière station. Mais quand elle y arriva, on venait d'en fermer les portes. Elle se prosterna donc sur le parvis, et tenant ses mains appliquées et ses lèvres collées aux vantaux sacrés, elle réclama une grâce qu'elle n'osait plus espérer. Tout à coup l'église s'illumine et retentit de concerts angéliques, puis une voix part de l'autel qui annonce à l'orante qu'elle mettra au monde un fils qui deviendra évêque de Vaison et sauvera les âmes de beaucoup de ses compatriotes : ainsi fut prédite la naissance de saint Quinide.

Saint Virgile rebâtit la basilique des Alyscamps, et l'an 603[1] la dédia « au Sauveur et à saint Honorat ». Pendant la construction, il arriva un jour que les colonnes de marbre destinées aux piliers de la basilique ne purent être soulevées du sol, malgré les efforts de plusieurs couples de bœufs qu'on y avait attelés. C'était un artifice du diable. Virgile se mit en prière et aussitôt les colonnes furent transportées sans peine. Deux fois encore, aux Alyscamps, Dieu manifesta la puissance de saint Virgile. Emu par les larmes d'une veuve désolée, il lui ressuscita sa fille unique. Une autre jeune fille revint à la vie, le jour des obsèques du saint, au contact de son cercueil.

— Autour de ce cimetière de sanglants combats furent livrés contre les sarrasins, lors de la prise d'Arles en 730. Au siècle suivant, lors de la campagne qui bouta ces barbares hors de Provence, deux grandes batailles, l'une défaite désastreuse, l'autre revanche éclatante, ont laissé un souvenir prolongé dans la tradition orale et monumentale et surtout dans les poèmes des trouvères et des troubadours.

Depuis la *Chronique de Turpin* qui fait ensevelir aux Alyscamps plusieurs des paladins de Roncevaux, jusqu'à Dante qui signale la célébrité de ce cimetière,

[1] On doit, croyons-nous, adopter cette date, parce que par lettres du 8 des calendes de juin de cette année, qui furent longtemps conservées aux archives des bénédictines de Saint-Honoré de Tarascon, le pape saint Grégoire accorde à la *nouvelle église* divers privilèges, entr' autres la célébration de la messe en temps d'interdit.

> Si come ad Arli, ove 'l Rodano stagna
> Fanno i sepolcri tutto 'l loco varo;
>
> *Inferno,* IX, 112.

jusqu'à l'Arioste qui y place les prouesses de Roland,

> Della gran multitudine qu'uccisa
> Fù d'ogni parte in questa guerra
> . . . .
> Se ne vede ancor segno in quella terra
> Che presso ad Arli, ove il Rodano stagna,
> Piena di sepolture è la campagna.
>
> *Orlando furioso,* XXXIX, 72.

en passant par Ramon Feraut qui, dans la *Vida de sant Honorat,* rappelle que Vezian, le neveu du comte Guillaume,

> . . . . en Alyscamps mortz es,

tout un cycle poétique gravite autour de ce champ de bataille. D'un poème anonyme *Alyscans*[1], voici un épisode, la *Première Communion de Vivien* (Vezian), qui égale, s'il ne dépasse, les plus beaux passages de l'*Iliade* et de la *Chanson de Roland*. C'est la même simplicité naïve, la même grandeur généreuse, puisées aux pures sources de la nature primitive.

Vivien est blessé sans espoir. Je suis près de ma mort, dit-il d'une voix encore puissante, mais il me reste assez de force pour *envaïr* les sarrasins. Quoique aveuglé par le

---

[1] M. Léon Gautier a consacré un volume presque entier de ses *Epopées françaises,* à la critique et à l'analyse de ce poëme et des chansons de geste qui s'y rapportent.

sang, il marche à l'assaut et tue encore plusieurs ennemis. Alors un géant survient qui l'abat d'un coup de lance.

Vivien ne songe plus qu'à bien mourir. Dans la plaine sanglante, à l'ombre d'un arbre touffu, coule une claire fontaine ; il s'y traîne avec peine, car il porte sur le corps quinze blessures énormes, « de la plus petite un Alemand fut mort ».

Cependant son oncle Guillaume, après avoir lutté avec quatorze hommes contre cent mille sarrasins tout un jour, cherche un sentier de retraite. Il croit l'avoir trouvé, et alors il regarde le cheval « aux bonds de trente pieds » que lui donna le prince des Baux. Il a grand pitié de lui et le caresse avec amour. Mon brave Baussent, dit-il, tu es bien las. Si nous rentrons à Orange, je te donnerai bel orge, foin choisi, et tu ne boiras ton eau qu'en des vaisseaux d'or. Le cheval, *com s'il fust hom senez,* comprend son maître, dresse l'oreille, bat la terre des pieds et hennit joyeusement. Ces hennissements rendent du cœur à Guillaume qui reprend sa marche, et à quelque distance rencontre son neveu tout de long étendu, sans mouvement.

Il le croit mort et de suite il commence la veillée mortuaire sur son cheval. Vivien cependant l'a reconnu, il cherche à se soulever, mais Guillaume se précipite sur lui. « Il l'embrasse, et le tenant par-dessous les aisselles, le baise moult doucement. — Beau neveu, par sainte charité, vis-tu ? — Oui, mon oncle, mais je n'ai plus de forces, j'ai le cœur fondu. — Beau neveu, voudrais-tu du pain consacré un dimanche par le prêtre ? — Vivien dit : Je n'en ai point encore goûté, mais je sais que Dieu me visite puisque vous êtes venu à moi. — Lors Guillaume met la main à son aumônière, il en retire du pain qui a été consacré sur l'autel de saint Germain : Prépare-toi, dit-il, à te confesser à moi de tous tes péchés, je suis ton oncle, tu n'as personne plus proche, je serai ton *capelan* et tiendrai la place de Dieu ; à ce baptême je serai ton parrain, et par là plus que oncle ni frère.

— Oui, je le désire, donnez-moi de ce pain et je mourrai l'instant d'ensuite. Mais hâtez-vous, mon oncle, le cœur me fault. — O demande douloureuse, s'écrie Guillaume en pleurant, de ma lignée j'ai perdu tout le grain, je n'ai plus que la paille et le chaume. — Moult doucement il se reprend à l'embrasser, et l'enfant commence sa confession. Il lui dit tout, ne cache rien de ce qu'il peut savoir et se rappeler. Il se reproche surtout d'avoir aujourd'hui, malgré son vœu, reculé pour la première fois devant les sarrasins. — Beau neveu, tu n'as rien à craindre. — A ce mot il lui fait consommer le Pain sacré et le communie avec le corps de Dieu. Ensuite Vivien bat sa coulpe une dernière fois, il ne peut plus parler. Un instant la voix lui revient pour saluer Guiburge sa bonne tante. Mais ses yeux se troublent, il commence à changer. Il se tourne vers le gentil comte Guillaume et veut le saluer de la tête. Son âme s'en va, car elle ne peut plus demeurer. Et Dieu le reçoit dans l'hôtellerie de son paradis, où lui baille entrée et séjour avec ses anges. »

Dans la seconde bataille des Alyscamps, les chrétiens prirent leur revanche. La chanson raconte comment les sarrasins furent repoussés jusqu'à la mer, comment aussi les chrétiens ayant découvert le corps de Vivien, « un martyr en vérité », l'ensevelirent avec grand honneur dans le saint cimetière.

Bénit par Jésus-Christ, illustré par les reliques des martyrs, des pontifes et des preux tués à la guerre sainte, ce cimetière acquit une vénération universelle. On le regarda comme une terre sacrée à l'abri de tout maléfice démoniaque, et de toute la vallée du Rhône, d'au-delà, des Allemagnes même où le nom d'*Aleschans sor mer* était aussi populaire qu'en France, les cercueils descendirent vers le port de la Roquette, abandonnés au fil de l'eau sur le fleuve, sans autre sauvegarde que le respect des riverains. « *Magnus Dominus et magna virtus ejus*, écrit encore Michel de Morèse, la rive de la station accueille toujours favorablement les corps des chrétiens; jamais le courant du fleuve ou la violence de la tempête ne put les faire descendre au-dessous des termes des Alyscamps. Plusieurs nous ont rapporté que de damnables voleurs ayant enlevé l'argent dont les morts avaient été munis, la nacelle qui portait les corps se mit à tourner sur le fleuve, en face du castrum, et résista à tous les efforts pour lui faire reprendre le fil de l'eau, tant que l'offrande funéraire n'eût pas été restituée. »

— Une collégiale était établie aux Alyscamps, au XI° siècle. En 1015, en effet, Patio « chanoine du martyr Saint-Genès », donne aux moines de Saint-Victor de belles maisons près l'église Saint-Vincent. Vers l'an 1035, cette *ca-*

nonica était tombée en des mains laïques, ce qui désolait l'âme de l'archevêque Raimbaud : « La pensée de rendre à sa destination religieuse l'église Saint-Genès et Saint-Honorat me revenait souvent à l'esprit, écrit-il dans un acte (*Livre d'Or*, I, 204), et je me disais que si par mon entremise elle était restituée au service de Dieu, j'attirerais miséricorde sur mes péchés. » Il donne donc aux moines de Saint-Victor, en la personne de l'abbé saint Isarn, *ecclesiam S. Genesii cum omnibus sibi subjectis ecclesiis*, sous le cens d'une livre d'encens payable à sa cathédrale pour chaque fête de saint Trophime : donation contresignée par les comtes Geoffroy et Bertrand, et par l'évêque de Marseille.

En 1066, le comte Bertrand II, « apud Arelatem, in monasterio S. Genesii », en présence de Bernard, abbé de Saint-Victor, assure les moines de sa protection. « Monasterium S. Honorati et S. Genesii » est confirmé à l'abbaye dans les bulles de Grégoire VII, 1079, Paschal II, 1113, Innocent II, 1135 et 1139. Celle-ci parle de « l'église Saint-Genès et Saint-Honorat près la ville d'Arles, concédée par les archevêques, en particulier par un écrit de notre frère Gibelin, et possédée par les moines soixante-dix ans sans trouble ni interruption. »

Un différend entre les chanoines et les moines fut ainsi réglé par Raimond de Montroud, assisté de Geoffroy, évêque d'Avignon, en 1165 : « Les droits funéraires pour tous les morts qui viendront ou seront portés sur le Rhône tant par la rive de Beaucaire que par celle de Tarascon, *sicuti anti-*

quitus habere solebant, seront partagés entre l'église Saint-Trophime et celle de Saint-Honorat. »

En 1337, Guibert et Raimond, visiteurs apostoliques, obligent le prieuré Saint-Honorat à venir en aide à l'abbaye de Marseille. Cette nécessité de recourir à une sentence juridique pour obliger des religieux à secourir leur maison-mère s'explique par le triste état du prieuré à cette époque.

L'histoire des Alyscamps au XIV° siècle est semblable à celle de la Seds. Toute sécurité disparaît durant les guerres civiles : les églises sont abandonnées, les cimetières profanés. La ruine se consomme avec le départ des reliques du saint patron, saint Mitre à Aix en 1383, saint Honorat à Arles en 1394 : celles-ci furent confiées au prieuré de Ganagobie, et l'année suivante à l'abbaye de Lérins.

Désespérant de conjurer cette décadence, les moines résolurent de quitter le prieuré. Ils en firent échange, tout en gardant la haute propriété, l'an 1450, avec les Bénédictines de Saint-Honoré de Tarascon qui y mirent un prêtre à demeure avec le titre de vicaire perpétuel, puis, en 1584, autorisèrent à s'y loger provisoirement les *capucins*, ayant à leur tête le fameux Ange de Joyeuse, enfin en 1616, le cédèrent aux *Minimes*. Il fut statué dans la convention que « en cas de guerre ou de peste, les religieuses pourront venir se loger à Saint-Honorat ; les pères videront la maison, y laissant un aumônier. » Comme redevance, ils paieront deux flambeaux de cire blanche rendus à Tarascon chaque 16 janvier. En 1617, il fut conclu qu'en cas de guerre ou de poste, il suffirait de procurer aux religieuses une maison en ville.

Les minimes se cantonnèrent dans la partie supérieure de l'église. Réveillant les vieilles traditions de culte à la Vierge, ils élevèrent à droite du transept, en même temps qu'une chapelle à saint François de Paule, une riche chapelle à N. D. de Grâce, où en 1618 fut placée la belle statue du sculpteur Mirano. « Cette église est aujourd'hui très vénérée et fréquentée », écrivait Gaignon en 1640. Ainsi dura-t-il jusqu'à la Révolution.

— Vers la fin du XIIe siècle, il fallut subvenir aux énormes dépenses qu'exigeait la reconstruction de l'église bâtie par saint Virgile. N'écoutant que sa piété, Michel de Morèse entreprit ce grand œuvre. En 1203, il envoya dans les principales églises de la chrétienté quelques prêtres, porteurs de la lettre suivante : « A nos vénérables frères les archevêques, évêques, abbés, prévôts, et à nos très chers fils les prieurs, les recteurs des églises, les chapelains, à tous les princes catholiques et à tous les fidèles de Jésus-Christ à qui les présentes lettres parviendront, Michel, par la grâce de Dieu, archevêque d'Arles, salut en Celui qui est le salut et la rédemption de nos âmes. » Après la glose habituelle sur un texte d'Ecriture, le pieux prélat expose sa demande : « Sachez donc que hors les murs de la ville d'Arles, dans les champs vulgairement nommés Elyséens, il existe une église dédiée à saint Honorat que nos prédécesseurs confièrent aux religieux de Saint-Victor de Marseille. Cette église garde le corps du bienheureux Honorat dans son *loculus*, ainsi que les reliques du très disert Hilaire, évêque de cette ville. Là aussi sont vénérés les saints ossements des pontifes Aurélien [1], Concorde, Eon, Virgile, Rotland, ceux du bienheureux Genès, ceux de la vierge et martyre Dorothée et de beaucoup d'autres : fleurs et gemmes qui ornent cette terre comme une moisson précieuse.

« Autour de cette église s'étend un vaste cimetière où sont inhumés en nombre infini les corps des héros qui, sous le bienheureux Charlemagne et le bienheureux Guillaume et Vezian son neveu, ont été ensevelis dans la pourpre sanglante de leur triomphe. Plus nombreux encore ces chrétiens inconnus dont l'âme jouit de la vision bienheureuse. » Le prélat raconte la bénédiction miraculeuse du cimetière, *Jésus présent* ; il parle ensuite des neuf églises, dont il reste huit, parmi lesquelles *Saint-Honorat* et la *Mère de Dieu*, où saint Trophime voulut être *déposé* ; des concerts angéliques qui plusieurs fois y furent entendus, etc.

Il termine ainsi : « Cette église bâtie par saint Trophime, agrandie et dotée par Charlemagne, s'est écroulée presque en entier ces derniers temps, *ante paucos annos tota pene corruit*, sa restauration exigera de grandes dépenses. Nous vous demandons dans le Seigneur et vous supplions humblement de recevoir avec bonté et complaisance les envoyés de cette église et de recommander à votre peuple de répondre généreusement à leur appel. Et vous, évêques, nos vénérables frères, veuillez adresser une lettre spéciale à vos

---

[1] Ces reliques ont toujours été conservées à Lyon où saint Aurélien mourut en 551.

diocésains pour solliciter leurs aumônes, de façon que par les mérites des saints de cette église, votre récompense soit copieuse dans les cieux... »

Les *ouvriers* de Saint-Honorat durent sans doute, en ce temps de foi, rapporter des aumônes abondantes. Le furent-elles assez pour permettre d'achever la belle construction dont les ruines frappent les visiteurs. L'examen des arrachements incline plusieurs architectes à penser qu'elle n'a jamais été finie et que la partie du fond fut seule livrée au culte. Cette partie comprend l'abside et le transept, dont l'orientation fut changée, l'église précédente allant du nord au midi.

— Visitons le cimetière des Alyscamps avant qu'il soit abandonné, pillé, morcelé. Malgré les ravages des sarrasins, les destructions des tuschins au XIVe siècle et celle des espagnols au XVIe, il étale encore au XVIIIe un très beau musée d'antiquités chrétiennes.

Groupés en nombre autour des chapelles vénérées, les tombeaux s'étendent de l'église Saint-Honorat jusqu'à la Roubine du Roi, en contournant le cimetière que Mgr du Lau a inauguré en 1786. Depuis longtemps on avait réagi contre les avidités et les générosités des siècles précédents. « Les religieux, dit la convention de 1645, entre l'abbesse de Tarascon et les PP. Minimes, conserveront les antiquités de l'église et du cimetière sans rompre aucun des tombeaux qui sont sur la surface de la terre, afin que la marque d'une si belle antiquité paraisse à la postérité. » — « Renouvelant les ordonnances de nos prédécesseurs, nous défendons de prendre ni transporter aucun tombeau dudit cimetière, à peine d'excommunication par le seul fait, tant pour ceux qui les prendront que pour ceux qui aideront à les prendre, ordonnons que tous ceux qui depuis quatre années ont pris de ces tombeaux, aient à les remettre dans le délai d'un mois, voulant que la présente soit lue au prône trois dimanches consécutifs. » (Circulaire de Mgr de Mailly, 1702).

Laissons de côté les tombeaux païens, non sans remarquer la concision et la gravité de la langue, la mesure dans l'éloge, la simplicité et le naturel des regrets : modèles trop négligés par les rédacteurs de tant d'épitaphes pauvrement pensées et rédigées qui déparent nos champs funéraires.

Dans un cimetière ouvert à tout venant on ne peut s'étonner de ne point trouver de monuments de l'âge des persécutions, mais de l'époque qui suivit immédiatement, on en voit plusieurs. C'est le tombeau (dit de Saint-Genès, parce que le corps du martyr y fut déposé par la suite) élevé à *Hydria Tertulla*, son épouse bien aimée, et à *Axia Aemiliana*, sa très douce fille, par Terentius Museus. Axia tient dans la main un symbole de la communion eucharistique, la grappe de raisin que becquette une colombe. Une ample *palla* recouvre sa tunique ; en arrière, deux personnages tiennent un voile, peut-être un *flammeum virginale*, qui indiquerait que la jeune fille, pieuse envers l'eucharistie, était une de ces chrétiennes déjà nombreuses au IVe siècle, qui, tout en demeurant dans leurs familles, vivaient consacrées à Dieu.

Voici le tombeau de deux époux, récemment convertis, qui ont joint à leur nom païen le nom nouveau reçu au baptême : « A Optatina *Reticia* et *Pascasia*, son épouse très aimée, *Ennius Filterius* et *Pompeius*, son mari, a élevé ce monument, ayant vécu avec elle 8 ans, 9 mois, 2 jours. »

Beaucoup de cippes ne portent avec le nom et l'âge qu'une brève formule exprimant les espérances immortelles qui soutiennent les âmes séparées par la mort : « A qui repose en paix, *Pausanti in pace* », ou simplement « En paix, *In pace* » ou « La Paix soit avec toi parmi les saints, *Pax tecum inter sanctos*. » Remarquez la fréquence des noms de femmes, *Victoria, Projecta, Neglicta, Valeria*, MARTA, MAXIMINA [1], ce qui s'expliquerait par le voisinage du monastère fondé par saint Césaire. Ici, en effet, comme dans les épitaphes datées, de Trinquetaille, ce sont les contemporains du grand évêque qui dominent : Apriles, mort à 40 ans, sous le consulat de Lampadius et Orestes, soit en 530 ; Eustasia, morte à 36 ans, sous le consulat d'Avienus, 501 ; ...... mort sous le consul Basile, 541, etc.

Les sujets représentés le plus souvent sur les sépulcres arlésiens sont Adam et Eve, le sacrifice de Caïn et Abel, Abraham, Moïse, Josué, Elie, Elisée, Daniel, Jonas ; Adoration des Bergers avec le bœuf et l'âne, Adoration des Mages, Massacre des Innocents, Baptême de N. S., Noces de Cana, Multiplication des pains, Guérison de l'aveugle-né,

---

1 Noms à rapprocher de celui de *Trophimus* qu'on trouve plusieurs fois dans les plus anciennes épitaphes arlésiennes.

Résurrection de Lazare, Dation des clefs à Saint Pierre ; pas de scènes de la Passion. Sur plusieurs, une *Orante* à la place d'honneur représente la Sainte Vierge, une tête de jeune homme, le martyr Genès, deux têtes en face l'une de l'autre, saint Pierre et saint Paul ; un même porte les 4 évangélistes avec leur nom. Sur d'autres sont sculptés l'image du *Labarum* ; une scène bien provençale, la cueillette des olives et la fabrication de l'huile sous un pressoir surmonté d'une croix, (tombeau de Constantin II); la foule des poissons, les chrétiens, suivant le vaisseau de l'Eglise qui cingle vers le port (tombeau de Delius) ; la colombe qui tient au bec le rameau d'olivier (tombeau de saint Concorde). Tous ces tombeaux sont l'œuvre d'une école de sculpture arlésienne qui en pourvoyait seule le midi de la Gaule.

Eglises des Alyscamps. — Avant l'arcade romane, porte principale du cimetière, en dehors par conséquent de la terre sainte, *Chapelle expiatoire Saint-Accurse*, 1521, bâtie par Ant. Quiqueran de Beaujeu et dotée de 21 livres de rente pour messes en faveur d'Accurse de la Tour y enseveli, qu'il avait tué en duel ; arrêt du parlement du 1er février 1516. — *Chap. N. D. de Miséricorde*, 1419, bâtie par les Porcellets. — *N. D. de Bellis* ou de *Abeliis*, comme porte la liste de 1358, qui l'inscrit 30 sous en faveur du Chapitre, devint *léproserie*, puis *hôpital Saint-Lazare*, en 1656 ; unie ensuite au séminaire. En 1384, Etienne Marmerii était prieur « eccl. ruralis S. Marie de Bellis, juxta pontem Cravi ». A cet hospice logeaient les pèlerins de

Saint-Jacques de Galice. — *Saint-Césaire*, nommé dans transaction de 1220, inscrit 40 sous dans la liste de 1358 ; en 1425, information sur les reliques qu'il possède; ruiné par les Espagnols en 1536 ; prieuré sous le juspatronat de l'abbesse de Saint-Césaire ; occupe peut-être le premier emplacement du monastère Saint-Jean.

N. D. de Beaulieu, de Bello loco, prieuré paroissial relevant de l'abbesse de Saint-Césaire ; les religieuses de Saint-Pons, appelées en 1208 par Sacristane de Porcellet, dame du Bourg d'Arles, y demeurèrent pendant qu'on construisait leur abbaye de Mollégès ; elle leur fut donnée par Jean Baussan, 1237 ; l'abbesse de Saint-Césaire en reprit possession en 1307 ; il lui était payé 140 sous et 10 livres de cire le jour des morts ; la liste de 1358 l'inscrit aussi pour une redevance de 60 sous au Chapitre. Démolie en 1374, reconstruite par la ville en 1406 « à cause de la grande dévotion des peuples », détruite en 1536. Sa paroisse fut unie à celle de la Principale en 1374, mais une sentence de l'official déclara, contre les prétentions des marguilliers de celle-ci, que les cloches, calices, ornements, rentes, resteraient à l'abbaye Saint-Césaire.

Chap. Saint-Jacques et Saint-Philippe. — Mentionnée dans la liste de 1213 pour 20 sous, détruite 1374, relevée par la confrérie des vignerons en 1429. C'est la célèbre *Genouillade*; Clément VII lui accorda un grand pardon les lundis de Pâques et de Pentecôte.

Chap. Saint-Didier, inscrite dans la liste de 1213 pour 4 sous. Détruite en 1374. L'acte de prise de possession du prêtre Jean de Porno, le 15 juin 1390, parle de « Saint-Michel de l'Escale, paroisse, *Saint-Pierre* où est ermite le prêtre Pierre Peluquetti, *Saint-Jacques* et *Saint-Didier* en ruines, où ledit Jean « in signum possessionis sedit super quodam pariete diruto ejusdem ecclesiae ». Ruinées encore en 1536, les chapelles *Sainte-Eulalie*, nommée dans un acte de 1221, où Alasie de Varfleur établit prêtre et clerc par testament de 1237, *Saint-Béhéode*, dont parle une transaction de 1422, entre son chapelain et Jean Aube, au sujet du legs fait à 30 églises d'Arles d'une demi-canne d'huile pour la lampe du Saint-Sacrement, *Saint-Jacques, Saint-Bacche, Saint-Cergue, Saint-Bertulphe, Saint-Rastel, Sainte-Marthe, Sainte-Ursule.*

Eglise Saint-Honorat, dite *N. D. de Grâce*. Bâtie au IVᵉ, rebâtie au VIIᵉ et au XIIIᵉ siècle. Quelques traces de peinture dans le genre mauresque font croire que les sarrasins l'avaient convertie en mosquée. Les archevêques y ont été enterrés jusqu'à la fin du XIᵉ siècle. — Crypte vénérée qui contenait les tombeaux des saints d'Arles. Il ne reste en état que le Portail, les murs latéraux, et, murés en forme d'église, la triple abside et le transept avec ses chapelles latérales : les deux à droite sont celles de N. D. de Grâce, et de Saint-François de Paule, XVIIIᵉ s. On y plaça en 1821 une grande peinture, ex-voto de la naissance du comte de Chambord. Caveaux et armes de grandes familles d'Arles. — *Tour octogone* centrale dominant l'édifice, imitée de l'amphithéâtre, et qui a dû servir de *Phare du cimetière.*— Dans la nef découverte, *autels* romans, byzantins, tombeaux chrétiens du IV° au VIII° siècle ; chapelle des Méjanes, XVI° siècle, restaurée récemment.

Sur la porte nord, Vierge priée par deux Minimes et blason de l'ordre.

Abandonnée depuis la Révolution, cette église demeure vénérée des Arlésiens. Les grands souvenirs qu'elle conserve lui mériteraient une restauration qui réjouirait les amis de l'art et des traditions locales.

Saint-Pierre et Saint-Paul de Fabregoule, S. Petrus et S. Paulus de Phanabregol, ou de Mouleyrès. — Bâti sur le temple de Mars, dont on a retrouvé la statue. Autour de la chapelle on a découvert les épitaphes de divers chrétiens, du nom de Pierre ou de Paul, qui voulurent reposer à l'ombre de l'église de leurs patrons. Une d'elles a révélé l'époque de sa fondation : « Ici repose en paix *Petrus* de bonne mémoire, fils de feu Asclipus, qui a fondé cette basilique de Saint-Pierre et Saint-Paul. Il vécut 40 ans environ, et mourut le 13 des calendes de février, indiction VII, après le consulat de Decitus le Jeune, homme clarissime. » Cette basilique remonte donc à 530 au plus tard.

C'est une église bâtie sous saint Césaire et très probablement consacrée par lui. D'elle sans doute il s'agit, quand l'historien ayant raconté la supercherie du gaulois *Benenatus,* qui obtint double aumône du saint, en habillant sa jeune enfant une fois en fille et l'autre en garçon, ajoute : « Haec ad basilicam Apostolorum celebre acta noscuntur. » La petite fille mourut peu de temps après. Coïncidence curieuse, on a trouvé près de cette église le cippe de la chrétienne *Benenata*, morte à 2 ans et 38 jours, le jour de la fête des Saints, c'est-à-dire, non le 1er novembre dont la solennité n'était pas encore instituée. mais le 1er août, fête des saints Macchabées, comme l'explique M. de Rossi.

Une autre de ces épitaphes nous paraît d'un prix inestimable dans sa simplicité. Nous osons espérer en effet que si elle prive l'Eglise d'Arles des reliques d'une sainte étrangère, elle enrichira ses diptyques du nom d'une sainte nouvelle, qui paraît avoir été jusqu'ici ignorée de ses compatriotes.

On vénère à Saint-Trophime, depuis 1617, diverses reliques de sainte Ursule et de ses compagnes. Elles y sont venues du prieuré-cure de Saint-Michel de l'Escale, aux Arènes, supprimé cette année-là. Saint-Michel les avait reçues de Saint-Pierre de Fabregoule, en 1536. En cette dernière église, les reliques de sainte Ursule étaient enfermées dans une caisse en bois bâtie dans la muraille et scellée par le marbre tumulaire de la sainte. Gaignon rapporte cette épitaphe dans son *Histoire d'Arles* :

Hic requiescit	Ici repose
In pace B. M.	en paix *Ursule*
VRSVLA quae	de bonne mémoire qui
vixit annis	vécut trente ans
pl. m. xxx et	environ et mourut
obiit v kal. Julii	le 5 des calendes de juillet
Indict. quinta	Indiction V°

Ce n'est donc pas de la célèbre martyre de Cologne que

la ville d'Arles possède les restes; mais d'une de ses enfants, la vierge Ursule, morte à 30 ans, le 27 juin, dans la seconde moitié du VIe siècle, sans qu'on puisse dire l'année exacte, le calcul par la seule indiction étant le système chronologique le moins précis qu'on ait jamais imaginé.

Ce nom de sainte reconquise ne peut, hélas ! faire revivre les traits de la pieuse chrétienne qui le porta. Pour Ursule, comme pour la vierge et martyre Dorothée, on ne connaîtra jamais les trésors de grâce pudique et de constance généreuse dont Dieu s'est réservé le secret.

Est-ce le souvenir de la vierge Ursule qui attirait souvent sainte Rusticule en cette église ? On peut le croire, car la date de la vie de ces deux saintes permet d'estimer qu'elles se connurent, ou que du moins l'une a précédé l'autre de peu d'années.

Rusticule passait souvent ses nuits en prière dans cette église. Une fois, c'était en 614, elle entendit une voix qui lui disait : A l'exemple de Jésus crucifié et de son serviteur Etienne qui ont prié pour leurs bourreaux, tu pardonneras à tes ennemis. Elle eut bientôt à mettre en pratique ce conseil céleste. Accusée devant Clotaire II d'avoir donné asile au jeune Childebert que ce prince voulait faire périr, elle dut se rendre auprès du roi pour se justifier. Elle connut plus tard ceux qui l'avaient calomniée et leur pardonna.

Démolie en 1536, à l'approche des Espagnols, cette église fut réédifiée après leur départ, sur son ancien plan, curieux par ses absides disposées en croix grecque.

Palais de Constantin (*La Trouille*). — Proclamé en 306, *Constantin*, avant de se décider pour Byzance, songea quelque temps à fixer à Arles la capitale de l'Empire. Il y bâtit un palais où il séjourna à plusieurs reprises. Ce palais, connu sous le nom de la Trouille, à cause de la belle voûte qui orne encore la salle principale (θολος, dôme), reçut la visite de *sainte Hélène*, fut témoin des trahisons de Maximien Hercule contre son gendre et du supplice de ce persécuteur des chrétiens [1].

La fille de Maximien, Fausta, y donna un fils à Constantin, le 7 août 316, et à cette occasion l'empereur fit célébrer les Jeux Décennaux. Cet enfant mort jeune fut inhumé à Arles.

Après Constantin, le Palais ne cessa point d'abriter l'autorité souveraine ou son représentant. Il fut habité par les empereurs Constant, Constantin II, Constance, Avitus, Majorien, par les préfets des Gaules, les rois goths (Euric III y fut assassiné en 484), les rois francs, (Childebert y vint prendre possession de la ville en 539), les gouverneurs, les rois d'Arles, les comtes de Provence. Clovis et Récarède, les premiers rois catholiques de France et d'Espagne, avaient espéré y pénétrer, mais tous deux échouèrent aux sièges d'Arles, l'un en 510, l'autre en 585.

Si le sentiment qui place le transfert de la préfecture des Gaules de Trèves à Arles vers l'époque de la mort de Constantin est exact, *saint Ambroise* serait né au palais de la Trouille en 340.

---

[1] Cf. Lactance, *De morte persecutorum*, cap. 29 et 30.

Saint Germain d'Auxerre y visita le préfet Auxiliaris en 444.

En 451, l'évêque d'Orléans *saint Aignan*, vint réclamer à Aétius, généralissime des troupes de Valentinien III, un prompt secours en faveur de sa ville épiscopale menacée par les Huns.

En juillet 461, Majorien, successeur d'Avitus, présida les grands jeux du cirque. A cette occasion il admit à sa table plusieurs personnages et écrivains entr'autres *saint Sidoine Apollinaire*, gendre d'Avitus. Dans une lettre à Montius (la 13e du 1er livre), le futur évêque de Clermont décrit les magnificences du palais de la Trouille et raconte cette noble soirée où l'empereur présida avec beaucoup d'affabilité d'intéressantes discussions littéraires.

Accusé de trahison durant le siège d'Arles, saint Césaire fut enfermé dans une tour de la Trouille en attendant d'être transféré au château de Beaucaire. Une barque, montée par des Goths, tâcha de remonter le Rhône, mais ne put franchir les lignes, tant les Francs faisaient bonne garde sur les deux rives. Les Goths le ramenèrent donc au palais, où ils le gardèrent quelque temps encore, célant sa présence aux Arlésiens.

— La *chapelle* du Palais, dédiée au *Saint-Sauveur*, datait sans doute de Constantin, mais les documents n'en parlent qu'à partir du XIIIe siècle. Le comte Raymond Bérenger se trouvant à Arles donna à Hugues Béroard des dîmes au Trébon, afin que l'archevêque ne troublât plus la couronne dans la possession de cette chapelle. En 1426, le prêtre Girard, du diocèse de Paris, nommé sans doute par la reine Yolande, était prieur *capellae et prioratus S. Salvatoris de Trollia.*

Depuis l'union de la Provence à la France, les droits de propriété et de nomination du prieur avaient passé des comtes aux rois, la cour des comptes d'Aix tenant la place de ceux-ci. L'*Etat* de 1767 rappelle qu'en la *Maison du Roy* (nom du palais jusqu'en 1790), le juspatronat de la chapelle Saint-Sauveur appartient aux Messieurs de la cour des comptes.

En 1897, l'Etat a fait restaurer ces ruines historiques.

Abbaye de Montmajour. — En contre-bas de la tour féodale de Montmajour, s'enfonce dans le roc une chapelle vénérable, dédiée à saint Pierre, et dont la partie la plus ancienne remonterait à nos origines chrétiennes. « Une sorte de vestibule, dit M. Revoil, *Archit. rom.*, précède la nef flanquée de trois arcatures supportées par huit colonnes que surmontent des chapiteaux grossièrement sculptés; le sanctuaire, terminé par une abside et séparé de la nef par un arc-doubleau, présente une ordonnance analogue : le côté sud de la nef est percé de quatre fenêtres. A l'extrémité de ces constructions on observe avec le plus curieux intérêt une petite chambre d'un mètre 40 sur 60 cent., remplie presque entièrement par un siège en pierre. Une colonne divise en deux parties un banc taillé dans la pierre. Presque au milieu de l'arcade on distingue une tête avec barbe, à laquelle se rattache une main tenant une crosse. »

Le peuple nomme ce retrait le *Confessionnal de saint Trophime*.

Une très vieille tradition [1] raconte qu'en cette grotte le saint pontife se reposait de ses courses apostoliques et que souvent il y prépara au baptême les bateliers et les pêcheurs des environs. A-t-il entendu des confessions en cet abri solitaire ? le fait de sa venue admise, on ne pourrait guère le contester. Certains recoins des catacombes romaines qu'on croit avoir servi à l'administration du sacrement de pénitence ne présentent pas une autre disposition, et le *Confessionnal de saint Lazare*, à Saint-Victor, de Marseille, est identique à celui-ci.

Ce mot, s'il a été employé pour celui de Confession, exprimerait l'érection en cet endroit d'un autel à la mémoire du saint. En ce cas, la petite fenêtre qui s'ouvre en avant, à hauteur d'homme, serait la *fenestella confessionis* qui, dans les sanctuaires anciens, en Gaule notamment, donnait jour sur l'autel vénéré.

Faut-il voir en Montmajour une fondation contemporaine de Lérins et de Saint-Victor, l'attribuer à saint Hilaire ou à saint Césaire, faire intervenir la munificence de Childebert ou de Charlemagne ? On l'a écrit, mais sans le prouver.

Il est probable néanmoins que, dès le Ve siècle, quelques ermites se sont associés pour prier et faire pénitence en la grotte illustrée par le séjour de saint Trophime. Mérimée attribue au Ve ou VIe siècle la partie du *Confessionnal*, et

---

[1] En 1205, questionnés par le légat d'Innocent III sur le nom de leur fondateur, les moines désignèrent saint Trophime.

l'on ne peut assigner à la curieuse chapelle Saint-Pierre une date plus récente que le IX°.

Vers les premières années du X° siècle, les ermites y vivaient certainement : nous marchons désormais sur un terrain solide.

De nombreux disciples accouraient à eux, mais leur possession précaire ne leur permettait pas de les établir en communauté. La sorte d'île que la colline de Montmajour formait au milieu d'eaux plus ou moins vives appartenait aux chanoines d'Arles. C'est alors qu'une riche et généreuse patricienne, *Teucinde, Deo devota*, acquit Montmajour en donnant au Chapitre diverses propriétés en échange. Le 7 octobre 948 celui-ci céda « insolam S. Petri quae nominant a Montemajore totum et ab integrum sic ipsa insola quod pertinet ad praepositum », en présence des archevêques d'Arles et d'Aix, Manassès et Israël, du prévôt Gontard, neveu de Teucinde, et du comte Boson. Sainte Adélaïde s'intéressa au nouvel établissement. Muni de sa recommandation, Mauringus, premier abbé, se rendit à Rome en 963 et obtint de Léon VIII que Montmajour relèverait du seul pontife romain : dès l'origine ce fut donc une abbaye *nullius*.

En 977, Teucinde acheva sa bonne œuvre en abandonnant aux moines l'île en pleine propriété.

L'empereur Conrad, époux de sainte Adélaïde, avait, en 966, pris sous sa protection l'abbaye et les possessions qu'elle avait déjà reçues de nombreux bienfaiteurs. Il lui avait même confié le soin de relever de sa ruine l'abbaye de Lérins.

Et depuis on ne peut compter les bulles, les diplômes, les donations, les privilèges qui mirent Montmajour au premier rang des abbayes méridionales. Les églises, prieurés, celles, en relevant, se comptaient par chiffres considérables, dans les diocèses d'Arles (24), Aix (84), Avignon, Cavaillon, Apt, Vaison, Orange, Fréjus Riez, Senez, Gap, Vienne, Grenoble, Die, Valence et Vintimille.

Indiquons brièvement les noms des principaux abbés, avec mention des actes les plus importants auxquels ils présidèrent.

Riculfe, † 999, autre neveu de Teucinde, lutta contre l'intrusion d'un moine de Saint-Gilles, qui s'était imposé comme abbé.

Archinric, son successeur, homme de grande prudence, voulut finir simple moine au prieuré de Carluc qu'il avait fondé.

Rambert commença en 1046 la construction de la grande église en l'honneur de « Sainte Marie Mère de Dieu et Tous les Saints » : il fut aidé par l'archevêque Pons et par le comte Guillaume II qui, ayant revêtu l'habit monastique, voulut être enseveli dans les fondations. Cette église n'a pas été achevée. Un oratoire plus simple a certainement existé avant elle pour le service religieux de l'abbaye. On croit en reconnaître les matériaux utilisés en diverses places de la grande église. A cet abbé est due aussi l'élégante chapelle Sainte-Croix que Pons de Marignane dédia le 19 avril 1049.

Rotland donna une vive impulsion au dessèchement des

marais. Les branches secondaires du Rhône, et celles de la Durance, venant de Saint-Gabriel pour déboucher dans la mer au-dessous d'Arles, n'avaient jamais été profondes. Peu à peu elles avaient perdu leur courant et formé des marais insalubres dans la plaine qui s'étend au nord et au levant de la ville. C'est aux bénédictins de Montmajour surtout qu'on doit la mise en culture de ces vastes terrains. « La neuvième année du gouvernement de frère Rotland, dit une charte de 1067, la palus qui s'étend autour du Mont Majeur a été desséchée. » Après un siècle et demi la plupart des étangs à proximité de l'abbaye étaient supprimés grâce aux fossés d'écoulement creusés par les moines au péril de leur vie. Ces terrains, délaissés par les arlésiens quand ils étaient improductifs, furent réclamés quand ils eurent acquis de la valeur. La transaction de 1215 fixa la place des bornes qui limiteraient les possessions de l'abbaye et celles de la commune. Un acte de 1440 montre qu'au XVe siècle les dessèchements se poursuivaient dans la direction du Castellet.

Sous *Guillaume Ier*, saint Grégoire VII écrivit une lettre, 1079, enjoignant aux usurpateurs des biens de l'abbaye de les restituer promptement, et une autre, 1080, chargeant Richard, abbé de Saint-Victor, de réformer Montmajour. C'est Guillaume qui fonda le prieuré de Saint-Antoine en Viennois.

Foulque de Cabannes fit reconnaître en 1193 le droit accordé aux abbés par un des anciens comtes sur le premier esturgeon pêché au printemps, du Rhône à la mer. Les pêcheurs « ensemble et comme en triomphe portent l'esturgeon au son des tambours et des hautbois, et les Pères leur donnent trois florins pour étrennes, et ils célèbrent ensuite une messe haute pour le repos de l'âme du bon comte », dit une relation du siècle dernier.

Guillaume de Bonnieux, élu en 1204, suivit à Rome Pierre d'Aragon, alors qu'on espérait ramener au devoir ce malheureux prince. Innocent III lui donna la bénédiction abbatiale, et chargea son légat Raoul de visiter l'abbaye.

Gui figure dans un acte de 1238 comme payant 400 écus pour le service d'un soldat et son cheval tout armés que Montmajour envoyait à l'empereur en Lombardie.

Raymond I siégea au concile de Lyon en 1246.

Raymond II reçut en 1258, du pape Alexandre IV, l'usage des insignes épiscopaux pour lui et ses successeurs.

En 1260, interrègne de cinq ans, le prieur de Saint-Antoine et celui de Saint-Remy ayant été élus par deux partis opposés. Le pape imposa *Bernard de Montmirat*, qui devint évêque de Tripoli en 1286.

Etienne de Montaren, élu en 1287, pour affirmer ses droits sur la ville de Pertuis, y fit une entrée solennelle avec 12 de ses religieux, hissa sur la citadelle une coule noire, signe de sa seigneurie, et reçut l'hommage de Bertrand de Baux. Nicolas IV lui accorda, en 1289, la faculté de bénir le peuple après la messe *in pontificalibus*, aux fêtes de Pâques, de l'Invention de la Croix et de la Toussaint. A cause de la peste, il tint un chapitre général à Salon. Il interdit aux religieux les séjours prolongés à Arles qui étaient passés en habitude et confirma la permission d'user d'aliments gras trois fois la semaine « à cause de l'insalubrité de l'air » Son autorité rigide souleva les moines contre lui. Excités par les prieurs des diverses maisons qui relevaient de Montmajour, ils se saisirent de lui et le jetèrent en prison. Le futur cardinal Guillaume de Mandagot amena les révoltés à résipiscence : tous les prieurs se soumirent et, à l'exception de Guillaume de Sabran, l'oncle de saint Elzéar, qui était resté fidèle à son abbé, payèrent en réparation 200 livres d'amende. De sages règlements furent promulgués pour prévenir le retour de si déplorables excès.

Sous le même abbé, les démêlés entre Montmajour et les Hospitaliers de Saint-Antoine parvinrent à l'état aigu. On trouvera dans la remarquable étude sur l'*Abbaye de Montmajour*, de M. de Marin Carranrais, la narration par le menu des incidents multiples qui marquèrent cette grande lutte, les attaques à main armée dirigées à plusieurs reprises contre l'abbaye [1] par des bandes à la solde des Antonins, l'abaissement de Montmajour devant Saint-Antoine, les procédures interminables à Rome, à Paris, à Aix, etc. : nous en avons résumé les incidents relatifs à la possession des reliques de saint Antoine : cette lutte dura quatre siècles.

Isnard de Pontevès, † 1317, consentit à quitter la direction de l'abbaye-mère du Mont-Cassin pour prendre celle de Montmajour.

Guillaume de Cadolle reçut à dîner l'archevêque Gaillard, en 1349 ; mais, craignant que le prélat tirât prétexte

---

[1] On ne faisait que rendre à Montmajour ses propres violences contre l'abbaye de Silvacane. Voir notre 1er vol. p. 491.

de cette politesse pour prétendre quelque juridiction dans l'abbaye, il le pria, au sortir du réfectoire, de déclarer en acte authentique qu'en venant à Montmajour, il n'avait prétendu exercer aucun droit de visite et n'avait admonesté en rien qui que ce soit.

Pierre de Cunillac devint évêque de Saint-Pons en 1352, et *Pierre de Bagnac*, cardinal du titre de Saint-Laurent *in Damaso*, en 1358.

Pons de Ulmo établit à Montpellier une maison pour les moines qui voudraient suivre les cours de l'université. En 1369, il bâtit la grande tour.

Louis Alemand, comme plusieurs de ses successeurs, cumula les charges d'archevêque et d'abbé. Il changea les verrières et fit refondre les cloches de l'église.

Pierre de Foix, dans un contrat de 1454, au sujet de Pélissanne, avec le roi René, assura ce prince d'une messe quotidienne à l'autel du cloître.

Sous *Claude de Poitiers*, en 1537, il y avait 40 religieux.

Sous *Aimar de Maugiron*, le parlement d'Aix, en 1547, confia la réforme de l'abbaye à l'évêque de Glandèves, assisté d'un conseiller. Un acte de l'époque déclare que l'économe sera tenu « de présenter à Messieurs du Chapitre un cuisinier, auquel, s'il est agréable à Messieurs du monastère, sera baillé serment par M. le Prieur de bien et dûment aprester les viandes, de n'aprester poisson ou chair mauvaises ou puantes autrement qu'il est accoustumé de faire. » A la mort de cet abbé, Charles IX détint la mense pendant quatre ans.

Claude d'Anselme † 1590, travailla à la réforme avec beaucoup d'énergie, prévoyant toutes les infractions et les réprimant. « Le campanier, s'il ne sonne exactement, perdra une feuillette de vin ; aux heures et à la grand' messe, deux pains ; à vêpres et complies, deux pains et une feuillette de vin. » Semblables réductions de nourriture sont infligées aux religieux qui parlent ou dorment aux offices.

Suivant la pratique abusive de l'époque, deux hommes de guerre se firent attribuer l'abbaye en commende : Louis d'Anselme, que ce bénéfice récompensa d'avoir livré Carmagnole à la France ; il périt au Château-d'If, étranglé, à cause de son dévouement à la Ligue ; et le maréchal d'Ornano. Cet étrange abbé eût sans doute repoussé l'attaque dirigée contre Montmajour en 1593, mais il était absent, et les moines chassés de leurs cellules durent se réfugier à Arles.

Voulant remédier aux abus que le régime de la commende avait introduits, M⁰ʳ de Barrault obtint en 1639 l'union de l'abbaye à la congrégation de Saint-Maur, sans suppression toutefois de la dignité abbatiale. A cause de l'insalubrité des marais, ou plutôt de la difficulté des communications, il fallut accorder aux moines de passer l'hiver en ville. Ils achetèrent la maison de M. Meyran d'Ubaye à cet effet.

Après les *cardinaux Bichi* (*Alexandre* † 1657, *Charles* † 1718), l'abbaye fut livrée à *Louis de Gamaches*, à *Claude de Canillac*, et en dernier lieu au cardinal *Louis de Rohan*, prince évêque de Strasbourg, le héros plus présomptueux que coupable de l'Intrigue du Collier,

L'abbaye fut supprimée le 24 septembre 1786. Ses biens qui, prélevé l'entretien des religieux et des bâtiments, laissaient un revenu d'environ 25,000 livres à l'abbé, furent ainsi partagés : à l'archevêché d'Arles, les terres et seigneuries de Montmajour, Fontvieille, Miramas et Jonquières; aux évêchés de Vence et Saint-Paul-Trois-Châteaux, celles de Pertuis ; à l'évêché de Glandèves, celles de Pélissanne, Châteauvert, le Val et Roquebrune. Dans la dernière enquête ordonnée par Pie VI, l'official d'Aix fut chargé du rôle de défenseur de l'antique et malheureuse abbaye.

Si la Révolution arriva trop tard pour nuire aux moines, elle arriva assez tôt pour ruiner l'édifice. Il était reconstruit depuis un demi-siècle à peine, M⁶ʳ de Mailly avait posé la première pierre le 5 avril 1703, lundi de Pâques. Ces travaux étaient urgents. Le 22 février suivant, une partie de la maison s'écroula et trois religieux qui se chauffaient à la cuisine furent écrasés. Au sujet de l'église, où l'on ne chantait plus que la messe et les vêpres, après avoir hésité entre le projet de l'achever et celui d'en bâtir une nouvelle, on s'arrêta à ce dernier parti, mais on n'y mit jamais la main. Le nouveau monastère, plus somptueux que solide, avait coûté près de 220,000 livres.

A la vente des biens nationaux, une femme Roux acquit le couvent pour 62,000 livres ; mais manquant de quoi payer, elle fit argent de tous les objets mobiliers, vendit les pierres à charretée : une partie a servi à construire les piles du pont de Fourques. La tour fut sauvée par le peintre Réattu, et plus tard la chapelle Sainte-Croix par la ville.

Quelques rares objets, mais d'un grand prix, ayant appartenu à l'ancienne abbaye, ont été conservés : à la bibliothèque d'Arles, une Bible de 1320 ; au musée de Cluny, la crosse de Bertrand de Malsang ; au musée du Louvre, un *ciboire* magnifique avec son couvercle, ancien calice ministériel peut-être, en cuivre doré, avec fond en émail bleu, enrichi de pierres fines, sur lequel figures d'apôtres et d'anges, les têtes en relief, les corps au trait. Ce chef-d'œuvre de l'orfèvrerie émaillée limousine a été fait au XII° siècle par un maître du nom d'Alpais : *Magister G. Alpais fecit Lemovicarum.*

— Plusieurs troubadours demandèrent à Montmajour la paix de leurs dernières années. *Bertrand de Ventadour*, XII° s., s'y serait retiré, d'après l'historien Nostradamus. Un autre du nom de *Guillaume*, dit le monge de Montmajour, XIV° s., se convertit si complètement que, devenu l'ennemi implacable de ses anciens confrères, il fut surnommé *lou Flagel das Troubadours*. De quelque temps, grâce à ses satires indignées, nuls vers licencieux n'osèrent plus se produire en public. *Hugues de Saint-Césaire* brillait à la cour de Louis II, il composa la vie et recueillit les pièces des troubadours. Il mourut à l'abbaye, fort âgé, 1436.

— Parmi les visiteurs de l'abbaye, on compte l'anti-pape *Benoît XIII* qui se l'était réservée. Il y vint le 5 février 1404, accorda des indulgences et des privilèges, et fonda une bibliothèque qui devint une des plus riches de l'ordre ; — le roi Louis II et la reine Yolande en 1409 ; — le roi René et la reine Jeanne de Laval, en 1476 ; ils prirent part à un festin qui coûta 7 florins puis se récréèrent par une grande partie de pêche sur les étangs.

DESCRIPTION.—*Eglise Sainte-Marie et Tous les Saints*, commencée en 1046, le mercredi 30 mai, inachevée de trois travées, aujourd'hui séparées du reste par un grand mur, inaugurée par les moines en 1153 : abside circulaire avec chapelle de chaque côté du transept; tombeaux de l'abbé Bertrang de Malsang, † 1316 et de son frère : la grille qui entourait le chœur était une œuvre de serrurerie remarquable. — Sép. du 1er abbé Mauringue † 977, qui y fut transféré de l'ancienne église.

Une *crypte* du Xe siècle règne sous presque toute l'étendue de l'église supérieure : autour de l'autel central, déambulatoire avec chapelles rayonnantes carrées, unique en Provence.

Cloître, XIIe s. ; un des côtés a été refait en 1717, pour donner « plus grand jour et gayeté à ladite allée ». Divisions formées par pilastres cannelés; chapiteaux du XIIe siècle, très simples; du XIVe historiés, avec scènes évangéliques.

Plusieurs princes de la première race y sont enterrés, la comtesse Adalaïs † 1057, veuve de Guillaume II, enterré en 1018 dans les fondations de l'église; Geoffroy † 1063, etc., ainsi que la plupart des abbés, Paul † 990, Rambert, Edelbert, Rotland, Guillaume I, Pierre I † 1135, Jean Gui † 1238, Louis de Bolène † 1363, Jean Hugolen de Saint-Romy † 1430, Claude de Poitiers † 1543, et Claude d'Anselme † 1590, le dernier. — *Salle capitulaire* de la même époque.— *Tour* de 1369.

* *Chapelle Saint-Pierre*, IX° s., on y descend par 45 marches. *Confession de saint Trophime.*

* *Chapelle Sainte-Croix*, XI° s., entourée d'un cimetière avec tombes creusées dans le roc : dédiée le 19 avril 1019. Elle est formée de quatre absides inscrites en carré et surmontée d'une coupole à base carrée supportant un campanile qui l'éclaire. Un porche précède l'abside du couchant ; on lit sur le fronton : *Dedicacio Sancte Crucis XII kal. Maii.* A l'intérieur, inscription posée en 1400, mentionnant la prétendue restauration de l'abbaye par Charlemagne, à la suite de la défaite des sarrasins.

Violet le Duc estime avec raison que c'était une *chapelle des morts* au sommet de laquelle une lampe brûlait la nuit projetant sa lueur dolente sur le plateau bosselé de tombes. Le jour de sa consécration, Pons de Marignane accorda des indulgences « au pénitent qui visitera cette église le jour de sa dédicace... qui aura donné quelque aumône pour la construction de l'église de la Vierge qu'on bâtit actuellement sur la même montagne ». Il y avait le 3 mai un grand concours nommé le *Pardon de Montmajour.*

Le 3 mai 1409, Louis II et sa femme Yolande s'y rendirent, avant leur départ pour Naples. Il y eut, au rapport de l'annaliste Boysset, jusqu'à 150,000 pèlerins. On y déposa plus de cent quintaux de cierges. En 1426, la recette du bac, car on n'y arrivait encore que par eau, s'éleva à 170 florins.

Jules II, par bulle du 6 février 1504, accorda une indulgence plénière et les faveurs du jubilé pour la visite de la chapelle, quand l'Invention de la Croix tomberait un vendredi. Par bref du 11 juillet 1851, Pie IX la rétablit, en la transférant au dimanche. En 1852, plus de 12,000 pèlerins vinrent la gagner. L'usage de s'y rendre en procession, en partant de Saint-Julien, a duré jusqu'en 1870. Vu la difficulté des temps, l'indulgence vient d'être transférée à ladite église.

ILE DE CAMARGUE
Insula Camargae

VILLENEUVE-GAGERON
Villa Nova – Gageiro

C'est à Trinquetaille que commence l'île de Camargue, vaste delta de 80,000 hectares formé par le Rhône, coupé de canaux et de fossés, de rangées de peupliers et d'ormeaux, de saules et de tamaris, couvert d'étangs et de marais plus étendus et aux rives plus désertes à mesure qu'on descend vers la mer.

Ces landes stériles recouvrent une riche plaine d'alluvion sur laquelle dix mille habitants ont vécu ; aujourd'hui, même avec un retour de prospérité incontestable, ce chiffre ne dépasse pas 3500. Nulle preuve n'établit mieux cette ancienne richesse que le nombre des églises et des chapelles qui marquaient tous les points de l'île. Il suffit de percer une mince couche limoneuse pour atteindre un sol chrétien, riche de monuments et de souvenirs.

L'église de *Gageron* remplace trois anciennes paroisses :

1. *Saint-Césaire de Villeneuve.* — La seigneurie de ce nom avait précédé la République : son domaine, confondu

plus tard avec le territoire d'Arles, s'étendait des confins de Trinquetaille à la mer. Le château s'appelait *Bozaringum* : les habitations qui se groupèrent à l'abri de ses tours, dès le IX° siècle peut-être, furent nommées *Villa Nova*. C'est en ces lieux découverts, sous la menace perpétuelle des surprises sarrasines, qu'on dut sentir d'abord le besoin d'ouvrages de refuge et de défense.

Villeneuve est nommé pour la première fois dans un acte de 1040. Le seigneur Guillaume, sa mère et ses frères, donnent aux moines de Saint-Victor l'église Saint-Césaire de Villeneuve, ruinée depuis longtemps, et une terre voisine. Une autre donation, 1070, constate que « Saint-Césaire de Bozaringe est réduit à l'état de désert, et que le lieu est absolument dépeuplé »; elle est faite « pour qu'on puisse relever l'église de ses ruines ».

Les services que les moines ont rendus à l'agriculture ressortent du même texte avec évidence : « Nous gardons pour nous un tiers de cette terre, mais les moines la prépareront pour les semailles. Nous y mènerons nos bœufs, labourerons et sèmerons à nos frais. Et comme Genès, dit Bonomard, prétend quelques droits sur ce domaine et pourrait inquiéter les moines, ceux-ci, pour le désintéresser, lui donnent 45 sous, 3 moutons et 3 agneaux. » Le donateur ne réclame que la dîme et la tasque sur tous les biens qui seront *défrichés* ou *conquis* par les moines. Ces vaillants n'ont qu'à poursuivre leur tâche : « Ipsi monachi cum nimio labore condaminas duas jam in eodem loco rumperunt (*sic*). »

Cette ligne ouvre une échappée sur les travaux obscurément et patiemment soutenus qui rendirent leur fertilité de l'époque romaine aux terres de Camargue.

Au moment où l'île se relève de nouveau, il n'est que juste de rappeler aux ingénieurs et aux ouvriers qui consacrent leur intelligence et leurs bras à cette œuvre qu'ils ont eu des précurseurs dans les moines du moyen-âge. *Cruce et aratro* doit être leur devise commune.

Les bulles de Grégoire VII, 1079, et d'Innocent II, 1135, mentionnent « in Camargis, cellam de Villa nova », et celle de Paschal II, 1113, « in Camargis, eccl. Sancti Cesarii de Villa nova ». Agissant comme délégué du Saint-Siège, l'archevêque Guillaume, en 1141, régla un différend entre ses chanoines et les moines, au sujet de Saint-Césaire et d'autres églises que Raimbaud avait, en 1040, données à l'abbaye. Celle-ci dut rendre plusieurs terres usurpées.

Les seigneurs des Baux possédaient la seigneurie sous la suzeraineté des archevêques : leurs actes d'hommage sont conservés. Le 14 mars 1299, vendant à Guillaume de la Voute « les villa et lieu de Villeneuve, ses terroir et district, avec toutes juridiction, censive et directe, pour 300 livres coronats », Bertrand de Baux déclare que sa famille les a toujours possédés sous cette suzeraineté. Rostang de Cabre, en son château de Vaquière, approuve l'acte, avec le cens d'un lapin couvert de sa peau, chaque veille de Saint-Trophime. Aubert de la Voute ayant échangé des terres avec le recteur de l'église de Villeneuve, l'acte fut approuvé par le prieur des Alyscamps, collateur de cette église, 1319.

En 1329, la seigneurie fut mise en vente, et Guasbert du Val la retint pour son Eglise, par droit de prélation, au prix de 2700 sous.

Cinquante ans plus tard, on ne trouve plus mention du prieuré : Raymond de Turenne l'avait détruit.

En 1643 seulement, on restaura l'église et la sacristie, et le service reprit. Mgr de Barrault rétablit la paroisse, le 14 août 1658, remplaçant l'ancien vocable de l'église par celui de Saint-Joseph. Cet édifice a été aliéné pendant la Révolution.

2. *Sainte-Cécile de Menefrech*, bâti sur un tertre artificiel, occupe la place d'une *mutatio* de la voie romaine qui traversait la Camargue du levant au couchant. On y a trouvé poteries, tombeaux, stèles, médailles dont la série s'arrête aux invasions sarrasines. Les pèlerins de Sainte-Cécile, à Rome et à Albi, suivaient cette route comme la plus directe. C'est une station de cet *Itinéraire Cécilien* sur lequel nous reviendrons.

Une autre de ces stations romano-albigeoises, *Sainte-Cécile de Romellan*, inscrite 19 deniers dans la liste de 1213, était située sur la même voie, un peu plus au nord. Dans une enquête de 1269 (arch. dép. *Cour des comptes, B. 1069*), il est rapporté qu'un pèlerin, trahi par un enfant qu'il avait pris pour guide, fut assassiné *in Rustito*, vers les marais de Rousty, et que le seigneur des Baux, souverain du pays, trouvant que le traître n'avait pas agi avec un plein discernement, lui épargna la peine de mort et le condamna à une prison perpétuelle, *ut ibi faceret penitentiam suam*.

Les actes d'hommage à l'archevêque pour Menefrech vont jusqu'à la fin du XIV⁰ siècle.

En 1195, l'archevêque Imbert d'Aiguières assigna au sacriste de son Eglise divers cens sur Sainte-Cécile, inscrite aussi pour 9 deniers dans la liste de 1213.

Abandonnée à la même époque que Villeneuve, cette paroisse fut rétablie le même jour, 14 août 1658, par Mgr de Barrault, en suite d'un verbal de descente qui déclarait la chapelle en état. Ces réparations avaient été faites en 1569 par le seigneur Jean de Porcellet.

3. — Le 16 avril 1636, Mgr de Barrault avait créé une autre paroisse aux *Sansouïres*, sur le Rhône, avec église sous le nom de N. D. des Palmiers. Comme ceux de Villeneuve et de Sainte-Cécile, le curé était nommé par l'archevêque, amovible et congruiste à 300 livres.

Le curé *Tertian*, ancien religieux, fut égorgé ainsi que sa servante, la nuit du 12 au 13 janvier 1792. Quoique surpris, il put atteindre la cloche et sonner l'alarme, mais, sur cette rive solitaire, le secours ne put arriver à temps. Après ce double meurtre, les brigands profanèrent les saintes espèces et emportèrent les vases sacrés. En cet attentat commis par des voleurs et des impies, les patriotes d'Arles feignirent de voir une vengeance des insermentés : M. Tertian avait eu en effet la faiblesse de prêter le serment constitutionnel. Ils en profitèrent pour déchaîner sur les catholiques la fureur populaire et la persécution légale.

A la suite de ce crime, l'église et le presbytère furent abandonnés : vendus comme bien national en 1804, ils sont tombés en ruines. Une croix expiatoire a été placée en 1843 et relevée en 1879.

— *Saint-Jean de Malmisane*, église du *castrum de Mamusana*, au nord du Valcarès, appartint aux moines de Frigolet, à qui l'archevêque l'avait cédé en 1186 : leur prieur le rendit au chapitre d'Arles en 1220.

— *N. D. d'Amours*, non loin de Saint-Jean. Un acte de 1389 mentionne le chemin « per quem fit accessus a Domina nostra de Amoribus ad Vaccaresium ». Le prieuré appartint à l'abbaye d'Ulmet, puis à celle de Valmagne. On trouve en 1410 « arrentamentum affari ecclesiae N. D. de Amoribus per vicarium generalem Vallismagnae. »

Jean Aicard l'a ainsi décrite dans le roman qu'il a intitulé du nom de cette madone : « Entre la ferme et le château, une vieille chapelle décrépite, où jadis on disait la messe, se dresse étroite et longue. On la dirait bâtie sur le modèle des huttes camarguaises. Les huttes sont en *tape*, argile desséchée, recouvertes de roseaux, et la chapelle est en moëllons, et recouverte de pierres plates, mais les deux toits ont la même forme, celle d'un bateau long, la quille en l'air; et sur leurs toitures, les cabanes, aussi bien que la chapelle, portent toutes une croix penchée, comme renversée en arrière... Il y a par le monde des Notre-Dames illustres, vénérées de tous, à qui on apporte chaque jour des présents magnifiques, des robes de soie, des couronnes de perles, des colliers de diamant, à Lyon, à Paris, à Lourdes, à la Salette, l'univers le sait. Et peut-être aucune d'elles n'a un si beau nom que la petite Notre-Dame qui, en Camargue, inconnue du monde, habite une pauvre chapelle, semblable à la plus pauvre des cabanes du désert... Son nom adorable ne la protège pas contre l'abandon. Elle est pourtant jolie à voir, grande, oh ! grande comme une enfant de dix ans, vêtue par-dessus la robe de bois doré d'une robe en vraie étoffe jadis blanche, toute piquée de fleurettes bleues. Elle est coiffée d'un velours d'arlèse, bleu aussi, frappé de roses pâles ; elle a aux oreilles des pendeloques de cuivre, au cou un collier de verre, et ses mains et sa figure furent sans doute dorés bien solidement par un maître-ouvrier, puisque la dorure du visage et des mains reluit au soleil comme neuve, quand Zanette ouvre la porte chaque matin. Elle a plus de cent ans, la douce Notre-Dame d'Amour qui sourit aux humbles ex-voto suspendus aux murailles, tableaux naïfs, béquilles, fusils crevés offerts par des chasseurs, petits bateaux apportés par des marins sauvés du naufrage. »

— Le nom de GAGERON est connu dès le XIIIe siècle : l'an 1260, en l'église Saint-Pierre de Trinquetaille, Barral de Baux louait à Guillaume Bonfils « l'affar nommé *Gageiro* en Camargue, ses terres cultes et incultes, prés, pâtures, chasses et paluds ». Rostang de Vernègue, le 15 octobre 1342, déclare tenir ce domaine sous la suzeraineté de l'archevêque qui a droit à l'eau de la roubine baussenque, un jour la semaine à son choix.

— Après le Concordat, la paroisse fut établie à Villeneuve où une nouvelle église fut construite. Le titre légal demeurant à cette chapelle, le siège paroissial fut ensuite transféré au hameau de Gageron. Une grange servait d'église, et le curé habitait quelques pièces délabrées, le tout loué deux cents francs. Un congé, brusquement donné, obligea à bâtir une église en six mois : on y arriva par la générosité des propriétaires et de leurs fermiers. Elle fut bénite, le 23 septembre 1883, par M. l'archiprêtre Bernard. Un presbytère s'éleva ensuite, puis un grand hangar sous lequel les paroissiens qui viennent à la messe en voiture peuvent remiser véhicule et cheval, idée heureuse du dernier curé, qui réussit ainsi à créer une vie paroissiale à Gageron.

Le patron est saint Trophime, comme dans tout le territoire d'Arles, et le titulaire saint Joseph, comme à l'ancienne église de Villeneuve, où se fait un service dominical. — Archid. d'Arles, doy. de la Major, 500 hab. En 1790, Villeneuve et les Sansouïres réunies atteignaient à peine ce chiffre.

LE SAMBUC (1636)
Sambuccum

Cette paroisse établie par Mgr de Barrault le 14 août 1636, comprend en entier le vaste domaine de la Tour du Vallat et de Messens que les archevêques avaient, de 1137 à 1286, acquis à leur Eglise, sous la suzeraineté de laquelle il se trouvait d'ailleurs depuis un temps immémorial. Comme pour le reste de la Camargue, il faudrait peut-être remonter jusqu'à saint Césaire pour atteindre l'origine de ce haut domaine.

Proche la Tour du Vallat, s'élevait la chapelle *Saint-Roman* que mentionnent des chartes de 1212 et années suivantes. Elle était probablement comprise dans le don fait en 923 par Manassès à l'Eglise de Marseille, car, en 1141, l'archevêque Guillaume termina un différend à son sujet entre les chapitres de Marseille et d'Arles.

Les chanoines de Saint-Paul de Mausole, près Saint-Remy, possédaient des terres et des droits au même lieu. Ils les cédèrent à l'archevêque Hugues qui en retour les tint quittes des droits mortuaires et autres qu'ils lui devaient pour leur église collégiale et ses dépendances, 1219.

— Le desservant du Sambuc était amovible, nommé par l'archevêque qui lui payait sa congrue, de moitié avec le Chapitre. Il faisait le service de *Boisvendun*, pour lequel on lui donnait une indemnité moitié blé, moitié argent. Ce service, repris il y a cinquante ans, n'a pas duré.

— En 1790 et 1897, 350 hab. Un curé-desservant, doy. la Major, archid. d'Arles. *Sœurs de la Providence*, de Gap, tenant école depuis 1896.

— *L'église*, dédiée à la Nativité de N. D., a été bâtie en 1636, ainsi que le presbytère.

FARAMAN-BARCARIN
(1654)

La configuration de la basse Camargue date d'une époque assez récente. De la Camargue romaine on peut retrancher vingt kilomètres de continent, mais il serait contraire aux documents et aux données scientifiques de nier l'existence à la même époque de diverses îles, formées par les apports fluviaux, et qui, du Valarès au Galéjon, constellaient le golfe méditerranéen. Elles ont été peu à peu soudées les unes aux autres par de nombreux alluvions.

Ce territoire comprend Faraman et le Sambuc, le midi de la paroisse de Villeneuve, la section maritime de celle des Saintes-Maries, en Camargue, Saint-Louis et le midi du Mas-Thibert, en Crau. Nul quartier de la région ne présente une originalité plus saisissante que celui de Faraman, avec ses terres brûlées par le soleil, corrodées par le sel, desséchées par le mistral, où l'homme marque rarement ses pas.

Outre sa bouche orientale, toujours la principale, le Rhône s'écoulait, du levant au couchant, par des lits secondaires, dont le nombre, la direction et le volume ont beaucoup varié. La connaissance de ces variations éclaircit plusieurs obscurités de l'histoire religieuse de la Camargue.

Vers le X⁵ siècle, temps où les documents commencent, la *Triquette*, la plus haute branche, quittait le grand Rhône en face l'île de la Cape et se jetait dans le petit au-dessus d'Albaron : elle paraît avoir délimité l'île au début de notre ère. Les *Statuts municipaux* de 1151 montrent qu'elle existait encore en cette année. Un autre lit très ancien partait du fort de Pâques, et par Méjanes et la vénérable abbaye Saint-Ferréol, se rendait à la mer, au levant des Saintes : c'était le *Rhône de Saint-Ferréol*. Un troisième, dit le *Rhône d'Ulmet*, allait, par cette abbaye, de Beaujeu au Valcarès, alors en large communication avec la mer.

Le grand Rhône lui-même s'était, avant le X⁵ siècle, divisé en deux embouchures, celle de Passon et celle de Foroman, *Faraman*, mais à la fin du XVI⁵, il s'en détourna dans une irruption qui, par la brèche de Fume Morte, fit passer la majeure partie des eaux dans le bras de Fer. Ainsi se forma l'île du Plan du Bourg, dont la durée fut courte. En 1743, le grand Rhône, abandonnant ce détour, courut à la mer par la voie la plus directe. L'île et la paroisse du Plan du Bourg furent partagées en deux parties, dont l'une se confondit avec la Camargue.

On s'explique donc qu'aujourd'hui le domaine de Passon, les ruines du vieux Barcarin et la vieille église soient situés sur la rive gauche du fleuve, et le grau de Passon, les cabanes du nouveau Barcarin et la nouvelle église sur la rive droite.

La paroisse de Barcarin, au Plan du Bourg, *Planus Burgi*, le Plan sous le Bourg d'Arles, avait été créée le 14 août 1636 par Mgr de Barrault, mais elle ne commença que sous François de Grignan. Ce prélat convoqua en son palais, le 16 avril 1651, les possédant-biens du quartier qui déléguèrent à trois des leurs le choix de l'emplacement de l'église, maison curiale et cimetière « par ce que, n'y ayant aucun réglé, quand il meurt quelque personne, chacun enterre au lieu que bon lui semble, et le plus souvent dans des chemins publics avec indécence ».

« Les délégués ont reconnu que depuis le tènement de la Porcelette jusqu'à celui de Pharamand, qui sont les plus éloignés les un des autres, il peut y avoir une lieue 3/4 de distance, et bien considéré où la chapelle doit être construite pour la plus grande commodité, c'est au commencement du tènement de Peloux, au-delà de Brassière, appartenant à Mlle de Barras, où la communauté de cette ville s'est réservée 3 céterées de terre, lors de la collocation dudit tènement. » Le 23 avril, Mgr de Grignan décida que l'église serait construite audit endroit, sous le titre de Saint-Trophime, que la dépense serait payée un tiers par le chapitre, décimateur du quartier, deux tiers par les habitants à qui resterait la charge de bâtir un presbytère.

Le seul trait de l'histoire de cette paroisse est le déplacement du Rhône dont nous avons parlé : le lit nouveau s'ouvrit à quelques pas de l'église. On garda longtemps l'espoir qu'une crue rétablirait ce qu'une crue avait détruit, et c'est pourquoi, cent ans après, les limites de juridiction n'étaient point encore modifiées. Elles l'ont été lors de la création de la chapelle vicariale de Saint-Louis. En fait, le curé du

Sambuc remplaçait d'ordinaire son voisin d'au-delà du Rhône.

Les ruines de la chapelle Saint-Trophime gisent sur la rive gauche, au milieu des peupliers.

Rétablie en principe en 1803, la paroisse n'est revenue à la vie qu'en 1837. Le curé, institué par Mgr Bernet, prit son installation sur la rive droite, au château de Faraman, où une chapelle provisoire fut aménagée. Ce provisoire a duré un quart de siècle. On en parle comme d'un cycle légendaire. Reverra-t-on jamais un type de simplicité naïve pareil à ce bon abbé Massel qui, voulant consoler un pauvre homme de la perte de son âne, lui promettait de prier pour le défunt regretté ; le même curé qui n'ayant pu convaincre ses paroissiens de la visite prochaine de l'archevêque, reçut le pontife dans une église où le petit clerc remplaçait la foule, et releva son honneur compromis, en organisant, trois ans après, autour du prélat, une escorte de cavaliers, renouvelée de ces fantasias que la Camargue n'avait plus revues depuis le départ des sarrasins.

A Faraman aussi, la « musique de l'avenir » sortit de ses limbes, lors de l'audition d'une messe avec orchestre, où les cuivres, éclatant sous des bouches novices en un tutti formidable, faillirent déchirer les tentures et lézarder le plafond, etc, etc.

Age héroïque malgré tout, où se cueillirent des moissons de mérites aussi riches que dans les missions les plus fameuses. On lui passe volontiers ses excès de pittoresque et ses audaces originales, au souvenir des actes, en quelque sorte journaliers, de dévouement et de sacrifice qu'il a prodigués obscurément : courses à cheval la nuit à travers les marais, dramatisées de temps en temps par des chutes dans les roubines traîtresses ; traversées du Rhône sur une méchante barque au milieu des flots soulevés pour dire une seconde messe à Saint-Louis ; marches de quatre ou cinq lieues vers le Mas-Thibert pour y prendre le Saint-Viatique ; sauvetages de vaisseaux échoués sur cette côte inhospitalière ; et surtout les deux fléaux redoutés, l'isolement absolu et la fièvre paludéenne.

Que les temps sont changés ! Une grande usine en offre la preuve vivante ainsi que la gare qu'animent six trains par jour, sans compter le *train de messe* spécial qui chaque dimanche amène à l'église les excellents ouvriers du Salin de Giraud.

L'église dédiée à saint Trophime, bâtie au bord du Rhône, sur un terrain donné par M. de Rivière, payée par les propriétaires, la Ville et l'Etat, fut bénite le 10 mai 1868 par Mgr Chalandon. Sa cloche provient de la chapelle de Villeneuve.

— En 1790, 500 hab., un curé nommé par le Chapitre ; en 1897, 1200 hab., avec le quartier Saint-Louis en moins. Un curé-desservant ; doy. de la Major, archid. d'Arles. Les *Sœurs de la Providence*, de Gap, dirigent une école au Salin de Giraud, depuis 1882.

— Les anciens salins se trouvent à Badon. Il y faut placer un trait de la vie de saint Hilaire faisant saisir sur le vif l'action apostolique et civilisatrice des évêques qui ont fondé la France.

Saint Hilaire évangélisait la Camargue et la Crau avec un zèle qui l'a établi leur apôtre spécial. Il parcourait en tout sens ces régions aux habitants dispersés. Quand il avait passé la semaine à prêcher, il fournissait, la nuit du samedi, une traite de trente milles quelquefois, pour rejoindre sa cathédrale à la première heure du dimanche.

A Badon, il visitait les saliniers, et s'occupait de leurs intérêts matériels en même temps que du salut de leurs âmes. En quelque lieu qu'il allât, il examinait de suite ce qu'on pouvait y établir, et il en poursuivait l'exécution avec autant d'ardeur que d'habileté. Aux Salins, *ad Salinas*, il construisit de ses mains et fit mouvoir, à la sueur de son front, des machines nommées *automata*, parce que, une fois mises en mouvement, elles continuaient, sous l'action de l'eau, à transmettre la force. (*Vita S. Hilarii, ad 430*).

Le domaine de Badon, possédé par les archevêques, s'agrandit au XIIIe siècle, par divers achats à l'abbesse de Saint-Césaire et à l'abbé d'Ulmet « se réservant qu'il pourra faire paître ses bêtes audit Badon, y élever des cabanes et y faire du bois pour l'usage de la maison », 1224. De nos jours une chapelle y a été élevée sous le vocable de saint Bertrand.

Y était joint le domaine de Passon, aujourd'hui sur la même rive que le Mas-Thibert. En 1234, Raymond Porcellet rendait hommage à l'archevêque pour les pêcheries de Passon « tant sur le fleuve que sur la mer ».

Abbaye d'Ulmet. — On ne s'explique point tout d'abord la fondation d'une abbaye en un lieu si sauvage et si stérile. Mais si l'on se rappelle les changements survenus dans l'état des lieux, et si l'on pense que l'humble roubine actuelle fut un bras considérable du Rhône qui coula jusqu'à une époque récente, on trouve cette fondation très justifiée.

En 1175, l'abbesse de Saint-Césaire donna aux cisterciens de Bonnevaux, diocèse de Vienne, une église déjà vieille, ombragée d'un ormeau, où ces religieux, sous la conduite de Jourdan, premier abbé, établirent la maison de N. D. d'Ulmet, *S. Maria de Ulmeto.*

Bertrand de Baux, bienfaiteur de Silvacane, de Frigolet, de Puyredon, etc., favorisa aussi cette abbaye. Il vint à Ulmet le 1ᵉʳ mai 1177 et lui donna une condamine sise sur les bords du Rhône et des étangs de Canadel et de Fournelet. Ses fils Bertrand, Hugues et Guillaume, celui même qui devait être martyrisé par les avignonais, renouvelèrent cette donation en 1184, à Courthezon, en présence de Pons, second abbé, et de Raymond, prieur de Frigolet.

Les archevêques cédèrent plusieurs de leurs terres, sous réserve du 30ᵉ. Des conditions plus onéreuses avaient été imposées par l'abbesse de Saint-Césaire : « L'église d'Ulmet nous paiera une rente de 60 sous melgoriens. Chaque année, le jour de Saint-Césaire, l'abbé officiera *in pontificalibus* en notre église. Chaque nouvel abbé viendra nous promettre de ne rien aliéner de ces possessions. »

Les moines se plaignirent à Innocent III qui, *post multas*

altercationes, renvoya la cause à l'archevêque Imbert. Celui-ci, le 1er novembre 1200, régla que l'abbé serait dispensé de venir officier à Arles, « vu qu'il ne convient pas d'obliger à visiter des femmes ceux à qui leur règle l'interdit »; de payer le cens, « les moines ne devant rien qu'à leurs supérieurs majeurs »; de verser les arrérages en retard, « parce que l'incurie d'un abbé n'a pu mettre une abbaye à la gêne indéfiniment ». « L'abbé et les moines, conclut le prélat, garderont l'église d'Ulmet, mais payeront aux religieux un marc et demi d'argent fin chaque année, moitié à Noël, moitié à la Saint-Césaire. Si l'abbé transfère l'abbaye ailleurs, il confiera le service de l'église à un moine ou à un prêtre séculier, sous sa dépendance au temporel, sous celle de l'archevêque au spirituel. »

Ildefons, marquis de Provence, fournit le moyen d'opérer ce transfert : « A vous, abbé Etienne, à tout le couvent présent et à venir, pour le soulagement de mon âme et de celle de mes parents, je vous cède à perpétuité toute la forêt d'Albaron pour y édifier un couvent en l'honneur de la B. V. Marie. Vous garderez cette forêt en toute franchise, liberté et immunité, avec ses prés, eaux, chasses, labours, arbres, meubles quelconques, toute chose utile en eau douce et en eau salée... En retour, chaque jour, à la messe conventuelle, vous prierez pour moi et pour mes parents morts ou vivants. Dès la nouvelle de ma mort, chaque prêtre dira par lui-même trente messes à mon intention, et trois autres à chaque anniversaire. Je me réserve et à mes successeurs le droit de prendre tout bois de charpente et de machines de guerre ou autres... »

A la suite de l'acte : « Je, Etienne, abbé par la grâce de Dieu, avec le prieur et tout le couvent, nous vous admettons, seigneur roi Ildefons, en part de toutes nos prières, bonnes œuvres, etc. Ainsi réglé à Arles, le 1ᵉʳ mars 1194. »

Cette cession de la Forêt Royale, au delà du petit Rhône, *Silva regalis*, fut confirmée en 1196 par Ildefons II. Le nouveau prieuré coexista un demi-siècle avec l'abbaye, puis l'absorba.

L'abbé Raymond Iᵉʳ accorda au prieur de Frigolet le droit de pacage dans la Forêt, et Pierre II le droit d'albergue au lieu dit *brachium emersum*, 1210 ; Pierre III régla le service de Saint-Vincent, 1224 ; Jean obtint de l'archevêque Baussan de pouvoir se transporter au prieuré de Silveréal, qui devint ainsi siège de l'abbaye, tandis qu'Ulmet tombait au rang de simple prieuré, 1243. Six abbés se succédèrent ensuite, venant de Valmagne, au diocèse d'Agde, où ils s'empressaient de retourner après quelques années. Le dernier, Bernard III, fit décider, en 1298, par le chapitre général cistercien, l'union de l'abbaye de Silveréal à celle de Valmagne. Par suite de l'opposition de l'archevêque, cette union ne se réalisa qu'en 1321.

Avant d'y consentir, Gaillard Saumata avait chargé son vicaire général et son archidiacre de procéder à la visite d'Ulmet et de Silveréal. Ils lui rapportèrent que les revenus des deux prieurés, même unis, étaient insuffisants à entretenir une abbaye. Approbation fut donc accordée, mais sous la charge d'un double service fait à Ulmet par deux prêtres et à Silveréal par quatre, et la réserve du droit de visite et autres.

Le chapelain de N. D. d'Ulmet était présent au synode de 1420, mais, en 1546, Ulmet et Silveréal étaient laissés à l'abandon. Pour n'avoir pas observé la transaction, les abbés de Valmagne perdirent leurs droits. L'*Etat* de 1770 déclare ces églises, où le service avait repris, « réduites à la puissance de l'archevêque ».

Un amas de décombres, d'où l'on a retiré diverses monnaies médiévales, marque la place de N. D. d'Ulmet, près la terre d'Amphise. Silveréal qui, depuis le Concordat, a passé au diocèse de Nîmes et à la paroisse d'Aigues-Mortes, n'est plus qu'une ferme.

ALBARON
Albaro

On rencontre de loin en loin en Camargue des monticules de terre meule dont l'origine ne s'explique point géologiquement. C'est l'œuvre des Romains qui les élevèrent pour ménager sur la voie qui traversait l'île, au-dessus du Valcarès, des relais à l'abri des inondations.

L'ancien *castrum* d'Albaron, dont on reconnaît les arrachements, non loin de l'église, occupait un de ces mamelons.

Les chroniques arabes célèbrent le héros *Albaro Al Chaïd* qui se signala dans les guerres d'Espagne. Est-ce de ce vaillant, ou d'une léproserie — le mot *Albaro* signifiant lépreux en arabe — qu'Albaron a tiré son nom ? On l'ignore, mais le nom est certainement d'origine mauresque.

Les sarrasins s'établirent dans le pays dès le VIIIe siècle. C'est à leur incursion de 869 que se rapporte la mort de saint Rotland.

Cet archevêque étant venu visiter les domaines des moniales de Saint-Césaire, s'arrêta dans le voisinage d'une crique du Valcarès, par où les sarrasins abordaient souvent. « L'approche des sarcénois fut signalée subitement, écrit le continuateur d'Aimoin. Au lieu de fuir, l'évêque fit élever avec de la terre un camp retranché dans lequel il commit l'imprudence de s'enfermer. L'ouvrage ne tint pas, et ses défenseurs furent massacrés au nombre de trois cents. Les sarrasins garrottèrent le pontife et le gardèrent sur une de leurs galères dans une étroite captivité. Informés du désastre, les arlésiens traitèrent de la rançon de leur pasteur. » Ils accordèrent tout ce qu'on exigea, en sus des présents de bienvenue, 150 livres d'argent, 150 manteaux, 150 épées, *spathae*, 150 esclaves, *mancipia*, quantités répétées qui indiquent sans doute le nombre des assaillants.

Rotland ne survécut point aux mauvais traitements qu'il subit. Il mourut le 18 septembre pendant qu'on négociait sa délivrance. Les sarrasins, menacés de perdre la rançon convenue, avertirent les arlésiens de la verser en toute hâte, parce qu'ils allaient quitter la Camargue. Au jour fixé, ils vêtirent Rotland de son costume d'évêque, et l'ayant mis sur un siège, le déposèrent sur la rive avec des marques d'un grand respect. Quand les arlésiens s'approchèrent, ils aperçurent un cadavre livide. Consternés, ils l'emportèrent pour l'ensevelir dans la crypte de Saint-Honorat.

Ce quartier relevait des archevêques de temps immémorial, depuis saint Césaire peut-être. Un acte de 1040 — le plus ancien monument de la langue provençale après le serment de Louis le Germanique — en fournit l'attestation ; c'est un hommage au prélat Raimbaud : « Aus tu, Raimbal, filius Astrabure, ego non vos tolrai lo castel d'Albaron, lo bastiment que factus est per nomen de castel. Ego nec homo per meum consentiment si talem forfactum non faciat de tolre civitat aut castel que us dire non pogues aut emendar de son aver non volgues. »

Ce serait donc dans la première moitié du XIe siècle qu'aurait été construit le château d'Albaron. Il y avait non seulement un château mais un bourg de quelque importance, *civitat* : château et bourg jouèrent un rôle considérable dans l'histoire de Provence.

Le même archevêque reçut, en février 1064, du comte Bertrand et de la comtesse Stéphanie, l'assurance authentique que le château d'Albaron ne lui serait point contesté.

Guillaume Hugues et ses frères avaient donné, en 1070, à l'abbaye Saint-Victor quelques vignobles situés le long du petit Rhône depuis la tour d'Almachère jusqu'à Albaron.

Dans le même acte, Guillaume, prieur de Saint-Genès d'Arles, autorisé par l'abbé de Saint-Victor, donne licence à Bernard Gaudin de vendanger ce vignoble, à charge de laisser la moitié du vin aux moines.

—Du haut des murailles, les gardes du château assistèrent, en 1165, à un épisode de la *Querelle des Investitures*. Alexandre III, contraint de quitter Rome, avait, en 1162, demandé l'hospitalité à la France. Mais la haine de Frédéric Barberousse l'y poursuivit. Exilé depuis trois ans, le pape était venu à Montpellier, espérant reprendre possession de son siège. Il y resta deux mois, du 29 juin au 23 août. Les croisières ennemies sillonnaient la mer avec ordre de s'emparer de sa personne. « La plupart de ceux qui m'entourent, écrivait Jean de Salisbury à saint Thomas Becket, ne cessent de pronostiquer des revers à notre pontife. Les marins de Pise, de Gênes, d'Arles même, dit-on, occupent les mers par l'ordre du Teuton. Sans une escorte puissante et bien dirigée, impossible de passer. » Une autre lettre adressée à saint Thomas par le cardinal Othon donne de meilleures nouvelles : « Les génois restent fidèles au pape et toujours dévoués ; ils hésitent cependant encore, redoutant l'empereur auquel ils se trouvent liés par des engagements réciproques. »

Réalisant ces espérances, les génois se déclarèrent franchement en faveur du pape. Quand les pisans vinrent croiser entre les Saintes-Maries et Maguelone pour s'emparer d'Alexandre III, ils eurent à se défendre contre la flotte génoise qui les prit à revers. Ils durent reculer devant la supériorité de celle-ci qui comptait cinquante vaisseaux. Leurs galères franchirent le grau de la Chèvre et, passant devant le hameau d'Aigues-Mortes, remontèrent le petit Rhône jusqu'au port de Saint-Gilles. Elles s'y croyaient à l'abri, mais cette quiétude fut bientôt troublée. A cause du fort tonnage de leurs vaisseaux, les génois n'avaient point osé s'engager à la suite des pisans, sur des lagunes peu profondes : ils remontèrent le grand Rhône jusqu'à Arles. Quoique soumis à la suzeraineté de l'empereur, les arlésiens, dociles au conseil de l'archevêque Raymond, laissèrent passer les génois qui, doublant la pointe de Trinquetaille, descendirent le petit Rhône et atteignirent l'ennemi entre Saliers et Albaron. La rencontre fut funeste aux pisans qui perdirent plusieurs galères. Le pape profita de cette diversion pour prendre la mer. Mais comme d'autres vaisseaux du parti impérial surveillaient la route d'Ostie, on mit le cap sur la Sicile. Alexandre III débarqua à Messine, et le 24 novembre 1165, rentra à Rome, au milieu des acclamations.

L'année suivante, une grave querelle entre le comte de Toulouse et le roi d'Aragon se vidait à Albaron.

Le comte Raymond V avait cru assurer à sa famille le trône de Provence, en épousant Richilde, la veuve du comte Raymond-Bérenger, tué au siège de Nice, et en ménageant à son fils l'alliance de Douce, fille unique de ce prince et héritière de la Provence occidentale. Mais un rival redoutable, le roi Alphonse, prétendit, en qualité de plus proche parent de la princesse, avoir le droit de lui choisir un époux, et la guerre fut déclarée.

Le roi débarqua en Camargue par surprise, et, sans coup férir, s'empara du château d'Albaron. Il s'y installa avec l'archevêque de Tarragone, l'évêque de Gérone et divers seigneurs. Le comte de Toulouse accourut aussitôt, brusqua l'attaque, et par un assaut subit reprit Albaron.

Les aragonais tombèrent en son pouvoir, moins le roi Alphonse, qui grâce au cheval que Bertrand de Baux lui avait fourni, traversa la Camargue d'une traite et arriva sain et sauf à Arles. Peu après il accordait aux moines de Silvacane, pour témoigner sa reconnaissance à Bertrand de Baux, leur fondateur, l'exemption de l'impôt sur le sel. L'archevêque de Tarragone contresigna le privilège.

Après dix ans de guerre, la paix fut signée à Tarascon. Douce n'ayant point laissé d'enfants, la Provence occidentale passa de la branche provençale des Bérenger dans la branche aragonaise.

Le *castrum* d'Albaron fut souvent concédé aux archevêques, ce qui suppose qu'il leur fut souvent enlevé. Ainsi en 1078, le comte Bertrand s'était emparé de la seigneurie et du péage. L'archevêque Aicard intéressa le comte de Toulouse à sa cause, et obtint un traité qui reconnaissait à son Eglise la moitié d'Albaron et la moitié des droits de montage des navires. La plus célèbre de ces restitutions est stipulée dans le testament de Raymond de Saint-Gilles, fait en Syrie, durant la croisade, en 1105. Le comte de Toulouse y déclare rendre à l'Eglise d'Arles tout ce que lui et ses ancêtres ont injustement occupé au *castrum* d'Albaron. En 1153, le *Privilège* de l'empereur Frédéric Iᵉʳ comprend parmi les possessions de l'Eglise d'Arles « castrum Albaronis ».

Un an après son aventure, le roi Alphonse, appréciant l'importance de ce château, se le fit céder par Raymond de Bollène, en échange de Grans et d'Aurons, 1164. Dans son testament, 1245, le comte Raymond-Bérenger IV assigna au règlement de divers legs pieux ses possessions d'Albaron. Le même comte avait, le 6 avril 1233, donné à l'abbesse de Saint-Césaire le juspatronat de la chapelle du castrum, dédiée à Sainte-Marie, y joignant le droit d'investiture à l'égard du recteur de l'église paroissiale.

Un *hôpital* fut bâti à Albaron sur un terrain donné par Pierre Faraud, le 12 décembre 1213. Le territoire de cette paroisse était très étendu à cette époque : Boismaux et la Forêt Royale au-delà du Rhône en faisaient partie. Jusqu'au XVIIᵉ siècle, Albaron et les Saintes-Maries se partagèrent la juridiction de l'île entière.

Dans la liste de 1213 : « eccles. S. Vincentii de Albarone » est taxée à 18 deniers.

Avant 1790, le curé traversait le petit Rhône, chaque dimanche, pour desservir la chapelle Saint-Laurent, du château de la Motte, *castrum de Mota*, au territoire de Saint-Gilles, bâtie en 1697 par le marquis de Calvisson. On tenta plusieurs fois de la faire ériger en paroisse, mais le Chapitre de Nîmes auquel elle était unie éluda tous les efforts.

— Albaron a produit *Albert d'Albaron*, chapelain du

pape Jean XXII et prévôt du Chapitre de Riez. Dans un acte du 7 avril 1331, il reconnut les princesses Jeanne et Marie comme héritières de leur aïeul Robert, s'il mourait sans descendance masculine, et leur jura fidélité devant le sénéchal de Provence. Ce prévôt n'a pas été connu de *Gallia christiana*. Un prieur d'Albaron, Raymond Audiffret, fonda en 1341 la chapellenie Sainte-Catherine dans son église. Avec les années, les revenus baissèrent : ils n'étaient plus que de six livres en 1770, année où le sieur Cauvin, de Maussane, en était juspatron.

— 1790, 100 hab., un prieur-curé, nommé par l'abbesse de Saint-Césaire. Les conseillers du Saint-Sacrement nommaient à la chapellenie de Notre-Dame dotée de 49 livres.

— 1897, 350 hab., un curé-desservant ; doy. de la Major, archid. d'Arles.

— La paroisse d'Albaron, rétablie par décret du 4 juin 1826, ne put d'abord être pourvue de curé, l'église, rebâtie en 1638, ayant été dénaturée ; celui-ci s'établit d'abord à Boismaux, où il y avait une ancienne église paroissiale. De 1842 à 1845, le culte put se célébrer dans une salle romane de l'ancien château, où on lit cette inscription : « Ci-gisent nobles Jean de Roux-Tagneret, Louyse de Gomber Marie, seigneur et dame de Redortier et du Baron, de Boymaux et Saint-Vincens. Déc. 1617. »

Un curé à demeure reparut à Albaron en 1875. Il transforma en église un ancien poste de douane, puis bâtit un presbytère dont une partie fut affectée au culte en 1879.

Eglise dédiée à saint Vincent, martyr, romane; Véran, archit., bénite le 16 novembre 1884 par Mgr Forcade.

Clocher, 1895.

Chapelles. — *Saint-Césaire de Bodenenc*, inscrit parmi les bénéfices de Saint-Victor dans la bulle de 1143. Ce hameau de Bodenenc n'est plus qu'un mas près les vignobles du Pont de Rousty, nommés autrefois la *palus de Saint-Césaire*.

Saint-Jean de Saliers, S. Joannes de Salegio, appartenait aux Hospitaliers. Les Templiers et les Hospitaliers s'établirent à Saliers, les uns au fief de Mauconseil en 1180, les autres au fief d'Auricet, en 1185. Les terres des premiers relevaient de la commanderie de Saint-Gilles, celles des seconds formaient une commanderie qui absorba les possessions des Templiers, à leur abolition. En 1789, les revenus de cette commanderie s'élevaient à 23,000 livres.

Les possessions du Temple à Saliers furent occasion de litige entre Jean Baussan et Jehan de Château-Bouc, grand-prieur de Saint-Gilles. L'archevêque les revendiquait contre le prieur pour son Eglise, comme enclavées dans le territoire que les empereurs lui avaient reconnu, et en outre, la dîme du poisson dans les pêcheries de Camargue. Le prieur de Saint-Paul de Mausole, accepté comme arbitre, régla, le 16 décembre 1236, « que le prieur de Saint-Gilles jouirait du mas de Saliers et de ses dépendances sans réserve, que la transaction sur les dîmes conclue autrefois entre l'archevêque Hugues et le prieur Guillaume continuerait à faire loi; que le prieur paierait à l'archevêque 90 setiers de blé, sur lesquels 20 seraient affectés à l'entretien de l'église de Boismaux. » Autre différend en 1263, entre l'archevêque Florent et le prieur Roncelin de Fos, réglé par Alain, évêque de Sisteron. Quoique la redevance eût été réduite à 40 setiers, il fallut un arrêt du parlement d'Aix, en 1530, pour contraindre le commandeur à payer régulièrement sa dette.

L'église de Saliers jouit d'un service dominical.

LES SAINTES MARIES
Sancta Maria de Mari

Des dunes de la Camargue, entre le bleu du ciel et le bleu de la mer, un bourg émerge, aux maisons blanches, serrées autour d'une église garnie de créneaux, et, au-dessus de son abside, couronnée d'une chapelle qui commande l'horizon. On ne s'étonne pas de rencontrer une basilique imposante sur cette grève solitaire qui fut la plage bénie où, aux temps apostoliques, abordèrent les premiers apôtres de la France.

La petite ville s'est toujours appelée officiellement *Sainte Marie de la Mer*, mais les reliques qu'elle garde lui ont assigné depuis un siècle son vieux nom populaire *les Saintes Maries, les Saintes*.

Ces femmes du nom de qui la sainteté ne peut se séparer

— on dit les *Saintes Femmes* comme on dit la *Sainte Vierge* — furent les proches parentes de la Vierge Marie, ses sœurs, d'après la tradition locale et les monuments liturgiques, sa sœur et sa nièce, d'après un sentiment qui paraît seul s'accorder avec le texte évangélique.

La sœur de la Vierge épousa Cléophas, *Alphée*, et fut mère des apôtres Jacques le Mineur et Jude et des disciples José et Siméon. Elle est nommée Marie de Cléophas par saint Jean, et Marie de Joseph ou Marie de Jacques par les autres évangélistes. C'est *Marie Jacobé*. Une fille de celle-ci épousa Zébédée et fut mère des apôtres Jacques le Majeur et Jean : saint Marc la nomme Salomé, et saint Mathieu la mère des fils de Zébédée. C'est *Marie Salomé*.

Elles vivaient l'une à Nazareth, partageant les travaux champêtres d'Alphée, l'autre à Capharnaüm, près du lac de Tibériade, où Zébédée exerçait le métier de pêcheur, quand elles entendirent la voix de Jésus et s'attachèrent à lui. Généreuses compagnes de sa Passion, témoins fidèles de sa Résurrection, désignées par cela même à la haine des Juifs, elles furent, pendant la persécution qui débuta par la mort de saint Étienne, confondues avec les membres de la famille de Béthanie dans une même sentence d'exil.

Embarqués de force sur une nef misérable, la tempête les jeta au midi des embouchures du Rhône, sur une plage habitée, une île probablement.

La nef s'échoua désemparée, soit par l'effet de l'ouragan, soit par un manque voulu d'équipement au départ, suite de l'excommunication portée contre les disciples du Christ, qui, mettant le condamné hors la loi, justifiait tout sévice contre lui.

Les exilés remercièrent le Ciel de les avoir sauvés du péril : sur un autel de terre, pétri par les Saintes, Maximin et Lazare célébrèrent les premières messes dites en France. Du pied de cet autel se mit alors à sourdre une pure fontaine, symbole de ces eaux qui allaient jaillir pour le salut de tant d'hommes.

Tandis que Maximin, Lazare, Sidoine, Marthe et Madeleine se dispersaient par la Provence, les Saintes se fixèrent au milieu des pêcheurs qui les avaient accueillies et les convertirent. Elles vécurent dans la retraite et la prière auprès d'un Oratoire bâti par elles. A leur dernière heure, saint Trophime leur apporta les secours de la religion. De concert avec cette Sara, qu'une tradition leur assigne pour servante, il leur procura une sépulture honorable. Marie Jacobé mourut la première, et sa fille la suivit de près, on ne sait l'année, peut-être au jour de leur fête, le 25 mai pour l'une, le 22 octobre pour l'autre.

Au IVe ou Ve siècle, l'Oratoire fut enfermé dans une église dédiée à la Mère de Dieu. « Au point où le Rhône se jette dans la mer, écrivait Gervais de Tilsbury en 1210, les îles Stœchades, *vulgo* Camargues, sont formées par trois bras du fleuve, renommées pour leur sol fertile, les salines, les pêcheries en eau douce et en eau salée, l'abondance des lapins, la chasse dans la plaine et sur le fleuve, et des pâturages incomparables. On voit sur ce rivage la première église de ce continent, *prima omnium ecclesiarum citra-marinarum...* »

Ce territoire fut légué par saint Césaire à l'Eglise d'Arles, pour l'entretien de ses religieuses : « *Agellum Silvanum* reservavimus in stipendium earum ». Un copiste de l'ère romane a ajouté en marge cette explication, *in quo sita est ecclesia S. Mariae de Ratis*, fournissant ainsi une preuve de l'ancienneté du vocable *N. D. de la Barque*.

A l'approche des sarrasins, on cacha sous l'autel de l'église les restes des Saintes. Le bourg fut saccagé par ces pirates, mais l'église et l'oratoire furent épargnés.

Les sarrasins occupèrent la région du VIII° au X° siècle. Une période d'anarchie suivit leur départ, pendant laquelle les biens des religieuses furent souvent usurpés. Mais en 992, Guillaume le Grand les leur rendit. De la charte qu'il signa ces mots seuls sont restés : « ... l'église Sainte-Marie bâtie sur le bord de la mer... rebâtir en ce lieu... prieront Dieu pour lui, sa femme et son fils. »

C'est au règne de ce grand et pieux prince qu'on rapporte la reconstruction de l'église qui fut rebâtie en forme de forteresse, avec tours, vigie et créneaux, pour qu'elle pût fournir aux habitants protection et asile. Ce double rôle de temple et de citadelle explique que la propriété de cette église ait été, jusqu'au XIV° siècle, ballottée entre les comtes de Provence et les archevêques : les droits des religieuses de Saint-Césaire, et ceux des chanoines, brochant sur le tout, n'étaient pas pour simplifier les difficultés.

De temps immémorial, le Chapitre avait assuré le service

de cette église, mais comme, pour les chanoines qui y étaient délégués, cette mission ne pouvait s'accorder avec la vie commune, il céda, en 1086, à l'abbaye de Montmajour « l'église *Sainte-Marie de Ratis*, moyennant 300 sous melgoriens à chaque fête de la Toussaint, deux cierges de bonne cire à l'anniversaire de la consécration de l'église, et deux autres pour l'Assomption, son titulaire ».

« Sancta Maria de Mari » fut confirmée à Montmajour, de 1114 à 1204, par les papes Paschal II, Gélase II, Calixte II, Eugène III, Innocent III. L'Inventaire de 1119 l'inscrit pour 12 livres de cire à l'Eglise d'Arles, et la liste de 1213 pour 30 sous de droit et 2 sous synodaux.

Au moyen-âge, c'est un sanctuaire où accourent les pèlerins : plusieurs y obtiennent des faveurs signalées.

Ainsi, vers 1340, Pierre de Nantes, évêque de Saint-Pol de Léon, *vir magnae sanctitatis et litteraturae*, perclus de la goutte, avait fait vœu aux Saintes de visiter leur église, si elles le guérissaient. En leur honneur, il composa une prière qui débute ainsi :

> Nobile collegium
> Sanctarum sororum trium
> Quibus nomen est Maria,
>
> Vestrum sanctum suffragium
> Imploro ad præsidium
> Nunc in ista angustia.

S'étant endormi, il vit en songe les Saintes qui touchaient ses membres et leur rendaient souplesse et vigueur. Il se réveilla guéri. Sans tarder, il partit. « Parvenu au lieu des Saintes, dit une relation du temps, il visita le prieuré régulier, déposa de riches offrandes, et prêcha la raison de son pèlerinage et la reconnaissance qu'il avait à Dieu et à ses benoîtes tantes. » A son retour, il leur dédia trois autels, à Nantes, à Longjumeau,

>   Un bel autel aussi fonda
>   A Paris, au revestiaire
>   Des Carmelistres le fit faire,
>   Autel moult bel, et les paintures
>   Des Maries, et les figures
>   De leurs maris et de leurs filx,
>   Tout y est mis, je vous affis.
>   Ne verrez mais plus biaux ymagès
>   Sy bien pourtraits ne tels visages.

Ces vers terminent un poème du carme Jean de Venette, écrit pour célébrer la guérison de l'évêque Pierre, qui fut achevé

>   L'an mil cccvii et cinquante,
>   En may que ly rossignol chante,
>   Un pou de temps avant Complie.

Les évêques de Paris et de Coutances, en 1347, accordèrent des indulgences à ceux qui « la feste S. Marie Cléophée qui est le xxv° mai, et la festé S. Marie Salome, xxii° octobre, festeront, o l'histoire d'elles prescheront, liront ou escouteront attentilment et dévotement. » Depuis longtemps des reliques des Saintes étaient vénérées à Sainte-Madeleine, en la Cité. Dès le XI° siècle, le diocèse de Chartres possédait plusieurs belles églises dédiées aux Saintes Maries, celle de Mignières entre autres.

En Provence, dès 1315, l'archevêque d'Arles autorisait la *Confrérie* des Saintes, la même que Benoît XIV dota d'indulgences en 1743, et qui a été rétablie en 1882.

Dans son testament, fait à Tarente en 1383, le roi Louis Ier, ayant recommandé son âme à Dieu, à la Vierge, aux Saintes Maries Jacobé et Salomé, Catherine, Madeleine et Marthe, lègue des secours « aux povres gens, et par especial ceux de N. D. de la Mer », fonde en leur église « un anniversaire pour nous et pour la royne nostre compaigne, plus 3 messes qui se diront chaque jour pour nous, l'une de N. Dame, les autres des suers de la Vierge qui reposent en icelle. Nous voulons que nous et la royne, à l'entrée, soyons à genoux devant les Saintes, et que les images soient entaillées ou de très fines paintures. »

Les *povres gens* qui avaient souffert de graves dommages pendant la guerre de succession de la reine Jeanne gardèrent reconnaissance à Louis Ier de ses bienfaits, et lui devinrent aussi dévoués qu'ils lui avaient été précédemment hostiles.

— La *Confrérie* devint à N. D. de la Mer la gardienne des libertés et immunités municipales. Elle occupe, dit M. Reynaud, une place si importante dans les affaires de la commune qu'on serait tenté de la comparer aux Confréries du Saint-Esprit qui, dans de plus grands centres, jouent un rôle considérable. La maison qui lui appartient est au XIVe et XV° siècles le local où se réunit le conseil de la commune [1].

— Au début du XIV° siècle, les 3000 habitants de la ville étaient administrés par trois consuls, assistés d'un conseil où les trois classes de citoyens, *divites, mediocres, pauperes*, étaient représentées. L'affluence des pèlerins les enrichissait, les princes les comblaient de privilèges, exemption de la gabelle et des péages, dispense du service maritime, sauf le cas de guerre, etc., ne leur demandant en retour que de verser le douzième de la pêche dans la caisse des pauvres.

Invention et Elévation des reliques, 1448. — Cependant les reliques des Saintes, enfouies depuis sept cents ans, ne recevaient point l'honneur qui leur était dû.

Sollicité par son neveu le dauphin de France (Louis XI), qui revenait d'un pèlerinage aux Saintes, et par le frère prêcheur Adhémar, qui réclama publiquement cette grâce dans une église d'Aix, le roi René se décida à entreprendre les fouilles nécessaires.

Il obtint l'agrément du pape Nicolas V qui nomma commissaires apostoliques Robert Damiani, archevêque d'Aix, et Nicolas de Brancas, évêque de Marseille, celui-ci au lieu et place de Louis Alemand, son métropolitain.

Dans l'église des Saintes, l'archevêque recueillit les dépositions de nombreux habitants attestant que, d'après les di-

---

[1] « In hospitio confratriae SS. Sororum Mariae Jacobi et Mariae Salome ubi est assuetum teneri consilium. » Acte de 1316 cité par M. l'archiviste Reynaud dans la *Tradition des Saintes-Maries*, étude qui nous a été fort utile.

res des anciens, les saints corps se trouvaient sous le sol de l'Oratoire placé entre la nef et le chœur.

Des ouvriers assermentés percèrent d'abord, sous le couloir longeant le chœur, une voûte, au-dessous de laquelle on trouva des débris d'écuelle et de bois consumé. Par une porte murée on arriva sous l'Oratoire, où la source émerge : c'était un reste de la demeure des Saintes. Dans la direction du grand autel, on découvrit un cippe de pierre supportant une table de marbre, entouré de terre pétrie, différente de celle que les fouilles soulevaient. On vénéra ces débris de l'autel que les Saintes avaient pétri de leurs mains, tradition que, *deux siècles avant*, Durand de Mende avait rapportée dans son *Rational* : « In comitatu Provinciae, in castro S. Mariae de Mari, est altare terreum quod ibi fecerunt Maria Magdalena et Martha et Maria Jacobi et Salome. » Sur la table était gravée une inscription païenne totalement fruste, et cette autre :

Hoc altare doplare capelle
Beati pagi hujus pelagi.

Enfin on rencontra deux corps, les pieds engagés vers l'autel, l'un à droite, l'autre à gauche, les mains croisées sur la poitrine, la tête sur un bloc de marbre. Tous deux répandaient une odeur suave qu'on ne pouvait attribuer à la terre collée contre les ossements, « quae humiditas, dit le procès-verbal, potius santitatem quam bonam fragrantiam prodire est censenda ».

Le 14 novembre, à Arles, au Logis du Mouton, l'évêque de Marseille achevait une autre enquête sur le culte dont la mémoire des Saintes était entourée et le sentiment général sur leur sépulture en l'église de la Mer.

Sur le rapport du roi, le pape chargea son légat d'Avignon de procéder à l'élévation des reliques.

Le 30 novembre 1448, le bateau du légat, cardinal de Foix, aborda au port d'Arles. Le légat fut reçu par une procession présidée par l'archevêque d'Aix : le roi René, arrivé quelques heures avant, vint le saluer à mi-chemin et l'accompagna à l'archevêché.

Le lundi 2 décembre, l'église des Saintes vit réunis, pour le chant des vêpres, le roi René et sa femme Isabelle, sa fille Yolande, son gendre Ferry de Lorraine, le cardinal de Foix, l'archevêque d'Aix, les évêques de Marseille, d'Apt, d'Orange, de Conserans, de Gap, de Carpentras, de Digne [1], de Cavaillon, de Grasse, de Glandèves, de Vaison, de Troie, les abbés de Saint-Victor, de Psalmodi, de Saint-Gilles et de Nizelle.

Le cardinal s'étant rendu chez le fustier Philipot, après avoir contrôlé les enquêtes, prononça que les corps trouvés étaient réellement ceux des Saintes et fixa au lendemain l'élévation de ces reliques. Le 3 décembre, il chanta une messe qui fut servie par le gendre du roi et le grand sénéchal. Ensuite, précédé de tout le clergé, il descendit dans la fosse et en rapporta les saints ossements. Au milieu de l'église, sur une table, les évêques de Marseille et de Conserans les lavèrent un à un avec du vin blanc dans des vases d'argent, don du

---

[1] Pierre Turlur, dominicain, un des docteurs qui, à Poitiers, s'étaient prononcés pour Jeanne d'Arc.

roi. On les déposa ensuite dans une châsse à quatre clefs, que le cardinal confia au roi, au prieur de Montmajour, aux consuls d'Arles et à ceux de N. D. de la Mer.

Après midi, devant la châsse exposée sur la place, le dominicain Adhémar célébra le triomphe des Saintes. Le 4, les reliques furent élevées à la chapelle haute « in quodam insigni loco supra majus altare, videlicet in capella S. Michaelis, per D. Regem mirifice constructo ». (*Lettres patentes du card. de Foix.*) Au moment où elles pénétraient dans leur niche aérienne, le cardinal entonna le *Te Deum*, puis, ayant dit l'oraison, bénit l'assemblée.

Les châsses descendent à jour fixe, en vertu d'un règlement dressé au nom du pape, par Nicolas de Brancas, le 7 janvier 1449 : « Nous ordonnons qu'à chaque ostension des saintes reliques, le prieur, en ornements sacrés, procédera avec dévotion et révérence, pendant que les prêtres diront l'antienne et le verset des Saintes, et après il dira l'oraison. Le vicaire sera tenu d'inscrire au fur et à mesure les miracles qui se feront en cette église. *On ne descendra les châsses qu'aux deux fêtes des Saintes et en celle de l'Elévation des reliques, ou sur l'ordre du Seigneur Roi ou de ses successeurs, ou à l'occasion de la visite d'un roi ou d'un prince de France ou d'un cardinal.* »

Les cérémonies closes, le roi René pria l'abbé de Nizelle, au diocèse de Cambrai, d'en versifier la relation. Jean Eustase improvisa sur le champ 564 bouts-rimés latins qui constituent un procès-verbal exact et animé de tout l'évènement. Connue du titre seulement par M. Faillon, cette pièce a été publiée par M. Reynaud. Des attestations sur parchemin, dûment scellées, furent dressées par le cardinal et les prélats : l'église des Saintes a conservé son exemplaire ; celui du roi se trouve à la préfecture.

En dix-huit mois, avril 1447 - janvier 1449, le roi René fit quatre fois le pèlerinage. Il laissa aux Saintes de riches ornements, dont quelques-uns sont conservés ainsi qu'un plat de quête à son effigie. A la suite de l'invention des reliques il institua à la cathédrale d'Angers une fête commémorative, sorte de drame liturgique appelé *la scène des Trois Maries*.

On doit au roi René la restauration de la *chapelle haute*, et la réfection de la *chapelle souterraine*. Celle-ci datait de 1394, Blanquette veuve Palhade ayant donné à François Passavant et Peroconus Bali, tailleurs de pierre d'Arles, la construction de cette *crote*, moyennant deux francs d'or la canne carrée. Sur les indications du roi, l'architecte Robert l'agrandit, l'artiste florentin Frozino d'Andrea la décora, et le pérolier Gaillard, d'Avignon, y plaça un autel de 4 quintaux.

— Les reliques des Saintes et les richesses de leur église tentèrent les huguenots. Ils voulurent s'en emparer en mai 1576 et défirent une troupe de 80 cavaliers arlésiens, commandés par M. de Beaujeu et le consul Sabatier, qui voulaient les arrêter ; ils s'éloignèrent cependant en apprenant l'arrivée d'un corps catholique plus nombreux. Sabatier mourut de ses blessures quelques jours après.

— Vingt ans plus tard, à la suite d'un *vœu de la ville*

« pour la pacification des esprits », le Chapitre se rendit aux Saintes avec les consuls, le corps de ville et plus de 6000 pèlerins parmi lesquels le président Duchaine. L'*ex voto* municipal consistait en un reliquaire surmonté des statues des Saintes en argent : au devant, la Ville agenouillée, présentant cette prière « Saintes Maries Jacobé et Salomé, intercédez pour les habitants de la ville d'Arles. » L'archevêque d'Aix Richelieu s'y rendit en 1627.

— Des grâces nombreuses, des miracles récompensaient la foi des pèlerins. On invoquait les Saintes pour la guérison des fièvres, celle de la rage, et pour la délivrance des femmes en mal d'enfant. Un *Manuel de dévotion*, imprimé en 1750, contient la messe propre pour les enragés, des conseils naïfs sur les encouragements qu'il faut donner à ces malheureux durant la route, et pour se rendre aux Saintes, très mal desservies par les routes, les *occasions* les plus sûres et les plus commodes qui sont les charrettes des poissonniers de Saint-Gilles, les *guides* qu'on peut engager, etc.

— Les *droits de l'archevêque* étaient nombreux à N. D. de la Mer. En 1225, Raimond Romani reconnait tenir de lui ce qu'il possède à l'étang de *Vacarès*, à l'étang *Impérial*, à ceux de *Malcroset*, *Grimallas*, *Montical*, *Canadel*, *Fornalès*, à l'étang *Long*, et devoir la dîme du sel et du poisson. En 1240, Reynaud Porcellet déclare tenir de lui, ses pêcheries, étangs, terres boisées ou non, à *Montical* et à deux lieues au-delà de la ville, et s'engage à lui payer une obole d'or pour chaque fête de saint Trophime,

Mêmes hommages pour les étangs d'*Orgon*, *Montroux*, *la Vignole*, *Rassèges*, etc.

Ces textes répondent aux attaques téméraires adressées à nos traditions, au nom de la science géologique. Ils prouvent qu'il y a 700 ans le sud de la Camargue offrait la même configuration qu'aujourd'hui, les mêmes étangs désignés par les mêmes noms. Peut-on admettre que les lois de formation du rivage entre les deux Rhônes aient marché à force centuple du premier au douzième siècle, puis se soient subitement arrêtées depuis. Un ingénieur distingué, M. Lenthéric, a prouvé qu'un débarquement sur cette plage fut un fait géologiquement possible, au premier siècle.

L'archevêque possédait aussi la dîme du sel : elle lui fut confirmée en 1338 ; en 1363, la reine Jeanne lui accorda d'en faire passer en Provence 120 émines franches de gabelle.

— N. D. de la Mer formait deux bénéfices, le *prieuré* proprement dit, et la *sacristie*, occupés tous deux par des moines de Montmajour en résidence. Un de ces prieurs fut chargé de l'administration provisoire de l'abbaye en 1287. Une convention de 1433 attribue les cloches au sacristain, qui en règle la sonnerie.

En 1551, le prieur arguant de certaines exemptions, tenta d'éviter la visite épiscopale. Mais il fut condamné à la subir, et il dut héberger pendant trente-six heures le grand vicaire et son escorte composée de 14 personnes à cheval.

« Le *prieuré* N. D. de la Mer, monacal, appartient à l'abbé de Montmajour, il faut prendre le froc dans l'année.

Le vice-légat d'Avignon dispense du droit de patronat en se faisant pourvoir à lui, mais l'archevêque donne le *forma dignum*. La *sacristie* dépend aussi de Montmajour, l'abbé y nomme, il faut prendre le froc. » *Etat du diocèse*, 1770.— A la suppression de l'abbaye, ces deux bénéfices furent attribués à l'archevêque.

— Dans la nuit du 22 octobre 1793, le curé constitutionnel Abril retira des châsses les deux paquets de reliques, et alla les enfouir dans la bouscatière du sieur Molinier qui l'assistait dans cette pieuse opération ; sage précaution, car, le 5 mai 1794, des forcenés saccagèrent l'église et brûlèrent sur la place les châsses, les tableaux et tout le mobilier.

Dès 1797, le 24 mai, les saints ossements furent exhumés : on les retrouva serrés dans des bandes munies du sceau de Mgr de Mailly, 1709 (S. M. Jacobé), et de Mgr de Roquemartine, évêque de Saint-Paul, 1710 (S. Marie Salomé). Le 25 mai, la reprise de la fête traditionnelle fut comme la première annonce de la résurrection du culte catholique en France : le soir, après le chant du *Te Deum*, des châsses nouvelles furent installées dans la chapelle haute. Le *Saint Bras* emporté à Arles avec l'argenterie, en 1794, fut sauvé par un municipal et rendu en 1798.

Toutes ces reliques furent reconnues le 20 juin 1839 par le grand vicaire Jacquemet.

Le 25 mai 1867, sous le curé Escombard, physionomie originale, dont une foi ardente et un dévouement infatigable au culte des saintes formèrent les traits les plus saillants, onze fragments sauvés en 1794 furent déposés par le grand vicaire Conil dans une châsse de bronze doré, à la chapelle haute.

Depuis un demi-siècle le pèlerinage a reconquis l'affluence des plus beaux temps : on y a vu les évêques Plantier et de Cabrières, les personnages les plus élevés de l'armée, de la marine, de la magistrature, de l'art et des lettres mêlés à la foule qui a dépassé quelquefois dix mille âmes. Mgr Gouthe-Soulard a présidé deux fois la fête du 25 mai.

La musique avec Gounod et Lenepveu, la peinture avec Gaudemaris et Silbert, l'érudition avec Faillon et Reynaud, les lettres avec Lenthéric et Mistral, ont élevé aux Saintes un monument brillant et solide. Qui n'a lu et relu les derniers chants de *Miréio* si émouvants, le suprême pèlerinage de la poétique enfant de la Crau, comment dans leur église les Saintes lui apparurent, et, calmant ses angoisses, transfigurèrent son agonie en extase de paradis :

> Vers la doulento quand fuguèron,
> En dessus d'elo se tenguèron,
> Inmoubilo, e' m' acò ié parlavon. Tant dous
> E clarineù èro soun dire,
> E tant afable soun sourrire,
> Que lis espino doù martire
> Flourissien dins Miréio en soulas aboundous.

Le pèlerinage du 25 Mai. — C'est un de ces spectacles inoubliables qui inscrivent une date dans la vie. La veille, avant quatre heures, l'église est bondée jusqu'au sommet des tribunes accrochées à toutes les saillies du monument. On chante les premières vêpres. A la première note du *Magnificat*, un bruit sec éclate à la voûte. Ce sont les portes de la chapelle haute qui se sont ouvertes et livrent passage lentement à la sortie des châsses. Chacun allume son cierge, et en un clin d'œil la nef illuminée se transforme en un lac de diamant dont une étincelle pique chaque ride.

Cependant l'arche aux arêtes bisomes plane dans l'espace et vers elle monte comme un hymne immense cette acclamation *Vivent les Saintes Maries !* Désormais ce cri résume la prière de la foule : à chaque verset de psaume, à chaque strophe de cantique, quelquefois coupant la période d'un prédicateur, il retentit enthousiaste et infatigable. Les câbles s'allongent, chargés de fleurs et de verdure, et les châsses poursuivent leur descente. Un instant encore, et elles seront à portée des mains qui de tout côté se lèvent vers elles. Des mères, bras tendus, soutiennent leurs enfants malades, pour que des premiers ils puissent les toucher et les baiser. Voici les infirmes, les estropiés, tous les misérables qui se font jour jusqu'aux châsses, se précipitent, se roulent sur elles et s'y cramponnent.

Le cantique des Saintes retentit enfin dans sa puissance grandiose, chanté par des milliers de voix :

<blockquote>
O grandes Saintes Maries
Si chéries
De notre divin Sauveur, etc.
</blockquote>

Qui ne l'a pas ouï a perdu l'occasion de sentir vibrer l'âme d'un peuple. On comprend que Gounod, l'entendant pour la première fois, ait été remué jusqu'au fond de l'âme.

Après la grand' messe, la procession descend vers la grève historique, les hommes chargent sur leurs épaules la barque des Saintes qui, fendant la foule, semble flotter sur des vagues. Arrivé au rivage, après le chant d'une antienne, l'officiant élève le Saint-Bras sur la terre et sur la mer et les bénit.

Au *Magnificat* des secondes vêpres, les châsses remontent avec le même cérémonial que la veille. On voudrait les retenir, et les yeux les suivent jusqu'à ce qu'elles disparaissent derrière les portes qui ne s'ouvriront plus jusqu'au 22 octobre.

— Les registres déposés à la cure relatent de nombreuses grâces et guérisons obtenues par l'intercession des Saintes. Les habitants parlent encore du violent raz de marée qui, le 2 décembre 1862, faillit engloutir la ville ; les flots avaient dépassé les digues et battaient les maisons. A l'appel de la cloche, tous envahirent l'église, réclamant l'appui de leurs bienfaisantes patronnes, et bientôt le danger fut conjuré.

Se quaùque maù te desvario
Courre leù i Santi Mario.
Mirèio, xii.

— 1790, un curé, nommé par l'archevêque, un vicaire. 950 hab. — 1897, un curé 2ᵐᵉ cl. 1450 hab. Le *doyenné* dépend de l'archidiaconé d'Arles et ne comprend pas d'autre paroisse. Les *Sœurs de l'Immaculée Conception* d'Avignon y tiennent une école de filles depuis 1874. — Armes de la ville, *d'azur à la barque des Saintes* ; devise, *Navis in pelago*.

ÉGLISE. — De l'église primitive ou plutôt de celle qui l'a remplacée, il ne reste que la curieuse fenêtre de l'abside à évasement cintré, peut-être aussi les deux lions de la porte du midi.

Le monument actuel date de la fin du X° siècle, moins les deux travées du bas ajoutées plus tard. Au dedans non moins qu'au dehors il offre l'aspect sévère d'une citadelle. Trois églises superposées, comme à Assise, y expriment les trois états de la religion : la *crypte* dit les catacombes et les persécutions ; la *nef* fortifiée, l'Église qui prie et qui combat ; la *chapelle* supérieure, les saints du ciel, avocats des chrétiens qui les invoquent sur la terre.

Crypte, ou chapelle souterraine, bâtie en 1394 (prix-fait donné le 14 mai aux lapicides Passavant et Bali, deux francs d'or la canne carrée) par la veuve Blanquete Palhade, au nom de ses enfants ; agrandie par le roi René pour y faire entrer le réduit que les Saintes avaient habité à côté et au levant de l'Oratoire. — On y descend par un escalier qui s'ouvre, en face de la grand' porte sous la montée de l'avant-chœur. Autel formé avec les parois d'un sarcophage païen, marbre, aux sculptures délicates, soutenu autrefois par quatre colonnes. En arrière de l'autel, reliques de sainte Sara, patronne des bohémiens.

Nef, X° siècle, *mon. hist.*, restaurée sous la direction de M. Revoil, 1874. *Façade* rétablie au XV° s., à la suite d'un incendie allumé par les troupes aragonaises et dont il reste des traces. *Abside extérieure* curieuse, qui paraît avoir appartenu à un édifice plus ancien. *Grand' porte* ouverte récemment. — Une seule nef, long. 44 m., larg. 9 m., haut. 14 m ; 7 travées en arcs doubleaux, où l'on remarque les débuts de l'ogive. On monte au chœur par un double escalier encadrant l'arc qui ouvre la crypte ; il n'est éclairé que par une fenêtre étroite, autour de laquelle se développent sept arcades supportées par des colonnes à chapiteaux historiés, représentant : Sacrifice d'Abraham, Annonciation, Visitation, Songe de saint Joseph, Nativité de N. S., Adoration des Mages, les Evangélistes.

Bel *autel* majeur, style XII° s., 1885. — Cette abside fut murée au XV° s. pour servir de *sacristie* : le mur a été abattu, ce qui donne espoir que cette belle église recevra bientôt, sans couper ses lignes rigides, le complément extérieur qui lui manque.

Dans l'avant-chœur, *table sculptée* sur laquelle les châsses étant descendues par les fenêtres qu'on aperçoit au-dessus du grand arc, reposent les 25 mai, 22 octobre et 3 décembre : « Aux très saintes et très vénérées Maries don modique en reconnaissance de la faveur spéciale qu'elles ont accordée au dernier de leurs serviteurs Bmy Contestin de Beaucaire aveugle depuis l'âge de cinq ans, menuisier. 25 mai 1850. SS. Maries, priez pour nous. »

Sur la porte du midi, * *Les Saintes Maries guidées*

sur la mer par les anges, tabl. d'H. de Gaudemaris, 1886. — Du côté de l'évangile, statue de *N. D. de la Mer*; autel roman; *Coussin des Saintes*, marbre sur lequel, au moment des fouilles, reposait la tête d'une d'elles, creusé comme base d'un arbre de liberté en 1794. — Au milieu de la nef, cippe romain corrodé, qui masque l'ouverture de la crypte; *puits d'église*, peu profond : c'est la source à laquelle les Saintes puisaient, et les pèlerins ne manquent pas de se munir de cette eau avec confiance. — L'ancienne porte placée au midi, comme en la plupart des églises romanes de la région, est murée : elle est accostée de deux lions antiques dévorant une proie.

Cette église dédiée à Notre-Dame, sous le vocable de l'Assomption, doit être vénérée comme le plus ancien temple élevé à la gloire de Marie, en France du moins. Nul autre sanctuaire n'est fondé à lui contester cet honneur.

Chapelle haute Saint-Michel. — Elle est bâtie sur l'abside et n'est pas moins ancienne qu'elle. Le roi René la fit restaurer et orner. Un plafond en bois, aux peintures représentant la parenté de N. S. attribuées à ce prince, sert de baldaquin à l'autel. Boiseries dorées en 1790 par Mangois, aux frais des prieurs de la chapelle, mutilées en 1794. Sur l'autel, beau *reliquaire*, 1867, contenant plusieurs fragments des corps des Saintes. — Nombreux *ex voto :* un, de 1581, représente la préservation miraculeuse d'un enfant tombant du haut de la tour; autre, de 1828, offert par Mme de Cabrières, mère de l'évêque, en reconnaissance de son premier enfant, etc. Ste *Marie Jacobé*, Ste *Marie Salomé*, tableaux par Allègre. — Dans un buffet orné, CHASSES DES SAINTES, avec l'appareil de treuil et poulies qui, par la fenêtre ouverte en arrière, les fait descendre dans la nef.

Un chemin de ronde, parallèle à une crête élégamment découpée, contourne la toiture dallée de l'église, appuyé sur les créneaux. Il passe devant la * Barque portant les deux Saintes sur les flots posée en antéfixe sur la façade, et devant la tour de la vigie. La surveillance de la côte de Camargue fut, *semper et antiquitùs*, comme dit un acte royal de 1302, confiée aux Saintins qui entretenaient dans la tour de l'église faisant face à la mer un guetteur chargé d'allumer des feux, la nuit, ou de produire de la fumée, le jour, en correspondance avec les signaux des vigies du cap de l'Espiguette et de l'abbaye d'Ulmet.

A la cure, *procès-verbaux* de l'invention des reliques en 1448, parchemins originaux ; *croix* processionnelle, 1563 ; 3 plats de quête, XV°s., avec image du roi René et des Saintes; ornements sacerdotaux donnés par le roi René. — *Autel* portatif de la première période romane, celui de l'Oratoire sans doute, avec cette inscription † *Al. ta. re. Sci. Sal. va. to. ris*, qui indique que la Sainte-Chapelle des Saintes-Maries, et celle de Saint-Sauveur à Aix, démolie en 1808, avaient le même antique titulaire.

ANCIENNES CHAPELLES. — *Saint-Martin de Fumeros*, donné en 1064 aux chanoines par l'archevêque Raimbaud; imposé 6 deniers dans la liste de 1243.

— Le territoire de Boismaux, *Boscus malus*, possédait quatre églises :

1. *La Trinité*, donnée ainsi que Saint-Jean de Méjanes aux bénédictins de Saint-Michel de Frigolet par l'archevêque Pierre, 1186. Le Chapitre ayant contesté cette cession, trois arbitres, l'archevêque d'Arles, l'évêque d'Avignon et le seigneur Raymond de Baux, décidèrent que le prieur de Frigolet jouirait de l'église de la Trinité, sans payer de dîme, mais qu'il abandonnerait aux chanoines l'église Saint-Jean avec tous ses droits. En 1250, l'archevêque Jean abandonna la quarte funéraire à ce prieur.

En 1213, l'archevêque Michel avait reçu de Sacrestane, dame du Bourg, un seizain qu'elle possédait à Boismaux : il le céda au Chapitre, en chargeant le précenteur de faire chanter deux services pour son âme, l'un à l'anniversaire de sa mort, l'autre le jeudi de la semaine où se célèbre le synode de Saint Luc « avec obligation de payer le dîner aux prêtres qui y assisteront ».

L'église de Boismaux, bâtie sur les bords du Rhône, était menacée de s'y engloutir. Quoique la paroisse eût été établie en cet endroit par Mgr de Barrault, en 1636, le parlement d'Aix, par arrêt du 2 avril 1682, condamna Mre Capuès, prieur de N. D. de la Mer, dont Boismaux était succursale, à la rebâtir à ses frais au lieu où elle a été desservie jusqu'en 1792 par un prêtre que ledit prieur nommait et auquel il fournissait 300 l. par an, les ornements et l'entretien du presbytère : les paroissiens devaient réparer la nef. En ce siècle, le service s'y fit quelques années, avant le rétablissement de la paroisse d'Albaron.

2. *Saint-Jean de Méjanes, Sanctus Joannes de Mejanis*. — Bâti dans l'ancien territoire légué par saint Césaire pour ses religieuses « agellum Missinianum cum omnibus pascuis, paludibus ». — Un acte de l'archevêque Raimbaud, nomme la « villa de Mejanis », dès 1048. En 1213, l'église Saint-Jean était imposée 7 deniers pour le Chapitre ; donnée cette année aux moines de Frigolet, rendue aux chanoines en 1220. Les archevêques avaient le haut domaine : Frédéric II le leur confirma dans le diplôme de 1230 ; Barral de Baux leur fait hommage en 1259. Ces seigneurs ont bâti la belle tour qui subsiste encore.

3. *Saint Pierre de Méjanes*, inscrit pour 8 sous de cens, et 6 deniers synodaux en 1213. Le bénéfice étant vacant en 1354, Guillaume Bazan, sous-collecteur de ces sortes de bénéfice, en mit les terres à ferme.

4. L'antique et mystérieuse abbaye *Saint-Ferréol et Saint-Vincent*, disparue en 1133. Ses biens furent unis à celle de Saint-Césaire : l'église existait encore en 1213, imposée 6 deniers synodaux.

Le 13 octobre 1897, à la suite des fêtes augustiniennes, les Saintes ont vu débarquer un pèlerinage exceptionnel par la haute notabilité des personnages qui le présidaient, le cardinal Vaughan, archevêque de Westminster, Mᵍʳ Burne, évêque de Soutwark, M#gr# Béguinot, évêque de Nîmes. Guidés par l'archiprêtre d'Arles et l'architecte Revoil, ils ont, au cours de leur visite, remarqué les travaux récemment exécutés, le campanile rétabli en son intégrité, les créneaux relevés sur trois côtés en attendant que bientôt ils le soient au-dessus de la nouvelle porte romane du couchant, l'église elle-même toute bouchardée à l'intérieur, etc., et se sont retirés par le train spécial qu'avait organisé M. le comte de Divonne, enchantés et émus de cette pérégrination qui éveille des souvenirs si honorables pour les Eglises provençales.

PLAN DU BOURG
Planus Burgi

MAS - THIBERT
Mansus Tiberti

Une sentence d'arbitrage du 14 novembre 1237, rendue par Jean, archevêque de Vienne et légat du pape, entre Jean Baussan et le prieur des Hospitaliers de Trinquetaille, mentionne « Mansum Tiberti » avec ses pâtis et dépendances. L'archevêque réclamait ce mas avec d'autres tènements en Camargue et en Crau, Gimeau (l'*agellum Gemellos cum stagnis et paludibus*, du testament de saint Césaire) Camarlette, etc., comme compris dans les biens que les empereurs avaient reconnus à son Eglise. Il fut réglé que les Hospitaliers garderaient ces biens en payant la dîme au 26°, la nourriture des troupeaux, les prés et jardins demeurant exempts.

Nombre d'autres actes d'acquisition ou de donation furent soumis à l'examen du légat : le plus ancien remontait à 1167. En 1194, Guillaume de Porcellet avait donné aux Hospitaliers une île nouvellement formée dans le Rhône (la Porcelette) et toutes celles qui s'y formeraient dans la suite :

preuve qu'au XIIe siècle le Rhône était soumis, vers le Mas-Thibert, au régime des estuaires, et que la région des Teys remontait à 25 kilomètres plus haut qu'aujourd'hui. Quelques années après, la pieuse Sacrestane et d'autres membres de la famille de Porcellet donnaient à l'Eglise d'Arles l'île dite de Sacrestane, y réservant le droit de lignage aux pêcheurs de la mer. Ces deux îles sont depuis longtemps unies à la terre ferme.

La commanderie de Trinquetaille possédait encore en Crau 8 coussous, dont les titres remontaient à 1184. Une donation de Renaud de Porcellet, en 1289, l'autorisait à percevoir comme indemnité de dépaissance « un agneau et un anouge sur chaque abailié de bétail menu ».

Lors de l'abolition des Templiers, les Hospitaliers furent mis en possession de la terre de Boisvieil, qui leur avait été donnée en 1178, et de deux autres possédées au XIIIe siècle, Paulon et la Bouscatière. Celle-ci fut emportée lors de la grande irruption du Rhône en 1713.

L'église actuelle du Mas-Thibert est bâtie sur une des terres des Hospitaliers, près de l'ancienne tour d'Enséric.

L'Eglise d'Arles était aussi richement dotée en ce quartier. Ainsi le mas d'Icard fut acquis par l'archevêque, le 13 septembre 1230, d'Icard de Castillon, pour sept livres et dix sous raymondins. Le 13 avril 1249, la dame Recens de Verune reconnaît tenir en fief de l'archevêque Hugues, l'affar de Fieu, tout ce qu'elle possède en Crau, à Galignan et en dessous, dans la direction de la mer. Hommage pour ces mêmes terres, en 1267 par Alasacie Porcelette, en 1243 par

Guillaume Porcellet, en 1449 par Jaumette Porcelet, en 1463 par Jean Porcelet et par Jean de Saint-Martin, ainsi que pour les trois ponts de la Tour de Fieu, sous Galignan ; en 1546 et 1551 par Honoré de l'Estang, dit Parade ; en 1571 par Audoin de l'Estang, pour la partie du tènement de Fieu, dite la Rosière ou la Porcelette. (*Arch. dép.*)

Érigée en principe par Mgr de Cicé le 1er mai 1803, supprimée en 1808, établie de nouveau par décret du 9 janvier 1822, déclarée indéfiniment vacante en 1829, cette paroisse n'a pu être pourvue d'un curé qu'en 1852. Elle a remplacé sur la rive gauche l'église abandonnée de Saint-Trophime dont le titre paroissial fut transféré à Faraman.

— Mgr Boyer consacra à sa fondation les prémices de son apostolat. Joseph-André *Boyer* naquit à Aix le 18 juin 1824. Il commença à dix-huit ans des études aussi brillantes que rapides. Nouveau diacre, il ouvrit en 1850 l'externat du Petit-Séminaire, qu'il dirigea deux ans. « Fait prêtre en 1851, il rêvait déjà dans la solitude de sa chaire et au fond de son cœur, les grands horizons des misssions étrangères. Mgr Darcimoles crut sage d'éprouver et de calmer au besoin ces intempérantes ardeurs, en l'envoyant fonder sur les bords caillouteux du grand Rhône, dans les landes à peu près sauvages alors de la Crau d'Arles, la paroisse du Mas-Thibert [1]. »

Installé le 1er juillet 1852, M. Boyer fut créateur, organisateur et apôtre. Il inaugura le culte dans un local miséra-

---

[1] F. Guillibert, *Éloge funèbre de Mgr Boyer.*

ble qu'il remplaça, six mois après, par une installation plus décente au Grand Mas.

Il eut à lutter contre la propagande acharnée d'une riche protestante qui s'efforçait de gagner les paysans à l'hérésie. « Je ne sais comment se comporta vis à vis d'elle le jeune curé, mais j'ai vu, non sans émotion, le nom honorable du fils même de cette ardente adversaire, inscrit avec une généreuse offrande, parmi les fidèles paroissiens du Mas-Thibert, qui envoyaient à leur premier curé une belle croix pectorale enrichie des reliques de saint Honorat, leur patron. »

L'épreuve imposée à M. Boyer confirma sa vocation. Il entra donc au séminaire des Missions Etrangères, en 1854. L'année suivante, il s'embarqua pour la Mandchourie qu'il a évangélisée trente-deux ans. Après avoir réussi plusieurs fois à écarter de ses épaules le fardeau de l'épiscopat, il dut le subir et fut sacré le 15 août 1886 à Ing-Tse, par l'archevêque de Pékin. Sept mois plus tard, le 8 mars 1887, l'évêque de Myrina, coadjuteur de Mandchourie, mourait inopinément à Pâ-iên-sou, province de Heî-Leûng-Kiang, en cours de tournée pastorale. Ce saint missionnaire avait gardé un souvenir fidèle à ses ouailles du Mas-Thibert. Dans sa dernière lettre, décrivant son vicariat apostolique : « L'aspect du terrain, disait-il, ressemble assez à notre chère Provence, moins le climat. Ici, je suis presque au Mas-Thibert, notre Leao ressemble au Rhône, moins ses digues; aussi avons-nous été inondés cette année de la belle manière. »

Après le départ de M. Boyer, l'église du Mas-Thibert changea de place une troisième fois. Bénite le 11 octobre 1857 par le curé Laurin, elle reçut, le 27 mai 1858, la première visite de Mgr Chalandon. — Titulaire, saint Honorat. Pas de clocher, mais 2 cloches bénites, la petite par M. Boyer en 1852, la grande par l'archiprêtre Morel, en 1867. — Près du pont du canal s'élèvera bientôt une belle église, dans le style du XIIe siècle, Véran archit., longue de 25 m., à trois nefs, avec un clocher élégant de 27 mètres.

— 500 hab., un curé-desservant, archidiaconé d'Arles, doyenné de la Major.

Chapelles. — Le quartier de *Galignan* en possédait trois : 1. *Sainte-Marie.* Au Xe siècle, sous le règne de Conrad, une pieuse chrétienne, nommée Marie, donne à l'abbaye Saint-Victor des terres « in terminio quem nominant Galignano, ad ecclesiam S. Marie ». La taxe synodale de 1213 l'inscrit comme redevable de 8 boisseaux de blé.— 2. *Saint-Pierre,* très ancienne aussi, donnée en 1052 « à l'église du très noble martyr Etienne dans laquelle repose Trophime, l'illustre apôtre, et à ses chanoines ». « Eccl. S. Petri de Galignano » est inscrite 12 deniers dans la liste de 1213. Le Chapitre y a entretenu jusqu'à la Révolution un *aumônier* qui exerçait tous les pouvoirs paroissiaux. — 3. *Saint-Léger,* inscrit en 1213, pour 7 deniers synodaux et 40 setiers de blé pour le cens.

LA TOUR SAINT-LOUIS

Turris Sancti Ludovici

On rencontre en Crau et en Camargue des tours nombreuses dont la plupart remontent au moyen-âge. Les plus anciennes furent seulement des maisons champêtres, bâties en cette forme pour qu'on pût s'y réfugier et s'y retrancher en cas de besoin [1]. D'autres furent construites comme ouvrages à signaux, avec plateforme pour allumer les *farots* (feux de garde). Une ordonnance du 30 juin 1303, en renouvelant d'autres antérieures, réglait ainsi ce service :

« *Qualiter ordinantur et faciunt farotia in partibus maritimis, pro custodia universali.* — ... Du côté du couchant, à la frontière de France, *in confinia regni Francie*, 1° on allumera *farot* au cap de l'Espiguette, lequel correspondra avec N. D. de la Mer ; 2° celui-ci avec le farot de N. D. d'Ulmet ; 3° celui-ci avec le farot des Tinhes ; 4° celui-ci avec le farot du gras de Passon, au Rhône ; 5° celui-ci avec le farot du château de Fos ; 6° celui-ci avec

---

[1] La Bible mentionne souvent des habitations de ce genre : *Josaphat ædificavit domus ad instar turrium*, (Par. II, 17). *Fiat abundantia in turribus tuis*, (Ps. CXXI). *Quis ex vobis volens turrim ædificare...* (S. Luc, XIV, 28). Les chrétiens des premiers siècles suivaient cette idée en donnant la forme d'une tour au tabernacle, maison de Dieu parmi les hommes. Constantin offrit à la basilique du Vatican *patenam cum turre et columba*, le pape saint Hilaire au baptistère de Latran *turrem argenteam et columbam auream*, etc.

le farot du Château Marseillais, *Port de Bouc*, qui est du domaine de l'île Saint-Genès ; 7° celui-ci avec celui de La Couronne qui est du domaine du prieur de Saint-Genès ; 8° celui-ci avec une église nommée Rot, *N. D. du Rouet*, près le château de Carri, dans le territoire de Martigues; 9° celui-ci avec la B⁻ Marie de la Garde à Marseille. » Et ainsi jusqu'à la Turbie inclusivement. Au moyen des signaux convenus, dit le chan. Giraud, *Documents relatifs aux Farots*, une nouvelle était transmise d'une extrémité de la Provence à l'autre en une demi-heure.

Le même système de signaux reliait à la ville d'Arles, en un quart d'heure, les Saintes Maries, par les tours de Méjanes et de Mondony, et les bouches du Rhône par les tours de Fieu, d'Allein et de Mollégès.

Les plus récentes enfin, comme la Tour Saint-Genès, qui date de 1656, et la Tour Saint-Louis bâtie en 1737, sous Louis XV, s'élevaient sur la côte pour la perception des droits de douane et la surveillance des corsaires barbaresques. En un siècle et demi, les atterrissements ont porté l'embouchure du Rhône à deux lieues au sud de Saint-Louis.

Quelques invalides étaient préposés à la garde de la Tour et des deux ou trois canons qui la défendaient, ainsi qu'à l'entretien d'un petit phare. Auprès de cette tour quelques douaniers et baliseurs étaient groupés. On avait construit une chapelle, mais nul prêtre ne la desservait régulièrement, c'est pourquoi les habitants, ainsi que les marins de « quantité de barques retenues par les vents contraires en ce triste désert », envoyèrent en 1778 à Mᵍʳ du Lau, une supplication qu'avait rédigée M. Villard, commandant du fort. « Nous espérons que vous viendrez nous visiter, Monseigneur. Nous faisons nos prières dans nos cabanes ou à l'entour de la chapelle dont un particulier a emporté la clé. On y a mis un entrepôt pour des étrangers et nous ne pouvons y entrer. Nous ne pouvons aller à Saint-Trophime à cause de la distance, et pourtant nous avons besoin d'avoir un pasteur. » Le résultat de cette pétition si chrétienne fut que le curé de Saint-Trophime alla dire la messe à Saint-Louis tous les dimanches : le service a duré jusqu'à la Révolution.

Il ne fut point rétabli après le Concordat, le siège de la paroisse Saint-Trophime ayant été transféré sur l'autre rive. Depuis, une ère nouvelle s'est ouverte à Saint-Louis par le creusement du canal qui unit le Rhône au golfe de Fos, et permet d'éviter les embouchures du fleuve dangereuses ou impraticables. Ce beau canal, long de 3 kilomètres 300 m., aussi large et aussi profond que celui de Suez, avec un excellent port de 12 hectares à quais verticaux, fut terminé en huit ans, de 1863 à 1871. A plusieurs reprises, des fièvres paludéennes d'une rare malignité, produites par le creusement des terrains marécageux, sévirent cruellement dans les chantiers. Les curés du Mas-Thibert, de Faraman et de Fos accoururent et se multiplièrent auprès des ouvriers malades dont un grand nombre put recevoir les secours de la religion.

Le mouvement atteint une moyenne annuelle de 2500 navires, portant 600,000 tonnes et payant deux millions de francs à la douane : ces droits se sont même élevés à trois millions et demi en 1894. Depuis l'ouverture du canal et celle du chemin de fer, la population n'a cessé de progresser : elle s'élève à 1500 hab. au moins, très flottante, installée avec un beau désordre en des masures primitives dont l'aspect ne manque pas de pittoresque. De larges rues, de longs boulevards sont tracés sur les terrains de la Compagnie : quelques belles maisons même y sont bâties, un palais des postes, un vaste hôtel, premières amorces de la future grande ville.

L'agglomération s'étend sur les communes d'Arles et de Fos, et sur les limites extrêmes des paroisses de Faraman, au-delà du Rhône, de Mas-Thibert à 22 kil., et de Fos à 15 kil., sans route aucune.

A partir de 1870, la Tour Saint-Louis fut desservie par un vicaire de la Major, indemnisé par l'Etat; plusieurs prêtres aidèrent ensuite le curé de Faraman à continuer ce service avec quelque régularité.

C'est en 1881 que le pays se peupla rapidement, lorsque la Compagnie Générale de Navigation et plusieurs autres fondèrent des établissements auprès du nouveau port, inutilisé les dix premières années.

L'ancienne chapelle se trouvait sur la ligne des nouveaux quais, on l'acheta à la ville d'Arles qui promit d'en construire une nouvelle. En attendant la réalisation de cet engagement, une chapelle et un presbytère provisoires ont été aménagés en 1883 : cette *chapelle Saint-Louis* fut bénite le

26 novembre par le P. Alphonse, collaborateur du P. Xavier de Fourvières, alors chargé de la cure de Faraman, tous deux prémontrés expulsés de l'abbaye de Frigolet.

Un aumônier à résidence, curé de fait, considéré légalement comme vicaire libre de Faraman, fut établi en 1886, avec l'aide de quatre grandes maisons de la place.

Saint-Louis réclame son autonomie communale et religieuse avec une persévérance et des raisons dignes du meilleur succès.

TRÉBON et GRÈS
Tripontius et Grisium

FONTVIEILLE
Fons Vetus

Fontvieille doit son origine à ses carrières. En 1400, le roi Louis II, autorisé par l'abbé de Montmajour, seigneur du lieu, commença l'exploitation de la pierre blanche dans la colline du Castellet, pour l'achèvement du château de Tarascon. Deux siècles plus tard, un nouveau chantier s'ouvrit non loin d'une source désignée dans les titres de l'abbaye sous le nom de « font vieille », *fons vetus*. L'emploi de cette pierre se généralisa rapidement. C'est ainsi que le hameau qui s'était groupé autour du prieuré fortifié de *Saint-Ferréol*, dont subsiste la tour du XIIe siècle, devint un grand village, auquel on bâtit une église dédiée à Saint-Pierre, titulaire de l'abbaye de Montmajour et aussi d'une antique chapelle dans la montagne, qui avait été la paroisse primitive de cette communauté.

Les fondateurs de Fontvieille au XVIIe siècle provenaient de trois centres, Saint-Joan du Grès, Saint-Victor, le Castellet.

1. *Saint-Jean du Grès.* — En 1067, Raynald Rostang et son épouse Narbone offrent à Saint-Victor une grande terre près *S. Joannes de Grisio*. Cette chapelle qui donnait son nom au quartier demeura le centre d'une population assez importante, et garda le siège de la paroisse jusqu'en 1670.

2. *Saint-Victor.* — Le domaine sur lequel cette chapelle fut bâtie avait été donné à Saint-Victor par quatre époux, Onald et Rodolène, Adalard et Bonilde, le 23 mai 817, « l'an quatre de l'empereur Louis ». Durant la période malheureuse qui suivit la mort de Charlemagne, l'abbaye n'ayant pas de chef fut représentée par Wadalde, évêque de Marseille, qui reçut la donation. Ce domaine, nommé « Sous Mont », *Sub Monte*, était situé « sur le fleuve de Durance ». Un siècle et demi plus tard, Sous Mont se trouvait la propriété du comte Guillaume le Grand qui l'accorda à l'un de ses magistrats nommé Lambert et à son épouse Walburge : ceux-ci le transmirent à Montmajour en 976.

Cinquante ans après, les vicomtes de Marseille Guillaume et Foulque, qui s'étaient constitués les protecteurs de Saint-Victor, entreprirent de lui faire restituer tout ce qui lui avait été enlevé. « Il y a longues années, disaient-ils dans une charte de 1030, le monastère de Marseille fut détruit par les Vandales (sarrasins) ; ses propriétés furent usurpées par divers, les titres disparurent ou furent brûlés. Nos parents ont récemment ramené les serviteurs de Dieu dans leur demeure. Ceux-ci nous ont priés de les remettre en possession de certaines terres, aujourd'hui de nos domaines, mais que le monastère possédait *en l'an quatre de l'empereur Louis. Pour le salut de nos âmes, du consentement des seigneurs comtes Geoffroy et Bertrand, qui abandonnent tous droits qu'ils pourraient avoir, nous les donnons et rendons* au monastère de Saint-Victor, martyr de Marseille. Ces biens sont au comté d'Arles, la villa nommée *La Chus*, une autre villa nommée *Vetula Tula* ou *Sous Mont, en laquelle se trouve l'église Saint-Victor*, et une autre petite villa nommée *Scrivignana*. Leurs limites vont jusqu'à la montagne Saint-Gabriel, sur le fleuve de Durance, de là jusqu'à la palus et de la palus jusqu'au territoire de Felaurie... »

Cette suite de donations contradictoires amena entre Montmajour et Saint-Victor des contestations que dirima le compromis du 11 novembre 1040, préparé par l'archevêque Raimbaud et Guillaume vicomte de Marseille. Il attribuait à Montmajour l'église Saint-Victor, et à l'abbaye marseillaise le prieuré de Bouc, non loin de là.

Un domaine voisin, *Débugnière*, enlevé à Saint-Victor pendant le Xe siècle par un vicomte de Marseille, fut restitué par ses petits-fils, les uns en 1041 « donation et *restitution* faite, *régnant en Provence personne* »; les autres en 1044 « donation et *restitution* faite, regnante Anricho imperatore ».

Ces exemples prouvent que les nombreuses donations faites aux monastères au XIe siècle n'étaient souvent que des restitutions de biens volés durant les périodes semi-anarchiques qui suivirent les invasions des Sarrasins et la mort de Charlemagne.

En ces temps, la région qui s'étend vers Saint-Gabriel et Laurade et plus haut encore, comme celle au levant et en aval d'Arles, étaient traversées par un bras de la Durance, inondées fréquemment par le Rhône, et par les flots de la mer quand le vent du midi les repoussaient. Elles formaient un immense étang, coupé d'îles, et qu'on nommait la *mer d'Arles*. En 1060, le comte Geoffroy obligeait à payer la dîme des poissons à Montmajour « tous pêcheurs des villas de Contignargues (le Castellet) et de Saint-Victor, et tous ceux qui habitent les montagnes entourées d'eau aux environs du monastère. »

Le desséchement de ces marais fut commencé par les moines des deux abbayes, et fortement avancé par eux, sinon terminé. En 1215, l'Eglise d'Arles et Montmajour transigèrent au sujet des terrains conquis sur ces marais. L'évêque, le prévôt et le doyen d'Avignon, pris pour arbitres, déclarèrent que la partie des marais qui avait été desséchée sur la route des Baux appartiendrait en commun aux deux parties.

3. *Le Castellet* est nommé dans un diplôme du comte Boson, en 963, adjugeant à l'abbaye « Castelletum cum territorio et pertinentiis »; dans la bulle d'Innocent III, 1206, « Castelletum Montis Majoris ». Cette villa était donc fortifiée dès le Xme siècle.

L'abbé Guillaume de Bonnieux céda le Castellet moins le haut domaine, à la république d'Arles, celle-ci s'engageant à protéger Montmajour et les environs, 1226. Malgré la série des hommages rendus aux comtes de Provence par les abbés, entr' autres par Raymond II, en 1267, les arlésiens contestèrent ce haut domaine à l'abbaye, mais l'abbé Pierre de Beaujeu s'adressa à la reine elle-même, pour lors à Naples, et il en obtint la reconnaissance formelle de ses droits. A l'arrivée des lettres royales, les arlésiens, déçus et furieux, surprirent le Castellet pendant la nuit et firent prisonniers les moines et leurs serviteurs, 29 décembre 1365.

Cependant le sénéchal Raymond d'Agout chargea Gautier d'Ulmet de ramener à la raison ces exaltés, mais ceux-ci, soutenus par le juge royal, méprisèrent toutes les invitations qu'on leur adressa. Tout dut rentrer dans l'ordre, car en 1369 l'abbé Pons de Ulmo rendait hommage au sénéchal pour tout le Castellet. L'accalmie fut courte. Les arlésiens reprirent les armes et s'attaquèrent à l'abbaye elle-même : les moines furent expulsés, les cloches brisées, les meubles pillés et brûlés. Cette incursion décida Pons à bâtir la grande tour qui subsiste encore.

Les ruines causées par les arlésiens et bientôt le déplacement d'ouvriers amené par l'exploitation des carrières nouvelles dépeupla le Castellet au profit de Fontvieille ; l'exode s'acheva avec le XVIIe siècle. Le château devint la maison de plaisance des abbés de Montmajour.

— On célébrait à Fontvieille la fête patronale de saint Pierre ès liens avec grand éclat. Le fermier de l'abbaye donnait une somme importante aux abbats, chargés d'organiser ces divertissements et les jeux. Une autre fête, dite des agricultours, revenait, chaque année, un dimanche après la moisson. Elle datait de 1766, année où un autel fut dédié à saint Eloi dans l'église.

— Louis *Galissard*, natif de Tarascon, âgé de 30 ans, vicaire à Fontvieille, novembre 1791-août 1793, prêta le serment et fut élu membre de la municipalité lors du soulèvement général contre la Convention. Condamné à mort comme contre-révolutionnaire par le tribunal criminel de Marseille, le 25 ventôse 1794, il fut exécuté le lendemain.

Aubert, J.-B.-Siméon-André, né à Fontvieille en 1734, augustin réformé du couvent de Saint-Pierre à Aix, où il professait la théologie, prêta serment à la constitution civile et devint un des vicaires épiscopaux de l'intrus Benoît Roux. Après la mort tragique de celui-ci, Aubert fut reconnu par les schismatiques comme président du presbytère des Bouches-du-Rhône. Poursuivi comme fédéraliste, il se cacha chez son frère dans la campagne d'Arles et ne revint à Aix qu'après la chute de Robespierre. Pour vivre, il établit alors, près les Pénitents-Bleus, une école où chaque élève apportait un sou par jour. Après trois ans de fermeture, il rouvrit Saint-Sauveur au culte. En 1797, il fut choisi comme second évêque constitutionnel des Bouches-du-Rhône. Sacré à Saint-Sauveur le dimanche 6 mai 1798, par les intrus des Basses-Alpes, du Var et de Vaucluse, il assista au conciliabule national de 1802, tenu à Notre-Dame, où il s'opposa à l'introduction de la langue vulgaire dans la liturgie et rédigea le rapport pour le maintien des métropolitains.

Après le Concordat, il adressa sa démission au pape par lettre datée d'Aix, 24 vendémiaire an X. Il vécut depuis à Fontvieille d'une pension de trois mille francs que l'Etat lui faisait, menant une vie retirée et charitable, édifiant par sa piété à l'église paroissiale, où il disait la messe tous les jours. Mᵍᵉ de Cicé l'autorisa à donner la confirmation aux enfants de la paroisse ainsi qu'à officier pontificalement à Noël, à Pâques et à la procession de la Fête-Dieu. Agé de 75 ans, il fit le voyage de Rome pour marquer son entière soumission. Pie VII l'accueillit avec bonté et lui donna son portrait. André Aubert mourut à Fontvieille le 16 février 1846, après avoir reçu tous les sacrements et rétracté de nouveau ses erreurs. Sa famille a conservé sa crosse en bois sculpté, sa mitre, ses gants et le souvenir du pape.

— 1790, 1500 hab.; un curé nommé par l'archevêque, prieur-décimateur, et un vicaire. La paroisse fut comprise dans le territoire d'Arles jusqu'en 1786. Les marguilliers et syndics de la paroisse firent opposition à cette séparation, mais un arrêt du parlement d'Aix, du 28 juin 1787, les débouta et les condamna aux dépens. Au Concordat elle a été agrandie d'une fraction du territoire des Baux. — 1897, 2550 hab., un curé-desservant et un vicaire; archiprêtré d'Arles, doyenné de Saint-Trophime. — Les *Frères Maristes* de Lyon y tiennent école depuis 1853, et les *Sœurs de la Présentation*, du Bourg, depuis 1847.

Église, tit. saint Pierre, patron du pays. Bâtie en 1695 ainsi que le clocher; agrandie en 1765-68; consacrée par Mᵍᵉ Forcade, 18 juillet 1876. Beau maître-autel, par Ducroit,

1874. Epit. et sép. de M. Claude Jouffret, ancien curé et bienfaiteur du pays, † 1873. — Nouveau campanile, 1867.

Chapelles. — *Saint-Pierre d'Entremont, S. Petrus inter Montes*, sur un mamelon, voisin du chemin de Saint-Etienne; ancien prieuré fortifié avec de belles ruines, mentionné dans la liste synodale de 1213 : « Eccl. S. Petri inter montes, 4 den. »

Saint-Jean du Grès, S. Joannes de Grisio, ancienne paroisse, où l'on est allé en procession le 24 juin jusqu'à la Révolution ; église romane du XI° siècle.

Saint-Victor. — Un des actes analysés plus haut, portant donation d'une terre de 33 dextres de long sur 16 de large, dimensions mêmes de la chapelle, avec un petit terrain autour, prouve qu'elle remonte à l'an 847 environ. « Il s'y trouve, dit M. Revoil, une élégante frise dans laquelle se déroule une grecque aux couleurs variées ; des poissons tenant un brin d'herbe dans la bouche sont disposés sur des cartouches placés dans un des vides de cet ornement. Cette décoration murale dont ce fragment seul est encore complet aujourd'hui, a dû être exécutée par un maître habile du XII° siècle, si on en juge par les quelques parties des draperies des figures qui en faisaient le motif principal. » Liste de 1213 : « Eccl. S. Victoris de Castello, 4 den. »

Sainte Marie de Montpahon. « Eccl. S. Marie de Monte Pavone, 4 den. » (1213). En ce château, Antoine de Baux, chanoine de Toulon, rédigea son testament, 1274 : « Je veux et ordonne que lorsque j'aurai quitté la vie, mon corps soit déposé dans notre chapelle de Montpahon une année, au

bout de laquelle il sera transporté dans l'église de Silvacane où il sera enseveli... Je lègue aussi, pour l'amour de Dieu et la rémission de mes péchés, aux filles de Pierre de Luisa, gouverneur de notre château de Montpahon, deux cents florins d'or pour les marier... Fait à Montpahon, dans la chambre où le testateur était malade », et où il mourut.
— Non loin, bas-relief représentant un taurobole : autel païen accosté d'un taureau et surmonté d'une coquille, avec le nom de l'auteur du vœu, *M. Lucinius Aereptus.*

LANSAC
Lancaïcus

« Je Guiniman et mon épouse Marie avons consacré un de nos fils nommé Bermond au service de Dieu, dans le monastère Saint-Victor, sous la règle de saint Benoît. Aujourd'hui nous donnons à cette abbaye une partie des biens que Dieu nous a accordés, dans le comté d'Arles, non loin du Rhône, dans la villa nommée jadis Rusticella, au lieu Macianicus, et à *Lancaïcus*... Rédigé l'an du Seigneur mille quinze, au castrum de Rians, comté d'Aix, sous le règne de Rodolphe, roi des Alemans et de Provence. » C'est la plus ancienne mention de *Lansac*.

Ce hameau paraît avoir été fondé par les habitants d'Ernaginum, après la ruine de cette bourgade. Établi sur un mamelon au-dessus d'une plaine souvent inondée, il fut protégé contre les surprises par un castrum que bâtirent les premiers seigneurs des Baux.

On le trouve, en effet, sous leur pouvoir dès l'origine. Plus tard, en 1234, il fut donné aux Templiers, moins la haute seigneurie, par Hugues de Baux, vicomte de Marseille.

En 1284, Bertrand de Baux, autorisé par le sénéchal de Provence — ceci montre la dépendance infligée par les comtes à cette maison — établit, après enquête, les bornes de plusieurs de ses possessions, *Saint-Jean du Grès en Trébon*, le château de *Mouriès*, etc. Le terroir de Lansac s'étendait alors « de l'hôpital de Saint-Gabriel, en passant par le chemin baussenc jusqu'à Pesolos, et de là jusqu'à Mourret, d'où, en passant par le chemin de Saint-Pierre qui est au Trébon, jusqu'au Rhône, et du Rhône jusqu'à Lansac, d'où, en passant par la Duransole, jusqu'au pont de Cantarel, et de là, par la Levade jusqu'à Saint-Gabriel ».

L'église de Lansac, dédiée primitivement à Saint-Pierre, depuis sans doute qu'elle appartenait à l'abbaye marseillaise, le fut à Notre-Dame, au XIIe siècle, quand elle passa au chapitre d'Arles, changement analogue à celui que nous avons constaté pour l'église de Trets. Une bulle de 1194 confirme en effet aux chanoines la possession de l'église de Lansac, dont les revenus sont affectés à l'habillement desdits chanoines.

« Eccl. S. Marie de Lansac » est taxée dans la liste de 1213 à 8 boisseaux de froment et 4 de vin, plus 12 deniers synodaux.

— 1790, 400 hab., curé, inamovible depuis 1686, nommé par le chapitre d'Arles, prieur-décimateur. — 1897, 300 hab., un curé-desservant, doyenné de Saint-Jacques, archidiaconé de Tarascon, à la commune duquel ce quartier appartient.

Église, tit. l'Assomption (patron, Ste Marthe), du XIe siècle, intéressante et bien conservée.

CHAPELLES. — SAINT-GABRIEL. Le plus vieil édifice chrétien du diocèse qui ait gardé son intégrité. Aux pieds du mamelon sur lequel il élève son profil gracieux, dort un bourg antique, l'Ερναγινον de Ptolémée, *Ernaginum* de l'Itinéraire d'Antonin et des Vases Apollinaires, *Ernagina* de la table de Peutinger, *Arnagine* de l'Itinéraire de Bordeaux à Jérusalem. En cet endroit, un bras de la Durance baignait les Alpines expirantes. Ce bras se détachant en amont du pont de Rognonas venait, par Graveson et Laurade, joindre les lagunes arlésiennes qui, remontant au nord jusqu'aux Alpines, assuraient vers le midi une communication avec la mer plus directe et plus sûre que celle du Rhône.

Dans cette position solide et de ravitaillement facile, Marius attendit les Cimbres et les Teutons, à leur retour d'Espagne, 104 av. J. C. Son camp s'étendait sur la voie Aurélienne, d'Ernaginum jusqu'à Glanum. Il utilisa ces deux ans d'attente, en faisant creuser par ses légionnaires les *Fosses*

Mariennes, sorte de chenal à fond régulier qui mettait son camp en rapport direct avec la mer.

Ernaginum paraît avoir été le port d'attache des utriculaires [1], bateliers qui, à travers la lagune, transbordaient sur des radeaux soutenus par des outres gonflées les marchandises apportées par les barques de la Durance ou celles du canal. C'est donc à un peuple de matelots et de convoyeurs que les premiers missionnaires prêchèrent l'Evangile.

— L'apparition qui détermina la conversion de Constantin se produisit en Gaule : les témoignages contemporains l'attestent, chrétiens aussi bien que païens. Or, en Gaule, la région arlésienne est la seule qui conserve une tradition à cet égard. Il ne faut donc pas chercher ailleurs le théâtre de ce grand évènement.

Donc, au printemps de 312, Constantin quittait la ville d'Arles où il avait passé l'hiver, et, suivi d'une armée de 85,000 hommes, se dirigeait vers les Alpes Cottiennes par la voie d'Arles à Milan, passant devant Ernaginum, Glanum, Cabellio. L'après-midi du premier jour, *horis diei meridianis, sole in occasum vergente* [2], tandis qu'il suivait le nord des Alpines, il aperçut sur sa droite planant dans le ciel au-dessus des Alyscamps et de la Crau une croix lumineuse et sur cette croix ce mot : Ἐν τούτῳ νίκα, *Sois vainqueur par ceci*. Toute l'armée fut témoin du prodige. Cons-

---

1 Les *utriculaires* semblent n'avoir travaillé qu'aux bouches du Rhône et aux Portes de Fer. Les inscriptions les mentionnant ont toutes été trouvées aux environs d'Arles et de Temeswar.

2 Eusèbe, *De vita beatissimi Constantini*, l. I, c. XXXIII.

tantin plaça le monogramme du Christ sur ses enseignes et décora de la croix le casque de ses soldats. Selon qu'il lui avait été prédit, sa marche de Suse à Rome ne fut qu'une suite de victoires. Et le triomphe de l'empereur devint le triomphe même du christianisme.

— Plusieurs antiquités chrétiennes proviennent d'Ernaginum : des tombeaux portant le monogramme du Christ, — le couvercle d'un sépulcre chrétien avec des oiseaux sculptés [1] et la brève formule Γοργονι χαιρε, *Gorgon, sois heureux*. Ce nom de *Gorgon* fut peut-être celui d'un martyr en cette période des persécutions qui demeure enveloppée de si épaisses ténèbres dans notre midi; — *l'autel* déposé à l'entrée de la crypte de Sainte-Marthe que M. Corblet, *Hist. de l'Euchar.* dit « très antique » et M. Martigny, *Dict. des Antiq. chrét.*, « remontant à la plus haute antiquité »; ce vénérable monument n'est point postérieur au V° siècle.

Il était sans doute en place dans la basilique Saint-Philippe, dont les ruines l'ont rendu à la lumière, quand saint Césaire venait y célébrer les saints mystères. En 529, *in loco Ernaginensi*, le saint évêque guérit d'une blessure mortelle le patrice Liberius, préfet du prétoire des Gaules. Tombé dans une embuscade des Wisigoths, sur l'autre rive de la Durance, à cinq cents pas du bourg, Libère avait reçu

---

[1] « Que sur les tombeaux les oiseaux symbolisent l'âme des défunts, c'est ce dont on ne peut douter devant un très ancien marbre de Rome où sont gravés deux oiseaux sur les têtes desquels se lisent les noms des deux personnages ensevelis ». De Rossi, *Inscript. christ. u. Romae*, I. 937. Mais, dans les premiers siècles, c'étaient les martyrs qu'ils symbolisaient de préférence, allusion au verset du Ps. 123 : *Anima mea sicut passer erepta est de laqueo venantium*. Tertullien, (*de Resurrect*. 52) en témoigne : « Alia caro volucrum, id est martyrum, qui ad superiora conantur... ».

un coup de lance qui lui perfora un organe vital. Il repassa à grand'peine la rivière et, arrivé en face d'Ernaginum, tomba en murmurant avec peine cette demande : Il n'y a plus de remède pour moi, appelez vite le seigneur Césaire. Le messager trouva le saint donnant des ordres dans le jardin de son monastère. Césaire partit sans retard pour Ernaginum et trouva Libère étendu sur un lit, ne reconnaissant pas même sa femme et sa fille unique. Une voix mystérieuse dit alors au malade : Voici le saint, il arrive. « Aussitôt j'ouvris les yeux, et je vis le serviteur de Dieu qui s'approchait de moi. J'avais perdu tout espoir, quand, par une inspiration divine, je saisis sa main et la pressai avec force sur mes lèvres. J'appliquai son manteau sur ma blessure et en un instant le sang qui n'avait cesser de couler depuis plusieurs heures fut étanché, si bien que je recouvrai et la vie et toutes mes forces. Et si on me l'eût permis, j'aurais enfourché mon cheval pour revenir à Arles le jour même [1]. » Agretia, femme du patrice, fut à son tour guérie par la puissance du saint. Et les deux époux reconnaissants élevèrent à Orange la basilique Sainte-Marie que saint Césaire consacra en leur présence pendant le célèbre concile de 534.

— Au X° siècle, Ernaginum a disparu, soit détruit par les Wisigoths ou les Sarrasins, soit abandonné par suite de l'envasement des canaux et du déplacement du trafic. La chapelle Saint-Gabriel fournit alors au quartier son unique appellation : « Montem S. Gabrihelis juxta fluvium Durencie »,

---

[1] *Vita S. Caesarii*, lib. II, n. 8 et 9.

charte de 1030 ; « Via publica quae porgit ad pontem S. Gabrihel », charte de 1067. Le péage subsistait encore au milieu du XIII° siècle. On payait pour un porc un denier, un mouton une obole, un bœuf ou cheval deux deniers ; une charge de noix ou d'amandes, ou de vaisselle, *olla*, etc., 2 deniers [1]. Quand le roi René le céda aux Célestins d'Avignon, il avait perdu toute importance.

L'église Saint-Philippe sur la rivière paraît avoir servi de paroisse à Ernaginum. On en voyait des traces il y a peu d'années, mais ces ruines appartenaient à l'édifice qui dans le haut moyen-âge avait remplacé la basilique primitive.

L'existence de Saint-Gabriel est constatée en 858 par un diplôme de Charles le Chauve. D'accord avec sa femme Hermentrude, l'empereur fait don à Saint-Maurice de Vienne, de « l'église Saint-Gabriel, non loin de la ville d'Arles, avec ses terres et prairies, tous les moulins sur Durance et les pêcheries. »

L'Eglise de Vienne céda par la suite ses droits à celle d'Arles qui, l'an 1178, les transmit à Saint-Victor en échange de Vaquières. La liste de 1213 taxe Saint-Philippe 5 deniers, et Saint-Gabriel 6 deniers. Saint-Philippe fut délaissé le premier. L'*Etat* de 1770 comprend « le prieuré sans cure de Saint-Gabriel et Saint-Philippe unis, juspatron l'abbesse de Saint-Honorat de Tarascon. »

En 1803, Saint-Gabriel qui n'avait jamais été paroisse, faillit le devenir sur la proposition du préfet Thibaudeau,

---

1 Bibl. Nationale, man. fr. 9889.

mais Mgr de Cicé obtint, au lieu de cette création inutile, le rétablissement plus justifié de Saint-Etienne du Grès.

Malgré ses onze siècles, malgré les ravages d'un incendie dont il porte les traces, Saint-Gabriel s'est conservé intact, remarquable par la simplicité de sa nef et la magnificence de sa façade. Le soleil couchant a jeté sur les pierres du portique cette teinte d'or safrané qui s'allie si bien à l'azur du ciel provençal. M. Revoil a reconnu sur ces murs les noms des principaux ouvriers qui les élevèrent, *Bertrandus, Salvator, Gilbertus,* et cet *Ugo* qui fut un grand architecte, car son nom se retrouve en nombre de vieilles églises romanes. « Sur la façade, un grand arc abrite la porte encadrée par deux colonnes surmontées d'un fronton triangulaire terminé par l'agneau pascal. Au-dessus une archivolte originale entoure un oculus orné de feuilles et de têtes et flanqué des symboles des quatre évangélistes. L'ordonnance de ce portail rappelle dans ses détails celle de N. D. des Doms : son ornementation et ses profils sont la reproduction presque fidèle des décorations romaines du Bas-Empire. » Revoil, *Archit. romane,* 17.

A remarquer, au tympan, *Daniel dans la fosse aux lions* et *Habacuc transporté par l'Ange ; Tentation d'Adam et d'Eve,* que nous retrouverons à Eyragues et à Boulbon ; au fronton, *Annonciation,* une colombe repose sur le sein de Marie, tandis que Gabriel la salue ; *Visitation.* Textes : « Ave Maria grâ plena Dns tecû. — Angelus Gabrihel. — S. Maria mater Dni. — Elisabeth ».

A l'intérieur, trois travées voûtées, abside circulaire :

statuette d'Ange qui dominait la façade. * *Inscription de Fronton*, la plus ancienne qui fasse mention de la ville d'Aix : « D. M. M. Frontoni Eupori, Seviri Aug. col. Julia Aug. Aquis Sextis, navicular.... Aux Mânes de M. Fronton Euporus, sextumvir augustal de la colonie Julia Augusta des Eaux Sextiennes, batelier marin d'Arles, curateur du corps desdits bateliers, patron du syndicat des bateliers de Durance et des utriculaires d'Ernaginum, Julia Nice son épouse à son très cher époux. » (Epoque d'Auguste). Cette chapelle est classée comme monument historique.

Renouvelant ce qui lui avait si bien réussi aux derniers chants de *Mirèio*, Mistral a fait se dérouler autour de Saint-Gabriel les scènes dramatiques qui couronnent le poème de *Nerto*.

Après avoir erré toute la nuit, Nerte, éperdue, entend la cloche de la chapelle : l'ermite lui en ouvre l'entrée et elle y pleure toutes ses larmes. En vue de Saint-Gabriel se produit enfin le cataclysme qui foudroie la pauvre enfant. Tandis que l'archange présente à Dieu l'âme virginale de Nerte et celle de Rodrigue repentant, le corps de la jeune fille reste fixé dans le sol tel qu'une statue de pierre : c'est la Mourgue qu'on voit encore dans le champ de Laurade,

> Mudo, plantado coum' un terme.

Entre temps, le poète a décrit le site, l'église, le portail, avec autant d'élégance que de précision technique,

> La pichouneto baselico
> De Sant-Grabié, pas liuen d'aqui,

Semblo, pécaire, se langui,
Per li crestian abandounado
Despiei d'annado e mai d'annado.
Entre li tousco d'oulivié
A sa façado, sant Grabié,
Sout' uno arcado crouseludo,
La Santo Vierge iè saludo
En disènt : *Ave, Maria !*

SAINT-ETIENNE DU GRÈS

Sanctus Stephanus in Grisio

Le territoire de cette paroisse en comprend deux anciennes qui appartenaient à des diocèses différents, *Laurade* et *Saint-Etienne*.

LAURADE, *Laurata,* (ancien diocèse d'Avignon) n'est plus composé que de quelques fermes mais, durant le haut moyen-âge, ce fut un bourg important, placé sur le bras de la Durance qui de Rognonas se dirigeait vers Saint-Gabriel. Deux châteaux-forts, avec leur village chacun, défendaient le pont sur lequel passait la voie d'Arles à Milan : l'un appartint aux Templiers, puis aux Hospitaliers; l'autre fut long-temps disputé entre la couronne et les habitants, à qui il fut enfin cédé par la régente Marie de Blois, après sa destruction par Raymond de Turenne en 1390, à la condition que les murs ne seraient point relevés et que les tours encore debout seraient abattues : on n'épargna que l'église.

En l'an 1000, le 5 février, devant Pons, évêque de Marseille, une pieuse chrétienne, Ermengarde, se qualifiant d'humble pécheresse, avait fait don au monastère Saint-Genès des Alyscamps, de divers biens, situés dans le comté d'Avignon, à l'extrémité de la *villa Laurata*. Précédemment, en 873, Arantrude, autre chrétienne de Laurade, avait légué à l'abbaye de Montmajour, où elle voulut être ensevelie, un domaine dans le comté d'Avignon et l'*ager Rupianus* (Roubian), vers les limites de Tarascon.

Au reste, le territoire de Laurade descendait beaucoup au midi, puisque, d'après les actes du XIe siècle, *S. Victor* et *S. Johannes in Grisio* étaient situés « in territorio villae Lauratae ».

En 1040, Bertrand, comte de Forcalquier, et Geoffroy, comte de Provence, cédèrent à Montmajour leurs droits fiscaux sur Laurade ; en 1063, la veuve et le fils de Geoffroy, lui abandonnèrent la condamine comtale de Laurade ; en 1154, Esmenarde d'Estienne, abbesse de Saint-Césaire, lui donnait tous ses droits au même lieu.

De son côté, l'abbaye Saint-Victor avait reçu du seigneur Hugues un domaine confrontant « d'une part le chemin de Tarascon à Laurade, de l'autre la lône de Roubian ». Ce domaine fut usurpé et revint en la puissance des comtes à qui il avait appartenu autrefois. Le comte Geoffroy eut des doutes sur la légitimité de sa possession. « Craignant que Dieu ne me juge avec sévérité pour avoir envahi injustement le bien de l'Eglise, de mon plein gré, j'ai résolu de restituer. » Ainsi fit-il, en 1057, devant les archevêques d'Arles et d'Aix, et les évêques d'Apt, de Glandèves et de Cavaillon.

L'importance de Laurade s'établit surtout par le nombre de ses églises :

Saint-Clément, nommé dans une charte de 1017 « subtus villam Lauradam et eccl. Sti Clementis »; dans le voisinage de la *Mourgue*. Le champ où cette déité, Priape ou Terme, est plantée, fut donné à Saint-Victor en 1035, par Adalras, sa femme et ses enfants, parmi lesquels le diacre Pelitus : « dans le comté d'Avignon et l'ager Rupian, au-dessus de Laurade, au clos nommé *Petra Monica*; borné d'un côté par la voie publique, de l'autre par la *Petra Monica* qui est droite; contenant 2 modiates au-dessus de la chapelle Saint-Clément ». — *Sainte-Marie*, « eccl. S. Marie de Laurata cum eccl. S. Clementis », bulle d'Adrien IV, 1155.

Saint-Thomas, église paroissiale. Une charte de 1030 parle de maisons *ante eccl. S. Thomae*. Avec ses dépendances « eccl. Lauratae totam », elle fut donnée, en 1073, à l'abbaye de Lérins par Adelbert, évêque d'Avignon, dont les successeurs regrettèrent la générosité. C'est ce qu'indique une curieuse lettre du pape Paschal II, en 1100, *Cartul. Lerin* : « Paschal évêque, serviteur des serviteurs de Dieu, à notre cher frère Arbert, évêque d'Avignon, salut et bénédiction apostolique. Comme notre prédécesseur d'heureuse mémoire le pape Urbain vous l'avait écrit, c'est le devoir des évêques d'accorder aux moines aide et protection. Connaissant votre excellent esprit, nous sommes étonnés d'apprendre que vous inquiétez les religieux du monastère de Lérins qui sont sous votre juridiction immédiate. Vous travaillez, paraît-il, à leur enlever l'église Saint-Thomas du castrum de Laurade, sur laquelle leurs droits sont établis par une longue possession et des privilèges du Siège Romain. Nous vous mandons, cher frère, de vouloir bien leur laisser cette église, et de faire en sorte qu'ils la gardent désormais en toute paix et tranquillité. »

Guillaume d'Hugues, prieur de Saint-Thomas, signe un acte à Avignon en 1347. Son prédécesseur, Bertrand Misoldus, chanoine de N. D. *de Donis*, dans un acte au sujet du curé de Graveson, Bérenger Capellarii, se signe « rector eccl. de Laurata ».

En 1484, ce prieuré fut uni à la mense capitulaire par le cardinal Julien de la Rovère, le futur Jules II. Le bénéfice, dépassant 25,000 livres de revenu, fut joint à la dignité d'archidiacre de N. D. des Dons, doyen de Sainte-Marthe, avec nomination du curé. En 1703, Anne de Seytres, abbesse de Saint-Laurent, conclut une transaction avec l'archidiacre Gilles Bohier, doyen de Sainte-Marthe, pour la perception des dîmes de Laurade.

Cette paroisse, supprimée en 1802, avait 200 habitants. L'*église* romane, bien conservée, sert de grange. Sur le mur de l'ancien cimetière : † *De cadaveribus ascendet fœtor.* Is. 54. — *Requiescant in pace, 1727.*

Saint-Etienne (diocèse d'Arles) paraît n'avoir été érigé en paroisse qu'à la fin du XIV° siècle, époque où de nombreux habitants de Laurade saccagé se transportèrent auprès d'une chapelle Saint-Etienne qui remontait au XI° siècle.

A ce quartier se rapporte le miracle suivant. Saint Césaire visitait un jour la région des Alpines, *Alpina loca*, aux confins du diocèse d'Avignon. Il rencontra saint Eucher, évêque de cette ville, et fit route avec lui. Une pauvre femme, paralysée depuis longtemps, se présenta devant eux, réclamant sa guérison. Après s'en être défendu humblement, Eucher se rendit à l'invitation de Césaire, marqua l'infirme du signe de la croix, et, lui donnant la main, la releva guérie.

Le 21 juillet 951, Lanfred et sa femme Mabile avaient donné aux bénédictines de l'abbaye Saint-Laurent d'Avignon [1] des terres labourables et des vignes « près la Durance ». C'est l'origine des droits de cette abbaye sur Laurade et Saint-Etienne. Le reste du territoire de Saint-Etienne fut soumis à ces religieuses en 1180.

Au XVII° siècle, Saint-Etienne, Saint-Lambert et N. D. du Château formaient un seul prieuré rural à la nomination de l'abbesse. L'archevêque en cours de visite, le 20 novembre 1636, constatait que Saint-Etienne et Saint-Lambert avaient remplacé deux autres églises disparues, Saint-Vincent et Saint-Roman de Laurade.

---

[1] Fondée en 918 par Amelius, comte d'Avignon ; restaurée en 1327 par le cardinal Colonna. Elle occupait une notable partie de la place de l'Horloge : le théâtre est bâti sur son emplacement.

« Saint-Etienne du Grès est un prieuré à la nomination de l'abbesse de Saint-Laurent, comme prieur de Saint-Lambert et Saint-Etienne unis. La paroisse s'étend jusqu'au terroir de Saint-Lambert et de Notre Dame de Castel où le curé administre les sacrements. » *Etat* de 1767.

— 1790, 600 hab., un curé nommé par l'abbesse de Saint-Laurent; 1897, 1150 hab., dont 125 de la commune du Mas-Blanc, *Mansus Albus*; les autres dépendent de la commune de Tarascon; un curé desservant; archidiaconé de Tarascon, doyenné de Saint-Jacques.— *Sœurs de Saint-Joseph* des Vans tenant école depuis 1872.

— L'*église*, dédiée à Saint-Etienne (patronne sainte Marthe), présente quelques parties romanes, mais elle est moderne dans son ensemble. Le *gril* de saint Laurent est sculpté aux clés de voûte.

CHAPELLES. — *Saint-Vincent* et *Saint-Roman*, cités dans l'acte de 1180; ces deux églises sont inscrites dans la liste de 1213 comme devant 9 et 6 deniers à l'Eglise d'Arles.

Saint-Lambert, près le Mas-Blanc, chapelle romane qui pourrait être restaurée. Cens de 1358, « prior S. Lamberti, 18 s. »

Notre Dame du Château, sur un mamelon boisé d'un contre-fort des Alpines. Elle possède une antique madone, vénérée de toute la région, mais surtout de ses fidèles tarasconnais. Fait curieux, la légende de ce pèlerinage est en retard sur l'histoire.

Voici la légende. En 1348, la ville de *Briançon*, désolée par la peste, fit vœu d'envoyer une députation au tombeau de sainte Marthe, dès que la contagion aurait cessé. La grâce obtenue, quelques délégués de cette communauté se rendirent à Tarascon. Ils portaient avec eux une image de la Vierge qui était honorée dans une chapelle de la Vallouise. On les accueillit avec bonheur, à cause surtout de la Madone qu'ils apportaient, et que l'enthousiasme populaire nomma dès lors la *belle Briançonne*. Quand elle repartit pour la Montagne, beaucoup ne s'en consolèrent point. Deux ans après, les Vaudois dévastaient la Vallouise, massacrant les catholiques et brûlant les églises. L'ermite Imbert, préposé à la garde de la sainte image, trembla pour elle, et se rappelant combien elle était aimée des tarasconnais, il prit le chemin de la ville de sainte Marthe pour y porter son trésor. Afin de conserver la statue aimée, on lui bâtit une chapelle près du château comtal, et c'est de ce voisinage qu'elle reçut son nom nouveau. Un grand concours s'y faisait, surtout le samedi, jour consacré à la Sainte Vierge. Or, il arriva que les Juifs, qui avaient leur synagogue dans le voisinage, se plaignirent des désagréments que cette affluence leur causait le jour du sabbat. Les tarasconnais, plus que tolérants, transportèrent alors la Madone sur une colline à deux lieues de la ville, assez loin pour ne plus offusquer les yeux et les oreilles judaïques, et les juifs de grand cœur soldèrent la dépense de la chapelle qui y fut bâtie.

L'histoire vraie de cette dévotion sera plus honorable pour la Sainte Vierge et pour le peuple tarasconnais.

Au XII° siècle, la chapelle N. D. du Château, *diocèse d'Arles*, existait depuis un temps non fixé. L'an 1480, en effet, l'archevêque Raymond de Bollène obtint de Mathilde II, abbesse de Saint-Laurent, l'église de Château-Vieux, et en échange lui céda les trois églises de Saint-Vincent, Saint-Roman sur Laurade, et *Sancta Maria de Castello*, avec diverses dîmeries et dominicatures qui prouvaient l'ancienneté de ces églises. (Archives de l'archev. d'Arles, *Livre vert*, f° 316 ; *Livre Rouge*, f° 387.)

Le plateau portait sans doute un ouvrage fortifié, un ancien *castrum*, c'est de là qu'a dû venir l'appellation de N. D. du Château.

Trente ans plus tard, sur la liste de 1213, nous retrouvons cette chapelle ainsi désignée, « Eccl. S. Michaelis de Brianzone, 4 den. »

C'est la même chapelle, quoique le titre soit différent. Cette liste, en effet, ne nomme plus Sainte-Marie du Château, et marque comme limitrophes à Saint-Michel de Briançon les mêmes églises qu'assignait comme telles à Sainte-Marie l'acte de 1180, Saint-Roman et Saint-Vincent.

Le vocable de Saint-Michel est généralement attribué aux églises bâties sur les hauteurs. Dans toute cette région on ne voit pas d'autre chapelle ainsi située à laquelle on puisse rapporter ce nom : il n'y aurait à proximité que Saint-Michel de Frigolet, qui n'est pas dans le diocèse d'Arles. Il s'agit donc de la chapelle du Grès.

Elle doit remonter au X° ou XI° siècle, à l'époque où Saint-Michel de Frigolet et Saint-Michel de Gouiron furent fondés. L'ermite Imbert, qui venait peut-être de Briançon[1], fut sans doute l'auteur de cette fondation, comme l'ermite André le fut de Saint-Michel de Gouiron.

Il est à remarquer qu'en tous ces sanctuaires, la dévotion à la Reine des Anges est associée à celle du Prince des Anges. Le nom de la montagne expliquerait donc la légende de la *belle Briançonne* qui s'est confondue avec l'histoire de la Madone qu'on y honore.

A remarquer encore que dès 1242 on trouve à Tarascon des prieurs de N. D. du Château. Cette dévotion n'a donc pu débuter au milieu du XIV° siècle.

Le style nettement roman de la chapelle ne permet pas d'ailleurs de l'attribuer à l'époque ogivale, au XV° siècle surtout, comme on l'a dit souvent. Une restauration y fut faite sans doute en 1419, mais sa construction est antérieure de plusieurs siècles à cette date.

Quant aux Juifs qui interviennent ici, on a dû probablement exiger d'eux, pour la conservation de leurs privilèges ou tout autre motif, une somme d'argent qui aura été employée à la restauration de la chapelle.

Un point sur lequel la légende et l'histoire sont d'accord, c'est la dévotion des tarasconnais pour la sainte image. Cette dévotion se manifeste surtout le 5° dimanche après Pâques, quand le peuple entier va chercher la *Bénurade* sur la

---

[1] Il est plus probable qu'aucun rapport n'a existé entre Briançon, *Brigantium*, des Alpes et Briançon des Alpines. La racine du mot, *berg* (montagne), se retrouve, en Provence même, dans nombre de noms de lieux rocheux. Brégançon, Bergançon, etc. S. Michael de Brianzone signifierait donc « Saint-Michel du Rocher ».

colline et l'amène à la ville où l'attend un accueil triomphal que suivront quarante jours d'hommages.

N. D. du Château, restaurée en 1859, en suite d'un legs de M{^me} de Taulignan, a été déclarée chapelle de secours par décret du 25 mai même année.

MAILLANE
Malhana

« Gracious, tranquile et siau coume un nis, escoundu per li leïo de ciprès que ié fan calo, enfresqueira per li belli platano que l'environounon d'uno cencho de verduro, e per la Loubo que cascaiejo dins lou foussat de si vièi barri, Maiano es un pichot paradis [1]. » Un *paradis* surtout à cause de la foi traditionnelle de ses habitants et de leur dévotion envers la Sainte Vierge qu'un magnifique miracle a récompensées.

A l'origine de nos villages, on rencontre souvent le nom du comte Guillaume I{^er} qui délivra la Provence des sarrasins. Ce grand prince favorisait les moines en qui il voyait

---

1 D. Savie de Fourviero, *Nouveno a N. D. de Graci*, 1892.

d'infatigables pionniers de la civilisation [1]. C'est lui qui concéda à l'abbaye de Montmajour le territoire de Maillane, alors tout autre qu'aujourd'hui, marécageux et inculte. Par des canaux et des défrichements, les moines le rendirent salubre et fertile.

Ils y bâtirent un prieuré et une chapelle dédiée à saint Pierre, patron de leur abbaye. Autour du prieuré, un village se forma, auquel l'église bénédictine servit de paroisse. Au XIIe siècle, à l'époque où les moines réintégrèrent leurs cloîtres, l'abbé de Montmajour restitua la charge paroissiale aux mains de l'archevêque d'Arles. Celui-ci bâtit une nouvelle église dédiée à *N. D. de Bethléem.*

Ce vocable rappelle l'époque des croisades, et il est à remarquer que l'auteur probable de cette dédicace fut l'archevêque Pierre Aynard, sous la bannière duquel les seigneurs provençaux marchèrent pendant la guerre sainte et qui mourut devant Saint-Jean-d'Acre, 1190.

On trouve dès 1031 Rodolphe *de Malana* qui signe une donation faite à saint Ysarn par Pons de Marignane.

Les bulles d'Eugène III, 1152, d'Innocent III, 1204, d'Alexandre IV, 1258, comprennent parmi les possessions de Montmajour « medietatem de Malhana cum eccl. S. Petri ».

Saint-Pierre est marqué 20 deniers dans la liste de 1213, et *Sainte-Marie*, 4 deniers. Une charte de 1312 en parle encore, *actum in claustro S. Petri.*

---

[1] Revêtu de la robe monacale, il mourut en 992 à Avignon, entre les bras de saint Mayeul, et fut inhumé dans le cloître cistercien de Sarrians.

En 1767, Saint-Pierre était uni à l'office d'infirmier de Montmajour. Démoli peu après, il a laissé son nom à une rue, un pan de muraille dans l'intérieur d'une maison, et une pierre curieuse sur la façade de l'église actuelle.

L'Eglise d'Arles avait des droits importants à Maillane. Ainsi, en 1144, Pons et Bertrand de Château-Renard déclarent à Raymond de Montrond tenir de son Eglise tout ce qu'ils possèdent ; accord de 1287, sur la dîme : « On paiera la dîme en gerbe au 18, les seigneurs au 60 seulement ; pour l'exactitude de la collecte, les gerbes resteront trois jours à terre, avant de pouvoir être rentrées. » En 1210, le prieur de Frigolet reconnaît devoir le 20°, tous frais de cueillette déduits, pour ses terres de Maillane ; en 1260, Simon, prieur de Saint-Remy, accepte que les terres sujettes à la dîme soient partagées entre l'Eglise d'Arles et son église prieurale, fors les vignes des *Alamans* (chevaliers teutoniques) qui seront à l'archevêque seul ; en 1336, les Hospitaliers reconnaissent devoir la dîme pour leurs possessions à Maillane.

Cette paroisse, presque enclavée dans le diocèse d'Avignon, eut de nombreux rapports avec lui. En plusieurs de ses quartiers, les évêques d'Avignon jouissaient de redevances que les archevêques leur contestaient quelquefois, ainsi en 1260, 1287, 1339 : ce dernier litige fut dirimé par Olivier de Cerseto, doyen du chapitre de Poitiers.

— Depuis 1441, Maillane eut pour seigneurs les Porcellets, cette illustre famille dont il était dit *Gens deorum, deinde gens Porcella Malhana*, ce qu'une des devises du roi René rendait ainsi, *Grandeur des Porcellets*. On les voit dès le onzième siècle, fonder ou favoriser les églises et les monastères, établir leur autorité à Avignon, à Martigues, au Vieux Bourg d'Arles, etc. De quatre Porcellets du nom de Guillaume, l'un contresigna le testament du comte Raymond de Toulouse à la croisade, l'autre sauva héroïquement la vie à Richard Cœur de Lion ; un troisième fut le seul français épargné aux Vêpres Siciliennes « à cause, dit l'historien Amiranto, que c'était un homme juste et n'ayant jamais donné sujet de plainte à personne » ; le dernier, d'abord cordelier, gouverna l'Eglise de Digne de 1289 à 1297.

Raynaud de Porcellet occupa le même siège de 1303 à 1348, et mourut, d'après Gassendi, en odeur de sainteté. Sur l'autel de la chapelle du manoir du Breuil, « le bienheureux Reinaud de Porcellet, evesque de Digne » est peint avec le nimbe doré.

Jean des Porcellets de Maillane, fils de Jean, maréchal de Lorraine, et d'Esther d'Aspremont, né en 1582, se rendit à Londres par ordre de Paul V, afin de demander à Jacques Ier le libre exercice de la religion catholique en Angleterre. Il fut l'ami intime de Bellarmin avec lequel il ne cessa de correspondre, et, devenu évêque de Toul en 1609, il fit de Pierre Fourier, le saint curé de Mattaincourt, son instrument et son bras droit pour la réforme des chanoines réguliers et pour la fondation de la congrégation Notre Dame, vouée à l'éducation *gratuite* des filles. « Mgr de Maillane est le principal auteur de la congrégation, après Dieu [1]. » Ce

---

[1] *Lettres* de saint Pierre Fourier, t. V, p. 890.

grand évêque mourut en 1624, âgé de 44 ans à peine. « Litterarum et eruditorum quam studiosissimus, dit de lui *Gallia Christiana*, scientiam ac religionem in diœcesi suscitare non desiit. »

On rapporte à cette illustre famille l'introduction à Maillane du culte de sainte Agathe, la vierge et martyre sicilienne. C'est surtout dans les cas d'incendie [1] que les Maillanais l'invoquaient : ils allaient jusqu'à jeter sa statue au milieu des flammes, persuadés qu'elles s'éteindraient à son contact. La mère de Mistral, nous le tenons du poète lui-même, attestait à son fils avoir été plusieurs fois témoin de cette pratique.

Les réjouissances de la fête patronale, qui se confondait avec le titulaire de l'église, N. D. de Bethléem, le 25 décembre, furent transférées, il y a deux siècles, à la sainte Agathe, 5 février, depuis que le seigneur du pays eut en ce jour-là une enfant longtemps désirée.

— Quoique s'étant déclaré pour *la Ligue*, Maillane ferma ses portes devant les troupes carcistes, à cause des excès qu'elles commettaient. Les soldats furieux pillèrent le village, le 30 novembre 1578. En 1586, ce fut le tour de l'armée royaliste, composée de huguenots en grande partie. Elle mit les maisons à sac, massacra les habitants, profana

---

[1] « Si vous me tourmentez par le feu, dit Agathe au juge qui la menaçait, du haut du ciel les anges répandront sur moi une rosée rafraîchissante. » Traînée sur des charbons ardents, elle ne souffrit aucune brûlure. C'est pourquoi l'Église lui applique ces paroles de l'Ecclésiastique : « Vous m'avez délivrée des atteintes de la flamme qui m'entourait, et je n'ai point été consumée. » Telles sont les origines de la dévotion très ancienne à sainte Agathe contre l'incendie.

l'église : les saintes espèces elles-mêmes furent foulées aux pieds par la soldatesque. Une relation, conservée aux archives municipales, donne ce triste détail : « Les ennemis étaient conduits et commandés par le seigneur de Maillane, ses neveux y étant toujours présents et consentants. »

Entre ces calamités, le conseil municipal affirmait sa fidélité aux lois de l'Eglise, en traitant avec un maître pêcheur des Martigues pour l'approvisionnement de poisson pendant le carême. Cette délibération, du 24 janvier 1580, fut prise dans la chapelle des Avignons, dans l'église paroissiale, « lieu accoutumé à assembler le conseil » dit un acte de l'époque.

— En 1697, Maillane faisait enregistrer ses belles armoiries *de gueules au monogramme JHS d'argent sommé d'une croix de même, avec les clous de la Passion d'argent posés en pointe 2. 1.* Il a l'honneur de les conserver encore telles quelles.

— Les consuls sortant de charge passaient au service du Saint-Sacrement : « A commencer la présente année, dit un règlement du 26 janvier 1769, le jour et feste de sainte Agathe, la charge de prieurs et marguilliers du Saint-Sacrement sera remplie par les consuls sortis de leurs fonctions le premier jour de la présente année, jusqu'au 5 février prochain, auquel les consuls actuels les remplaceront, *nous conformant en cela à ce qui a été pratiqué dans le passé et est d'usage dans les paroisses voisines.* » Ces *Confréries du Saint-Sacrement*, créées sous Louis XIII (à Aix 1638, à Arles 1639), se répandirent des villes dans les villages. Chargées de promouvoir le culte de l'Eucharistie, elles servaient de bureau de charité, faisaient des quêtes pour les pauvres dans l'église et à domicile, et possédaient souvent les attributions des fabriques.

Les municipalités maillanaises se sont toujours montrées les dignes gardiennes de ces traditions : elles les transmettront fidèlement à celles qui leur succèderont.

Ces sentiments chrétiens n'ôtaient rien à l'indépendance quelquefois frondeuse des aïeux. Si, par exemple, le prieur négligeait d'ordonner en temps opportun des réparations à l'église, le conseil députait auprès de l'archevêque pour l'inviter à y procéder, et à défaut agissait pour le contraindre. Cette contrainte est expliquée dans une délibération du XVIIe siècle, c'est « mettre la main sur la dîme ». L'archevêque-prieur était tenu en effet aux grosses réparations de l'église et de la clastre, à payer le premier secondaire et le prédicateur du carême, l'autre secondaire étant entretenu sur les fonds de la chapellenie Saint-Antoine, à la nomination du curé et des consuls.

— En 1721, la peste pénétra dans le village, malgré les fossés qu'on avait creusés autour pour le préserver. Parmi les 110 victimes on compta le secondaire Laville. En cette calamité les consuls firent vœu « d'assister à la procession de saint Roch, avant midi, tête découverte, la corde au col, après avoir communié le matin ».

— Le curé Dupuy-Montbrun refusa le serment schismatique en 1791, et s'éloigna. A la date du 9 janvier 1793, les municipaux ayant demandé au district d'Avignon un autel « de ceux qui avaient été démolis », reçurent le bel autel en marbre de Sainte-Garde que la paroisse possède encore. Les schismatiques ne furent pas longtemps protégés. Ainsi, le club fit un jour parvenir au curé l'ordre d'enlever les chaises « qui ne servent qu'à gêner et contrarier l'esprit de liberté et d'égalité publiques ». En vertu du double esprit susdit, il fallut désormais rester debout à l'église. Devant la chapelle des pénitents transformée en club, on planta un arbre de la liberté et un arbre de la fraternité qui, aussi malades que les idées qu'ils symbolisaient, se desséchèrent bientôt. Les bons citoyens transportèrent ensuite leurs séances à l'église. Ils en laissèrent d'abord la moitié au culte, mais ils restreignirent graduellement cet espace. Refoulés dans le sanctuaire, les jureurs désillusionnés allèrent la plupart se joindre aux réunions clandestines des catholiques fidèles. Entre temps on avait porté à la Monnaie les vases sacrés et le buste de sainte Agathe en argent que les habitants avaient fait exécuter à Avignon en 1769.

— A l'offertoire de la messe de minuit, la corporation des bergers conduisait à l'autel, au son des fifres et des hautbois, un agneau tout enrubanné pour le faire bénir. Elle le donnait ensuite au curé qui en retour offrait à déjeûner aux prieurs après la messe de l'aurore. Cette cérémonie qui s'est maintenue en plusieurs paroisses du diocèse, n'existe plus à Maillane, mais la charrette de saint Eloi revient chaque année le dimanche après saint Pierre.

— En ce siècle on doit relater la bénédiction des cloches par le cardinal Bernet, 12 mai 1846 ; l'inauguration de la

Croix de la place, que M. Mitre Bernard, professeur au collége d'Arles, bénit le 2 mai 1852, après avoir adressé à la foule un vigoureux et solide discours ; et surtout le MIRACLE DU 28 AOUT 1854.

Le choléra sévissait depuis un mois, cent habitants au plus restaient dans le village, parmi lesquels trente-un alités, dont huit à l'agonie. De cette désolation un cri s'échappe vers le ciel : « Notre Dame de Grâce, sauvez-nous ». La statue de Marie invoquée sous ce titre, très vénérée autrefois, mais presque oubliée depuis la Révolution, était reléguée depuis dix ans dans une classe de l'école des sœurs. Trois prêtres, le curé Moulin, le vicaire Fouque et le curé de Ventabren Jailler, enfant du pays, la sœur Saint-Sauveur, dix fidèles, trois hommes et sept femmes, s'organisent en procession, défilé lamentable qui semblait conduire le deuil de tous. On prend la statue, on la porte sur la place au chant du *Miserere*, et on la dépose sur une table, ornée à la hâte de quelques fleurs. Tous tombent à genoux et l'abbé Jailler entonne le *Sub tuum*.

Six heures sonnaient à l'horloge. Le soleil disparaissait à l'horizon, projetant sur cette agonie ses lueurs dorées comme un sourire d'espoir. A cet instant la Mère de Miséricorde souriait aussi à ses enfants malheureux. Elle laissa à peine achever la supplication : subitement tous les malades furent guéris. Plus de cas nouveau, l'épidémie était bien close. Le choléra est revenu depuis en Provence, mais il a toujours épargné la paroisse de Maillane.

Une *procession* d'actions de grâces rappelle les circons_

tances de ce miracle éclatant, inattaquable, attesté par les malades guéris dont plusieurs vivent encore et par de nombreux contemporains. Chaque année, le soir du 28 août, la procession se rend en silence à l'école des sœurs. Comme en 1854 on prend la statue vénérée, vêtue d'une robe violette, les prêtres entonnent le *Miserere* qui se poursuit à deux chœurs. Sur la place, après le *Sub tuum* [1], un orateur redit le miracle dont on ne se lasse jamais d'entendre le récit. L'enthousiasme du peuple se donne enfin libre carrière. Dans la nuit, les cloches jettent aux étoiles les notes joyeuses du carillon, la fanfare frappe ses premiers accords, les maisons s'illuminent sans exception aucune. Tout à coup dans la direction du reposoir sur lequel trône la statue, royalement parée, une mélodie se fait entendre haletante et plaintive : le motif s'élève et puis retombe, tel le marteau sur les planches d'un cercueil. Bientôt le rythme se précipite, une tonalité nouvelle éclate triomphante.

La strophe redit la prière du peuple désolé :

> Sias lou soulas d'aqueù que plouro
> Sias lou remedi di malaut,
> E de la mort piei quand vèn l'ouro,
> D'où Paradis tenès li clau.

Le refrain lui répond, — nous allions dire l'*antistrophe*, car rien ne rappelle mieux le chœur des tragédies grecques

---

[1] Le bon abbé Jailler est venu le chanter trente-cinq ans de suite, en 1889 pour la dernière fois. Six jours après la fête, à Maillane même, il mourut sous le regard de N. D. de Grâce, à la date précise où était mort le curé Moulin, autre témoin du miracle. Le dernier curé, le doux et pieux abbé Galissard, est décédé d'une attaque soudaine à forme cholérique, à Aix, en 1893, le jour de clôture du mois de Marie.

que ce dialogue en plein air, dans le voisinage du temple, par lequel tout un peuple chante le plus mémorable évènement de son histoire religieuse, — il exprime une reconnaissance éternelle.

> Nosto Damo de Graci
> Que nous avès sauva,
> Vous venen rendre gràci
> Coum' aven toujou fa [1].

Cependant la lumineuse théorie reprend sa marche, au chant du *Magnificat*; elle est saluée au passage par des pièces d'artifice, et rentre à l'église pour la bénédiction.

Le lendemain, fête chômée qui débute par une superbe messe de communion à laquelle plusieurs centaines d'hommes prennent part. Une seconde procession, après vêpres, passe obligatoirement par *toutes* les rues du pays : sur la fin du parcours, N. D. de Grâce est portée tour à tour par les miraculés ou leurs enfants, par la municipalité et par les membres du clergé : c'est un privilège qu'aucun ne songe à laisser tomber en désuétude.

A cette belle manifestation, les populations voisines accourent en grand nombre ; elles s'y associent avec une piété enthousiaste. Daigne la Vierge miséricordieuse combler de ses faveurs les paroissiens de Maillane et les pèlerins de N. D. de Grâce....

— 1790, un curé nommé par l'archevêque, 2 vicaires,

[1] Paroles et musique de V. Lieutaud. Mistral a composé les six couplets insérés dans les *Isclo d'or*.

1050 hab. — 1897, 1350 hab., un curé-desservant ; archidiaconé de Tarascon, doy. de Saint-Remy. *Frères Maristes*, de Lyon, tenant école depuis 1874, et *Sœurs de Saint-Joseph*, des Vans, tenant école depuis 1848.

Église. *N. D. de Bethléem* (patron, sainte Agathe), XIIe s., romane, augmentée par la suite de chapelles ogivales ; interdite en 1760, comme menaçant ruine ; restaurée alors et agrandie des deux chapelles du fond et du sanctuaire ; bénite le 2 octobre 1768, par M. Raymond, vicaire général de Mgr de Jumilhac. Pendant les travaux, le culte se célébrait à la chapelle des pénitents, bâtie en 1700, et démolie depuis. — A gauche, tourelle gothique ; encastrée dans la façade, *pierre curieuse*, provenant de Saint-Pierre, qui porte un plan de terrain, comme serait l'emplacement d'une chapelle, avec des étoiles et autres signes carolingiens, et le mot *Petri*. *Maître autel*, marbre, de Sainte-Garde, avec, sur le devant, *Jésus et les disciples d'Emmaüs*, bas-relief. — Tableaux, *sainte Catherine, sainte Agathe ; portrait de Clément XIV*. — Contre le pilier gauche du chœur * *N. D. de Grâce*, statue bois, attrib. XIIe s. — A la *sacristie*, encensoir XVe s. de l'anc. hôpital, aux armes d'un abbé de Montmajour ; *chasuble* à faces blanche et violette, œuvre lyonnaise, ayant appartenu à Mgr du Lau.

Clocher, 1845. Grande cloche, *N. D. d'Espérance*, 1250 kil.

Depuis longtemps, des âmes généreuses se sont préoccupées de l'insuffisance de l'église de Maillane. On souhaite voir s'élever bientôt, à la gloire de Dieu et de N. D. de Grâce, le beau temple roman dont M. Pougnet a dressé les plans et devis.

CHAPELLES. — *Saint-Jean*, démoli en 1780, ainsi que *Saint-Pierre*.

Saint-André, la première église peut-être ; on a trouvé de nombreux tombeaux gallo-romains à l'entour ; déjà en ruines au siècle dernier. Une inscription de Tibère, maintenant à la mairie, lui servait de pierre d'angle : *Ti. Caesar D. Augusti F. Augustus, Pontifex Maximus tribunicia potestate XXXIII refecit et restituit.* « Tibère César, fils du divin Auguste, Souverain Pontife, la 33ᵉ année de sa puissance tribunitienne, a refait et rétabli ce... » Cette date se rapporte à l'an 31 de l'ère vulgaire, à l'année par conséquent qui suivit la mort de Notre-Seigneur, d'après les plus récentes computations. « Eccl. S. Andreae super Malhanam » est taxée 9 deniers dans la liste de 1243. On y fait l'absoute, aux rogations, à cause de l'ancien cimetière.

— Ne manquez pas de visiter le clos de *meste Rafeù*, devenu le jardin des curés de Maillane. C'est un parterre curieux, aux arbustes taillés en formes bizarres, avec des allées en mosaïque formée de petits galets de la Durance. « Rafel sentant ses forces s'épuiser, écrit Marius Girard, s'en vint un jour trouver le curé de Maillane, ce pauvre et regretté M. Moulin qui devint aveugle peu de temps après, et lui dit : Je sens que je m'en vais ; bientôt je ne pourrai plus avoir soin de mon jardinet. Voici ce que j'ai pensé, je vais le léguer à la Fabrique, et après ma mort les curés en auront la jouissance, mais je mets à cela une condition, je veux y être enterré..... Ce fut alors un spectacle touchant de voir ce vieillard robuste encore travaillant lui-même à la tombe qui devait recevoir sa dépouille mortelle. Mon père, l'architecte Girard, en avait fait le dessin, Liotard en fit la sculpture et Mistral l'épitaphe..... Sur l'avant-corps du milieu, un chérubin déploie ses ailes : de chaque côté, les parties en retrait sont occupées par deux médaillons, surmontés d'une étoile, et représentant l'un le vieux Rafel, l'autre son fils, mort trappiste à Aiguebelle, et qui repose là, à côté de lui. Sous le chérubin on lit :

>   Caminas plan sus li peireto
>   Di careiroun qu'ai calada,
>   Car sieù aqui souto l'oumbreto
>   Que dis auceù aprivada
>   Escoute la cansoun clareto,
>   E me fai gaù de regarda
>   Creisse mis aùbre e mi floureto. »

Vertes ramures, fleurs parfumées, chants d'oiseaux, peut-on quitter sous des impressions plus pures et plus gracieuses le pays aimé de la Vierge Marie, le village où naquit[1] et qu'illustre de son séjour le poète génial à qui la Muse chrétienne a révélé des types immortels et dicté ses plus beaux vers....

[1] *Joseph-Etienne-Frédéric Mistral* est né à Maillane en 1830, le 8 septembre et y a été baptisé le 10.

VALLÉE DES BAUX

(Versant méridional des Alpines)

LES BAUX

Balcius

Pour être apprécié dans sa grandeur sévère, le cirque tourmenté que dominent les ruines des Baux demande à être contemplé des hauteurs de la route de Saint-Remy, au point où brusquement elle débouche sur cet amoncellement de rocs en désordre, éboulis abrupts, debout ici comme des chevaliers en veillée d'armes, là couchés au travers des gaudres comme des preux expirant sous leurs lourdes armures.

Un jour, en face de ce chaos, Dante exilé se serait assis, méditant son épopée grandiose, et ces rangées concentriques lui auraient donné l'idée des cercles de l'Enfer [1].

Elle achève de mourir aujourd'hui la vieille cité des Baux, mais il y a cinq siècles, sous la protection d'une cita-

---

[1] Le nom de *Val d'Enfer* vient sans doute de cette tradition. Ce vallon forme avec le *Trou des Fées* les curiosités d'intérêt secondaire à visiter dans une excursion aux Baux. Les principales sont l'*Eglise*, les ruines du château, et les monuments funéraires romains, dit les *Tremaïé* et les *Gaïé*.

delle qui par l'étendue et la solidité ne le cédait qu'au Palais des papes, avec ses quatre églises et ses vingt rues où se pressaient plus de trois mille habitants, séjour d'une noblesse assez nombreuse pour former une petite cour, siège d'une garnison et d'un tribunal, capitale d'un état souverain, elle occupait une des premières places parmi les villes provençales.

En dehors de leur charmante église, restée jeune au milieu des caducités qui l'entourent, les Baux n'offrent plus que des ruines : c'est le *Pompéi du moyen-âge*.

— La FAMILLE DES BAUX [1] remonte authentiquement jusqu'au seigneur *Poncius*, en 850, fils du comte Leibulfe qui vécut lui-même à la fin du VIII° siècle. C'était une de ces *gentes* qui, après la chute de l'Empire romain, établirent graduellement leur autorité sur diverses portions du pays. Il faut reléguer parmi les fables sa descendance des Balthes, caste aristocratique des Wisigoths, ou celle plus merveilleuse du roi mage Balthazar, d'où serait venue l'étoile d'or à seize rais de sa bannière écarlate.

Après Pons l'Ancien, petit-fils de Poncius, des titres de 971 et 975 montrent Pons le Jeune témoin d'une donation en faveur de Montmajour, et d'une donation de terre à Saint-Etienne d'Arles. En 981, avec son épouse Profecte, il intervient dans une autre donation faite à Montmajour, de *plantiers situés subtus castrum qui vocatur Balcius*, près

---

[1] Cf. *Inventaire analytique des chartes de la maison des Baux* par le Dr Barthélemy, ainsi que sa substantielle étude sur cette ville.

l'église Saint-Martin *in Felauria*. C'est la première fois que le nom de *Baux* paraît dans l'histoire.

Hugues de Baux, † vers 1060, le fondateur de la dynastie, en fait son nom patronymique. Ses deux petits-fils furent *Guillaume de Baux,* le héros de la première croisade et l'ami de Raymond de Saint-Gilles, et *Raymond de Baux* qui épousa Etiennette, fille aînée du comte de Provence Gilbert. Frustré dans ses droits sur la couronne provençale et ne pouvant supporter qu'un prince étranger la ceignit, Raymond se souleva contre Raimond-Bérenger et ouvrit des hostilités qui aboutirent à la ruine de sa famille.

Il mourut à Barcelone en 1150, vaincu et prisonnier. Son fils *Hugues,* forcé dans son castrum, s'expatria en Sardaigne et y fonda la dynastie des juges d'Arborée. *Raymond,* fils de Hugues, transmit en 1172 le trône à son oncle Bertrand Ier, devenu prince d'Orange par son mariage avec Tiburge, fille de Raimbaud III.

Aussi pieux que vaillant, Bertrand Ier acheva la construction de l'abbaye de Silvacane que son père Raymond avait fondée, et dota largement Saint-Victor, Montmajour, Frigolet et Saint-Paul de Mausole.

Par ses fils *Hugues IV* de Baux, *Bertrand Ier* de Berre, et *Guillaume Ier* d'Orange, il fut la tige des trois branches de la nouvelle race baucenque.

Guillaume, époux d'Ermengarde de Sabran, mourut martyr de la foi catholique à Avignon où les hérétiques l'écorchèrent tout vif et coupèrent son corps en morceaux, oubliant que neuf ans plus tôt il s'était porté caution pour

Raymond de Toulouse devant le légat Milon. Dans une bulle aux princes et peuples chrétiens du 30 juillet 1218, Honorius III demandait une croisade « pour venger la mort de Guillaume de Baux, prince d'Orange, très illustre et pieux personnage assassiné par les avignonais ».

— *Hugues*, chef de la nouvelle branche des seigneurs des Baux, se révolta contre son suzerain et fut fait prisonnier.

En 1240, son fils *Barral Ier* lui succéda, prince le plus remarquable de sa race. Epoux de Sibylle, nièce de Raymond VII de Toulouse, il guerroya contre la commune d'Arles et, pour entretenir la tradition familiale, se révolta contre Charles d'Anjou qui se l'attacha par sa générosité. Il devint podestat de Milan, grand justicier de Sicile, où il mourut en 1268.

Son successeur, *Bertrand Ier*, † 1305, se distingua à la journée de Bénévent et fit souche des comtes d'Avellin [1].

Après vinrent *Raymond Ier* des Baux d'Avellin ; *Hugues II*, assassiné en 1351 par Louis de Tarente, mari de la reine Jeanne ; *Robert Ier*, assassiné par sa femme Marie d'Anjou en 1354 ; *Raymond II*, et enfin *Alix*, comtesse d'Avellin, dernière baronne des Baux.

Alix avait succédé fort jeune à son père. Pendant sa minorité, elle subit la tutelle de Guillaume de Beaufort, son

---

[1] Un des membres de cette famille partit de Naples, au XIVe siècle, pour tenter fortune en Albanie. Il y fonda la principauté du Monténégro qui maintint son indépendance contre les turcs après le désastre de Kossovo, en 1389. La branche slave de la maison des Baux, *Balscha*, s'est éteinte en 1420, cédant le trône aux Marmont, autre famille française.

aïeul maternel ; devenue majeure, elle eut beaucoup de peine à recouvrer sa souveraineté dont Raymond de Turenne, fils de Guillaume, s'était emparé. Sous son administration et celle de ses maris Odon de Villars, et Conrad, comte de Fribourg, la baronnie jouit de vingt-six ans de paix. Alix mourut au château, le 7 octobre 1426, sans postérité, léguant la baronnie à Guillaume de Baux, duc d'Andrie, son cousin. Mais la reine Yolande trouva l'occasion favorable pour s'emparer du petit état enclavé dans le comté de son fils ; elle mit le siège devant les Baux qui, le 24 février 1427, capitulèrent après une défense de quatre mois. Les barons des Baux avaient régné cinq cents ans.

On a jugé avec quelque rigueur leur ambition et leur turbulence : mauvaise fortune pour eux d'avoir lutté contre une famille qui devait gouverner brillamment, ce qui ne pouvait se prévoir, fortune pire d'avoir été vaincus. On ne peut pourtant leur dénier un double mérite, leur patriotisme et leur foi. Les rébellions répétées qu'ils suscitèrent furent autant une protestation de la nationalité provençale s'insurgeant contre la domination étrangère que la revendication des droits qui leur appartenaient par le mariage de l'un d'eux avec la fille aînée du comte Gilbert, la loi salique n'étant pas reçue en Provence. D'autre part, leur générosité à l'égard des églises et des monastères, leur vaillance aux croisades, leur fidélité à l'Eglise romaine durant les guerres des albigeois, leur zèle pour l'extinction du schisme, montrent qu'ils n'ont jamais varié dans leurs sentiments catholiques. Alix de Baux, la dernière baronne, ne paraît pas devoir être exceptée de cet éloge. Sa fidélité à la cause de Pierre de Luna lui valut sans doute d'être excommuniée par les papes de Rome, mais Martin V, le premier pape incontesté, reconnut sa bonne foi, puisqu'il autorisa l'archevêque François de Conzié, l'un de ses exécuteurs testamentaires, à lui accorder, après enquête, la sépulture ecclésiastique et à recommander son âme aux suffrages des fidèles.

Branches cadettes. — I. Le *second* fils de Bertrand Ier nommé aussi Bertrand † 1201, eut pour sa part les seigneuries de Berre, Meyrargues, Puyricard, Eguilles et Marignane. Son fils *Raymond Ier*, vicomte de Marseille, par son mariage avec Alasacie, guerroya contre Raymond Bérenger V. A sa mort sa seigneurie fut partagée en trois :

1. Comme baron de *Berre* il eut pour successeurs Guillaume Ier, Bertrand II; Hugues Ier, Bertrand III qui devint comte de Montescaglioso et duc d'Andrie, et épousa en 1309 Béatrix, fille du comte Charles II; François de Baux, duc d'Andrie † 1423, ennemi de la reine Jeanne ; il épousa Marguerite d'Anjou qui lui apporta les titres d'impératrice de Constantinople et de princesse de Tarente et d'Achaïe, puis Suève des Ursins dont il eut Guillaume, duc d'Andrie, qui fut l'héritier d'Alix, et Bianchino de Baux, dont la descendance existe encore à Naples.

2. Bertrand † 1266, second fils de Raymond Ier, transmit *Meyrargues, Puyricard, Eguilles*, à Raymond Ier, Guillaume Ier, Raymond II † 1349, qui laissa son héritage à Raymond II, comte d'Avellin.

3. Gilbert, troisième fils, fonda la seigneurie de *Mari-*

gnane, qu'il transmit à Raymond le Jeune, Guillaume et François de Baux qui vendit ses droits à la reine Yolande.

Le *troisième fils* de Bertrand Ier fut Guillaume le martyr, qui lui succéda dans la principauté d'Orange. Ses descendants la gouvernèrent deux siècles jusqu'à Marie de Baux qui la transmit à son époux Jean de Châlons. Les descendants de ceux-ci ont régné sur l'Angleterre et sur la Hollande.

Les alliances des princesses des Baux ne sont pas moins remarquables : Cécile de Baux épousa Amédée IV, duc de Savoie ; Béatrix de Baux d'Avellin épousa Guy, dauphin du Viennois ; Marie de Baux d'Andrie épousa Humbert II, le dernier dauphin. Inconsolable de la mort de sa femme et de son enfant, Humbert céda ses états à la France en 1349 et termina sa vie sous le froc dominicain.

Cette grande famille a tenu dignement sa place dans l'Eglise. Humbert, fils du premier Poncius, fut évêque de Vaison au IXe siècle ; Pons de Baux, précenteur d'Arles en 1165 ; Guillaume de Baux, chanoine d'Aix, prieur de Saint-André hors les murs, en 1289, il assista à l'installation du curé de la Madeleine Gantelmi et inventoria les ornements et joyaux de cette église : Aybeline de Baux, religieuse à Mollégès en 1283. Enfin, en 1360, parmi les 82 dominicaines du couvent d'Aix, 5 étaient princesses des Baux.

Un personnage singulier c'est *Antoine*, fils aîné de Hugues II, baron des Baux et comte d'Avellin ; on le trouve clerc de l'église d'Arles en 1348, prieur d'Albaron, pourvu par la reine Jeanne du prieuré de Saint-Jean *in Pisca-*

ria d'Avignon, et enfin prévôt du chapitre de Marseille. Il fut reconnaissant à la reine et soutint ses droits les armes à la main. Assiégé aux Baux par Robert, frère de Charles de Duras, il fut pris le 5 avril 1355. Après de longues négociations et le paiement d'une rançon considérable, il fut rendu à la liberté.

A peine délivré, le prévôt et son frère Hugues entreprirent de venger leur père et leur frère Robert, assassinés à l'instigation de Louis de Tarente, mari de la reine Jeanne. Contre celle-ci ils s'allient à ces mêmes Duras qu'ils venaient de combattre, Arnaud de Servole accourt à leur appel avec ses bandes et rançonne les villes restées fidèles à la reine. Tandis que son frère se cantonne dans le château et que son oncle Amiel brûle Draguignan et s'avance jusqu'à Toulon, le chanoine, aidé d'un clerc de Salon qui répondait au nom de Galapascum [1], tente de surprendre Marseille mais sans succès. Il se réfugie alors dans Eguilles, où il est assiégé et fait prisonnier en 1358. Le pape intercéda pour lui comme à l'époque de sa première captivité et le fit élargir.

Le testament de Raymond de Baux, de 1367, institue pour héritier Antoine et ses enfants mâles « s'il n'est dans les ordres sacrés », ce qui prouve qu'au temps de ses équipées, le turbulent chanoine ne les avait pas encore reçus; il est probable qu'il ne les reçut jamais. Antoine ne fit d'ailleurs plus parler de lui jusqu'à sa mort arrivée en mai

---

[1] Il surprenait souvent l'ennemi, d'où la locution provençale *veni de galapachoun*.

1374, au château de Montpahon. Dans son testament il ordonne qu'on porte son corps à Silvacane, et lègue mille florins d'or pour les réparations de cette abbaye, chère aux seigneurs des Baux.

La baronnie des Baux comprit jusqu'en 1247, sous sa souveraineté, et jusqu'en 1796 sous sa juridiction, la ville des Baux et les villages de Mouriès, Saint-Martin et Maussane.

Les *terres baussenques*, au nombre immuable de 79, parmi lesquelles Trinquetaille, la ville des Tours d'Aix, etc., dispersées par toute la Provence, dotées de droits très divers, allant de la quasi-souveraineté à de simples redevances féodales, formèrent les apanages des princes des Baux à mesure que les branches de la famille se multipliaient. Les arrêts rendus par les juges de ces diverses terres étaient examinés par la cour d'appeaux qui siégeait au château : celle-ci, depuis le XV° siècle, relevait de la cour souveraine résidant à Aix.

— Le *château* remontait sans doute à la période impériale ; sa plus récente construction paraît dater du X° siècle. En ces temps reculés, le plateau était entouré de larges marais, et ne pouvait être attaqué que du côté du nord. La reine Yolande le conserva, mais un des premiers actes de Louis XI, après l'union à la France, fut la démolition des remparts. Charles VIII avait permis de les relever. En 1632, Richelieu fit abattre par la troupe le château, les remparts et même les moulins à vent.

Sept sièges avaient illustré cette citadelle en 1162, 1355, 1357, 1393, 1398, 1427, 1562.

Après la mort de la reine Jeanne, Raymond de Turenne ayant pris parti pour Charles de Duras, ainsi que le baron des Baux, déchaîna sur la Provence une guerre furieuse. Son lieutenant Ferragus, capitaine du château, est resté fameux par son audace et sa cruauté. Ces incursions duraient depuis dix ans quand la reine Marie de Blois fit investir le château. Commencé en 1393, levé, repris en 1398, ce siège finit avec la paix de 1399, conclue par la médiation du maréchal Boucicaut, gendre de Raymond de Turenne.

— Lors de la réunion à la Provence, l'état des Baux fut inscrit parmi les *terres adjacentes*. Il retrouva une sorte d'autonomie en 1642, quand Louis XIII érigea les Baux et Saint-Remy en marquisat, en faveur du prince de Monaco, Hercule de Grimaldi, pour le récompenser de sa fidélité à la France. Les Grimaldi agrandirent considérablement le nouveau château, commencé au midi de l'ancien, par le connétable Anne de Montmorency, quand il était gouverneur des Baux : il y fit transporter les archives de la province lors de l'invasion de Charles-Quint, et y reçut François Ier le 17 mai 1538. Le roi très chrétien allait d'Avignon à Arles. Il était accompagné de la reine, du dauphin, du duc d'Angoulême, du roi et de la reine de Navarre, sa sœur, du connétable de Montmorency, du cardinal Jean de Lorraine. Charmé du bon accueil qui lui fut fait, il accorda des foires pour la Saint-Vincent et le 1er mai, et un marché tous les mardis.

Le château fut détruit en 1795 par les paysans qui brûlèrent le chartrier et érigèrent en communes distinctes Mouriès, Saint-Martin et Maussane qui relevaient des Baux. Les droits des princes de Monaco avaient été rachetés par la France en 1791.

— Une légende émouvante reposera de la sécheresse qui s'attache à l'exposé de ces généalogies dynastiques et de l'organisation politique de la principauté.

Sachez donc, lecteur, que la princesse Barbe, la perle de la maison des Baux, venait d'atteindre sa vingtième année ; vertueuse et belle, les plus nobles seigneurs avaient déjà demandé sa main : c'est à son cousin que ses parents l'accordèrent, au seigneur Guilhem d'Estoc, de la cité d'Aix. Cette condition lui fut pourtant imposée qu'il l'attendrait trois ans. Et Guilhem, doué de génie poétique autant qu'un maître-troubadour, trompait les longueurs de l'attente, en chantant les vertus et les charmes de sa fiancée.

Cependant, la troisième année touchant à sa fin, Guilhem partit d'Aix, avec ses parents et deux varlets, et s'en vint au castel des Baux. Le pont-levis franchi, il s'étonne de ne point être accueilli comme l'enfant du manoir ; il n'aperçoit que la mère de Barbe, pâle et triste, cherchant à retenir ses sanglots. On lui explique la cause de cette douleur, mais il n'y veut point croire. Il faut le conduire à la chambre de sa fiancée pour le convaincre de la réalité cruelle. Atteinte d'une fièvre maligne, Barbe se débat dans le délire. Ses yeux hagards reviennent sans cesse à la fenêtre, comme pour découvrir dans les profondeurs de l'horizon un être impatiemment attendu ; elle retombe ensuite sur sa couche et de ses lèvres rigides on l'entend murmurer les noms bénis de Notre Dame, de Monsieur saint André, de Monsieur saint Blaise unis au nom aimé de Guilhem.

Subitement elle se tait, elle ne s'agite plus, une pâleur livide s'étend sur son visage... la jeune fille est morte... Des cris désolés emplissent alors la chambre, et la mère de Barbe se jette lamentable sur le corps de son enfant... Guilhem ne dit mot, il se lève, écarte doucement la mère, porte à ses lèvres la main qu'il avait dotée de l'annel des fiançailles, jette un long regard sur le cadavre... On entendit alors un éclat de voix tel qu'un rugissement, puis Guilhem s'affaissa. La douleur l'avait tué. « Un exemple d'attachement si singulier, remarque l'historien de la Noblesse de Provence [1], fit résoudre les parents de les ensevelir tous deux dans le même tombeau, assurés qu'ils étaient que l'esprit et le cœur seuls avaient eu part en leur amour. »

Sur le soir, les filles du village portèrent à la chapelle de Madame sainte Marie le corps de la princesse Barbe ; celui de Guilhem d'Estoc était soutenu par six pages du château. Les prêtres de Saint-Vincent assistaient le chapelain, et tous chantèrent moult pieusement l'office des trépassés. A la lueur des torches on descendit ensuite les degrés du caveau seigneurial. Les psaumes avaient cessé, et l'on n'entendait plus que le pas cadencé des porteurs. Cependant par une fenêtre étroite la lune projetait sur les dalles de marbre sa clarté pâle et indécise, tandis que sur les pics des Alpines,

---

[1] De Maynier, *Histoire de la principale Noblesse de Provence* p. 114, où l'on voit que comme toutes les légendes, celle-ci a un fonds historique.

à l'appel strident de l'aigle répondait le sifflement de la bise, et que dans l'embrasure de la tourelle voisine un ramier roucoulait sa monotone chanson. Au moment où le cercueil de Barbe allait s'aligner à côté de celui de Guilhem, quelques jeunes filles, ses compagnes préférées, obtinrent de la revoir une dernière fois. Mais voici qu'au moment où le couvercle se referme, le cadavre semble remuer, il ouvre les yeux, incline la tête. Barbe vit encore, bientôt on n'en peut plus douter et des larmes de joie se mêlent aux derniers sanglots. On tire la moribonde de son cercueil et on la rapporte sur son lit encore couvert de roses et de lis.

Quelques jours pourtant on n'osa se bercer de trop d'espérances, mais une semaine après, on se décida à sceller la porte du caveau, Barbe était guérie.

Ses premières questions furent pour Guilhem d'Estoc, et l'on dut avec ménagement l'instruire de la mort émouvante de son fiancé.

A cette nouvelle, Barbe, forte et calme, déclara qu'elle n'appartiendrait jamais à autre qu'à Dieu. Un mois après, dans la ville natale de Guilhem, les religieuses de N. D. de Nazareth l'admettaient au nombre de leurs sœurs. Du cloître elle ne sortit que morte. On porta son corps dans la crypte funéraire du château des Baux, et d'après le désir qu'elle avait souvent exprimé, on le déposa à la même place qu'il avait occupée une fois déjà, à côté du cercueil de son fiancé.

Ainsi, à la fin du siècle treizième, la Provence donnait un frère à Roméo, et à Juliette une sœur.

L'Inventaire de 1426. — Les dispositions privées de la

dernière baronne des Baux eurent un meilleur sort que son testament politique. Elle avait légué ses meubles à son cousin Charles, évêque de Tortose, qui, sept jours après la mort d'Alix, en fit dresser inventaire par Brisset Le Roy, notaire du lieu, en présence de l'évêque de Fréjus Billard, du gouverneur de la Jaille, et du juge mage Jordan Breys. Cet inventaire, conservé aux *arch. dép.*, est précieux pour la connaissance du mobilier d'église aux XIVᵉ et XVᵉ siècles, c'est un vrai répertoire d'archéologie religieuse. Nous en citons quelques articles.

« LA CHAPELLE. 1 grand autel, en quoy est l'autel portatif, trois touailles d'autel et deux draps vieux de cendal [1] avec ung *Agnus Dei*. — Unes orgues petites qui sont des Carmes d'Arle, on les a rendues. — Trois petits chandeliers de cuyvre, 2 ampulectes [2] d'estain, une clochette, une image de Nostre Dame, 2 vieulx retables frachisses [3] et 2 corporals.

Ung coffre à 4 piés de fer comme ung autel portatif, en quoy a certains reliquiayres couvert d'un vieil drap avec une croix cousue dessus [4], lequel a été scellé pour cause de brieste, et en yceluy s'est puis trouvé un calice d'argent doré avec sa platine, avec une paix où est le crucefix, et d'aultres reliques qui sont plus à plain contenues et escriptes en une cedule qui s'est trouvée dedans. — Ung petit autel garni d'autel portatif sur lequel un crucefix vieil de bois, diver-

---

1 Soie. — 2 Burettes. — 3 Usés.
4 Sans doute un de ces *autels itinéraires* que les princes portaient à la guerre.

ses oratoires, mannes [1] et ymages, une N. D. de fuste [2], ung s^{et} Christophel d'albastre. — Ung psaultier avec les hymnes anoté qui commence au 2^d feuillet lié et attaché *Quoniam*, et après y a ung sexter non lié en quoi a L fueillés, le 1^r commence *Benedictus* et finist *Magnificat*. — Ung dominical, ung officier, 2 missals.

Ung calice blanc garni de platine doré, avec une paix d'argent en laquelle est le Sépulcre.

Chasubles avec albes, amict, estolle, manipel et ceint, de cendal violet, drap d'or vert, drap de Damast noir, — certains aornements que on disoit que Madame avoit donnés aux Fr. meneurs d'Avignon, à les Maries [3], et à la Balme [4]. — Une chapelle de tripe de velut blanc et rouge en quoy a chasuble, chape, diacre et soudiacre, ne sont point benoitz. — Le drap d'une chapelle drap d'or rouge et pers [5]; chasuble de camelot [6] brochié d'or (pour la Ste Baume); chasuble et chape satin vert veluté figuré (pour l'église du Tor).

Ung oratoire de fuste en quoy Madame oyoit la messe, qu'elle appeloit *Clostret* ouquel a ung quarrel de drap de soie.

2. *En la chambre de la Tour, où Madame mourut.*
2 chandeliers d'argent, 8 patenostres [7] en diverses perles; unes heures de N. Dame à l'usage de Romme, garnies de drap d'or rouge; ung 7 pseaulmes avec fremaillés [8] d'argent doré.

---

1 Petites corbeilles. — 2 En bois. — 3 Saintes-Maries. — 4 Sainte-Baume. — 5 bleu foncé. — 6 Laine. — 7 Chapelet. — 8 Fermoirs.

En la chambre de la Rose, le Psaultier et plusieurs oroysons couvert de drap d'or et de perles avec son estuyf de cuir garnie d'une corroie d'argent dorée à fleur de lis, qui fut de Monseigneur de Berry [1], et après de Madame de Boulogne, sa femme.

En la chambre neuve du parement, une chapelle de drap de soie blanc brochié d'or, avec chasuble, 2 chappetes, 2 floqués [2] diacre et sous diacre, 3 albes garnies d'estolles, maniples, amitz et ceintz ; autre chappelle pareille ; et sont toutes deux doublées de taffatan rouge ; chasuble de drap d'or pers de Luque [3] ; chape de drap de soie pers à étoislles ; chasuble de velut rouge ; chappelle des mors de velut noir garnie de chasuble, chappe, floqués, albes, amits, estolles, maniples et ceintz, armoyé des Baux et de Villars ; nombreux draps d'or de toutes couleurs pour parer l'autel ; un drap d'or rouge appelé *Pali* qui se porte le jour de l'Ostie, ourlé tout autour de cendal verd ; un *esventail* pour autel [4] ; un bel calice d'argent doré avec sa platine ; un tabernacle d'argent doré ou a dedans un crucefix, N. Dame et St Jehan, garni de son estuyf de cuir.

« *En la chambre dessous celle où Madame mourut*,

---

1 *Jean*, 1340-1416, fils du roi Jean le Bon, pris avec son père à Poitiers, régent du royaume pendant la folie de Charles VI.

2 Dalmatiques, ainsi nommées des flots qui retombaient sur les deux bandes verticales, à l'imitation des *claves* de la primitive Eglise. Cet appendice fut usité dès le XIe s. Saint-Sauveur en a conservé l'usage pour ses dalmatiques.

3 Cet or, inférieur à celui de Paris, s'employait pour les broderies.

4 Ceci convainc d'inexactitude Visconti (Observat. IV, l. VII, c. 13) qui prétend que l'usage du *flabellum* à l'autel ne dura que jusqu'en 1100 environ. Il persévérait en Provence au XVe s.

où gisoit messire Anthoine Justeng, chappelain », on inventoria nombre de pièces d'étoffe propres à tailler des ornements d'église, une lingerie d'autel complète, des missels et des livres de chant. »

L'évêque de Tortose emporta en Espagne presque tous ces objets et ornements : quelques-uns restèrent au château ; c'est ainsi que la chapelle verte fut donnée par le roi René à Jean de Saint-Michel pour une église à son choix.

L'appellation « chambre du Pape » donnée à l'une des pièces du château incline à croire qu'Alix reçut la visite d'un pape d'Avignon, Clément VI ou Grégoire XI peut-être, auxquels elle était alliée par sa mère, plus probablement de Benoît XIII (Pierre de Lune) qui vint à Montmajour en 1404, et à la fortune duquel elle resta fidèle jusqu'au bout.

— Le *protestantisme* s'introduisit aux Baux vers le milieu du XVI° siècle. Au mois de juin 1562, les religionnaires s'emparèrent par surprise de la ville et du château et brisèrent les saintes images : ils furent chassés quatre mois après. En 1578, une autre bande tenta une attaque qui fut repoussée par le capitaine de Grille. Lors de la révocation de l'Édit de Nantes, il y avait une cinquantaine de familles protestantes. On voit encore en montant vers l'église une maison de quelque apparence avec, au-dessus de la porte, la devise du calvinisme génevois, *post tenebras lux*.

— Le chevalier *François de Guise*, fils du *Balafré*, lieutenant de son frère Henri, gouverneur de Provence, périt tragiquement au château le 1ᵉʳ juin 1614. Il avait dîné chez le gouverneur. « Sortant pour partir, dit une relation du temps[1], il dit : « Je veux vous faire voir que je sais braquer et tirer le canon. » S'approchant de l'un d'eux, l'ayant fait charger, lui mit la balle et l'appointa contre un trou de la muraille. Ce fait, le voulut tirer et luy mit le feu : le canon se creva 2 pans proche la qulotte et brisa la cuisse droite et le genou du prince. Dès aussitôt le portèrent au château, où estant, demanda un prêtre et se confessa par le segondère de l'église du lieu et se fit donner l'extrême onction ; mourut 1 h. et 1/2 après sa blessure. Les consuls d'Arles partirent en diligence avec trois chirurgiens, et le trouvèrent mort. » Le corps du chevalier fut enseveli à Saint-Trophime dans la chapelle des anniversaires et son cœur fut déposé à Saint-Sauveur, au caveau des archevêques.

La paroisse. — On peut marquer sa fondation aux VI° ou VII° siècles.

La plus ancienne église paraît avoir été la chapelle du château primitif, *Sancta Maria supra fontes*. Cette église *Sainte-Marie*, celle de *Saint-André*, et la paroisse actuelle *Saint-Vincent* furent données, vers 1185, par l'archevêque Aynard et ses chanoines à Guillaume, prévôt des chanoines réguliers de Saint-Paul de Mausole, sous réserve de révérence, juridiction, services et devoirs et d'une redevance de 20 sous par an.

Cette donation fut approuvée par Tiburge, princesse

---

[1] Rapportée par A. Destandau, *Promenade dans la ville des Baux*.

d'Orange, au nom de son mari Bertrand, baron des Baux : la princesse abandonna en outre au prieur de Saint-Paul ses droits de lods et ventes, à condition que le donataire ne tiendrait dans le territoire que des officiers de probité.

En 1319, par bulle de Jean XXII, le prieuré Saint-Paul ayant été uni au chapitre d'Avignon, l'archidiacre de N. D. des Dons succéda au prévôt de Saint-Paul comme prieur des Baux. Les chanoines d'Avignon se reconnurent, en 1408, comme tenus envers l'archevêque d'Arles aux mêmes engagements que le prévôt de Saint-Paul.

Il reste divers actes conclus dans ou devant « Sainte Marie du Château ». En celui de 1335, Etiennette de Baux, comtesse d'Avellin, cède au prieur diverses propriétés au Grès, en échange d'une maison qui avait été donnée à Guillaume d'Eyragues, ancien prieur.

Par testament de 1367, Raymond de Baux, comte d'Avellin, lègue « à la chapelle Sainte-Marie 2 calices et 2 burettes en argent, valant 50 florins, plus 80 florins pour acheter un reliquaire et 30 florins pour une custode à porter *Corpus Christi* ».

Saint-André, *S. Andreas subtus Baucium*, fut la première église paroissiale. Jusqu'à la fin du XVe siècle, le prieur est appelé indifféremment « prieur des Baux », ou « prieur de Saint-André », mais Saint-André est toujours nommé en première ligne quand il est joint à Saint-Vincent, ainsi dans la liste de 1213 « Eccl. Sti Andree, 4 den. Eccl. Sti Vincenti, 6 den. »; dans celle de 1358, *prior eccl. de Baucio* est taxé 100 sous. De cette église castrale on trouve quelques traces sous le plateau, au milieu des débris des remparts. Son entrée s'ouvrait dans l'enceinte du vieux château. Elle avait un cloître dans lequel, le 16 octobre 1255, l'archevêque Jean Baussan et le seigneur Barral de Baux signèrent un acte au sujet de Mouriès et de Vaquières. Depuis 1544 elle servit de chapelle à l'hospice de « Monsieur saint André » bâti à côté ; elle se dégrada après l'abandon de l'hospice.

L'archidiacre de N. D. des Dons attribuait chaque année au curé 12 charges de blé, 60 barils de vin, 50 écus d'argent, 6 cannes d'huile pour le Saint-Sacrement, 90 livres pour le vicaire à qui la commune en donnait encore 30. La cure ne devint perpétuelle qu'en 1686. Les plus anciens curés connus sont Isnard en 1256, Warrion Thierry en 1349, P. Ostager en 1370.

Joseph Bertrand, né à Aureille en 1749, curé des Baux en 1791, refusa le serment à la constitution civile et fut chassé de sa cure. Plusieurs années il remplit en secret son ministère dans les paroisses voisines, à Saint-Remy, à Aureille en particulier où l'on montre encore au quartier des Baranques l'asile où il se cachait. Arrêté et condamné à la déportation, il arriva aux pontons de Saint-Martin de Ré, le 25 octobre 1798. A ses côtés, un grand nombre de prêtres succombèrent aux privations et aux mauvais traitements. Sa captivité finit le 3 juin 1800.

— 1790, 600 hab. un curé et un vicaire. — 1897, 340 hab., un curé desservant ; archidiaconé de Tarascon, doyenné de Saint-Remy. Les *Sœurs de Saint-Joseph*, des

Vans, tiennent école depuis 1858, dans l'hôtel des Porcellets, bâti en 1568 : un plafond représentant *les Saisons* mérite d'être vu.

Église. *Saint-Vincent*, titulaire et patron. *Nef de droite* du X⁰ siècle, romane, c'est l'église primitive. Au-dessus de l'autel dédié à N. D. du Rosaire, triple ouverture symbolisant la Trinité ; *cuve baptismale* du XI⁰ siècle, en forme de puits. Dans un caveau de cette nef furent découverts il y a trente ans les restes d'une jeune fille à la belle chevelure, la *cabeladuro d'or*. 4 chapelles enfoncées sous le rocher ; la 4⁰, du XIV⁰ siècle, sert de sacristie et renferme l'ancien caveau des prêtres.

Nef principale, XII⁰ siècle, 15 m. de long, 6 de large, 12 de haut. Elle paraît avoir été bâtie vers 1115 par Raymond de Baux, après son retour de la croisade. Sur l'autel, bon tabl. *Saint — Vincent, diacre, devant son juge*, avec le blason seigneurial. Bénitier de 1586. *Pierre tombale* du XV⁰ siècle, où dessiné au trait un personnage en costume du temps, justaucorps, bonnet, ceinture, souliers à la poulaine, agenouillé, les mains jointes, Inscription « Ave. Maria. grâ. plena. Dominus tecû. Benedicta. tu. in. mulieribus. et benedictus. fructus. ventris. tui. J. H. S. : scâ Maria. Mater. Dei, ora. pro. nobis. peccatoribus. Amen. » Nom du défunt illisible « † Anno Domini MCCCCLXVII, die VII mensis octob. Memento quia morieris. Deus laudetur, Amen. » Le blason porte une croix de saint André. — Tribune de 1550.

Nef de gauche, formée de trois chapelles ogivales, 1ʳᵉ ou

entrant, XVᵉ s. ; à la voûte gros ciseau, insigne de la confrérie des Tondeurs de moutons ; 2ᵉ, XIVᵉ s., refaite au XVIᵉ, emblème du *Triplet* symbolisant la Trinité ; 3ᵉ, XVIᵉ s., belles nervures. A la voûte, armes de M. de Manville, capitaine des Baux. Au dehors, sur un contrefort de la chapelle, gracieuse tourelle d'où s'élancent trois oiseaux nocturnes : c'était sans doute un phare funéraire.

Façade XIIᵉ s., porche élégant formé de deux arceaux à plein cintre, soutenu par de nombreux degrés, et dominé par une fenêtre allongée que surmonte une corniche cintrée. « L'église des Baux, remaniée à plusieurs reprises, est vraiment intéressante, dit M. Revoil, *Archit. rom.* III, 7 ; son portail prouve que son premier architecte était un véritable artiste. » C'est la curiosité du pays.

Clocher XIIᵉ s., réduction de celui de Saint-Trophime, ou plutôt de celui de Saint-Paul dont cette église dépendait : tour massive quadrangulaire, surmontée d'une pyramide écrasée et percée de quatre ouvertures, 2 cloches, * l'une de 1477, l'autre de 1675, refondue en 1856 ; la 3ᵉ a disparu en 1794.

Presbytère, 1635 - 1676 ; pièces creusées dans le roc, au 1ᵉʳ étage chambre curieuse par ses stalactites et ses fossiles.

CHAPELLES. — *Saint-Blaise*, la plus ancienne des Baux, pur roman, XIᵉ s. au plus tard. On ignore la destination du grand édifice à côté, peut-être l'hôpital qui remplaça celui de Saint-André.

Saint-Nom de Jésus, des pénitents blancs, 1622-1653.

Saintes-Maries. Sous la terrasse du château, 2 stèles

romaines taillées dans le roc. Sur l'une, dite les *Trémaïé*, un homme est debout entre deux femmes ; ce serait, d'après M. Gilles [1], Marius, son épouse Julie et la prophétesse Martho : au-dessous deux lignes illisibles ; sur l'autre dite les *Gaïé* (?), deux personnages, l'un desquels a la tête brisée. Plus loin, un *columbarium*, lieu de sépulture collective. Ces trois monuments indiquent la présence en cet endroit d'un cimetière romain.

Sous les Trémaïé en qui le peuple a hardiment reconnu nos premiers apôtres, Pierre Margot et sa femme Madeleine Coye élevèrent en 1539 une chapelle dédiée aux Saintes-Maries.

Saint-Claude, ogivale, XV° s.; bâtie probablement pour remplacer *Saint-André* tombé en ruines, l'église Saint-Vincent ne suffisant pas à la population d'alors ; nommée dans un acte de 1536. Dès 1624, la corporation des tisserands et cardeurs s'y réunit. Les confrères ayant refusé en 1723 de contribuer aux réparations, l'archevêque les y obligea, sous peine d'en être expulsés. A la voûte, armes de la ville, des Montolieu et des Barras.

Sainte-Catherine du Château, XV° s., démolie avec lui en 1631 ; il en reste des parois inégales, des nervures compliquées et quelques clochetons élancés. Elle avait été précédée d'une autre dédiée à Sainte-Marie, nommée en des actes de 1260, 1335, 1367, etc.

Saint-Martin in plano castelli, nommé dans un acte de 1447.

[1] *Campagne de Marius dans les Gaules*. p. 78.

LE PARADOU

Sanctus Martinus de Castillone

Au sud du village actuel, des tours inégales dominent une plaine conquise sur les étangs. Ce sont les ruines du *castrum* de Castillon, dont l'église, *S. Maria de Castillone*, est inscrite dans la liste de 1213 pour un cens de 6 deniers.

L'insalubrité des marais détermina sans doute les habitants à transporter leurs demeures plus au nord, auprès d'une chapelle ancienne, dédiée à saint Martin, désignée sous le nom de *S. Martinus de Felauria* dans l'acte de 984 cité plus haut, et taxée à 6 deniers, sous le nom de *S. Martinus de Launa*, dans la liste de 1213. Felaurie paraît avoir été le nom ancien de la plaine qui s'étend de Fontvieille à Mouriès, embrassant presque tout le versant méridional des Alpines.

Ainsi s'établit le village de Saint-Martin de Castillon.

Pour le distinguer d'un autre village du même nom, dans l'ancien diocèse d'Apt, on l'appelle depuis quatre-vingts ans environ *Le Paradou*, à cause d'un moulin à parer le drap qui s'y trouvait.

Le prieuré *Saint-Martin* remontait au X° siècle au moins. « Prior eccl. de Castillone » est taxé 40 sous pour l'Eglise d'Arles, dans la liste de 1358. Le curé était nommé alternativement par le chapitre métropolitain d'Avignon et par l'abbaye de Montmajour qui partageaient la dîme ; les revenus nécessaires à l'entretien du curé furent assurés par une fondation de Mre Guillaume de Piquet, chanoine d'Arles et prieur de Mouriès, le 5 février 1639. La cure ne devint perpétuelle qu'en 1686.

Au moment de la Révolution, la paroisse possédait comme curé le bon M. *Maureau* qui avait pris possession en 1754 ; il ne la quitta qu'en 1791, par suite du refus du serment, et se hâta d'y revenir au Concordat. Il y est mort en 1811, après cinquante-sept ans d'administration, y laissant une mémoire vénérée à laquelle la reconnaissance des habitants unit les noms de ses vertueux successeurs les curés Laurent, et Lion † 1893.

M. Maureau procura une nouvelle cloche à son église. Un recueil de pièces administratives lui ayant appartenu, et déposé aux archives de la Major d'Arles, renferme la lettre autographe par laquelle Mgr du Lau lui accorda la faculté de la bénir : « Arles, 24 avril 1782. — Je vous donne, monsieur, avec bien du plaisir le pouvoir de procéder à la bénédiction de la nouvelle cloche qui a dû être fondue ces jours derniers pour le service de votre paroisse, en observant à ce sujet les prières et solennités marquées par le rituel. J'ai l'honneur d'être avec un sincère attachement, monsieur, votre très humble et très obéissant serviteur, † J. M. archev. d'Arles. — M. Maureau, curé, à Saint-Martin de Castillon. »

Quelques mois après le refus de serment de M. Moreau, la paroisse de Castillon, qui avait déjà été démembrée en 1752, par la création de celle de Maussane, fut totalement supprimée, et réduite au rang de simple chapelle de secours. Voici quelques extraits de la pétition par laquelle les habitants protestèrent contre cette décision malheureuse : malgré la phraséologie du temps, les termes en demeurent très honorables pour eux.

« A messieurs les administrateurs du directoire du district de Tarascon. — Messieurs, la paroisse Saint-Martin de Castillon vient d'être supprimée, réduite en simple oratoire national dépendant des paroisses Sainte-Croix de Maussanne et succursale de Saint-Vincent des Baux. Elle était paroisse de temps immémorial, mère paroisse avant la construction de Sainte-Croix de Maussane. » On allègue ensuite les raisons de maintenir la paroisse, le nombre des habitants, 600, la distance des églises voisines, 1500 toises pour les Baux, 600 toises pour Maussane, etc. « Le culte et les mœurs y perdront. Où les mœurs perdent, le peuple et l'empire perdent aussi. *Les paroissiens de Saint-Martin révèrent l'Assemblée nationale, mais aussi ils sont bons chrétiens, ils aiment Dieu, ils aiment son culte, ils espèrent que la Nation en travaillant au bonheur de l'existence naturelle, se fera une joie et une gloire de leur conserver le bonheur dans leur existence morale et spirituelle.* Nous vous prions de nous conserver notre église comme église succursale où résidera un prêtre et où même le vicaire des Baux donnera une seconde messe les jours de dimanche et fête, ce vicaire étant censé moins occupé que celui de la paroisse de Maussane. » — Suivent 81 signatures de citoyens majeurs « ci-devant paroissiens de l'église de Saint-Martin de Castillon ».

— 1790, curé nommé alternativement par le chapitre d'Avignon et l'abbaye de Montmajour, remplacée par l'archevêque depuis 1786, 550 hab. — 1897, un curé-desservant, doyenné de Saint-Remy, archidiaconé de Tarascon, 600 hab. — *Sœurs de Saint-Joseph*, des Vans, tenant école depuis 1858.

Eglise, dédiée à saint Martin, patron du pays. Agrandie, restaurée et unifiée en style roman, XI° s., avec campanile portant 2 cloches modernes, sur les plans de M. Véran ; bénite, le 23 septembre 1893, par l'ancien desservant M. Faure, curé de Saint-Césaire d'Arles. La nef de droite est l'ancienne église qui avait été agrandie au XV° siècle (chapelle Saint-Joseph), en 1670 (chapelle de la Sainte-Vierge), en 1848 (sanctuaire). — Peintures murales, traits de la vie de *Saint-Martin*, par M. Ratyé ; fonts baptismaux gracieux.

Chapelles. — *Saint-Jean*, donné en 1053 au chapitre d'Arles.

N. D. de Linsola, de Insula, autrefois dans une île en plein étang, appartenait au prieuré de Saint-Paul de Mausole. Le 7 octobre 1184, Hugues de Baux lui donna, en la personne du prévôt de Saint-Paul et de ses chanoines, le droit de pêche sur tout l'étang des Baux. En 1254, en ville de Beaucaire, le prévôt Bertrand céda pour sept ans, à Rostang de Saint-Hilaire, de Tarascon, tous droits, revenus, terres et prés appartenant à cette église, sous la redevance, payable chaque année à Barral de Baux, d'une livre de poivre, 7 livres tournois et 300 anguilles claires. Ces anguilles de l'étang des Baux étaient abondantes et renommées.

MAUSSANE
Mamuciana

Jusqu'à la fin du siècle dernier, l'histoire civile de Maussane se confond avec celle des Baux, et son histoire religieuse avec celle de Saint-Martin de Castillon. Maussane n'est devenu paroisse qu'en 1754 et commune qu'en 1796. Au début de l'organisation nouvelle, il fut promu chef-lieu d'un canton qui comprenait toute la vallée des Baux, éclair de gloire qui s'éclipsa au bout de quelques années.

Ce village avait été bâti, sur le ruisseau de Conille, après les invasions sarrasines par les habitants des Baux, redescendant vers la vallée que leurs ancêtres occupaient avant cette triste période.

Maussane est nommé pour la première fois en 1060, dans une charte de Saint-Victor. Odile, épouse de Foulque, vicomte de Marseille, « pour la rédemption de son âme et celle de son seigneur, *senior* », c'est-à-dire son mari, lègue à l'abbaye divers biens dont elle a hérité de son père « dans le comté d'Arles et la *Villa Mamuciana*, un quart de ce qu'elle possède, et la moitié d'un autre quart, etc. ». La liste *Pergam.*, au début du XIII° siècle, mentionne *castrum de Mamussana*.

Le hameau ne prit de l'importance qu'au XVI° siècle. A cette époque fut bâtie la chapelle *N. D. de l'Annonciade* : elle fut confiée, en 1540, à un chapelain résidant auquel le prêtre Jean Gibert assura son entretien cette même année.

En 1681, les habitants profitèrent du jour où Mgr J.-B. de Grignan, coadjuteur de l'archevêque, faisait sa visite pastorale aux Baux, pour lui présenter une requête demandant l'érection de leur chapelle en paroisse.

« ..... Dans la rigueur des saisons, disaient-ils, les parrains et les marraines (en allant à l'église de Saint-Martin) glissant sur la glace, ont laissé cheoir des enfants de naissance qui sont ensuite morts de leur cheute.....

« Le dimanche, beaucoup passent tout leur temps à se divertir ou au cabaret ou à d'autres exercices qui ne tiennent pas à leur salut.....

« Des personnes dévotes ont fondé des vespres et des bénédictions en la chapelle Notre-Dame qui est établie depuis longtemps, mais il n'y a point de prestre qui aie droit d'administrer les sacrements et de dire la messe tous les jours.

« Vous verrez à Maussane une petite chapelle assez ancienne et assez bien ornée, dédiée à Notre-Dame, et le prestre qui en est recteur n'ayant pas 20 écus de revenu n'est obligé de dire la messe qu'une fois dans la semaine et non les dimanches et festes, et encore quand il y a messe vous y voyez un grand nombre de personnes qui ne pouvans estre touttes dans la chapelle en occupent tout le dehors..... Il y a des personnes très pieuses dans ce petit lieu qui ont soin de la tenir proprement et qui ont déjà fait et procuré plus de 500 livres de légats pour l'agrandir..... MM. de N. D. des Doms et de Piquet, prieur de Saint-Martin de Castillon, sont obligés de pourvoir à toutes les nécessités spirituelles..... — Signé : De Laugier Monblan, de Barême, H. Gibert, consuls, et 25 autres. »

Cette séparation n'agréait point aux marguilliers de Saint-Martin. Dans leur réponse adressée sans retard à l'archevêque François de Grignan, ils énuméraient avec complaisance que Mre Bonnet, prêtre et recteur de la chapelle de Manville, habitait Maussane ; que les dimanches et fêtes il y avait la messe à Manville et à Monblan ; que « au dit Maussane il y a déjà 4 messes fixées pendant la semaine, deux que dit le sieur Isoard, recteur de la chapelle dudit hameau, une fondée par feu J.-B. Hédonis que Mre Raphel Feraud dit, une fondée par la sœur de Hédonis que Mre Bonnet dit... » Conclusion : qu'on mette un vicaire à Saint-Martin de Castillon (qui a 600 âmes, cent de plus que Maussane) ; ce prêtre pourra le dimanche faire le double service. Mais si on érige Maussane en paroisse, celle de Saint-Martin, qui est assez considérable, deviendrait « la plus pire et moindre de cette province ».

Les gens de Maussane, déconcertés d'abord, foncèrent sur l'obstacle : Vous ne voulez pas de nouvelle paroisse, d'accord. Mais dès aujourd'hui nous demandons le transfert du siège de l'unique paroisse à Maussane même qui est plus central et ne cesse de se développer.

A cela Saint-Martin répondit très sagement : « S'il s'agissait d'ériger une église pour une paroisse qui n'eût jamais été, il ne serait peut-être pas déraisonnable de la placer là, mais il s'agit de changer une église que nous possédons depuis son érection ou depuis environ un siècle..... » On céda donc, crainte de pire, sur l'établissement d'une succursale à Maussane qui, on l'avouait, possédait près de 500 âmes, tandis que Saint-Martin en avait moins de 300. Mais on se consola en faisant remarquer cette fois que, même démembré, Saint-Martin serait plus considérable que les Baux, son chef-lieu. Ce qui se concilie assez peu avec la crainte exprimée plus haut de le voir descendre au rang de la *plus pire* paroisse.

C'est en 1732 que fut introduite cette diversion du transfert qui amena le triomphe des prétentions maussanaises. Quelques années plus tard, en 1752, après enquête, la paroisse fut érigée, non comme simple succursale, mais avec un curé perpétuel. On se mit de suite à construire une belle église en pierre qui, le 2 septembre 1754, fut solennellement bénite par Mgr de Jumilhac, en présence des sieurs consuls des Baux, revêtus de leurs chaperons rouges. On rapporte que

M⁰ Laugier, curé de Saint-Martin, n'avait donné son consentement en forme canonique à ce démembrement de sa paroisse qu'à la condition qu'il deviendrait curé de la nouvelle église Ce que l'archevêque ratifia du haut de la chaire.

— A Maussane, comme en plusieurs autres paroisses du diocèse, la messe de Noël, à minuit autrefois et maintenant le jour, est marquée de temps immémorial par un usage des plus gracieux. Au moment de l'offrande, un groupe de bergers, précédés du tambourin, du galoubet et d'autres instruments rustiques, et portant des corbeilles garnies de fougasses et de fruits, s'avance du fond de l'église vers l'autel. Un char tout illuminé et garni de mousse verte sur lequel repose un petit agneau d'éclatante blancheur vient ensuite traîné par une brebis dont des rubans roses relèvent la toison soigneusement peignée et lavée. Un second groupe de bergers ferme la marche. La cérémonie offre à Maussane cette intéressante particularité qu'il y a des prieuresses de l'agneau de Noël. Leur coiffure, dite le *Garbelin*, est une espèce de bonnet conique très élevé et fort original au sommet duquel sont suspendues des pommes et des oranges.

— 1790, un curé nommé et institué par l'archevêque, 1000 hab. — 1897, un curé-desservant, doyenné de Saint-Remy, archidiaconé de Tarascon, 1380 hab. Les *Sœurs de Saint-Joseph*, des Vans, y tiennent école et asile depuis 1854, et desservent l'hôpital.

Eglise, tit. Exaltation de la Croix (patron du pays Notre-Dame, tit. de la chapelle qui l'a précédée), bénite en 1754, n'a jamais été consacrée. Edifice grec tout en pierre, avec chapelles enfoncées, vaste et d'un bel aspect. — Tabl. *La Vierge et l'Enfant Jésus.* — En face la chaire, inscription : *A la mémoire de messire J. Laugier de Monblan, fondateur de cette église, bienfaiteur des pauvres, etc., né en 1708, décédé en 1775, les habitants de Maussane reconnaissants.*

De l'ancienne chapelle de l'Annonciade il subsiste quelques vestiges de murailles et un petit clocher dans une maison particulière.

CHAPELLES. — *Saint-Roman,* donné à Montmajour en la personne de l'abbé Guillaume et du prieur Isoard, l'an 1106, en même temps que l'église *Notre-Dame,* situés tous deux dans la vallée ou le cros de Mouriès, avec leurs dîmes et oblations, sous réserve d'un cens annuel de sept deniers de Saint-Gilles ; inscrit dans la liste de 1213, « Eccl. S. Romani de Moreriis, pro synodo 4 den. »; compris dans la bulle de Callixte II, en 1224 « Eccl. S. Romani de Moreriis cum omnibus pertinentiis suis ». En 1293, Pierre d'Eyguières « recteur de l'église Saint-Roman dans la vallée des Baux » obtint de Bertrand de Baux, comte d'Avellin, restitution de divers droits et diverses terres qui avaient été enlevés à cette église. L'acte fut signé au château des Baux. En 1358 « prior eccl. S. Romani » est taxé 16 sous pour l'Eglise d'Arles.

Chap. de Monblan, restaurée au XVIIIe siècle, mais plus ancienne de deux siècles au moins.

MOURIÈS
Moreriae

Mouriès a remplacé la *mutatio Tericiœ* [1], sur la voie aurélienne, dont le nom se conserve, à peine altéré, dans celui du vieux quartier de *Teracia* qui domine le village.

Comme *Glanum*, la cité voisine, *Tericiae* fut ruiné par les wisigoths, vers l'an 480. Ses habitants se réfugièrent sur les hauteurs prochaines, celle des Baux surtout. Après le départ des sarrasins, le nouveau village fut fondé plus près de la plaine.

Le castrum, qui relevait des barons des Baux, est nommé dans les chartes dès le XIe siècle.

En 1073, le *monastère Saint-Genès* des Alyscamps, en la personne de Bernard, abbé de Saint-Victor, et de son prieur Guillaume, reçut en don des frères Rostaing et Guiran et de leurs épouses Mathilde et Foy, un vaste domaine « in territorio de Moreriis », s'étendant de la montagne à la Crau, avec droit d'y bâtir des moulins, et de pêcher dans l'étang. En échange, les moines donnèrent un cheval, un mulet, etc.

---

[1] Marquée sur la *Table* ou *Carte de Peutinger*, révision de l'*Orbis pictus* d'Agrippa, faite au IVe siècle.

En 1106, l'archevêque Gibelin dota l'abbaye de Mont-majour des églises *Notre-Dame* et *Saint-Roman*, dans la v..llée de Mouriès, sous un cens annuel de sept sous.

Grégoire VII, dans la bulle de 1079, inscrit « cellam S. Jacobi in territorio de Moreriis », et Calixte II, dans celle de 1124, « ecclesias S. Marie et S. Jacobi cum pertinentiis suis ». La chapelle Saint-Jacques n'était pas située dans le vieux Mouriès, mais dans son territoire, ce qui, en tenant compte de nombreux cas similaires, permet de penser que le nouveau village s'est bâti proche d'elle, et que l'église paroissiale actuelle occupe son emplacement.

Quant à la paroisse ancienne, enfermée dans le castrum, et dédiée à Notre-Dame, on la retrouve marquée dans la liste de 1213, « Eccl. S. Marie de Moreriis, pro synodo 12 den. », et dans celle de 1358, « prior eccl. de castro Moreriis, 40 sol. ».

L'an 1168, l'abbé de Saint-Victor céda à *l'archevêque d'Arles* tout ce que son abbaye possédait à Mouriès et l'église de Vaquières : l'archevêque en retour lui transmit *Saint-Gabriel* du Trébon, et *Saint-Honorat* des Alyscamps. Ce traité fut approuvé par le pape Alexandre III en 1169 et par le comte Ildefons en 1172. Elzéar de Bedoin, en 1425, transmit à l'archevêque ses droits de seigneurie sur Mouriès, seigneurie d'ailleurs très fractionnée puisqu'il n'en possédait que le douzième dans un quartier, et le seizième dans un autre. Une bulle de Grégoire IX, en 1230, confirme les droits du prélat sur le *tiers* du château de Mouriès.

A l'extrémité du territoire, mais déjà dans la paroisse de

Saint-Remy, on rencontre l'ancienne *abbaye de Puyredon*, dont nous dirons l'histoire dans la notice consacrée à cette paroisse.

Deux actes mentionnent les rapports des abbés de Puyredon avec les archevêques. En 1229, une transaction entre les deux prélats réglait que chacun entrerait en partage de ce que l'autre acquerrait au terroir de Mouriès.

Les seigneurs des Baux possédaient la suzeraineté sur toute la vallée. D'entre leurs possessions immédiates, Barral de Baux donna, en 1244, la terre de Malbastit à l'abbaye; mais, en 1257, par acte du 30 octobre, conclu dans le cloître de Puyredon, l'abbé Rostang lui vendit tous ses droits sur Mouriès.

Avec leur humeur turbulente, il était inévitable que des difficultés surgissent entre ces seigneurs et les archevêques, leurs vassaux.

Un jour, de son nid d'aigle, Barral fond sur les domaines de l'Eglise d'Arles, s'empare du castrum de Mouriès, et pousse jusqu'aux pâturages de Saint-Martin de Crau, où il pourchasse les bergers, sujets de l'archevêque, et les force à déguerpir de leurs coussous. Jean Baussan n'était pas homme à s'intimider. Il prévint Barral qu'il introduisait une instance contre lui devant le comte de Provence, et qu'il réclamait, outre la restitution des bourg et terres indûment séquestrés, une indemnité de 20,000 sous raymondins. Barral accepta un arbitrage. La commission pacificatrice tint ses assises au château des Baux et rendit, le 16 octobre 1255, une sentence qui reconnaissait les droits de l'archevêque et obligeait Barral à restituer tout ce qu'il avait pris. Au sujet de Mouriès il fut spécifié que l'archevêque y jouirait de tous ses anciens privilèges, mais après avoir rendu hommage au seigneur des Baux pour ce castrum, ainsi que pour celui de Vaquières.

Dans un de ces hommages, dont l'acte original subsiste, Rostang, nouvel archevêque, le 11 octobre 1287, « au monastère Saint-Paul du Mausolée », promet fidélité à Bertrand de Baux, comte d'Avellin, et reconnaît tenir sous sa suzeraineté « le tiers du château de Mouriès, la villa de Vaquières et leurs territoires ».

— La proximité des Baux fut cause que le calvinisme pénétra de bonne heure à Mouriès : il y avait un temple dès 1560. A la fin du XVIIe siècle, le nombre des protestants, y compris un groupe de réfugiés des Cévennes, dépassait 350. La plupart revinrent à la religion de leurs pères.

— Mgr François de Mailly, par son zèle et sa charité, contribua beaucoup à la conversion de ces frères égarés. Il entreprit en 1698 la visite de son diocèse. On l'engageait à éviter les paroisses de Mouriès et des Baux qui étaient désolées par la variole noire. Le bon pasteur jugea au contraire que ce danger était une raison de hâter sa visite : « Un père, répondit-il, ne sent jamais mieux sa paternité qu'au milieu de ses enfants affligés. » Ayant pénétré dans toutes les maisons où des malades souffraient, il fut lui-même atteint de la contagion. Ramené précipitamment à Arles, son état s'aggrava. Quand on sut dans la ville le danger qu'il courait, les églises furent envahies par le peuple qui demandait à Dieu la guérison de son pasteur.

Ces prières furent exaucées. Le charitable prélat était appelé par la Providence à recevoir sur le siège de Reims la pourpre cardinalice et à honorer ses nouvelles charges par son attitude énergique contre les jansénistes. En 1720, à la première nouvelle du fléau qui désolait la Provence, le cardinal de Mailly montra qu'il n'avait point oublié son ancien troupeau. Il envoya à Mgr de Forbin-Janson, son successeur, une somme de 10,000 livres pour les pestiférés du diocèse d'Arles.

— Mouriès n'est séparé des Baux sous le rapport communal que depuis 1796. Sous le rapport religieux, il fut jusqu'en 1639 une succursale amovible de cette paroisse. Cette année, le 6 février, Mre Guillaume de Piquet, chanoine d'Arles, fonda la cure perpétuelle, en assurant l'entretien du curé. Il restaura l'ancienne église Notre-Dame, située au pied de l'ancien castrum; la nomination du curé demeura réservée à l'abbaye de Montmajour : un chapeau d'abbé sculpté à une voûte indique encore cette juridiction. Mais la paroisse ne fut pleinement constituée et reconnue qu'après de longs débats entre la communauté des Baux et les marguilliers de Mouriès.

— 1790, un curé, que, depuis 1786, à la suppression de l'abbaye, l'archevêque avait le droit de nommer, un secondaire, 1400 hab. — 1897, un curé-desservant, un vicaire; 1680 hab., dont environ 130 protestants ; doyenné de Saint-Remy, archidiaconé de Tarascon. Les *Frères de Saint-*

Viateur, de Vourles, y tiennent école de garçons depuis 1880, et les *Sœurs de la Présentation*, du Bourg, école de filles et asile depuis 1838.

Église, tit. saint Jacques le Majeur, patron du pays; occupe la place d'une chapelle romane nommée dans la bulle de 1079. Inaugurée en 1782, fermée en 1795 et dévastée, rouverte par le curé Riousset, le 25 décembre 1802, à la messe de minuit; consacrée après restauration totale le 12 mars 1822 par Mgr de Bausset. Belle nef corinthienne percée de 4 chapelles de chaque côté. Tabl. *Saint-Roch*, P. Revoil. — Dans la sacristie, vieille peinture sur bois, *La Vierge, l'Enfant Jésus et Saint-Jean*. — Depuis longues années, les offices sont rehaussés dans cette église par un chœur d'hommes nombreux et exercés : le lutrin de Mouriès jouit dans tout le diocèse d'un renom mérité.

— Au château de Servane sont conservés, entre autres antiquités, *deux tombeaux chrétiens* du IVe siècle, venant de Montmajour, où sans doute ils avaient été apportés d'Arles. Ces tombeaux ne sont pas entiers : les parties conservées représentent sur deux bandes superposées les mystères de la vie de Jésus-Christ. A Servane réside dans une laborieuse retraite M. Henri Revoil, l'éminent architecte qui a fourni le plan ou présidé à la restauration de nombreux édifices chrétiens. Au style, religieux entre tous, qui jouit de ses préférences, parce que dans nos contrées il atteignit à sa perfection, M. Revoil a élevé un monument durable dans son beau livre, *L'Architecture romane du midi de la France*.

AUREILLE
Auricula

—

Bâti sur un mamelon des Alpines, en un site agreste, ce village a reçu son nom *Aurelia, Aurella, Auricula*, de la voie aurélienne sur laquelle il était placé,

Un ancien seigneur avait vendu ce village à la république d'Arles qui bâtit le château pour défendre l'entrée des territoires sous sa dépendance. Les *Statuts de 1246* relatent que la garde du castel est confiée à trois hommes sûrs qui entretiendront sept hommes de service et quatre gros chiens nourris par la ville. Ce château suivit le sort de la république et fut uni à la Provence en 1251. C'est à cause de la date de cette annexion qu'il était compris parmi les *terres adjacentes*.

A la fin du XV° siècle, la propriété de la seigneurie et du château, que Raymond de Turenne avait détruit, fut achetée à la ville par les d'Ancezune. Une marquise de cette maison établit sa résidence à Aureille en 1605. Elle attira du dehors des habitants auprès du nouveau château qu'elle venait de bâtir : trente chefs de famille reçurent d'elle des terres franches et exemptes de toutes charges, fors la dîme spirituelle, exemple qu'en 1720 imita le nouveau seigneur,

M. de Lubières, quand il céda en emphytéose pour des droits minimes tous les terrains nécessaires à l'agrandissement du village.

Aureille doit à deux de ses enfants, moines de Saint-Victor, ses premières mentions dans l'histoire de Provence. *Ugo de Aurella* contresigna, en 1182, à Saint-Julien le Montagnier, un accord entre l'abbé de Saint-Victor et les hommes d'armes, *milites*, de Saint-Martin de Bromes. Quelques années plus tard, en 1193 et 1194, on trouve *Raymundus de Aurella*. Sous le titre d'abbé *élu* de Saint-Victor, il rétablit la paix entre le prieur claustral de Gigorz et le seigneur de Beaujeu, et termina un différend qui s'était élevé entre la dame de Grimaud et l'abbaye au sujet du moulin de la Roquette et du verger attenant : l'acte est du mois d'août 1194, contresigné par Raymond, sacriste de l'Eglise d'Aix.

Deux actes de 1204 et de 1212 nomment seulement *aumônier* du monastère, Raymond d'Aureille, l'ancien abbé *élu*.

Qu'était-il survenu entre l'élection et l'intronisation ? — La visite du légat Bernard, cardinal-prêtre de Saint-Pierre *ad vincula*, envoyé *in partes Provinciae* par le pape Célestin III. Le légat ayant constaté que de nombreux abus s'étaient introduits dans l'abbaye Saint-Victor, dressa un règlement de réforme. Il pensa peut-être que l'abbé élu n'aurait pas la fermeté nécessaire pour en imposer l'exécution, et il le fit rentrer dans le rang. Ce coup d'état monacal ne souleva point de résistance. Dès 1195 un nouvel abbé nommé Hugues fut installé : Raymond dut accepter franchement la situation nouvelle, puisque la charge d'aumônier de l'abbaye lui fut confiée.

Deux actes auxquels Raymond d'Aureille souscrivit après sa démission, sont d'un réel intérêt pour la ville et l'Eglise de Marseille : par celui du 4 juin 1204, l'abbé Guillaume de Pierre cède à l'église et à l'hospice du Saint-Sépulcre une vaste prairie, sise entre les salins et le puy Fourniguier, c'est-à-dire sur la rive gauche du port entre la rue Beauveau et la Cannebière actuelle, avec licence d'y établir chapelle et cimetière ; par celui du 22 juillet 1212, Roncelin, vicomte de Marseille, donne à Saint-Victor tous ses droits de seigneurie sur la ville et le port, fors le Château-Babon qui demeurera sous la puissance de l'évêque.

— La liste de 1213 taxe l'église paroissiale « S. Maria de Auricula » à 4 deniers pour le cens synodal, et celle de 1358 inscrit « prior de Auricula » 20 sous pour le chapitre d'Arles.

Le prieuré N. D. d'Aureille et celui de Barbegal relevaient du chapitre d'Avignon. Avec les autres chanoines de Notre-Dame des Doms, Raimond de Calvisson, prieur d'Aureille, assista, en 1361, à la fondation de la chapelle Saint-Michel par l'évêque Jean. Lors de la sécularisation de ce chapitre, en 1481, le cardinal Julien de la Rovère (Jules II) unit à la nouvelle mense les prieurés N. D. d'Aureille, N. D. de l'Ile, sous Barbegal, au diocèse d'Arles, et celui de Romanin, près Saint-Remy, que le prieur claustral du chapitre régulier avait détenus jusqu'alors.

— Le curé ne devint inamovible qu'à la suite de l'édit de 1686. M. Repou, curé de 1697 à 1725, décédé à Aureille en 1727, institua les confréries du Saint-Sacrement, du Saint-Rosaire, etc. Après la peste de 1720, avec le généreux concours du nouveau seigneur, le marquis de Lubières, il agrandit la vieille église Notre-Dame qui bientôt après fut dotée, par la confrérie des bergers, d'une nouvelle chapelle dédiée à Saint-Véran. En 1794, le curé Jourdan refusa le serment schismatique et fut remplacé par un intrus venu d'Arles. Un prêtre natif du pays, M. Bertrand, curé des Baux, ancien vicaire à Saint-Remy, administra les sacrements en secret. Les enfants à baptiser étaient souvent aussi portés aux prêtres fidèles réfugiés à Salon.

— 1790, un curé nommé par le chapitre d'Avignon, prieur-décimateur, 520 hab. — 1897, un curé-desservant, doyenné d'Eyguières, archidiaconé de Tarascon, 470 hab.

— Église *Notre-Dame* (l'Assomption) titulaire et patron, gracieux édifice roman à trois nefs, dont la première pierre fut posée par Mgr Chalandon le 31 mars 1867, et qui fut consacré par Mgr Forcade le 22 octobre 1874. Les plans ont été dressés par M. Girard qui dirigea les travaux jusqu'à leur suspension en 1870 : M. Véran les reprit en 1873 jusqu'à l'achèvement. Charmant campanile renfermant l'ancienne cloche de 1720, refondue en 1825. Le curé Pauleau sut intéresser de nombreuses influences à la construction de son église, l'Etat alloua 12,000 fr., la commune s'imposa et les habitants souscrivirent avec générosité : la distinguée châtelaine entreprit courageusement une quête dans les salons officiels et diplomatiques de la capitale et elle en revint avec une liste brillante et curieuse autant par les noms qu'on fut surpris d'y lire que par ceux qu'on fut étonné de n'y point rencontrer. — Tabl. *Christ en croix*, Debauve.

LA CRAU
Cravus

SAINT - MARTIN
Sanctus Martinus de Palude

La plaine de la Crau est encadrée par le Rhône, les Alpines, la Touloubre et la mer. C'est avec la Camargue et l'étang de Berre une des régions qui assignent au diocèse une vraie originalité topographique.

Cette plaine est couverte ou plutôt, pour employer le terme exact, formée jusqu'à trente mètres de profondeur, de cailloux roulés, déposés par le *diluvium* du Rhône et de la Durance. Sa superficie n'est pas moindre de 35,000 hectares et sa circonférence de 120 kilomètres. Ces mesures se rapportent à la Crau apparente, mais la Crau cachée, qui s'étend sous une couche d'humus de dix mètres, monte jusqu'à la Durance par la brèche de Lamanon, constitue le *substratum* de la Camargue, où elle avance une lieue en pleine mer, et ne s'arrête qu'au-delà d'Aigues-Mortes. La superficie totale de cette couche de galets dépasse 200,000 hectares.

Comme l'Arabie, à laquelle son soleil brûlant, son mirage et son vent impétueux font songer, la Crau se divise en trois régions : la Crau *déserte*, au midi, vers la mer, coupée d'étangs et de marais, signalée de loin en loin par quelque cabane misérable ; la Crau *pierreuse*, la plus vaste, malgré les conquêtes de l'irrigation et du colmatage, absolument stérile l'été, mais nourrissant l'hiver, avec le gazon appétissant qui lève entre les cailloux, 3 à 400,000 bêtes à laine qui gagneront la montagne en migrations pittoresques aux approches de l'été, d'où leur nom de troupeaux transhumants ; la Crau *heureuse* qui encadre les deux autres au levant et au couchant, arrosée par d'abondants canaux, couverte de prairies verdoyantes, de vergers d'oliviers, de vignobles, de jardins maraîchers et fruitiers, auxquels des rangées de hauts et sombres cyprès fournissent les abris nécessaires contre le mistral.

La Crau pierreuse, entre Miramas et Saint-Martin, est demeurée telle absolument que les géographes anciens, Strabon, Pline, Pomponius Mela, la décrivaient il y a deux mille ans « couverte de cailloux gros comme le poing, sous lesquels croît une herbe menue recherchée des troupeaux, coupée de marais, battue par un vent très froid, violent et puissant ».

Cet immense lit de pierres, la poésie mythologique en avait trouvé l'explication. Quand Hercule partit pour s'emparer du jardin des Hespérides, Prométhée qu'il venait de délivrer, lui traça sa marche : « Tu arriveras en un lieu battu par Borée et tu prendras garde que ce vent violent et glacé ne t'enlève de terre. Tu rencontreras le peuple des Ligures et malgré ta valeur, tu te trouveras sans défense, car le destin veut que tes flèches soient épuisées, ta main cherchera vainement une pierre à lancer contre tes ennemis, le terrain n'en fournit pas. Mais Jupiter sera touché, il couvrira le ciel d'épais nuages et fera pleuvoir une grêle de pierres rondes avec lesquelles, tu repousseras l'armée des Ligures [1]. » Ce mythe raconte sans doute la victoire d'un conquérant civilisateur des temps préhistoriques. Timagène, cité par Strabon, rapporte en effet qu'Hercule fit cesser les sacrifices humains.

Le mistral, au rapport d'Eschyle, soufflait au V° siècle avant J. C., avec la même rage que de nos jours. Au II° siècle de notre ère, Aulu-Gelle (*Nuits attiques*, II, 22) fait dire à Caton qu' « il jette à terre un homme armé et même un chariot chargé ». Aujourd'hui il ralentit la vitesse des trains, enlève la toiture des vagons et renverse les cabanes des bergers. Ceux-ci habitent seuls la Crau pierreuse, mais sur les points où la terre a pu être travaillée, des colons agricoles s'établirent dans le haut moyen-âge : les plus anciens de ces centres avaient pour églises *Saint-Martin* et *Saint-Hippolyte*.

Le *Testament de saint Césaire* fournit la plus vieille mention chrétienne de la Crau et du Trébon. Il lègue à ses religieuses « pascua in Campo Lapideo » et « campum in Trifinitio super viam munitam ».

---

[1] Eschyle, *Prométhée délivré*, fragment cité par Strabon, IV, 1. Ce drame faisait suite au *Prométhée enchaîné* que nous possédons en entier.

Un siècle avant, saint Hilaire visitait chaque année, durant le carême, les bergers de la Crau encore païens pour les disposer au baptême qu'il leur conférait le samedi-saint. Ceux qui étaient déjà baptisés, dit son historien, il leur enseignait à vivre selon la loi chrétienne.

En l'an 1015, les époux Guiniman et Marie, dans l'acte dont nous avons cité un extrait pour Lansac, donnent à l'abbaye Saint-Victor tout ce qu'ils possèdent *de campo lapideo*, « chargeant les moines de prier assidûment pour nous et nos enfants, et quand nous aurons quitté cette vie, d'ensevelir nos corps dans leur monastère ».

Au mois de mars 1052, l'église de Saint-Martin de Crau, désignée sous le nom de *Sanctus Martinus de palude majori*, de la grand palus, était concédée aux chanoines d'Arles par Guillaume, vicomte de Marseille, avec deux autres églises, *Saint-Pierre de Galignan* et *Sainte-Marie de Capella*. L'acte est rapporté au 1er volume du *Cartularium Arelatense* (Bibl. Méj.). L'étendue de cette donation est marquée dans la liste de 1213 : « L'église Saint-Martin de la palud de Crau, de Cravo, appartient au prévôt avec ses dépendances ; ses limites vont du chemin de Salon aux grandes pierres, en suivant le cours de l'eau jusqu'à la terre de Bertrand Bimund, et depuis la pierre qui est après le terme de cette terre jusqu'à la parcelle des Trois Pommiers, en suivant le chemin jusqu'au tènement voisin d'un tas de pierres d'où part le chemin qui va au champ Regord, et depuis le chemin Regord jusqu'au clapier du chemin de l'Etoile. Là se trouve une voie publique qui mène à l'étang des Deux Pommiers ; de cet étang à Aurichols, d'où au lit de la vallée Maurs, d'où à la bouverie Jaile. »

— Les seigneurs des Baux, les empereurs d'Allemagne, les comtes de Provence, les rois de France rivalisèrent avec les particuliers pour étendre les domaines et les privilèges des archevêques en Crau. Ces possessions comprenaient de nombreux coussous, jouissant du droit de pacage sur les troupeaux. Sur la demande des arlésiens, Pierre de Foix révisa ces droits en 1450 : chaque troupeau ne paya plus qu'une brebis par année. Sous Jean Ferrier, les consuls d'Arles prétendirent imposer ces terrains au profit de leur ville, ce que voyant les maîtres rationaux à leur tour inscrivirent Saint-Martin, village et campagne, parmi les communautés devant l'impôt à la Couronne. Contre ces prétentions l'archevêque Jacques de Broullat se pourvut au conseil du roi qui renvoya l'affaire au parlement de Toulouse. Celui-ci, se basant sur le testament du comte Raymond-Bérenger, prononça l'exemption totale d'impôt en faveur de l'Eglise d'Arles, par arrêt de 1621.

On conserve divers actes d'hommage des barons des Baux à l'archevêque pour leurs possessions de la Crau, un entre autres de Barral de Baux en 1259. Dans une assemblée de 1260, tenue à Saint-Martin de la Palud, il est parlé des prud'hommes de ce castrum qui paient à Barral dix moutons par an.

— La paroisse se mit sous la protection de saint Roch, durant la peste de 1720, à la suite de l'invitation adressée à tout son diocèse par Mgr de Forbin. De cette époque datent la plupart des chapelles et oratoires dédiés à ce saint dans la région. On se rendit en procession, le 12 mai 1721, à l'oratoire nouveau, et l'on décida de s'y arrêter dorénavant pour les rogations. Une note du curé atteste que « la châsse de bois doré fut donnée par Dominique Robolly, messire Tourniayre, curé, ayant obtenu une parcelle de saint Roch qui fut abstraite lorsque l'archevêque en manda à l'intendant Lebret. Notre dit sgr archev. manda au sr curé lad. parcelle scellée de ses armes qui est attachée à la soubasse de la statue et couverte d'un taffetat. »

— *Saint-Martin de Crau de la Palud* (*Etat* de 1767) fut une des premières paroisses rétablies après le Concordat. Dès le mois d'août 1802, Mgr de Cicé pourvut aux besoins spirituels de ce peuple « de plus de quatre mille habitants, dispersés des Alpines à la mer, et qui, depuis dix ans vivaient sans enseignement religieux. » Il a été par la suite distribué en quatre autres paroisses.

— 1790, un curé nommé par le chapitre Saint-Trophime, prieur et seigneur ; 800 hab. — 1897, un curé-desservant, archidiaconé et commune d'Arles, doyenné de Saint-Trophime, 1000 hab. *Sœurs de Saint-Joseph*, des Vans, tenant école et pensionnat de filles depuis 1894.

Église romane nouvelle, consacrée par Mgr Forcade le 28 septembre 1876.

Chapelle *Sainte-Foy de Vaquières*. Cette église donnée par les barons des Baux, à l'abbaye de Saint-Victor, fut transmise, en 1168, par celle-ci aux archevêques d'Arles en échange de Saint-Gabriel du Trébon et de Saint-Honorat des Alyscamps.

En deux actes passés l'an 1262, le même jour, l'archevêque Bertrand et Barral de Baux acceptent un arbitrage pour délimiter leurs territoires de Mouriès, de Servane, *de Servanis*, et de Vaquières, licence à Bertrand et à ses successeurs de tenir une barque et de pêcher sur l'étang ; Bertrand rend hommage à Barral pour le *castrum* de Vaquières, et en retour Barral promet de défendre le prélat en toute occasion ; actes signés au château de Vaquières, dans la chambre du seigneur archevêque. Un des témoins fut messire Robert, chapelain de Sainte-Foy et bailli de Vaquières. Autre hommage de Rostang à Bertrand de Baux, en 1287, rendu au monastère Saint-Paul.

L'entente ne dura pas toujours. Le 4 juillet 1345, Jean Baussan dénonçait au pape Clément VI les empiètements intolérables d'Hugues de Baux, comte d'Avellin, qui se conduisait en maître au château de Vaquières, exigeait des habitants l'hommage et le serment, et violait les privilèges accordés par les empereurs et les papes. L'Eglise d'Arles rentra dans ses droits : et cent cinquante ans plus tard, le baron de Beaujeu prêtait serment de fidélité à Jean X Ferrier, pour le château de Vaquières.

MOULÈS
Molesium

Sur le chemin de Saint-Martin à Raphèle, et proche de la voie ferrée, se dresse une croix isolée qu'on nomme la *Croix de Saint-Hippolyte*. C'est là qu'a pris naissance la paroisse de Moulès.

Vers l'an 965, l'archevêque Ytier admit à son audience la noble dame Teucinde qui, s'étant consacrée à Dieu, se signalait par de grandes œuvres, dont la plus notable était la fondation de l'abbaye de Montmajour. Elle pria l'archevêque de lui abandonner, sa vie durant, « l'église du bienheureux Hippolyte avec le petit tènement de terre et les dîmes en dépendant ». Cette église n'étant plus que ruines, Teucinde et son neveu Riculfe, évêque de Fréjus, promettaient de la rebâtir, de lui assigner une dot convenable et d'y faire célébrer l'office divin.

Du consentement de ses chanoines, Ytier accorda cette église aux conditions demandées, imposant un cens d'un sou payable à chaque fête de saint Etienne. Incontinent, Teucinde fit abandon à l'Eglise d'Arles de tout l'alleu que ses parents lui avaient légué en ce quartier, et consentit à ce que, après sa mort et celle de son neveu, Saint-Hippolyte redevint la propriété de cette Eglise; acte dressé à Arles, le 14 des calendes d'août, l'an 26⁰ du règne de Conrad, signé de l'archevêque Ytier, d'Eyrard, évêque de Carpentras et prévôt d'Arles, de Warnier, abbé de Montmajour, etc.

L'évêque Riculfe, devenu abbé de Montmajour, mourut en l'an 999, précédé dans la tombe par sa vénérable tante. Saint-Hippolyte fit donc retour à l'Eglise, mais l'archevêque oublieux des droits des chanoines, adjugea le bénéfice à sa propre mense. Les chanoines se décidèrent, en 1007, à assigner l'archevêque Pontion et son père Francon devant le pape Jean XIX. A Rome, les délégués du chapitre Saint-Etienne et Saint-Trophime se trouvèrent en face de l'archevêque qui était venu soutenir ses prétentions. « Le pape, dit une charte contemporaine, dès qu'il connut l'affaire, prit en pitié les pauvres chanoines, *ut audivit misertus est*, il leur fit justice et pria le seigneur archevêque et son père de leur accorder ce qu'ils demandaient. Sur sa demande, ceux-ci rendirent de bon gré l'église contestée. »

Revenu à Arles, l'archevêque assembla son clergé, lui annonça la décision du pape, et sur le champ, devant l'autel de Saint-Sauveur, Saint-Etienne et Saint-Trophime, il rédigea l'acte qui abandonnait formellement à ses chanoines l'église Saint-Hippolyte. Fénelon ne se fût pas soumis de meilleure grâce.

En 1237, Jean Baussan fit don aux cisterciennes de Mollégès de l'hospice de Saint-Hippolyte de Crau, c'est à dire de l'église, des logements contigus et des terres en dépendant, sous réserve de la dîme et de la moitié de la tasque pour le chapitre et d'une livre de cire pour l'archevêque.

Dans la liste de 1243, *Ecclesia S. Hippolyti de Cravo* avait été taxée à 8 muids de froment et 12 deniers synodaux.

Les cisterciennes essayèrent plus d'une fois de se soustraire à la juridiction des archevêques pour ne reconnaître que celle des abbés de Citeaux. Un épisode de ce long différend fut la convention du 16 septembre 1309, sous Arnaud de Falguière, qui stipulait qu'un hospitalier, prêtre desservant, serait nommé à Saint-Hippolyte par l'abbesse de Mollégès, et institué par l'archevêque.

Le nom du curé de Saint-Hippolyte se trouve dans les listes synodales jusqu'en 1643. Contestés par la ville d'Arles, les droits du chapitre sur cette église furent reconnus par elle en 1619, et confirmés le 20 mars 1621, par le parlement de Toulouse « attendu le service curial qu'y faisait ledit chapitre ».

Le territoire était resté sous la suzeraineté de l'archevêque : entr' autres hommages, on conserve celui qui lui fut rendu, le 9 mai 1390, par Boniface de Reillane, au nom de Reynaud Porcellet « à genoux et les mains jointes » pour l'affar de Saint-Hippolyte de Crau.

— Quant au quartier de *Moulès en Crau*, le plus ancien titre qui en parle date de 1453. Le *Libvre de la chapelle Notre Dame de Moullès*, écrit en 1683, nous renseignera sur la fondation de la paroisse qui remplaça Saint-Hippolyte :

« Mess⁰ du chapitre ont depuis quelques années désisté de tenir un curé et de faire faire le service à la chapelle S¹ Hippolitte en Crau, quartier de Moulles, et comme les particuliers possédanz bien au dict quartier estoient la plus part des povres gens idiotz [1], ils nosèrent pas faire plainte de ceste cessation de service. Dans la suite, led¹ quartier de Moulles qui estoit presque tout garrigue et habité par de simples bergers dans des tapies ayant esté rompu en partie et mis en preries, luzernes, vignes et vergers, a esté acquis par divers, dont il y en a nombre de gens de condition raisonnable. Ceux-ci y ont construit des bastimanz de hault prix et considérables, en sorte que les fonds qui, au temps du service qui se faisoit à Saint-Hippolyte, valloient cent livres, ont présantement valeur de plus de six mil livres. En sorte que le cnapp⁰ a augmenté son revenu, surtout par la disme qu'il retire au 20 des agneaux qui naissent en ce terroir qui est beaucoup plus grand en nombre qu'au temps du service, parce que dans les garrigues on ne pouvoit herbager que des mouttons, anouges ou vassier, au lieu que présentement par moyen desdz predz, luzernes et de l'orge qu'on y sème pour pasquier et des estoubles qui restent du margal et d'autre herbe, on y nourrit beaucoup de brebis et d'agneaux..... »

Ce document donne sa date à la conquête agricole de ce sol aride, conquête due à l'irrigation et qui s'est achevée en ce siècle.

---

[1] Rare au XVIIᵉ siècle, mais fréquent au XVIᵉ, dans le sens de *sans instruction*.

Les gens de Moulès intéresseront à leur cas quelques-uns « des plus apparanz » parmi les nouveaux propriétaires. Et certes leurs raisons de posséder un prêtre au milieu d'eux étaient convaincantes : éloignement d'une lieue et demie d'Arles et de Saint-Martin ; — quant aux malades, le curé de Saint-Martin répondait chaque fois « qu'ils ne sont pas ses paroissiens, attendu que l'église Saint-Hippolyte était considérée autrefois comme succursale de la Major », et les curés d'Arles répondaient « qu'ils ne sont obligés qu'à leurs paroissiens de la ville » ; — on ne savait en quel cimetière enterrer les morts, à raison de quoi on était obligé de les ensevelir le long des chemins publics, etc.

Requête fut donc adressée à Mgr François de Grignan et au chapitre pour le rétablissement de l'église et cure Saint-Hippolyte. La majorité des chanoines ayant voté contre cette demande, l'archevêque conseilla aux habitants de renoncer à Saint-Hippolyte et de construire une chapelle à Moulès, quartier plus central. Il promit 25 livres par an pour le prêtre, le chapitre même somme, les habitants s'engagèrent à donner 50 livres.

L'emplacement de la nouvelle chapelle ayant été choisi par les députés des habitants, du chapitre et de l'archevêque, celui-ci autorisa l'érection le 16 avril 1682.

Le chanoine Laugeyret, noble Claude de Chiavary et autres notables, contractèrent un emprunt amortissable en dix ans. Il fut délibéré de donner aux marguilliers « pouvoir de prier les propriétaires des mas et tapies qui ne voudraient pas contribuer pour leur part, d'aller ouïr la messe ailleurs, avec protestation que s'ils retournaient, on les obligera de sortir, et s'ils persistent à revenir, il sera permis de les mettre deors *sans escandalle*, et s'ils donnoient subject à des violences, on n'en fera point, mais on se pourvoyra en justice contre les reffuzans... »

Le 29 novembre 1682, la chapelle fut bénite par le chanoine Laugeyret qui dit la messe et présida à l'élection des marguilliers. Par commodité, on décida de célébrer chaque année, le 8 septembre, l'anniversaire de cette dédicace. En 1684, on plaça au-dessus de l'autel un tableau acheté aux marguilliers de Saint-Martin. Cette peinture qui n'est pas sans valeur et dont le voisinage d'une fresque exécrable double le mérite, représente, au centre, la Sainte Vierge surmontée de ces mots *Notre Dame de Moulès* inscrits sur une banderolle : à droite, saint Joseph et sainte Catherine; à gauche, saint Hilaire et sainte Madeleine En 1685, les membres de la confrérie nouvelle, N. D. de Moulès, s'engagent à donner un sol par an pour le luminaire. C'est par cette sorte de syndicat que les frais du culte ont été payés jusqu'à la Révolution.

— Parmi les propositions du préfet Thibaudeau agréées par Mgr de Cicé au sujet des paroisses à rétablir, en exécution du Concordat, figure « en Crau l'église qui sera bâtie sous le vocable de saint Hilaire... » En attendant, le territoire fut attribué partie à la Major, partie à Saint-Martin.

Cette *nouvelle église* dont la construction s'imposait, en raison de l'exiguité et du mauvais état de l'ancienne, fut achevée en 1840 seulement. Elle a été dédiée avec justice au saint pontife qui acheva la conversion des gens de la Crau, au V° siècle. M. Gaudion, curé de la Major, s'employa avec zèle à cette construction. Sous l'administration de M. Jacquier, ont été bâtis ou acquis le clocher, la voûte de l'église, un spacieux presbytère, trois cloches, l'horloge, etc.; la dépense s'éleva à 75,000 fr., et le bon curé en fournit ou recueillit plus des deux tiers.

— 1790, 600 hab., un curé amovible présenté par le doyen de la Major et institué par l'archevêque; — 1898, 1000 hab., un curé desservant, archidiaconé (et commune) d'Arles, doyenné de Saint-Trophime. — *Sœurs de la Charité* de Besançon, tenant depuis 1872 une florissante école de filles, pensionnat et externat.

— Dans l'*église*, belle statue de sainte Catherine en albâtre; chapiteau corinthien antique évidé servant de cuve baptismale.

Chapelle N. D. de Barbegal. — De nombreux hommages des seigneurs des Baux attestent que ce quartier relevait des archevêques, comme les autres pâtis de Crau : 1189, hommage pour l'*honneur* de Barbegal ; 1259, hommage pour tout ce que la famille des Baux possède à Barbegal, etc. De la chapelle Sainte-Marie de Barbegal qui était bâtie sur un rocher au milieu des marais, il ne reste aucun vestige, mais il en était parlé dans un acte de l'an 1000, au témoignage du judicieux Gaignon. Bertrand Amphoux lui légua 5 livres en 1248, et la pieuse Jacine 200 livres en 1229. Raymond de Turenne qui s'y était cantonné la détruisit en 1398. Et depuis le prieuré fut uni au chapitre d'Avignon. Dans la chapelle du nouveau château, est pieusement gardée la vieille statue de la Vierge que les arlésiens vénéraient aux Alyscamps.

RAPHÈLE
(1854)

Etablie dans le plus riant quartier de la campagne arlésienne, cette paroisse a été érigée par démembrement de celle de Moulès, en vertu d'un décret du 15 avril 1854. Les premières instances en faveur de cette création dataient de 1837.

M. Tassy, curé de Moulès, qui avait béni la première pierre de l'église, le 26 mars 1852, obtint d'en être le premier curé.

Eglise Saint-Genès, bénite le 15 janvier 1854 par M. Montagard, curé de Saint-Trophime; consacrée le 28 avril 1869 par Mgr Chalandon; romane, Véran archit. La famille Jean Victor donna le terrain, et la ville d'Arles prit à son compte la majeure partie de la dépense. Cette église fut dotée de mobilier, de lingerie et d'une cloche par les survivants de la confrérie des pénitents blancs d'Arles. Les divers curés qui se sont succédé l'ont ornée avec goût. — *Clocher* 1869, *nefs* latérales 1863.

— 1000 hab., un curé-desservant ; archidiaconé et commune d'Arles, doyenné de Saint-Trophime. *Sœurs de St-Joseph*, des Vans, 1861, tenant école et pensionnat.

— Dans le territoire, domaines de *Coadjuteur* et de la *Jansone*, rappelant le souvenir de Mgr J.-B. de Grignan et de Mgr de Forbin-Janson. Cette dernière propriété fut jusqu'à la Révolution la résidence d'été des archevêques.

MIRAMAS LE HAUT
Miramare

Fièrement campé sur une éminence, à l'entrée de la Crau, et défendu par des murailles féodales, le vieux Miramas jouit d'une vue superbe sur l'étang de Berre. C'est de la beauté du panorama qu'il a tiré son nom qu'on retrouve souvent assigné aux lieux d'où l'on découvre un large horizon maritime.

Le *castrum*, que les Romains avaient peut-être fondé, fut bâti, après les invasions sarrasines, par les premiers seigneurs de la maison des Baux. Au XIe siècle, l'un d'eux, probablement Guillaume Ier, le vaillant croisé qui dota généreusement plusieurs monastères, en fit don à l'abbaye de

Montmajour, se réservant la suzeraineté. Mais ses successeurs regrettèrent d'être dessaisis d'une position si forte et travaillèrent à la recouvrer.

Inutilement d'ailleurs, car, l'an 1150, il fut jugé, en l'île *Ugernica* (Jarnègue) près Tarascon, que l'abbaye avait seule droit sur le château de Miramas et ses dépendances. Cet arrêt fut rendu à la requête de l'abbé Pons II contre les prétentions d'Hugues de Baux, en présence du comte Raimond Béranger.

Au mépris de cette sentence, demi-siècle plus tard, Raimond de Baux s'emparait de Miramas, mais bientôt, effrayé par les menaces de l'empereur et les anathèmes du pape, il restituait la forteresse à ses maîtres légitimes. Et peu après, dans une bulle de 1204, Innocent III confirmait à Montmajour « castrum de Miramas et ecclesiae ejusdem castri cum omnibus pertinentiis suis », et Othon IV, dans un privilège accordé à Montmajour en 1210, inscrivait parmi ses possessions « castrum de Miramas cum integritate et pertinentiis ». Nouvelles difficultés entre le suzerain et le vassal : l'abbé Guillaume de Bonnieux et Raimond de Baux s'en remirent cette fois à l'arbitrage de Bermond Cornuti, archevêque d'Aix, et de Guillaume de Monteil, évêque d'Avignon, qui, le 16 mai 1215, reconnurent que la haute seigneurie de Miramas appartenait sans conteste à la maison des Baux, et décidèrent que, pour se soumettre à cette suzeraineté, l'abbé paierait à Raimond un tribut de 200 sous qui pourrait être levé sur les hommes du lieu. Raimond de son côté désavoua plusieurs abus qu'il s'était permis contre les droits des moines : pour les réparer et afin d'obtenir repos « à son âme, à celle de ses parents et de ses descendants », il s'engagea à payer 200 livres à l'abbaye. A l'abbé qui promettait de ne jamais lui faire la guerre, Raimond jura de protéger et défendre ses possessions toujours.

Cette sentence, loyalement exécutée de part et d'autre, solennellement renouvelée en 1346, au monastère de N. D. de Nazareth, à Aix, par l'abbé Bertrand et Guillaume de Baux, seigneur de Berre, ouvrit pour Miramas une ère de paix et de prospérité. A l'abri de la coule noire qui se balançait au-dessus du donjon de compagnie avec l'étendard abbatial rouge et bleu, les moines et les paysans entreprirent de grands travaux d'assainissement dans les bassins supérieurs de la vallée dont ils transformèrent les marais en terrains de riche culture.

Ces canaux qui portent à l'étang les eaux autrefois stagnantes, taillés à pic, sans revêtement ni maçonnerie dans la cuvette, ont trois mètres de hauteur sur des sections qui dépassent quelquefois un kilomètre.

Aussi le prieuré de Miramas devint-il un des riches bénéfices de Montmajour à qui, au XVIIIe siècle encore, il rapportait plus de 12,000 livres par an. A la suppression de l'abbaye, en 1786, il fut uni à la mense archiépiscopale d'Arles.

— Dans la liste de 1213, « ecclesia S. Marie de Miramare » est taxée 6 deniers synodaux.

— Le 16 juin 1222, Miramas fut cédé temporairement à la ville d'Arles. L'abbé Guillaume de Bonnieux et ses moines ayant besoin d'argent, cédèrent le château et son territoire pour dix ans au podestat et au conseil de la république, moyennant 30,000 sous raymondins neufs. A cause des traités avec le suzerain, il fut stipulé que la ville d'Arles ne pourrait se servir du château pour faire la guerre à Raimond de Baux, seigneur de Berre et d'Istres, à moins que celui-ci ne fût l'agresseur. Cet acte renferme en outre le relevé de la vente du bétail et des denrées que les moines n'avaient point voulu emporter en quittant Miramas. Une mule est estimée 7 livres; une autre, animal de choix, 100 sous soit environ 60 francs; quatre bœufs, vingt livres; dix cochons, 100 sols; le septier de froment, six sols; celui d'orge, 3 sols, celui de fèves un sol, etc.

— Hugues de Miramas, chanoine d'Arles, signa comme témoin, le 13 novembre 1214, l'acte par lequel le vicomte de Marseille Roncelin, *necessitate compulsus et a quibusdam creditoribus vehementer coactus*, vendit à l'abbaye de Saint-Victor, pour 100 livres royaux coronats, le château de Juillans, au diocèse de Marseille.

Guillaume de Miramas, précenteur du chapitre d'Arles, mort en 1239, est inhumé dans le cloître de Saint-Trophime.

— Le château de Miramas a joué un rôle important durant la Ligue. Inutilement assiégé par de Vins en octobre 1589, il fut emporté le 8 décembre 1590, troisième jour du siège, par le duc de Savoie Charles-Emmanuel, qui venait de s'emparer des citadelles de Rognes et de Salon. Honorable fut la défense : les assiégés, dans une sortie, avaient pénétré dans le camp ligueur et y avaient fait de sérieux dommages, mais, ne pouvant lutter contre des forces supérieures et un bombardement destructeur, ils se rendirent à composition, avec tous les honneurs de la guerre. Beaucoup de maisons étant devenues inhabitables, de nombreux habitants allèrent se fixer à Saint-Chamas. Ceux qui restèrent établirent au-dessus de la porte de la citadelle, dans une niche intérieure, une statue de N. D. de Pitié, symbole pieux de la tristesse qui les oppressait.

Moins affligés durent-ils se montrer le jour que le cadavre du chef redouté de la ligue arlésienne leur fut apporté.

Le lieutenant Biord fut surpris par un parti ennemi, le 16 mars 1592, au mas de Pernes, en pleine Crau, à demi-lieue au sud de Saint-Martin. « Il poussa à toute bride son cheval, qui était de prix et des meilleurs, dit l'annaliste Rebattu, en façon qu'il demeure arrêté sur les dents, se met à genou, crie d'avoir pitié de lui. Ses ennemis n'y veulent entendre, l'abordent et lui font souffrir la mort. Après l'attachent par le col aux rênes de son cheval et sans lui rien ôter le laissent en cette façon étendu à travers champ. » Le sieur de Lamanon, sitôt informé, se rendit sur les lieux, fit enlever le corps et le fit porter *à l'église de Miramas*, « où il n'aurait pas cru d'être enseveli ».

— Un procès-verbal du XVI° siècle, rapporté dans les papiers de M. Bonnemant, marque, dans le trésor de l'église de Miramas, des « reliques du bienheureux Constantin, empereur, et de sainte Hélène, sa mère ». Ce fait est une preuve nouvelle de la vénération qui, tant en Occident qu'en Orient, s'attacha à la mémoire du premier empereur chrétien, à qui les écrivains hostiles au catholicisme n'ont point pardonné d'avoir hâté de quelques années la conversion du monde. Ce culte commença, même à Rome, dès la nouvelle de sa mort : « On eût dit une cité prise d'assaut, rapporte Eusèbe. Les rues se remplirent d'une foule désolée dont les lamentations rompirent seules le silence général. L'empereur est mort, disaient mille voix. Le bienheureux ! le saint ! l'homme de Dieu ! — Bientôt tous les édifices furent couverts de tableaux où le portrait du prince était représenté au milieu des splendeurs du ciel, dans l'assemblée des saints [1]. »

On attribue le nom de Constantine, porté par l'agglomération la plus importante de la commune de Miramas, à une origine autre que le nom de l'empereur. On peut cependant remarquer, au moins comme coïncidences, qu'à deux lieues à peine de l'église qui possédait des reliques du grand empereur et de sa mère, s'étend l'emplacement du camp antique de *Constantina*, s'ouvre cette plaine de la Crau au-dessus de laquelle resplendit un jour la croix triomphante, dorment les ruines de la chapelle Sainte-Croix, dont le nom seul rappelle la gloire de sainte Hélène.

— Dans une lettre pastorale du 17 janvier 1784, Mgr du Lau annonça qu'il avait dessein d'obvier à des abus funestes à la vie des femmes et au salut des nouveaux-nés, abus que

---

[1] *De vita beatiss. Constantini*, IV. — Le grand empereur n'est point inscrit au Martyrologe Romain, mais sa fête se célèbre en plusieurs diocèses d'Angleterre, de Suède, de Calabre, de Moscovie et de Bohême. Dans toute l'Église grecque elle est fixée au 21 mai.

l'ignorance ou la cupidité des matrones rendaient de plus en plus fréquents. Développant la pensée du *De Officiis*, de saint Ambroise, « le prêtre ne doit nuire à personne et doit se rendre utile à tous », le charitable archevêque annonçait qu'à partir de 1785, un cours d'accouchement, d'un mois de durée, serait fait à ses frais, à l'hôpital d'Arles ; que toutes les femmes munies d'une recommandation de leur curé y seraient admises ; qu'elles recevraient chacune trente livres pour frais de logement et une indemnité de voyage proportionnée à la distance, le tout des deniers de l'archevêque ; que toutes les paroisses du diocèse jouiraient de cette faveur, par séries ; qu'en cette première année ces fonds seraient fournis aux accoucheuses de Jonquières, Comps, Mollégès, Vernègue, Aureille, Maussanne, Saint-Martin de Castillon, Saint-Etienne, Lansac, le Sambuc, Saint-Trophime au Plan du Bourg, Saint-Martin de Crau, Fos, *Miramas*, Cornillon, Rognac, Velaux, Châteauneuf, le Rove, Gignac, la Couronne.

— Au moment de la Révolution, Miramas avait pour curé M. Julien Couture, auteur de divers travaux scientifiques, parmi lesquels un *Traité de l'Olivier* [1] qui est demeuré classique. Il eut le malheur de prêter le serment schismatique et d'accepter de l'évêque intrus la direction du séminaire d'Aix. Mort à Martigues en 1817. — Après le Concordat,

---

[1] Traité de l'Olivier, *présenté à NN. SS. et Messieurs les Procureurs des gens des trois Etats du Pays et Comté de Provence, par Messire Couture, curé de Miramas, de l'Académie des Arcades*, 2 vol. in-8° avec planches. Aix, chez David, 1786. — Cette année, M. Couture fut élu membre de l'Académie de Marseille.

la paroisse de Miramas fut une de celles dont Mᵍʳ de Cicé obtint le rétablissement, contre les propositions négatives du préfet Thibaudeau.

— 1790, 425 hab., curé nommé par l'abbé de Montmajour, prieur-décimateur, et depuis 1786 par l'archevêque; un vicaire. Avant le siège de 1590, il y avait trois vicaires.
— 1898, 300 hab., un curé-desservant, archidiaconé d'Arles, doyenné de Salon.

EGLISE, Notre Dame de Beauvezet et Saint-Vincent titulaires; saint Julien, patron. Edifice sans caractère, de l'époque romane, avec abside ogivale où se remarque l'inclinaison de l'axe. Interdite avant la Révolution à cause de son délabrement, abandonnée durant cette période et passée à l'état de ruines, restaurée et rouverte en 1824. — Tableau *Notre Dame, saint Mitre et saint Sébastien.* — Sép. *loco incerto*, du chef de la Ligue arlésienne, le lieutenant Biord, † 1592.

CHAPELLES. — *Saint-Julien*, au cimetière. Beaucoup plus ancien que Notre-Dame qui fut construite au Xᵉ ou XIᵉ siècle, comme église castrale; on l'attribue au IXᵉ siècle, c'est la paroisse primitive. Remarquez la guirlande du cintre sur la porte et les piliers massifs de l'intérieur; les sept degrés par lesquels on descend dans la nef; les sièges des fidèles formés de longs blocs de pierre; l'*autel principal* avec un retable en bois encadrant une curieuse peinture de saint Julien en soldat romain, le faucon au poing; les débris d'une *chaire* romane en pierre, un *bénitier* ogival; sous l'autel est encastré l'*autel du IXᵉ siècle*; — trois statues du saint : celle sur la porte, posant le pied sur une tête ; celles à l'intérieur, l'une, dans la même attitude que la première, l'autre tenant le faucon au poing ; attributs expliqués pp. 169-172. Fête le dernier dimanche d'août.

— La date 1701 sur la porte indique l'année de la restauration de la façade. Le culte paroissial s'y est célébré une trentaine d'années avant 1821.

Sainte-Croix, dont les ruines disparaissent à demi enlisées dans l'humus descendu des coteaux voisins, près du frais ruisseau de la Seigneurie ; bâtie durant l'ère romane par les moines de Montmajour qui lui avaient donné pour vocable le nom de la chapelle célèbre qui attirait les pèlerins auprès de leur abbaye.

CONSTANTINE (1867)

(Miramas-gare)

Cette petite ville doit son existence à l'établissement du chemin de fer de Saint-Chamas à Rognonas, section de la ligne P. L. M. inaugurée le 18 octobre 1847. Nous lui conservons le nom sous lequel elle a été connue jusqu'à ces dernières années, celui de Miramas n'ayant pas de sens, attribué à un pays d'où l'on ne peut voir la mer.

Il y a cinquante ans, à l'endroit où s'élève la gare, se voyait une ferme isolée au milieu d'une prairie. Restaurée en 1837, elle avait à cette occasion changé son nom de Paty en celui de Constantine, en souvenir de la prise récente de cette ville.

La population que les travaux de la voie ferrée avaient attirée ne se dispersa point tout entière, quand les chantiers eurent été licenciés. 400 habitants environ restèrent groupés proche la gare de Constantine.

Eloigné de l'église de Miramas, plus peuplé que son chef-lieu paroissial, ce quartier avait besoin d'une chapelle de secours. Le maire Castagne exposa la situation à l'autorité diocésaine, dans une lettre du 28 août 1852, où il formulait des prévisions que le temps a justifiées : « Constantine est appelée à devenir un centre intéressant de population, lorsqu'aura été réalisé le projet d'un double embranchement de cette station au port de Bouc et aux bords de la Durance par les gorges de Lamanon. »

Aux démarches du maire, les habitants joignirent leurs pétitions. Comme le pays manquait de salle spacieuse, on tint dans la salle d'attente de la gare, le 14 mai 1859, la première réunion pour se concerter et recueillir les signatures. M. Talabot, directeur de la compagnie P. L. M., invité, se fit excuser « parce que les soins à donner aux transports de la guerre absorbent tous mes instants », mais il demanda qu'on le tînt au courant. Cette demande n'était pas une formule banale transmise pour esquiver un acte de générosité. La Compagnie fit en effet dresser les plans de l'église et du presbytère par M. l'ingénieur Quetin, et donna 5000 francs.

La première pierre de la chapelle fut posée par Mgr Chalandon le 7 septembre 1861, sur un terrain de 2000 m. carrés donnés par M. Jourdan ; le même archevêque bénit le monument le 20 mai 1862.

Les habitants de Constantine désiraient mieux. Ils demandèrent que leur chapelle fût érigée en paroisse, et alors s'engagea entre le village de la colline et celui de la plaine, pour ou contre le *statu quo*, une lutte aux vives péripéties. Conflit terminé par le décret du 19 juin 1867, créant la paroisse de Constantine. En prévision de ce décret, le quartier avait été soustrait à la juridiction du curé de Miramas depuis le 1er juin 1866. Un prêtre s'était fixé près la gare, mais avec le titre de curé d'*Entressen*, paroisse qu'il desservait en même temps. Le 1er janvier 1868, il prit possession de son nouveau titre de curé de Constantine.

Construite à la hâte, l'église dut bientôt être agrandie et restaurée en entier ; elle fut bénite le 13 octobre 1872 par le vicaire général Reynaud. Un cimetière fut ouvert le 18 avril 1880.

— Peuplée de 400 habitants en 1847, de 700 en 1880, de 1200 en 1890, Constantine dépasse aujourd'hui 2000 habitants, grâce surtout au personnel important, mais flottant, du P. L. M. Tout indique que le mouvement n'est point terminé. La mairie y a été transférée en 1894. Puisse marcher de pair avec les autres progrès, le plus nécessaire de tous, le progrès religieux. — Un curé desservant, archidiaconé d'Arles, doyenné de Salon.

Eglise style XIII° siècle, 1862-1872, dédiée à saint Louis, roi, patron du pays. *Chaire*, Vian, don de la famille Olive. Edifice gracieux mais insuffisant. — Nouvelle cloche, Baudoin fondeur, bénite par le vicaire général Guillibert, 25 août 1896.

LE LITTORAL DU GOLFE

FOS
Fossae

A mi-chemin du golfe tranquille au désert immobile, une éminence brûlée par le soleil ; sur cette éminence, des maisons serrées dévalant en rues à pentes rapides et à brusques contours ; au sommet, une citadelle du moyen-âge dont les murs ruinés entourent le plateau sur lequel se profile la vieille église ; l'aspect frappant d'un village de Terre-Sainte, — c'est *Fos sur mer*.

Le long du rivage, ou même sous les eaux, il faudrait chercher la ville qui était posée à l'entrée de ce canal des Fosses Mariennes que Marius creusa pour le ravitaillement de son armée, l'an 104 avant Jésus-Christ. Cédés ensuite aux marseillais, ce canal et ce port gardèrent leur importance commerciale jusqu'à l'époque des invasions. La *Carte de Peutinger* marque *Fossae marianae* à égale distance de Marseille et d'Arles ; l'*Itinéraire maritime* les indique à 40 milles de Marseille et à 16 milles du Rhône. Vers le

VI° siècle, sur les hauteurs, les châteaux de Fos, de Châteauvieux, d'Istres, de Saint-Geniez, fournirent asile à la population des Fosses Mariennes. Et depuis, la ville de Marius a totalement disparu, comme celles dont parle Lucrèce,

.... multao per mare pessum
Subsedere suis pariter cum civibus urbes.

C'est bien la partie de la côte qui a subi le plus de changements, mais ces changements ne sont pas faciles à reconnaître. Ainsi, pour ce bourg d'*Ugium*, entre Fos et Bouc, dont le nom même aurait disparu si celui de ses deux églises ne nous l'avait conservé. En 874, entre le prévôt d'Arles et le curé d'*Ugium*, « presbyter Ugiensis », l'archevêque Rostang décida que ce curé n'aurait plus de redevance à payer au prévôt, parce que son église avait été détruite par les sarrasins. Les deux églises d'*Ugium* sont inscrites dans la liste de 1213 : *eccl. S. Vincentii de Ugio*, 4 den.; *eccl. S. Petri de Ugio*, 4 den. Dans un acte de 1224, Saint-Pierre est nommé Saint-Pierre de la Valduc, ce qui indique que le village d'Ugium était situé sur l'étang de ce nom.

— En 923, Drogon, évêque de Marseille, exposait à l'archevêque Manassès la situation de ses chanoines réduits à la dernière misère par les incursions incessantes des sarrasins. « Nous donc, écrivait l'archevêque, le 14 juin de cette année, le cœur pénétré de douleur au récit de notre frère, nous avons résolu d'exaucer sa requête. Il nous a demandé quelques-uns de nos bénéfices qui puissent fournir à lui et à son peuple le pain et le vêtement... nous lui accordons l'abbaye Saint-André en Camargue, et dans le castrum nommé *Fosses*, l'église *Saint-Sauveur* avec les églises adjacentes savoir..., les églises *Saint-Gervais, Saint-Vincent d'Ugium*, avec leurs cimetières, offrandes, prémices, dîmes tant de pain que de vin, salines, pêcheries, cours d'eau, etc. sous la condition de payer le cens accoutumé chaque année, le jour du saint martyr Etienne, aux chanoines de notre église Saint-Etienne. »

Cette église *S. Salvator de Fossis*, qui est demeurée l'église paroissiale, est inscrite dans la liste de 1213 pour 18 deniers synodaux, avec une autre église dont il ne reste plus trace, *eccl. S. Sulpitii de Fossis*, taxée 4 deniers.

— Le 21 mars 1202, il y eut grand liesse à l'occasion de la présence des hôtes princiers que le marquis de Fos, de concert avec le vicomte de Marseille, son parent, accueillait en son château de Fos : c'étaient le comte de Provence Ildefons II, l'ami des troubadours, le prince d'Orange Guillaume de Baux, le futur martyr, Hugues de Baux, baron régnant des Baux, mais le plus illustre de ces hôtes fut certainement un humble moine, frère *Jean de Matha*, fondateur de l'ordre de la Trinité pour la rédemption des captifs, qui profita de cette brillante réunion pour concilier d'un coup à ses religieux les grâces de nombreux protecteurs Par les bons offices du vicomte de Marseille Raymond-Geoffroy, en présence du comte Ildefons et de son frère Sanche, saint Jean de Matha obtint de Guillaume d'Orange, de son frère Hugues de Baux et de son neveu Guillaume de

Baux, seigneur de Berre, un diplôme par lequel ces princes prenaient sous leur protection la religion de la Trinité récemment établie, et donnaient aux religieux passage franc et libre dans les terres de leur domination. Ils prirent encore sous leur sauvegarde le monastère que frère Jean, avec l'autorisation du vicomte, allait fonder à Marseille, avec quatre des religieux du couvent établi à Arles deux ans avant.

— Les seigneurs de Fos, qui étaient une branche de la famille vicomtale de Marseille, ont fourni au siège d'Aix deux archevêques, *Rostang de Fos*, 1056-1082, l'auteur de la lettre mémorable *à tous les fidèles chrétiens* qui professe si explicitement l'apostolat de saint Maximin et de sainte Madeleine au milieu de nous; et *Gui de Fos*, 1186-1212, qui partagea son héritage entre le chapitre de Saint-Sauveur, dont il avait été prévôt, et les archevêques ses successeurs.

Un des derniers actes publics de Rostang avait été de confirmer à l'Eglise d'Avignon divers biens et droits à Fos et sur son territoire.

Ces seigneurs fondèrent l'abbaye Saint-Gervais à Fos, et celle de la Manarre, près Hyères, autre de leurs domaines.

Le 2 août 1230, au château de Fos, Benoît d'Alignan, évêque de Marseille, choisi comme arbitre, en présence de Michel, abbé de Silvacane, rétablit la paix entre le comte Raymond-Bérenger et les Marseillais.

L'Eglise d'Arles possédait à Fos le quart de la seigneurie du castrum, celle de Saint-Gervais et le produit du Pont des pêcheries, c'est-à-dire la pêche dans le canal allant de la mer aux étangs. Ces droits de pêche suscitèrent des litiges entre le diocèse et la commune jusqu'à la fin du siècle dernier. C'est ce domaine qu'usurpa le comte de Toulouse, Raymond de Saint-Gilles, et que, dans son testament du 31 janvier 1105, à la croisade, il ordonna de restituer à l'archevêque Gibelin. En 1167, l'archevêque Raymond de Bollène céda au marquis de Provence Alphonse son quart de seigneurie sur Fos, et reçut en échange les châteaux de Grans et d'Aurons.

Roncelin de Fos était maître de l'ordre du Temple en Provence, en 1288.

La Collégiale. — A l'abbaye Saint-Gervais succéda l'an 1223, une *collégiale* composée de 4 chanoines, dont un capiscol, tous à la nomination du prévôt d'Arles. Mais les revenus de l'abbaye étant insuffisants à fournir de quoi vivre aux nouveaux chanoines, l'archevêque Hugues, le 9 mai 1224, unit à l'église Saint-Gervais quatre églises voisines, Saint-Sauveur, Sainte-Marie de Fos, Sainte-Marie de Bouc et Saint-Pierre de la Valduc, union confirmée par le pape Honorius III. Parmi ces chanoines furent inscrits André Bouche en 1521, François de Médicis, en 1655, etc.

Un mandat du 20 juillet de cette année, signé Rostang, autorise le trésorier de la communauté à payer, pour honoraires d'un trimestre, la somme de 9 livres, « à messire François de Médicis, chanoine de la collégiale de Fos, maistre d'escolle dudit lieu ».

Les fonctions scolaires du chanoine de Médicis l'obligeaient à la résidence, mais son ou ses collègues — car au

XVIIᵉ siècle, les chanoines de Fos semblent ne plus atteindre ce nombre de trois que le Droit tolère et requiert pour constituer un chapitre, — la pratiquaient avec moins de fidélité. Plusieurs dimanches, la collégiale n'eut qu'une seule messe. La communauté déclarait donc en 1659 qu'elle consentirait à la suppression des chanoines si leurs prébendes étaient appliquées à l'entretien de deux prêtres. Sur le rapport du vicaire-général Cottel qui était allé enquêter sur place, Mgr de Mailly, par ordonnance du 15 juin 1709, supprima les deux canonicats restants et affecta leurs revenus à l'entretien de deux secondaires, l'un dans la paroisse de l'Isle de Martigues, l'autre dans l'église même de Fos. Jusqu'à la Révolution, le clergé de Fos comprit seulement ce vicaire et le curé qui était nommé par le prévôt de Saint-Trophime.

Mais la décision de Mgr de Mailly mit plus d'un demi-siècle à sortir à complet effet. « Il y a à Saint-Sauveur de Fos, dit l'*Etat du diocèse* de 1770, deux canonicats à la nomination et collation du prévôt de la sainte Eglise d'Arles, valant chaque trois saumées de blé, 9 milleroles de vin, et 24 écus d'argent. Ces chanoines entretiennent un curé. » Quelques années après, la suppression était réalisée, car une note ajoutée en 1776 à l'*Etat* précité porte que « les deux chanoines MMrs Laugier et Ménard, trouvant les revenus très modiques, étant obligés de rester dans le pays qui est très mauvais, transigèrent avec M. le prévôt de Grille qui leur promit 100 livres de pension à chacun, moyennant quoi, il n'y a plus de canonicats. » Le dernier acte de procédure à ce sujet fut l'enregistrement au parlement d'Aix, le 2 mai 1772, des lettres royales données à Versailles, trois mois avant, portant suppression définitive de ces canonicats ; ce qui fut signifié le 31 mai aux curé et consuls de Fos.

— L'église de Fos fut livrée au culte de la Raison en 1794. La même année, 28 germinal an II, les officiers municipaux s'emparèrent de l'argenterie, au nom de la Nation. Cet exploit, qui s'est commis partout, ne mériterait point une mention, si plusieurs de ceux qui le perpétrèrent n'avaient, dix ans après, voté au budget communal, une somme de 550 francs pour achat urgent de vases sacrés et n'avaient signé, avant ce vote, un exposé de motifs attestant « le bonheur du conseil de voir enfin le rétablissement de notre sainte religion ». Deux curés jureurs ayant donné leur démission, après moins d'un an d'exercice chacun, il n'y eut plus de prêtre jusqu'au rétablissement du culte, 23 prairial an XI, 12 juin 1803.

— Plusieurs quartiers de la Crau, dans le voisinage de Fos, sont conquis à l'agriculture par une compagnie de colmatage qui utilise à cet effet les fumiers et détritus de la ville de Marseille. Passés au crible, ces engrais restituent quelquefois des objets curieux. Ainsi, en 1896, fut retrouvé le sceau du vénérable chapitre métropolitain d'Aix, perdu depuis la Révolution. Il est en cuivre et porte l'écusson de gueules à l'agneau d'argent avec la bannière pascale et l'exergue *Antiqua sine lege nobilitas*, ledit écusson posé sur la croix à 8 pointes, avec en chef la croix suspendue, le tout entouré des mots *Sigillum Venerabilis Capituli Aquensis*.

Sur la demande du curé, l'ingénieur de la compagnie a bien voulu faire remettre à la chancellerie archiépiscopale ce souvenir de famille.

— 1790, un curé nommé par le prévôt d'Arles, prieur-décimateur, et un vicaire ; 530 habitants y compris le hameau de Bouc. Un petit *hôpital,* une *œuvre de charité.* — 1898, 1480 habitants, un curé-desservant, archidiaconé d'Arles, doyenné d'Istres. 350 habitants environ sont desservis par le chapelain de la Tour Saint-Louis.

Église *Saint-Sauveur* (patron l'Assomption, qui était le titulaire de N. D. de Fos), romane. C'est celle cédée en 923 à l'évêque Drogon ; agrandie vers le XI° siècle. La petite nef présente une suite d'*arcatures* curieuse, sans symétrie avec la nef principale. Menacée d'interdiction à cause de son mauvais état, elle fut réparée totalement et bénite le 2 août 1840. Bénitier roman. Tabl. *Annonciation,* Nielle. A la *sacristie,* livres de chœur in-folio, édition Valfray, marqués *Seminarium Arelatense.* — 2 cloches, l'une donnée par Mgr Gouthe-Soulard, l'autre achetée par les habitants, Baudoin fondeur à Marseille, bénites par le vicaire général Guillibert, 19 novembre 1896.

Chapelles. — *Sainte-Madeleine,* « située hors la ville » d'après l'*Etat* de 1770.

Notre Dame, Sancta Maria de Fossis, paraît remonter au IX° siècle, quoiqu'on ne la trouve mentionnée pour la première fois que dans la bulle d'Anastase IV, de 1153, parmi les possessions de l'Eglise d'Arles ; unie à la nouvelle collégiale de Fos en 1224. Entourée de tombes creusées dans le roc. * *Ambon* antique double, le seul du diocèse. Il ne reste que celui de l'épître qui avait été conservé comme chaire, mais on voit les arrachements de celui de l'évangile. Débris ogival, tombeau ou *armarium*; * *cloche du XII° siècle,* la plus ancienne du diocèse, portant ces mots † *Ave. Maria. Gracia plena. Dominũ.* : plusieurs lettres sont renversées, les fondeurs ayant maladroitement disposé les coins avant la coulée.

> Au bout du toit, dans une ogive,
> Une cloche pendait au vent;
> Sa voix consolante et naïve
> De flots en flots errait souvent.
>
> Par les temps bleus, par les orages,
> Chaque couchant, chaque matin,
> Les mariniers de ces parages
> Entendaient son timbre argentin.
>
> A. Frémine.

Abbaye Saint-Gervais. — Ses ruines s'étendent sur la plage, près de l'emplacement de la ville des Fosses Mariennes dont elles occuperaient une partie. On ne reconnaît distinctement que l'abside d'une chapelle sous le pourtour de laquelle sont rangés des *loculi* que le remous des ondes vient battre aux heures de tempête.

Le jour de notre visite, un coup de mer venait de soulever un de ces couvercles funéraires et de disperser les os blanchâtres qu'il gardait depuis sept siècles. Quoique commençant à se calmer, les vagues montaient encore de l'horizon moutonnées et s'accompagnant d'un sourd murmure qu'on eût pris pour la psalmodie dolente des moines pleurant leur abbaye détruite et la vieille cité disparue.

Vers le IX° siècle, sur ce rivage délaissé, un chrétien inconnu avait dédié un oratoire aux saints martyrs de Milan Gervais et Protais. C'est la chapelle qui fut donnée à l'évêque de Marseille en 923. Moins de cinquante ans après, elle fut restituée à l'Eglise d'Arles. Peu après, le prêtre Pacon, qui paraît avoir été un chanoine d'Arles, s'y établit comme ermite. Des disciples vinrent l'y trouver, attirés par sa réputation de vertu. En 989, il obtint de les agréger en monastère. Voici l'acte d'autorisation, une de plus vieilles pièces des archives du diocèse d'Arles : « Soit connu de tous adeptes de la foi catholique que le prêtre Pacon est venu demander au seigneur Annon, archevêque de la sainte Eglise d'Arles, la licence de professer la vie religieuse dans l'église Saint-Gervais, sise au-dessous du castrum nommé Fos, sur le bord de la mer, et d'y établir une congrégation de frères pour servir Dieu pieusement, sous la règle du saint et vénéré père Benoît et des autres saints qui ont professé cette vie. Faisant bon accueil à cette demande, l'archevêque a accordé à ce prêtre de vivre en religion et de réunir audit lieu des frères sous la règle religieuse. Il lui a accordé en outre la dîme de tous les poissons qui seront pris dans les *Pêcheries du Pont...*, le tout sous le cens d'une livre de poivre à payer à l'archevêque présent et à ses successeurs, le jour de leur entrée. » Cette concession porte les signatures d'Annon, du comte de Provence Guillaume le Grand, de Pons, évêque de Marseille, de Riculfe, évêque de Fréjus, du prévôt d'Arles Imbert et du chanoine Arelas.

Les seigneurs de Fos ne se désintéressèrent pas de la fondation ; de leurs deniers ils contribuèrent à la construction de l'église, du cloître et des bâtiments conventuels, et assignèrent des rentes aux religieux. La maison nouvelle fut érigée en abbaye le 15 mai 994 : « Nous, Annon, archimandrite (*sic*) de l'Eglise d'Arles, du consentement de nos chanoines, nous avons élu à la dignité abbatiale le clerc Pacion... Il gouvernera les moines qui résident auprès de l'église Saint-Gervais, il les entretiendra dans la régularité par ses paroles et ses exemples, il entretiendra ce lieu érigé en abbaye et veillera sur lui. » On sait encore sur le premier abbé de Saint-Gervais qu'en 1005 il prit part à l'élection de Wilfred, abbé de Saint-Victor.

Ses successeurs se nommèrent Albert, Albert II, Rostand, Geoffroy, mais on ne les connaît pas tous, car il faudrait, s'ils étaient réduits à ce nombre, attribuer à chacun soixante ans d'administration.

Moins d'un siècle après la fondation, un grand relâchement s'était introduit. C'est pourquoi, en 1084, l'archevêque d'Aix Rostang de Fos, d'accord avec son frère Amiel et ses cinq neveux, tous héritiers des seigneurs qui avaient fondé l'abbaye « de nostro patrimonio et haereditate nostra habentes quoddam monasterium quod et parentes nostri de allodo suo fundantes construxerunt », le cédèrent à saint Hugues, abbé de Cluny, « pour la rémission de leurs péchés, le repos de l'âme de leurs parents, et spécialement de leur frère Widon ». Le comte Bertrand contresigna cette cession.

En 1082, sur la preuve que Hugues de Baux avait donné sans droit à l'abbaye Saint-Gervais, la dîme du Pont des pêcheries, Guillaume Hugues et son épouse Vierne la restituèrent à l'Eglise d'Arles.

En 1150, cette abbaye fut confirmée, au point de vue spirituel, à Pierre le Vénérable, successeur de saint Hugues à Cluny, par l'archevêque Raimond Ier, sous le cens de 80 sous melgoriens, à payer 40 le dimanche *Ego sum pastor bonus* et 40 le jour de saint Luc [1]. Cette charte nomme plusieurs fois « ecclesiam baptismalem de Fosso » et ses *parrochiani*. « Si l'un de ces paroissiens sain ou malade revêt l'habit monastique, s'il ne meurt pas, tout reste au monastère ; s'il meurt, le quart revient à l'Eglise d'Arles. »

Albert Ier, dans sa vieillesse, en 1183, faisait prêter le serment à l'archevêque par son neveu, prieur de Fos. Celui-ci devenu abbé, sous le nom d'*Albert II*, fut contraint par censures à le prêter lui-même. En 1200, dans un différend entre l'archevêque Imbert, il accepta l'arbitrage de l'évêque de Toulon et du prévôt d'Arles.

De l'abbé *Rostand*, on sait seulement qu'il décéda un 8 février. A celui-ci succéda *Geoffroy*.

Mais, par la négligence des abbés, la discipline monastique avait périclité tellement que, dès l'an 1199, le pape Innocent III donnait à l'archevêque Michel de Morèze « tout pouvoir de réformer cette abbaye qui avait été fondée et do-

---

[1] Date des synodes qui, à Arles et à Aix, réunissaient deux fois par an le clergé diocésain.

tée des biens de la mense archiépiscopale ». Celui-ci, désespérant de mener à bien cette réforme, supprima l'abbaye et établit à la place une *Collégiale* de quatre chanoines réguliers, unis et affiliés au chapitre d'Arles. Vingt ans plus tard, sur le refus des moines qui ne voulaient pas déguerpir, Hugues Béroard dut recourir au pape. Le 16 février 1220, Conrad Eginon, cardinal-évêque de Porto, légat d'Honorius III, confirma et renouvela ce que l'archevêque avait fait ; il soumit les nouveaux chanoines de Fos à l'archidiacre d'Arles, dignité qu'il substitua à celle de doyen ; régla que ces chanoines seraient institués par l'archevêque et qu'ils subsisteraient des revenus de l'abbaye et des bénéfices en dépendant, moins l'église Sainte-Cécile de Châteauneuf qu'il unit à la mense capitulaire ; que le surplus du revenu serait affecté à la construction d'un nouveau monastère cistercien.

Mais, pendant que ces décisions se préparaient, les bénédictins de l'abbaye de Saint-Gilles, ne pouvant se résigner à voir leurs frères expulsés de Saint-Gervais, y arrivèrent en force et chassèrent les chanoines intrus. Instruit de l'événement, l'archevêque fit saisir les Saint-Gillois et les incarcéra. Il paraît qu'il alla trop loin dans la répression, car ces mesures de rigueur lui attirèrent une sentence d'excommunication, dont il fut d'ailleurs promptement relevé. La paix ne fut assurée que par l'abdication du vieux Geoffroy, le 29 décembre 1221, à qui l'on assigna une pension de 400 sous raymondins, environ 1800 francs. C'est seulement en juin 1223 que Geoffroy signa l'abandon à l'archevêque

Hugues de l'abbaye, « avec toutes ses appartenances aux diocèses d'Arles, Avignon, Cavaillon et Apt ». En même temps l'archidiacre, prieur de Saint-Gervais, céda au prélat tous ses droits sur cette église.

Ainsi finit l'abbaye Saint-Gervais, après 235 ans d'existence. Son église demeura quelque temps le siège de la collégiale qui fut ensuite transportée à *Notre-Dame*, et enfin à *Saint-Sauveur* jusqu'à la suppression des chanoines. En 1433, Saint-Gervais n'est plus désigné que comme simple prieuré.

Les seigneurs de Fos transmirent à l'abbaye bénédictine de Saint-Pierre de la Manarre, près Hyères, autre fondation de leurs ancêtres, les biens dont ceux-ci avaient doté Saint-Gervais.

— Les *Templiers* possédaient à Fos un établissement qui leur fut confirmé par Bertrand Porcellet, en 1234, et que la liste de 1358 taxe ainsi : « Preceptor domus Templi de Fossis, X s. »

PORT DE BOUC

Boccum

—

Les choses ont bien changé depuis qu'un humoriste malicieux écrivait : « Bouc a été fondé par Napoléon en 1809, et ne compte encore qu'un seul habitant et une salle de billard. Le port, les quais et la citadelle sont superbes et dignes de la population qui viendra. »

On ne reconnaîtrait pas en effet dans le village animé devenu paroisse et commune, dont le port accueille chaque jour plusieurs navires, et où se sont fixés d'importants établissements, la plage presque déserte visitée par Méry en 1840.

La position de Bouc, à l'entrée du large canal qui conduit de la mer à l'étang de Berre, avait attiré l'attention dès l'antiquité, et les marseillais y établirent un des nombreux comptoirs qu'ils avaient semés sur la côte. Au XIIe siècle, l'îlot sur lequel la Tour est bâtie se nommait encore *Castrum massiliense*, et au XIIIe *Castel Bec* ou *Castel Marsihés*. On attribue au comte Charles Ier d'Anjou les travaux qui ouvrirent aux nefs de quelque tonnage l'accès de l'étang. Louis XIV fit reconstruire la citadelle par Vauban, en 1664 ; Napoléon commença le canal de navigation d'Arles à

Bouc, qui suit en partie la ligne de l'ancien canal de Marius, et la jetée qui a rendu le port très sûr ; Louis-Philippe fit tracer le chenal destiné à relier l'étang de Berre à la mer, à travers l'étang de Caronte, résultat qui sera obtenu pour les plus forts navires, le jour où l'on voudra consacrer quelque argent à élargir et à approfondir ce canal.

Port de Bouc s'étant développé à la suite de ces travaux, la chapelle N. D. de Bon-Voyage, au quartier de la Lèque, fut rendue au culte en 1833. Elle avait été bâtie en 1678 par le sieur Jean Maurel, qui avait légué une rente de 186 livres pour la messe dominicale, service qui avait duré jusqu'à la Révolution.

N. D. de Bon-Voyage avait succédé à une très ancienne église « eccl. S. Marie de Bocco », qui, dans la liste de 1243, est taxée une livre de cire en faveur du Chapitre d'Arles. C'était une des églises attribuées, en 1224, à la collégiale de Fos pour l'entretien de ses chanoines.

La paroisse fut érigée les 29 juin-15 septembre 1841, avec M. Hayet pour premier curé. Dès sa première réunion, le 16 janvier 1842, le conseil de fabrique demanda à la commune de Fos, dont Bouc relevait alors, la construction d'une église.

Nulle part en effet plus qu'à Port de Bouc on n'a éprouvé à quels désagréments et à quelles pénibles surprises sont exposées les paroisses qui ne possèdent pas d'église en propre.

Ainsi, en 1852, le curé, mis en demeure d'abandonner la vieille et étroite chapelle, se trouva dans la nécessité de célébrer les offices dans un four à chaux abandonné. Cet état de choses dura deux mois. Un nouveau local provisoire fut enfin remplacé par une église définitive qui fut bénite par M. Boulian, curé-doyen de Martigues, le 4 avril 1884.

Démembrée de celle de Fos, la paroisse de Port de Bouc appartint d'abord au doyenné d'Istres, mais depuis son érection en commune, 1866, attribuée au canton de Martigues, elle ressortit au doyenné de l'Ile-Martigues et à l'archidiaconé d'Arles. Un curé-desservant ; 1300 hab. — *N. D. de Bon-Voyage* est le titulaire de l'*église* et *saint Pierre* le patron du pays.

— La *citadelle*, bâtie sur l'île de Bouc, appartient au territoire de Martigues qui comprend toute la rive orientale de l'étang de Caronte. C'est à cet ouvrage que se rapportent les plus intéressants souvenirs du pays.

Mgr Louis de Vervins, dominicain, archevêque de Narbonne sous Henri IV, était fils du gouverneur de la Tour de Bouc.

Sous Richelieu, plusieurs prisonniers politiques y furent détenus : les consuls d'Aix, pour avoir défendu avec trop d'énergie les franchises provinciales; le président de Coriolis, pour s'être rangé du parti de Gaston d'Orléans ; le prince polonais Jean-Casimir pour intrigues contre la France.

Laurent de Coriolis, fils du président Louis, qui avait assisté à l'acte d'union des trois quartiers de Martigues, et son successeur au Parlement, était un des hommes les plus considérés de son temps. Il eut le malheur de prendre part à la révolte de Gaston d'Orléans et du maréchal de Montmorency, et fut condamné à mort par contumace. Réfugié à Barcelone, il y vivait en donnant des leçons de droit, mais l'exil lui pesait et il résolut de se rapprocher de sa famille en venant à Avignon, terre papale. Surpris en route, il fut enfermé à la tour de Bouc.

Dans sa très dure captivité il montra une grandeur d'âme et une sérénité chrétienne qui l'illustrèrent plus que la toge qu'il avait portée. Un de ses neveux l'étant venu visiter, n'aperçut dans son cachot qu'une vieille caisse servant à la fois de siège et de table, un verre dont le pied était de plâtre, une mauvaise paillasse sur un lit de camp, des volets de fenêtre tout brisés. Il ne put retenir ses larmes et ne pas maudire le premier ministre, mais le prisonnier lui répondit aussitôt : « Nous nous trompons, mon neveu, de croire que le cardinal soit la cause de nos maux : c'est un effet de notre amour-propre de rejeter sur autrui les maux qui viennent de nous. Nos péchés seuls en sont la cause, et le cardinal n'est que l'instrument dont Dieu se sert pour nous punir. Pour moi, je loue la Providence de m'avoir donné le moyen d'expier mes fautes par les peines que j'endure. Elle me traite avec douceur, car vous voyez que je suis à l'abri, et quand même je serais exposé à toutes les rigueurs de l'air ou réduit sur le fumier, j'aurais encore des grâces à lui rendre. » Laurent de Coriolis mourut à Bouc en 1644. Sa mémoire fut réhabilitée l'année suivante, et, en 1646, un arrêt du conseil admit son fils à lui succéder dans son office de président.

Le 9 mai 1638, pendant la détention du président Coriolis, le commandant du fort, à la tête de six bateaux armés et protégé par les canons des batteries, s'empara d'une galère génoise que la tempête avait forcée à se réfugier dans le port. Quelques heures avant, il avait reçu avis que le prince Jean Casimir, frère du roi de Pologne Ladislas IV, un ennemi actif de la France, naviguait sur cette galère. Le prince fut pris avec cinq seigneurs de sa suite. Richelieu, non sans quelque entorse au droit des gens, déclara la capture bonne et valable. Mais, parmi les prisonniers on ne savait lequel était le prince, et nul de ses compagnons ne paraissait disposé à le trahir. Un négociant marseillais qui avait été en relations avec Jean Casimir, fut sommé, sous peine de la vie, de le faire connaître. On convint qu'à un repas que le commandant donnerait à ses prisonniers, toutes les fois que Jean Casimir porterait son verre à la bouche, le marseillais agirait de même. Le prince, reconnu grâce à cette ruse, fut étroitement gardé dans son cachot. Cinq jours après, il fut transféré au château de Salon, où il demeura neuf mois, puis à Sisteron, enfin à Vincennes, Richelieu restant sourd aux réclamations du roi Ladislas et du pape Urbain VIII. Il consentit seulement à rendre leur galère aux gênois.

Remis en liberté deux ans après, Jean Casimir, qui avait eu le temps de faire des réflexions sérieuses, annonça son dessein de quitter le monde. Il hésitait entre l'ordre des carmes et celui des jésuites, quand le pape, qui prévoyait l'avenir, lui conféra la dignité cardinalice. Jean Casimir monta en effet sur le trône de Pologne en 1648. Après vingt ans d'un règne des plus agités, il abdiqua, pour suivre sa première vocation, non sans avoir annoncé à la diète de Varsovie, en termes prophétiques, le partage de la Pologne entre les trois puissances voisines. Jean Casimir mourut en 1672, abbé des chanoines réguliers de Saint-Martin de Nevers.

Au dernier siècle, le fort de Bouc était muni de 20 canons et occupé par un commandant, un capitaine, cinq lieutenants, un médecin et une compagnie de 60 invalides. Un aumônier militaire, d'ordinaire un capucin du couvent de Ferrières, était attaché à cette garnison. La petite *chapelle* est devenue un entrepôt ainsi que la sacristie.

SAINT - MITRE
Sanctus Mitrius

Des ruines considérables s'étendent sur le promontoire qui domine les étangs de la Valduc et de Citis. On reconnaît les traces de remparts et de sept tours, trois grandes citernes, un grand nombre de tombeaux creusés dans le roc, le tout mêlé de poteries en morceaux, de fûts et de chapiteaux brisés, de cippes mutilés. Depuis plusieurs siècles ces ruines sont exploitées comme une carrière par les propriétaires et les usiniers du quartier.

La vieille église Saint-Blaise s'élève au-dessus de ces débris. Une ville antique, *Bergine* puis *Heraclea*, d'après M. Gilles, *Maritima Avaticorum* d'après M. Saurel, a précédé le *castrum* du moyen-âge. La preuve en est fournie par les nombreux objets païens qui proviennent de ce plateau, le cippe marqué de l'*ascia* dont on a fait le bénitier de la chapelle Saint-Blaise, et l'autel votif à Junon dont a hérité l'église de Saint-Mitre.

La paroisse du moyen-âge a porté successivement les noms de *Castrum vetus*, *Castellum vetus*, *Casteùveyre*, *Châteauvieux*.

Ces ruines médiévales, qu'on distingue facilement de celles de la ville gréco-romaine, consistent en fragments de murailles diverses, une porte qui fermait le chemin taillé dans le roc et conduisait dans l'enceinte, et surtout le rempart bâti avec les matériaux trouvés sur place, parmi lesquels on reconnaît des sculptures antiques.

Ce rempart est sans doute celui qui fut reconstruit, en exécution de l'acte du 20 octobre 1231, dans lequel l'archevêque Hugues Boardi abandonnait à Pierre Porcellet tous les revenus spirituels et temporels de Châteauvieux pendant vingt ans, à condition d'y maintenir un prêtre et un clerc pour le service divin, et de clore de murs la *villa* et le *castrum*.

Le territoire appartenait aux archevêques d'Arles de temps immémorial, peut-être depuis saint Césaire et les fils de Clovis. Il n'est pas douteux que la ville romaine qui précéda *Castrum vetus* n'ait été évangélisée par le grand évêque et convertie par quelqu'un de ses prédécesseurs.

En 1144, Châteauvieux est mentionné pour la première fois dans les documents ecclésiastiques. Le testament du comte de Toulouse l'avait restitué à l'archevêque Gibelin en 1105.

L'an 1180, en vertu d'une concession dont nous n'avons pu découvrir l'origine, l'église de Châteauvieux appartenait à l'abbesse de Saint-Laurent d'Avignon ; dans un accord avec l'archevêque Raimond, elle la lui abandonna et reçut en échange les trois églises Saint-Vincent sur Laurade, Saint-Roman et Sainte-Marie du Castel, moins éloignées de son abbaye.

Une *bourdigue* avait été donnée aux religieuses, qu'elles transmirent à l'archevêque. En 1208, le prieur de l'église Sainte-Marie de Castelveyre reçut de deux pêcheurs, Roubaud et Jaubert, promesse authentique que, dans « la bourdigue *monacarum* », ils donneraient à son église la treizième partie de la pêche, et en outre, trois fois par saison, le plus gros et meilleur poisson à écaille qui s'y pourrait pêcher.

Un autre prieur de Castelveyre, Henri de Fornès, reçut, le 19 septembre 1225, le paiement des droits de dîme du seigneur Pons Amiel.

Cette même année, l'empereur Frédéric II confirmait à l'archevêque Hugues la propriété de Castelveyre, de l'abbaye Saint-Gervais et des Pêcheries du Pont.

L'église de Châteauvieux est taxée un denier dans la liste de 1243, et le vicaire de Châteauvieux 30 sous dans celle de 1358.

Le territoire de Châteauvieux s'étendait au midi jusqu'aux étangs de Berre et de Caronte, et comprenait par conséquent le quartier sur lequel la ville de Ferrières a été bâtie au XIVe siècle. Un accord mémorable, — qui est comme le titre de fondation de la ville de Martigues, — fut conclu le 11 janvier 1223, entre l'archevêque Hugues et le comte Raymond Bérenger au sujet de la ville que celui-ci était en train de fonder au Pont Saint-Geniez, c'est-à-dire en l'Ile de Martigues. Le terrain sur lequel on bâtissait relevait de l'archevêque. Aussi fallut-il obtenir son consentement et lui trouver une compensation. Ce fut l'abandon par le comte de toutes les cavalcades, albergues, justices, tailles, etc., qu'il possédait sur Castelveyre, Saint-Mitre et la Trinité de Tolon ; le comte ne se réservait que le cens d'une obole d'or à chaque fête de saint Michel. Il était en outre stipulé que l'archevêque et ses successeurs auraient permission de bâtir des maisons jusqu'au bord de la mer de Martigues — permission dont ils usèrent un siècle plus tard en bâtissant Ferrières ; — que ceux qui y habiteraient jouiraient des mêmes privilèges que les habitants de Castelveyre et de Saint-Mitre ; que les habitants des villes appartenant à l'archevêque, Salon, Saint-Chamas, Saint-Mitre, Castelveyre et autres, seraient exempts de tout péage ou droit quelconque présent et futur dans la nouvelle ville du Pont Saint-Geniez, — et que le comte promettait d'obtenir l'abandon par Bertrand Porcellet en faveur de l'archevêque de ses droits sur Castelveyre et Saint-Mitre.

Dix ans plus tard, le 20 août 1235, Bertrand de Fos et les

trois filles d'Amiel de Fos, Cécile, Huguette et Mabile, donnaient à l'archevêque Jean l'affar qu'elles possédaient à Castelveyre et à Saint-Mitre. Ces derniers droits furent bientôt remplacés par la somme de 1340 deniers que l'archevêque pourrait prendre sur les droits de cavalcade dus par la commune de Fos au comte de Provence.

Les archives départementales possèdent de nombreux actes d'hommage des Porcellets aux archevêques comme suzerains, et des archevêques aux comtes de Provence comme hauts suzerains, pour Castelveyre, Saint-Mitre et la rive de Saint-Geniez.

L'acte de 1231, cité plus haut, montre l'état presque ruiné de Châteauvieux au XIII° siècle, et de cette déchéance la vieille ville ne se releva pas. Le coup mortel lui fut porté par Raymond de Turenne qui, en 1395, l'assiégea et la livra au fer et au feu.

Les habitants qui survécurent au massacre demandèrent asile à deux villages voisins, dont le chiffre de population était demeuré fort modeste jusque-là, le castrum de *Saint-Mitre*, et le bourg de *Ferrières*, fondé dans la première moitié de ce siècle.

C'est l'archevêque Artaud, seigneur spirituel et temporel des deux pays, qui conseilla aux anciens habitants de Châteauvieux de s'unir en une seule communauté et paroisse avec Saint-Mitre, et, pour se défendre à l'avenir d'un désastre tel que celui qui venait de se produire, de munir Saint-Mitre de solides remparts, ce qui fut fait l'an 1407.

Quelques habitants s'étant obstinés à réintégrer leurs anciennes demeures au pied du monticule de Saint-Blaise, on décida que, malgré la suppression de la paroisse, la messe y serait célébrée tous les dimanches par un prêtre de Saint-Mitre. Ce service a duré jusqu'à la Révolution.

Jusqu'au dernier siècle aussi a duré la cérémonie instituée pour perpétuer la mémoire de la destruction de Châteauvieux. Le matin de la fête de saint Blaise, on élevait sur la place de Saint-Mitre un château de bois qu'une troupe de jeunes gens assiégeait, tandis qu'une autre troupe le défendait. Le combat finissait par l'incendie de cette construction. Après quoi, les deux troupes réunies prenaient la tête de la procession qui se dirigeait, au milieu des salves de mousqueterie, vers l'église de l'ancienne cité où le clergé célébrait la messe.

En 1457, le cardinal Pierre de Foix céda au roi René tous ses droits sur les châteaux et villes de Châteauveire, Saint-Mitre et Ferrières pour 40 florins annuels assignés sur la communauté d'Istres.

— Le *castrum S. Mitrii*, certainement plus récent que Châteauvieux, remontait à l'époque où la ville gréco-romaine, *Heraclea* ou *Maritima*, fut détruite par les barbares, les Wisigoths sans doute, au V° siècle. Le martyr aixois, dont le glorieux triomphe remontait à peu d'années, avait été choisi comme protecteur de la nouvelle agglomération. Ainsi fit-on au moyen-âge en nombre d'endroits de Provence, où des églises furent dédiées à ce saint : à Aix, la chapelle comtale; dans sa banlieue, au vignoble cultivé par lui; à Maliverny, près Puyricard; à Olières, dans la vallée de Saint-Maximin ; près de la ville d'Aubagne ; près de Sainte-Marthe dans la banlieue de Marseille ; dans le territoire de Reillane, etc.

Le village de Saint-Mitre et son territoire relevaient au temporel des archevêques d'Arles. Les mêmes actes d'abandon que sur Châteauvieux leur furent faits pour Saint-Mitre par Frédéric II en 1225, par Raymond-Bérenger en 1232, par l'archidiacre, prieur de Saint-Gervais, en 1222, par Bertrand et Amiel de Fos et ses filles en 1235. De même les Porcellets font hommage aux archevêques pour ce qu'ils possèdent à Saint-Mitre, et les archevêques aux comtes de Provence. En 1457, Saint-Mitre fut cédé au roi René par le cardinal-archevêque Pierre de Foix.

« Eccl. S. Mitrii » est taxée un denier dans la liste de 1213.

— En 1639, une statue d'argent de saint Mitre fut acquise par la paroisse, elle a été portée à la Monnaie pendant la Révolution.

En 1791, le secondaire ayant prêté le serment constitutionnel se substitua à son curé, mais il partit au bout d'un an. Dans l'église, l'autel de la Patrie fut élevé sur une montagne plantée de pins, profanation qui se reproduisit à peu près dans toutes les paroisses. Saint-Mitre fut privé de curé pendant onze ans : on a conservé les noms des prêtres Villion, Castel et Nay qui le visitèrent quelquefois durant cette triste période et baptisèrent un grand nombre d'enfants.

— 1790, un curé nommé par l'archevêque, prieur-décimateur des prieurés de Saint-Mitre et Ferrières unis ; un vicaire, 1,200 hab. La dîme du quartier de Châteauvieux, enclavé dans le territoire de Saint-Mitre, avait été unie en 1704 au collège des Jésuites d'Arles, par sentence de l'abbé de Bussy, délégué de M⁹ʳ de Mailly. Après la suppresssion de la compagnie, elle fut partagée entre l'archevêque et le chapitre. — 1898, un curé-desservant, 490 hab., archidiaconé d'Arles, doyenné d'Istres.

EGLISE dédiée d'abord à saint Mitre, patron du pays, puis au XV⁰ s. à saint Blaise, patron des gens de Châteauvieux, quand ceux-ci vinrent se joindre à la population de Saint-Mitre. L'ancienne église, beaucoup plus petite, et sans doute chapelle castrale, était orientée du couchant au levant : la chapelle actuelle de la Sainte Vierge lui servait de sanctuaire. Elle fut reconstruite dans la direction du nord au sud vers le XV⁰ siècle, après la destruction de Châteauvieux. Et c'est alors que le titulaire fut changé. En 1588, un arrêt du Parlement d'Aix ordonna son agrandissement : l'archevêque paya le tiers de la dépense et s'engagea à donner chaque année 25 écus pour le prédicateur du carême ; en 1662, elle fut encore agrandie avec le produit de la démolition du château archiépiscopal à Saint-Chamas. Nef de maçonnerie ogivale avec l'inclinaison dite du Christ mourant très marquée. On y voit un *autel votif à Junon*, marbre, provenant de la cité gréco-romaine de Châteauvieux. On l'a placé sens dessus dessous, pour que la base pût être évidée et servir de bénitier. Dédicace : « Junoni. M. Verrius. Crescens. et. Aemilia. Attice. » Aux angles, les chrétiens qui fondèrent Saint-Mitre ont sculpté les poissons symboliques.

CHAPELLES. — Les pénitents blancs se réunissaient dans le pays à la chapelle *Sainte-Anne*, bâtie en 1617. Avant la Révolution déjà et jusque vers 1860, ce fut dans la chapelle *Saint-Michel*, bâtie au XVIII° siècle, sur un monticule à 500 pas du village.

— *Saint-Blaise*, église romane que la liste de 1213 nomme Sainte-Marie, « eccl. S. Marie de Castro veteri, 1 den. » Plus tard, on trouve le nom de saint Blaise uni à celui de la Sainte Vierge ; aujourd'hui on ne la connaît plus que sous le vocable du saint pontife du IV° siècle.

Saint Blaise, évêque et martyr de Sébaste, fut très vénéré en Occident, à partir des croisades. On l'invoquait spécialement pour les maux de gorge. A Ceyreste, paroisse du diocèse de Marseille, qui a perdu son évêché au V° siècle, le prêtre tenant deux cierges en sautoir en touche le cou des fidèles, le jour de la fête, avec cette oraison : « Meritis et precibus B. Blasii, martyris atque pontificis, liberet te Deus a morbo gutturis. » A Saint-Jean de Malte, d'Aix, on bénit le 3 février des pains et des fruits qui sont conservés dans les maisons pour les cas d'angine, etc.

Abandonné après le saccagement de 1395, le service dominical y fut repris au XV° siècle, et dans les registres de la paroisse on voit des prêtres se signant *chapelain de Saint-Blaise* ou *chargé du service de Saint-Blaise*. Des ermites y ont souvent résidé.

L'*abside* est la partie la plus ancienne : la porte s'ouvrait au midi, ce n'est qu'en 1514 que celle du couchant fut faite. On s'est servi pour la construire et la restaurer à diverses reprises des matériaux de la cité gréco-romaine. On lit encore distinctement sur une pierre le mot Φωκεως. Vendue comme bien national, elle fut rachetée par M. de Cadenet-Charleval, propriétaire des salins voisins, qui la rendit au culte en 1800. Le quartier n'est guère habité que par des saliniers. Mais les paroissiens de Saint-Mitre se rendent en pèlerinage à Saint-Blaise le lundi de Pâques et y entendent la messe. Depuis vingt-cinq ans, un autre pèlerinage, établi par le curé Roux, a lieu le 8 septembre. On y fête N. D. de Vie, représentée par un tableau qui est en grande vénération. La Sainte Vierge étant le titulaire primitif, ce souvenir donne à cette coutume une solide raison de durer.

Après restauration complète, cette église fut réouverte le 5 février 1852.

MARTIGUES
Marticum

—

L'ILE
Insula Sancti Genesii

———

L'heureuse situation de cette ville, établie sur le groupe d'îles qui sépare l'étang de Berre de l'étang de Caronte, ses ponts, ses salines et ses canaux, le passage incessant des barques entre la mer et l'étang, sa population de pêcheurs originale, fière et hardie, justifient le surnom de *Venise provençale* qu'on lui a décerné, une petite Venise sans doute, mais comme la grande, pittoresque, animée, insouciante, fidèle à la foi des aïeux, et dont, grâce à Dieu, les annales ignorent les tragédies qui assombrissent l'histoire de la reine de l'Adriatique.

Sans parler des Phocéens et des Celtes, sans faire intervenir Marius et Marthe, nous ne consignerons ici de l'histoire religieuse et civile, plus étroitement unies à Martigues que partout ailleurs, que ce que les documents attestent ou ce qu'on en peut légitimement inférer.

Les premières constructions élevées à Martigues ne remontent pas au-delà du XI° siècle.

Mais durant les siècles qui précédèrent l'invasion sarrasine, s'élevait sur la rive gauche de l'étang de *Correns* (Caronte), à demi-lieue de la ville actuelle, un bourg dont au siècle dernier on reconnaissait encore le cimetière. Son église, dédiée à *saint Genès*, avait donné son nom au territoire.

Trop voisin de la mer, exposé aux surprises, ce bourg fut abandonné au huitième siècle et remplacé par le *castrum sancti Genesii*, édifié sur une hauteur voisine.

Tout le quartier, avec les étangs et leurs rives, appartenait aux archevêques d'Arles, non en souveraineté, mais en suzeraineté féodale, en vertu d'une concession des fils de Clovis faite à saint Césaire, dans la première moitié du VI° siècle. L'étendue de cette juridiction épiscopale fut à diverses reprises réduite au profit des comtes de Provence, de l'abbaye de Montmajour, etc.

Le territoire de *Saint-Geniez* proprement dit, pour lui donner le nom provençal sous lequel il a été désigné, comprenait toute la rive gauche de l'étang de Caronte, depuis l'île de Bouc jusqu'à l'étang de Berre, *stagnum Martici* [1], avec le vallon de Saint-Pierre et le groupe d'îles entre les deux étangs : c'est la commune actuelle de Martigues, non compris la rive de Ferrières, qui fut la limite extrême du territoire de Châteauvieux jusqu'au XV° siècle.

---

1 C'est l'étang qui a fourni à la ville le nom sous lequel elle est connue.

La rive droite de l'étang de Caronte appartenait partie à Fos, partie à Châteauvieux—Saint-Mitre.

Vers la fin du Xe siècle, quand le péril sarrasin se fut éloigné, les habitants de Saint-Geniez, presque tous pêcheurs, descendirent peu à peu du castrum dont la protection ne leur était plus nécessaire, et ils choisirent pour s'y établir non l'ancien village, que leurs pères avaient abandonné, mais plus au levant, une position charmante et sûre, sur les îles mêmes qui séparent les deux étangs. Dès 1054 on trouve mention de la principale de ces îles sous le nom d'*Insula sancti Genesii*, *Pons sancti Genesii*, *Insula Pontis sancti Genesii*.

Le *castrum* paraît avoir été construit vers 1070, car, en 1063, le seigneur de Fos, ayant envahi cette portion du domaine archiépiscopal, fut menacé d'excommunication, et, par l'acte d'arbitrage du comte Bertrand, dut restituer ce qu'il avait usurpé : or, dans cet acte il n'est fait mention que des bourdigues et des pêcheries de Pont-Saint-Genès, ce qui prouve que le château n'était pas encore bâti.

L'agglomération demeura longtemps très modeste : quelques cabanes de pêcheurs et de paysans. La vraie *Villa Sancti Genesii* ne remonte qu'au XIIIe siècle. Ce fut le comte Raymond-Bérenger IV qui, frappé de l'heureuse position de l'*Ile Saint-Geniez*, décida sa fondation.

En 1224, il appela les habitants qui n'avaient pas encore abandonné le premier *castrum S. Genesii* à se joindre à ceux qui s'étaient déjà fixés dans l'île. Il leur traça des rues et leur fit bâtir des maisons [1].

Mais le comte excédait son droit par ces constructions. L'archevêque réclama, en son nom, et en celui des Hospitaliers à qui ses prédécesseurs avaient cédé l'île Saint-Geniez, sous réserve de la haute seigneurie et du droit de construire.

Il rappelait que pour *l'église* et *l'hospice* que ces religieux possédaient dans l'île, ils lui payaient chaque année, en signe de vassalité, une livre de poivre. A quoi le comte répondit qu'il n'agissait pas autrement que ses prédécesseurs qui avaient bâti plusieurs fois dans l'Ile, sans réclamation de personne. Une transaction intervint, le 11 janvier 1223, par laquelle l'archevêque se désistait de ses droits suzerains sur les deux ferrages de l'Ile, et les cédait au comte avec toute autorisation de bâtir, réserve faite de la propriété des bourdigues et des droits de ses vassaux et spécialement de tous les droits spirituels sur l'église et l'hospice des Hospitaliers.

De son côté, le comte cédait au prélat ses droits sur les villages de Châteauvieux et de Saint-Mitre, et sur les tènements de la Trinité, de Valon et de Ferrières, et accordait aux sujets de l'archevêque, habitants de Salon, de Saint-Chamas, etc., exemption de tout droit ou péage dans la nouvelle ville de *Pont-Saint-Geniez*.

Sur ces entrefaites Raymond-Bérenger eut à réprimer une

---

[1] En 1230, Raymond Bérenger IV entreprit, au milieu d'une gracieuse vallée des Alpes. la construction d'une autre ville qu'il nomma *Barcelonnette*, en mémoire de la capitale catalane d'où ses ancêtres étaient venus en Provence.

révolte des barons des Baux. Parmi les conditions de paix agréées par les négociateurs, sous la présidence de Guillaume, comte de Genève, et signées au palais d'Aix, le 23 décembre 1228, se trouvèrent celles-ci : « Les constructions qui s'élèvent ou s'élèveront en l'Ile Saint-Genès seront protégées et défendues par les seigneurs de la maison des Baux, qui, par leur domaine de Châteauvieux, sont proches voisins. Elles seront continuées avec leur concours, si c'est nécessaire. »

Sur des chantiers considérables les travaux étaient poussés avec activité, ce qui amena un malheur auquel on ne s'attendait point. Assourdi par les clameurs des ouvriers, les cris des bêtes de somme et le choc des marteaux, le poisson prit peur et, refusant de s'engager dans les bourdigues, se cantonna obstinément dans l'étang de Berre, dommage réel pour l'archevêque et les habitants qui heureusement fut de courte durée.

Afin de la peupler promptement, Raymond Bérenger accorda à la ville nouvelle de nombreux privilèges et exemptions. Les habitants affluèrent, ce qui donna naissance au milieu du XIII° siècle au quartier nouveau de Jonquières, et dans le premier quart du XIV° à celui de Ferrières.

Jusqu'à cette époque, les hommages aux archevêques pour les pêcheries du Pont-Saint-Geniez, — qu'on a souvent confondues à tort avec celles du *Pont des Pêcheries*, entre Fos et Bouc, — se succèdent en des actes nombreux qui existent encore aux archives départementales : reconnaissent y tenir leurs possessions *in feudum Ecclesiæ*,

Rostang de Fos en 1187 ; Barral, vicomte de Marseille, en 1188 ; Bertrand Porcellet, Raymond de Baux, Geoffroy de Fos, en 1249, etc.

Bien qu'attenant l'un à l'autre, les trois quartiers formèrent trois villes différentes, soumises chacune à un seigneur particulier, l'Ile Saint-Geniez au comte de Provence, Jonquières à l'abbé de Montmajour, Ferrières à l'archevêque, seigneur primitif de tout le territoire. Ils se considéraient comme états autonomes et exigeaient avec jalousie le respect de leurs frontières. Les criminels passaient avec facilité d'un quartier dans un autre : de là de fréquentes négociations d'extradition ou des conflits. On conserve l'accord du 21 mai 1325, entre le vicaire de la reine régente Clémence et les officiers de l'archevêque Guasbert du Val, touchant les criminels de l'Ile Saint-Geniez et de Ferrières qui se sauvaient d'un quartier dans l'autre ; la procédure ouverte en 1334 par le même archevêque contre l'abbé de Montmajour qui avait fait poursuivre un voleur de Jonquières dans les eaux de Martigues « qui sont soumises en entier à la juridiction de l'archevêque » ; la condamnation du bailli du roi, en 1334, pour avoir fait saisir un prisonnier de l'Ile dans une rue de Ferrières, il dut faire réparation et amende honorable ; l'autorisation donnée en 1390 par les officiers de l'archevêque aux sergents du roi de passer dans l'étang de Saint-Geniez et de Correns pour traduire de l'Ile à Marseille certains malfaiteurs que l'on y voulait pendre et qu'on n'osait mener par voie de terre. Si l'on avait osé suivre cette voie, il eût fallu obtenir l'agrément de l'abbé de Montmajour.

Les diverses seigneuries superposées à l'Ile même, la Couronne, l'Archevêque, les Hospitaliers, n'étaient pas si nettement délimitées qu'il n'y eut de temps en temps matière à contestation. En 1534, l'évêque de Béziers Binamar vint à Martigues préparer un règlement pour fixer autant que possible les droits de tous les contendants. Le 15 octobre il descendit au château, *apud castrum S. Genesii*, et y interrogea plusieurs habitants qui attestèrent que, depuis le comte qui avait fait bâtir la ville, ce pays avait toujours été sous la domination de la maison royale de Provence.

Les trois quartiers s'unirent en une seule communauté par un traité conclu dans l'église de Ferrières en 1581, mais l'esprit particulariste et égalitaire persista avec une ombrageuse ténacité, comme l'attestaient de singulières stipulations et de curieux usages.

Une parfaite égalité entre les trois villes fut établie par l'acte d'union ; une amende de 30,000 livres fut édictée contre le quartier qui voudrait y porter atteinte. « Dans les trois villes, dit Expilly, *Dict. des Gaules et de la France*, IV, 613, sont pris en nombre égal les conseillers de l'hôtel-de-ville, les intendants de la santé, les auditeurs des comptes, et les recteurs des hôpitaux. » Trois curés, trois consuls, trois capitaines de quartier ; trois drapeaux, le blanc à l'Ile, le rouge à Jonquières, le bleu à Ferrières, qui, joints en un seul étendard, lors de l'union des trois villes, deux siècles avant 1789, instituèrent le drapeau tricolore.

Le pouvoir des trois consuls était égal, pas d'autre préséance que celle de l'âge, ils présidaient l'assemblée communale quatre mois chacun. Depuis 1639, ils avaient obtenu de déléguer l'un d'eux aux États de Provence au nom de la communauté entière.

Au point de vue religieux, il y avait trois processions générales par an. Chaque paroisse en présidait une : Jonquières celle de Saint-Marc, l'Ile celle de la Fête-Dieu, Ferrières celle de l'Assomption. Quand l'archevêque ordonnait une procession, les curés s'assemblaient et tiraient au sort la paroisse qui ferait la procession.

Si des prières étaient prescrites, on tirait encore au sort pour fixer l'ordre dans lequel les trois paroisses se succèderaient à les dire. C'était toujours en forme de *triduum* ou de neuvaine, nombre divisible par trois, afin que les trois paroisses eussent un nombre égal de jours de prière. Aux enterrements des prêtres les trois paroisses assistaient en corps, ce qui assurait un total de présences respectable : il y avait à Martigues, d'après un *État* de 1770, 20 prêtres, 2 diacres et 2 clercs tonsurés. La paroisse à laquelle appartenait le défunt avait le pas, les deux autres paroisses tiraient au sort pour déterminer la préséance.

Seules les armes de Martigues semblaient accorder au quartier de l'Ile une prééminence au moins topographique, *de gueules à un château-fort d'argent* (le *castrum S. Genesii*), *sur trois ponts, accosté de deux clés d'argent en pal affrontées* (celles de Jonquières et de Ferrières). Devise, *Tuta manet in pelago damnoque fit tutior.*

La pêche sur les étangs et sur la mer, du Rhône à Marseille, demeure l'industrie principale des habitants de Martigues. Cet exercice en fit de tout temps d'excellents matelots. « Les habitants de Martigues, écrivait le président Séguiran à Richelieu, sont estimés les plus courageux et meilleurs mariniers de la Méditerranée. » De cet éloge on peut rapprocher les termes de l'édit de 1580 érigeant en principauté le territoire [1] qui était baronnie depuis 1354 et vicomté depuis 1473 : « La ville de Martigues est une des plus belles terres et seigneuries du pays et comté de Provence, assise sur la mer, accompagnée de plusieurs singularités, à qui les anciens comtes ont donné plusieurs privilèges et immunités. »

Ces marins audacieux étaient quelquefois capturés par les corsaires algériens ou tunisiens. On trouve souvent des noms de Martigues sur les *listes de rédemption* des religieux Trinitaires. A la gloire de ces captifs, Expilly consigne cette remarque : « Il y a presque toujours dans le bagne de Fez de ces généreux confesseurs de la foi. Dans les occasions ce sont de véritables martyrs. »

— Martigues fut érigé en principauté en faveur du duc de Mercœur, Philippe-Emmanuel de Lorraine, célèbre par ses victoires sur les Turcs et qui devait commander avec éclat la Ligue provençale. Il mourut en 1602. Le 27 avril, son oraison funèbre fut prononcée à Notre-Dame par l'évêque

---

[1] Ce territoire, dit *la vallée de Saint-Geniez*, comprenait tous les villages qui durant le haut moyen-âge relevaient de l'ancien Saint-Geniez, sur l'étang de Caronte, savoir Châteauneuf, Rognac, les Pennes, Pierrefeu, Septèmes, Lançon, Saint-Mitre, Fos, Istres et Berre.

et prince de Genève François de Sales, en présence du roi Henri IV, de plusieurs cardinaux et maréchaux, de toute la cour et du parlement en corps.

L'entreprise était mal aisée à cause du rôle que le duc avait joué dans les guerres civiles ; le saint évêque eût voulu l'éviter, mais il ne put résister aux instances de la duchesse de Mercœur, en raison des services dont sa famille lui était redevable : « Comme mon père, dit-il, mon aïeul et mon bisaïeul avaient été élevés en qualité de pages dans la maison des très illustres et très excellents princes de Martigues, ses pères et prédécesseurs, la duchesse me regardait comme serviteur héréditaire de sa maison [1]. »

Saint François de Sales s'acquitta délicatement et au gré de tous de la mission difficile qu'il avait acceptée.

Entre diverses particularités édifiantes sur le *premier* prince de Martigues, il cita celle-ci : « Il estoit si devost envers la Sainte-Vierge qu'il ne sçavoit jamais auprès de lui aucune église ou chapelle dédiée à cette thrésorière de grâces qu'il ne la visitast et n'y eslargist quelque aumosne. »

— Le 5 septembre 1732, Mgr de Forbin-Janson publia un mandement pour annoncer un jubilé extraordinaire, à cause de l'avènement du pape Clément XII. Avec la franchise courageuse qui était dans ses habitudes, il déchargea sa conscience d'évêque en exprimant les craintes que lui

---

[1] Depuis la mort de Charles du Maine, la seigneurie de Martigues appartenait à la maison de Luxembourg. C'est un des membres de cette famille, le vicomte Sébastien, aïeul de la duchesse de Mercœur, qui, à Paris, le 29 novembre 1559, avait vendu à M. de Boissy le château de Sales, à Thorens, où l'aimable saint devait naître, où il passa son enfance et où il revint souvent durant son épiscopat.

inspirait la conduite des ministres de Louis XV à l'égard de la religion. On était au plus fort de la querelle du jansénisme.

A la fin de ce mandement, le vigoureux prélat ne craignit point de s'attaquer aux modes ridicules et indécentes de l'époque : » Nous nous croyons obligés de défendre dans nos églises aux personnes du sexe, notamment pour l'approche des sacrements, l'usage de leurs vilains paniers que nos anciens troubadours auraient justement appelés *crébéceüs de magagno* et *banastos d'Infer*, qui méritent le nom humiliant d'*opercula iniquitatis*, c'est-à-dire commodes d'iniquité, etc. » Ce mandement fut lu en chaire dans toutes les paroisses du diocèse. Seuls les curés de l'Ile et de Jonquières, jansénistes honteux ou peut-être de ces hommes dont la timidité confine à la lâcheté, n'osèrent faire cette lecture. L'archevêque l'ayant appris se rendit aux Martigues pour les y contraindre.

Indisposer contre lui à la fois le gouvernement et le sexe, c'était s'attaquer à fortes parties.

On le fit bien voir à Mgr de Forbin dont le mandement fut supprimé et condamné au feu par arrêt du parlement d'Aix, et qu'une lettre de cachet exila dans son abbaye de Saint-Valéry, en Picardie [1]. Il est vrai qu'il en revint trois mois après et fut reçu en triomphe par tout son peuple.

— En juillet 1747, lors du *Te Deum* pour la victoire de Lawfeld, émotion et trouble à l'église de l'Ile. Le comman-

[1] Comme l'huissier qui lui notifiait cette décision lui donnait avec tous ses titres celui de *conseiller du roi en tous ses conseils* : « Ce n'est pourtant pas moi qui lui ai conseillé cette lettre de cachet », répliqua-t-il avec esprit.

dant militaire s'étant vu disputer la préséance par les consuls les fit saisir et incarcérer. Instruit de cet acte de violence, le roi le blâma vivement et ordonna au commandant de faire des excuses.

— Dans l'Eglise de l'Ile, comme dans les deux autres, un usage curieux s'observait aux enterrements. On portait derrière le cercueil des corbeilles de pain qu'on présentait à l'offrande et qui revenaient ensuite au curé, usage fondé sans doute sur ce texte de *Tobie*, iv, 18 : « Panem tuum super sepulturam justi constitue. »

Le bienheureux GÉRARD TENC. — L'Ile Saint-Geniez a donné naissance, vers l'an 1040, au bienheureux *Gérard Tenc*, fondateur des Hospitaliers de Saint-Jean de Jérusalem, connus plus tard sous les noms de chevaliers de Rhodes et de Malte. Exceptionnels furent durant sept siècles les services rendus à la religion et à la civilisation par cet ordre illustre : ils expliquent et justifient la puissance qu'il conserva si longtemps.

A l'époque où Pierre l'Ermite entreprenait ces pèlerinages en Terre-Sainte qui l'excitèrent à lancer à l'Europe chrétienne son appel entraînant, le chevalier Gérard Tenc, de Saint-Geniez en Provence, arrivait à Jérusalem ; ayant constaté lui aussi l'intolérable situation des chrétiens, il se consacra à leur service dans l'Hôpital des pauvres, du titre de Saint-Jean l'Aumônier, que les gens d'Amalfi avaient bâti à un jet de pierre du Saint-Sépulcre. « Quand Godefroy de Bouillon entra dans la Ville avec son armée victorieuse, après son pèlerinage au Saint-Sépulcre et aux autres stations saintes, sa première visite fut pour Gérard, « le maître de l'Hôpital », qui fut compris pour une large part dans la distribution faite aux barons des domaines de la conquête [1]. »

L'année suivante, devant le Saint-Sépulcre, et aux pieds du patriarche de Jérusalem, Gérard s'engagea par vœu, avec quelques compagnons, à « servir Dieu humblement et dévotement dans la personne des pauvres. »

Alors il bâtit son Hôpital et, sur l'emplacement de la maison de Zacharie, une église magnifique, dédiée à saint Jean-Baptiste qu'il avait choisi pour protecteur de son ordre. En même temps il acquit pour cimetière le champ du potier, *Haceldama*. Le 15 février 1113, dans une bulle adressée « à son vénérable fils Geraldus, fondateur et prévôt de l'hôpital de Jérusalem » le pape Paschal II plaça l'ordre de Saint-Jean sous l'autorité immédiate de l'Église romaine et sous la protection du bienheureux Pierre, prince des apôtres. En 1118, après avoir fondé de nouveaux hospices pour les pauvres dans les villes maritimes d'Occident, le précurseur des Jean de Dieu et des Camille de Lellis acheva saintement une vie toute de charité.

Après la prise de Jérusalem par les musulmans, en 1187, les Hospitaliers emportèrent les restes de leur fondateur à Rhodes, d'où en 1522, quand ils furent contraints d'abandonner cette île, le commandeur Boniface de la Mole les transporta à Manosque dont il était bailli. On conserve en—

---

[1] Relation du XIIIe siècle, insérée dans le *Monasticon Anglicanum*. Cf. *Patr. lat.* cLv, 1007.

core dans cette ville un buste d'argent, œuvre de Puget, qui renfermait le crâne du bienheureux.

Le culte de Gérard Tenc qui avait commencé dès l'année de sa mort — tous les anciens chroniqueurs l'appellent *vénérable* ou *bienheureux*, — se répandit de Jérusalem dans les nombreuses maisons de son ordre, dans son pays et son diocèse d'origine. L'église paroissiale de Vitrolles lui fut dédiée peu de temps après sa mort, comme en témoigne la liste de 1243 ; un autel lui fut élevé très anciennement dans l'église Sainte-Croix, à Arles ; en 1283, le commandeur Béranger Monachi, réglant dans la maison de Manosque les jours de distributions extraordinaires aux religieux, inscrit parmi ces solennités « la fête du bienheureux Gérard dont le corps, ainsi qu'il est manifeste, repose dans sa chapelle en une châsse précieuse d'argent doré [1] »; cette châsse, qui fut renouvelée en 1623, portait cette inscription : *Hic jacent omnia ossa sancti Gerardi.*

Sur les peintures, Gérard Tenque était représenté avec l'auréole, tantôt debout à côté d'un grand crucifix et tenant le drapeau de son ordre déployé, tantôt distribuant des pains aux pauvres, tantôt rendant la vue aux aveugles, le plus souvent dans sa fonction d'hospitalier, servant les malades en compagnie de ses frères.

On n'a jamais contesté la légitimité du culte rendu à ce saint personnage : les conditions requises d'ancienneté et de

---

[1] Archives des Basses-Alpes, *fonds Hospitaliers*, H, 675. Cf. l'excellente notice sur Gérard Tenc, dans l'*Histoire Hagiologique du diocèse de Digne* par MM. Andrieu et Cruveilher.

non interruption existaient à l'époque où le concile de Trente porta à ce sujet un décret célèbre.

Au siècle dernier, le grand-maître Emmanuel de Fonseca entreprit d'obtenir l'extension du culte de saint Gérard à l'Église universelle. Un volumineux dossier constitué par le chevalier d'Albertas, et qui contenait entre autres postulations celle des notables de Martigues, partit pour Rome en 1748. On ne sait si l'affaire fut poussée plus avant et il ne paraît pas qu'un décret ait été rendu dans un sens ou dans l'autre.

Les Hospitaliers, dans les domaines peut-être de leur saint fondateur, établirent de bonne heure, avec l'autorisation des archevêques, un hospice et une église dont il est parlé dans l'acte de 1223. C'est le premier édifice religieux qui ait été bâti à l'Ile. Mais cet établissement n'eut jamais le titre de commanderie. Tous les biens qui en dépendaient, censes, directes, bourdigues, etc, furent unis plus tard à la commanderie de Saliers.

Depuis 1728 Martigues possède des reliques du plus illustre de ses enfants : « L'an 1728 et le 15° jour d'avril, dans l'hôtel communal de cette ville de Martigues, le présent conseil général de tous les conseillers assemblé, le sieur Bleymet, consul, prenant la parole, dans ses quatre mois d'exercice, a dit que, par le conseil du 8 février dernier, il fut délibéré de députer à Manosque pour aller prendre une relique du B. Gérard Tunq, natif de cette ville, fondateur de l'ordre de Malte, que S. A. E^{me} Mgr le Grand Maître nous a accordée par sa lettre du 20 novembre 1727, et de l'acte de consentement donné en conséquence par le Sgr Messire de Grille, chevalier dudit ordre, baillif de Manosque et commandeur de Saint-Jean d'Aix, portant commission à messire Fougasse, prêtre dudit ordre, de faire l'ouverture de la caisse où repose le corps du B. Gérard Tunq, dans le château du bailliage dudit Manosque ; que pour cet effet, M. Ardisson, consul, M. *Granier, prieur de l'Isle*, accompagnés des sieurs Amielh, Bourgarel, etc., partirent le 7° de ce mois et, passant par Aix, ils remirent la commission à Mre Fougasse, et tous ensemble, avec un secrétaire de l'ordre, ils se rendirent à Manosque, où une précieuse relique du corps du B. Gérard Tunq leur a été départie, qui consiste en l'os du bras gauche appelé *humerus* ... »

Dans le retour, la Ste Relique ayant été premièrement portée à Aix, fut reçue à l'entrée de l'église Saint-Jean par le clergé de cette église, au son des cloches, et exposée sur le principal autel pour y recevoir les encensements convenables. « Ensuite on la transporta aux Martigues, où tous les habitants de l'Ile, suivant le pouvoir qu'ils en avaient de l'archevêque d'Arles, l'introduisirent processionnellement dans leur lieu, parmi la joie et les acclamations publiques en forme de triomphe [1]. »

Les autres paroisses ne se résignant point à ne pas posséder une portion de ces reliques, en obtinrent bientôt, de l'ordre de Malte, une parcelle chacune. Celle qu'on conser-

---

[1] DE HAITZE. *Histoire de la vie et du culte du B. Gérard Tenque*, Aix, 1730.

vait à Jonquières était placée dans une châsse avec cette inscription : *Reversus in patriam.*

— La paroisse de l'Ile a eu pour vicaire pendant onze ans, *Joseph-Amédée* DE BROGLIE. Né à Arles en 1710, il fut secondaire de l'Ile de 1736 à 1747 : il prononça, en 1741, l'oraison funèbre de Mgr de Forbin-Janson, à Saint-Trophime, dont il devint chanoine six ans après. Nommé évêque d'Angoulême, il fut sacré à Paris le 3 mars 1754. « En 1764, il créé quatre nouveaux archiprêtrés, et publie de nouveaux *Statuts diocésains* en 1780. Il meurt le 9 avril 1784 et est déposé le 21 dans le caveau des évêques, ayant fait divers legs aux hôpitaux d'Angoulême et de Vars[1], et laissé à la cathédrale 4000 fr. pour fonder 24 messes par an à perpétuité. Il fut très aimé de son diocèse. » (Extrait du *Pouillé du diocèse d'Angoulême* par M. le vicaire général Nanglard).

Elle a aussi possédé comme curé M. *François Maillaguet*, avant la Révolution prêtre du clergé de Marseille. Banni de France en 1792, il se réfugia à Bologne où ses vertus sacerdotales et son talent oratoire le firent adjoindre à M. Eymin pour prêcher les retraites données périodiquement aux nombreux prêtres français rassemblés dans cette ville. Après le Concordat, il remplit les fonctions de vicaire à N. D. du Mont, puis de curé de Saint-Ferréol, et fut nommé en 1820 curé de l'Ile. Quoique âgé de 73 ans, après dix-huit mois de séjour à Martigues, il occupa encore deux

---

[1] Résidence d'été des évêques, à 12 kil. d'Angoulême.

postes, celui de chanoine titulaire qui exaspéra bientôt son besoin d'activité, et celui de curé de Saint-Didier à Avignon où il mourut en 1829.

On ne prononce qu'avec vénération le nom du curé *Philippe* Félix, né à Istres en 1799, qui administra la paroisse de 1843 à 1865, année de sa mort. Il inspira à ses paroissiens des habitudes de piété solide que le zèle de ses successeurs a maintenues avec soin.

Dans cette paroisse sont nés :

Au XVIIIe siècle, *Antoine Pagi*, petit-neveu du savant annaliste Pagi, de Rognes, et neveu de François Pagi, de Lambesc. Il hérita de la science de ses oncles, revit et acheva l'*Histoire des Papes* de celui-ci, œuvre importante qu'on consulte encore avec fruit. Cette famille a encore produit l'abbé Pagi, prévôt de la cathédrale de Cavaillon, auteur de l'*Histoire de Cyrus le Jeune* et des *Révolutions des Pays-Bas;*

Le 1er mars 1819, *Jules Vassoult*, le dernier supérieur français du grand séminaire de Metz, d'où les allemands l'expulsèrent en 1890, mort à Nîmes, supérieur du séminaire, le 16 février 1897. Avant d'entrer dans la compagnie de Saint-Sulpice, il avait occupé avec distinction les charges de professeur au petit séminaire d'Aix, de vicaire à Saint-Trophime et de directeur du collège d'Arles, 1850—1854. Partout où il a passé, il a laissé le souvenir d'un prêtre à la piété austère, tempérée par une exquise affabilité, d'un maître très brillant et plus modeste encore. « Lorsque le choléra de 1854 éclata, M. Vassoult n'était retenu par aucun ministère à Arles ; ses élèves avaient été congédiés et ses professeurs étaient partis. Il aurait pu partir aussi, mais il resta pour partager les fatigues et les mérites de ses confrères. Il était souvent appelé auprès des malades et il y courait au premier appel, il y allait même bien souvent sans être appelé. Un nouveau vicaire, M. Bondon, venait d'être nommé à Saint-Trophime ; il le reçut au collège pour qu'il n'eût pas à se préoccuper de se trouver un logement... Il se constitua aussi, pour tout le temps que dura le choléra, l'auxiliaire de l'aumônier de l'hôpital [1]. »

— En 1790, l'Ile, *ville murée*, 2500 hab., était desservie par un prieur-curé, à la nomination du prévôt du chapitre d'Arles, deux vicaires et un prêtre-sacristain.

Au XVIe siècle, avant l'union du prieuré à la cure, un prévôt du chapitre, qui était prieur-décimateur de l'Ile et de Fos en même temps, démembra une partie de la campagne de Fos pour donner un territoire rural à l'Ile, qui précédemment n'en avait pas. La ligne de partage est devenue cause de litige depuis que des rues ont été bâties sur ces terrains, la *Rue Neuve* de Ferrières, par exemple, au sujet de laquelle la juridiction étant restée indécise après enquête, Mgr de Forbin, par ordonnance du 5 novembre 1735, autorisa les habitants à appeler qui ils voudraient, des prêtres de l'Ile ou de Ferrières. Une ordonnance de Mgr Forcade, après nouvelle enquête, a décidé la question en faveur de Ferrières.

[1] *M. Vasssoult, Souvenirs d'un de ses anciens élèves.*

A l'époque où les revenus du prieur étaient distincts de ceux du curé, ceux-ci s'élevaient à environ 1500 livres, congrue comprise ; ceux-là consistaient en la dîme du poisson, soit environ 1000 livres, celle du blé environ 60 charges, et celle du vin environ 250 milleroles. — En 1898, un curé de 1re classe, un vicaire, 1650 hab. Du doyenné de de l'Ile, compris dans l'archidiaconé d'Arles, relèvent les paroisses de Jonquières, Ferrières, La Couronne, Saint-Julien, Saint-Pierre, Port de Bouc, Carri, Saussel, Niolon, Châteauneuf, Gignac, Le Rove, Ensuès, Marignane, Saint-Victoret.

Les *FF. Maristes*, de Lyon, y dirigent depuis dix ans une florissante école de garçons. Les locaux de cette école catholique ont été bénits par Mgr Gouthe-Soulard, le 22 janvier 1888 [1]. Les écoles de Salon et de Martigues sont les premiers établissements d'instruction primaire inaugurés par l'*Archevêque des écoles*. Ils ont ouvert cette série de belles créations qui, sous son inspiration, s'est généreusement mise en travers de l'entreprise laïcisatrice, Gardanne, Saint-Chamas, Raphèle, Graveson, le Puy Sainte-Réparade, les Cadeneaux, Eyguières, Aix, Arles, Trets, Puyricard, Saint-Martin de Crau, Gignac, Jouques, Noves, etc.

Les *Sœurs du Saint Nom de Jésus*, de Marseille, y tiennent pensionnat et externat depuis 1839.

Église majeure Sainte-Madeleine, (patron des trois quartiers, saint Genès). La première chapelle bâtie dans

[1] Le discours prononcé à cette cérémonie est reproduit, ainsi que plusieurs autres prononcés en des occasions similaires, dans *Discours et allocutions sur les Ecoles*, etc., par Mgr l'Archevêque d'Aix, 1892.

l'Ile, au XI° siècle, fut celle des Hospitaliers dont parle l'acte de cession des terrages à bâtir faite au comte Raymond Bérenger par l'archevêque en 1223, mais la paroisse primitive paraît avoir été *Notre-Dame*, autre église dont parle un acte de 1389 et qui était placée en face le tribunal des prud'hommes.

Sainte-Madeleine, bâtie de 1681 à 1688 [1], totalement restaurée, intérieur et façade, en 1859, est une nef grecque à plafond caissonné, genre italien, longue de 37 m., large de 13 m. y compris un mètre d'enfoncement aux autels, haute de 16 m. 50. — Bel *autel majeur* ; rien à dire de la *chaire*, mais il faut rappeler que la précédente, datant de 1403, était une belle œuvre du sculpteur sur bois Bastian, d'Avignon, à qui elle avait été payée 150 florins d'or. — Quelques bons tableaux, *Pentecôte*, *Tradition des clés à saint Pierre*, *Sainte Catherine*, *Saint Michel*, *Saint Antoine*,

---

[1] On lit dans l'*Histoire de Martigues* par A. Saurel, p. 71 : « C'est à partir de 1688 que la population commença à diminuer et plus d'une cause y contribua. La plus importante serait, si je m'en rapporte à des témoignages non équivoques, la construction forcée de l'église actuelle de Sainte-Marie-Madeleine. Il fut levé à ce sujet tant d'impôts, organisé tant de corvées, imaginé tant de molestations de toute nature que, dérangés dans leur commerce et leur industrie, tous ceux qui purent quitter la ville, l'abandonnèrent pour se transporter à Marseille. » Nous avons tenu à reproduire textuellement une assertion qui se réfute par son exagération même. A qui fera-t-on croire, même à grand renfort de témoignages non équivoques (?), que la construction d'une église à une seule nef, spacieuse sans doute, mais ne dépassant pas les dimensions d'une église de petite ville, et dont la dépense a été répartie sur plus de cinquante années, comme en fait foi le registre des délibérations communales, ait pu *ruiner et dépeupler* une ville de 12,000 âmes. Les vraies causes, autrement générales et graves de la décadence de Martigues, un auteur presque contemporain, Expilly, les expose ainsi dans son *Dictionnaire de la France*. t. IV. « L'hiver rigoureux de 1709 qui fit mourir les oliviers et les poissons des étangs, les guerres maritimes soutenues par Louis XIV, et la peste de 1720 ont causé cette dépopulation. » Ajoutez-y l'attraction que Marseille commençait à exercer sur les habitants de la campagne, au grand détriment de la prospérité régionale.

Saint Honorat. — Tableau et *reliques* du B. Gérard Tenc. — *Orgues*, Moitessier, 1860, 2 claviers, 26 jeux, buffet artistique aux armes de la ville. — *Clocher* bâti en 1846, à la place de celui de 1564 qui obstruait la porte de l'église dont il n'était séparé que par un étroit passage; *cloche* enlevée au clocher de Pélissanne en 1794.

Chapelles. — *Saint-Jacques*, à *l'Hôpital* que les sœurs de Saint-Thomas, d'Aix, desservent depuis 1830. L'ancien hôpital général qui avait succédé à l'établissement des Hospitaliers, avait été fondé sur la rive de Ferrières en 1731, mais dans la partie appartenant au territoire de l'Ile. En 1769, il fut transporté à l'Ile même dans l'ancien couvent et pensionnat des Ursulines, fondé en 1630, et qu'un arrêt du conseil, de 1765, venait de supprimer. La *chapelle*, bâtie en même temps que le couvent, possède un autel, une statue et une relique du B. Gérard Tenc. Sur une plaque du XVII° siècle se lit le nom d'un descendant de la famille du bienheureux, famille qui a subsisté à Martigues jusqu'à la fin du siècle dernier. — *Chapelle Sainte-Marie* de la congrégation des filles; — *Chapelle de la Visitation*, où se réunit l'association des dames de Ste Elisabeth; — *Chap. des tertiaires dominicaines*; — *Chapelle du Saint Nom de Jésus*, à l'usage des *Pénitents blancs*, fondés à l'Ile en 1306, sous le vocable de sainte Catherine: avec celle de la Sainte-Trinité, établie à Marseille la même année, c'est la *confrérie la plus ancienne de Provence.*

JONQUIÈRES
Juncaria

Quelle est la paroisse de Martigues la plus ancienne, l'Ile ou Jonquières ? On a souvent discuté cette question, à Martigues. En réalité, arguments pesés, les deux quartiers peuvent prétendre à ce titre.

Si l'Ile a été le premier quartier bâti et demeure le point central autour duquel la ville s'est développée, il est établi que la fondation de l'Ile elle-même fut l'œuvre des habitants de l'ancien *castrum S. Genesii*, qui lui donnèrent le nom de leur premier lieu d'habitation, en l'appelant *Insula S. Genesii*. Or, ce château-fort était situé sur la rive de l'étang de Caronte qui appartient à Jonquières.

Le besoin de se défendre, autant que la nature marécageuse des rives de Caronte, nommées dans les anciens actes *Jonquière de S. Genès* ou *Jonquière du Pont*, et *Jonquière de Saint-Mitre*, décida les premiers habitants à s'établir dans l'île plutôt que sur l'une des deux rives.

La ville fondée par le comte Raymond Bérenger en 1224 se développa rapidement. Quand les deux forrages de l'Ile eurent été occupés, c'est-à-dire vers le milieu du XIII° siècle, on franchit le canal pour s'étendre sur la rive de Jonquières. Un acte de 1314 y mentionne en cette année l'existence de 38 feux, c'est-à-dire de 150 à 200 habitants.

Les archevêques d'Arles étaient seigneurs primitifs des deux rives aussi bien que des îles. Ils ne conservèrent que Ferrières, et cédèrent l'Ile au comte de Provence et Jonquières à l'abbaye de Montmajour.

Voici les origines de cette dernière cession :

C'est l'archevêque Raimbaud qui, au mois d'octobre 1040, fit don de l'église Saint-Geniez, sur la rive gauche de l'étang de Caronte, à l'abbé Benoît et à son abbaye. A la même époque, l'archevêque d'Aix Rostang de Fos et les seigneurs de ce nom cédaient à Montmajour leur droit de pêche et de haute justice au même quartier. Ces derniers droits furent rétrocédés en 1292 au comte de Provence Charles d'Anjou, en échange des autres droits seigneuriaux de ce fief.

Tous ces privilèges n'avaient plus alors grande valeur : à cette époque, en effet, les habitants du *castrum Sancti Genesii* transportèrent leurs pénates dans l'Ile Saint-Geniez, sous les auspices du comte Raimond Bérenger. Mais bientôt, l'Ile étant devenue trop étroite, et un quartier nouveau s'étant fondé sur la rive abandonnée, un modeste bénéfice se transforma en prieuré très important. Ce prieuré dut sans doute rester attaché plusieurs années à l'église du castrum : il ne paraît pas probable néanmoins que son transfert à la nouvelle église Saint-Genès, à Jonquières, ait été retardé au-delà des dernières années du XIIIe siècle.

Le prieur était seigneur temporel de toute cette rive au

lieu et place de l'abbé. Ainsi en 1348, le prieur, comme seigneur de Saint-Geniez, conclut une transaction avec l'archevêque et les seigneurs voisins au sujet des droits que son église perçoit ; en 1349, il reconnaît à l'archevêque le droit de pêche dans une bourdigue sise entre l'Ile et Jonquières.

En 1152, l'archevêque Raymond de Montrond et ses chanoines avaient transmis à *Guigue*, le premier prieur de Saint-Geniez dont le nom soit connu, une terre que Pierre Amalric avait léguée à cette église. Il est à peu près sûr qu'il s'agit encore de l'église de l'ancien castrum.

Ces prieurs furent souvent des hommes de valeur et de vertu exceptionnelles.

En 1246, les habitants de la nouvelle ville du Pont Saint-Geniez et les seigneurs de Fos furent en désaccord au sujet du droit de pêche dans l'étang de Caronte et du droit de culture dans le vallon de Saint-Pierre ; pleins de confiance en l'esprit de justice du prieur de Saint-Geniez *Armeric de Noves*, ils s'en remirent à sa sentence arbitrale, qui fut rendue le 10 février. Le *Mémoire des Titres de l'Eglise d'Arles*, par Gaignon, la résume ainsi : « Feust dict par Armeric de Novis que les habitants de Saint-Geniès ne pourront caler les rès apelés sègues pour prendre enguiles et meletes en tout l'estan de Martègue et Corrent et qu'ils ne pourront pescar au fascier dans led. estang de Corente depuis les bourdigues de Corente jusques aux tignes du pont Saint-Geniès, lui permettant l'usage de pescherie à la coustumée dans led. estan de Corrente à la qualité qu'ils donront ausd. consegnieurs de Fos la 3ᵉ partie du poisson, fors et excepté de bouleiar qu'il les a laissés à la coustuméo, et quant au passage les dicts habitants de S' Geniers pourront passer librement en alant et revenant avec ses bateaux dans l'estan de Corrente excepté quand la bourdigue peschera et finalement le prieur déclare lesd. habitans immunes et absous du vingtain que lesd. consegnieurs demandoient sur lesd. terres du valon de S' Pierre. »

On compte encore parmi les prieurs de Saint-Geniez : *Guillaume de Sabran* qui fut élu abbé de Saint-Victor en 1294, et après avoir longtemps gouverné l'abbaye, devint évêque de Digne, où il mourut en odeur de sainteté en 1325. Le souvenir vénéré qu'il avait laissé à Marseille engagea les habitants de cette ville à demander, en 1329, à l'évêque et au chapitre de Digne la permission de rapporter ses restes à Saint-Victor. Guillaume de Sabran avait présidé à l'éducation de son neveu Elzéar et l'avait initié à la pratique des vertus qui l'ont fait mettre au nombre des saints.

Bertrand de Malsang, d'une noble famille d'Arles, qui devint abbé de Montmajour en 1298 jusqu'à sa mort, en 1316.

Jean Hugolen, des seigneurs de Romanin, près Saint-Remy, que Pierre de Lune choisit pour son procureur à Montmajour, en 1404, quand il retint cette abbaye pour lui-même. Très en faveur auprès du roi Louis II, celui-ci, par rescrit du 10 mai 1405, déclara le prendre sous sa protection spéciale, lui et son prieuré de Saint-Geniez, ainsi que les futurs abbés de Montmajour. Cette invite fut comprise par Benoît XIII qui, par bulle datée de Nice, le 16 mars 1406, nomma le prieur de Jonquières abbé de Montmajour. Jean Hugolen tint le siège abbatial jusqu'à sa mort, en 1413.

Le prieuré Saint-Geniez ne reçut plus de titulaire, à partir de 1451. Comme c'était une des plus riches prébendes de l'ordre, il fut uni à la mense conventuelle de Montmajour par sentence du cardinal de Foix, administrateur de l'archevêché et de l'abbaye et légat du pape, en date du 24 juillet, confirmée par bulle de Nicolas V, du 22 novembre. Cette union qui comprenait encore les prieurés de Saint-Julien d'Arles et de N. D. de Correns, fut faite pour dédommager la communauté de la diminution que les Antonins de Vienne avaient obtenue dans la pension qu'ils payaient à Montmajour, leur abbaye-mère.

Les diverses juridictions juxtaposées et superposées à Jonquières, l'archevêque, l'abbé, le comte, etc., amenaient fréquemment des contestations. Il ne paraît pas que ces conflits aient jamais atteint une trop vive acuité. Pourtant, à la suite de l'érection de Martigues en principauté, en 1580, un différend s'éleva qui fit quelque bruit. La nouvelle princesse, Marie de Luxembourg, invita l'abbé élu de Montmajour, Pierre d'Ornano, à lui prêter hommage. Mais celui-ci s'y refusa nettement. Procès au parlement d'Aix, en 1609, et arrêt qui décharge les abbés de Montmajour de cette obligation, reconnaissant toutefois à la princesse la haute justice sur les trois quartiers, et donnant la préséance à ses officiers sur ceux de l'abbaye. Celle-ci néanmoins gardera son carcan à Jonquières, pourra mettre ses armes sur les mesures, et le guet sera fait par son bailli.

La souveraineté de Montmajour sur Jonquières offrait une particularité curieuse : l'abbé et les moines étaient *seigneurs en paréage*, c'est-à-dire qu'ils avaient égalité de possession et de droits. Ils ne possédaient pas la haute justice, mais seulement la mixte impère avec moyenne et basse justice. L'abbé et le monastère avaient des officiers de judicature séparés qui rendaient alternativement pendant un an la justice dans les affaires de leur compétence. Souvent c'étaient les mêmes magistrats, mais en ce cas ils jugeaient un an au nom de l'abbé, un an au nom des moines.

Lors de la suppression de l'abbaye, en 1786, Jonquières fut uni à la mense de l'archevêché d'Arles. Quoique ayant cédé ses droits au XIe siècle, l'archevêque avait toujours conservé la faculté de bâtir à Jonquières, comme le prouve un acte du 31 mars 1408.

— La victime sacerdotale que les révolutionnaires marseillais immolèrent la première était originaire de Jonquières. Louis-Thomas NUYRATE, né en 1724, avait, à peine âgé de seize ans, pris la robe des minimes, à Aix, en l'église N. D. de la Seds, le 6 janvier 1741. Prédicateur distingué et religieux accompli, il était supérieur à Marseille, au moment de la Révolution, et regardé comme un des plus fermes appuis de la religion en cette ville. Ses vingt-deux profès refusèrent tous le serment schismatique, et des diverses communautés qu'il dirigeait aucune ne consentit à entrer en communication avec les prêtres constitutionnels. En butte pour ce motif à la haine spéciale du maire de Marseille, l'infâme Mouraille, il eut la gloire d'être le premier frappé.

Le 23 juillet 1792, à une heure du matin, le P. Nuyrate et un autre minime, le P. Taxy, furent arrêtés dans une maison amie à la plaine Saint-Michel, et traînés à la mairie au milieu d'injures et de clameurs sauvages. On mit tout en œuvre pour leur arracher le serment, flatteries, promesses, menaces, on leur suggéra même de ne le prêter qu'avec des restrictions mentales, leur offrant un passage immédiat pour Rome où ils iraient se faire relever de la censure encourue.

Vers les six heures, Mouraille arriva : il annonça aux deux prêtres le sort qui les attendait, s'ils persistaient dans leur refus et, pour qu'ils n'en pussent douter, il leur montra du haut du balcon la foule furieuse qui demandait leurs têtes. Quand il fut convaincu qu'il n'arracherait point cette apostasie qu'il s'était proposé d'exploiter, Mouraille fit un geste qui vouait les prisonniers à la mort.

Hypocritement il ordonna de les conduire au Palais de Justice, sachant bien qu'ils n'y arriveraient pas vivants. En vain Benoît Roux se précipita-t-il courageusement au milieu de l'escorte, implorant la pitié des assassins. On le repoussa brutalement, et peu s'en fallut qu'on ne lui fît un mauvais parti. Un instant après, à l'entrée de la place Vivaux, le P. Nuyrate, s'étant baissé pour ramasser son bonnet, reçut sur la tête un premier coup de sabre qui le mit en sang. Il vit le P. Taxy frappé à son tour : « Mon fils, lui cria-t-il, la couronne est suspendue sur votre tête. » Il achevait à peine, un second coup lui ouvrit le crâne et l'étendit sans vie. A ce moment, par des rues détournées, Benoît Roux accourait de nouveau, mais voyant les deux cadavres qu'on venait de pendre au même réverbère, il ne put que tomber à genoux, en s'écriant : « Ce sont des saints, ce sont des saints ! »

Peu après, la populace en délire décrocha les corps pour les traîner dans les rues : quand on passa devant le couvent des bernardines, on força les religieuses à descendre pour contempler cette scène horrible. A la nuit, par les soins d'un officier, les restes des deux martyrs furent inhumés dans le cimetière des minimes, entre la Plaine et N. D. du Mont.

— En 1790, Jonquières était peuplé de 3500 habitants, avec la banlieue, 4000. L'abbé et l'abbaye de Montmajour étaient prieurs décimateurs en paréage ; la dîme et les droits seigneuriaux leur rendaient environ 7000 livres ; ils présentaient alternativement à la cure et l'archevêque la conférait. Il y avait un curé dont les revenus s'élevaient à 1500 livres, congrue comprise, trois vicaires et un sacristain-clerc. — 1898, un curé-desservant, un vicaire, 1800 habitants ; archidiaconé d'Arles, doyenné de l'Ile.

Eglise Saint-Genès, ainsi nommée dès l'origine parce qu'elle remplaça la chapelle du vieux *castrum S. Genesii*, bâti sur la même rive. L'église actuelle qui a remplacé celle du XIII° siècle, fut achevée en 1669 et bénite le 16 juin ; elle a été consacrée par M°ʳ Chalandon, le 16 novembre 1857. Monument de style ionique restauré complètement et décoré avec goût en 1898. — Tableaux, *Annonciation*, Déret fils ; *Saint Pierre ès liens* ; *Sainte Marguerite*, de Gody. Reliques du B. Gérard Tenc. — *Bénitier, aspersoir* anciens. *Orgues*, 1847. Grand *Christ* en bois, autrefois aux capucins. —*Clocher* nouveau, bâti en 1862.

CHAPELLES. — L'*Annonciade*, spacieuse, ornée de boiseries dorées et d'un superbe retable, avec plafond à riches peintures, bâtie au commencement du XVIII° siècle pour la très ancienne confrérie des Pénitents blancs. — *Chap. de la Congrégation*, moderne et voisine de la précédente. — *Chap. des tertiaires dominicaines*, acquise durant la première moitié du XVIII° siècle. — Chap. de l'ancien *Hôpital de la Charité*, qui servit au pensionnat des sœurs de Saint-Thomas, supprimé depuis 1872.

« Il y a 50 enfants dans cet hôpital, écrivait Expilly en 1765 ; on y dépense annuellement 4000 livres pour leur entretien. Le travail de ces enfants qu'on emploie à filer du coton au rouet, pour la toile des navires, soutient aussi cette maison. On fait servir les garçons sur les bâtiments de mer comme mousses, et ils deviennent matelots. Les filles sont mises au service. » La dernière duchesse de Villars, veuve du gouverneur de Provence et prince de Martigues, s'était constituée la protectrice de cette maison. A sa mort, en 1763, on célébra pour elle une messe solennelle dans la chapelle de la maison. M. Pascalis, curé de Jonquières, prononça l'oraison funèbre de la charitable princesse.

Ancienne *chapelle des Capucins*, dédiée à *Saint-Joseph*, bâtie en 1731 : le couvent fondé en 1630, comprenait huit religieux au moment de la Révolution [1]. — *Saint-Eloi*, au faubourg, où se faisait la bénédiction des bêtes de somme. — *Sainte-Anne et Saint-Symphorien*, bâtie en 1780, où se faisait la procession aux flambeaux, en union avec la fête du Vernègue. — Chap. *du Saint Nom de Jésus*, des Pénitents noirs fondés en 1654. — *Chap. Saint-Lazare* à l'*Hôpital des lépreux* : il a reçu ces malades jusqu'en 1751, et des vieillards jusqu'à la fin du dernier siècle.

FERRIÈRES
Ferrariae

Chaque quartier de Martigues présente une physionomie distincte : l'Ile est la ville des marins, Jonquières celle des commerçants, Ferrières celle des agriculteurs.

La ville de Ferrières est la plus récente des trois. Les terrains sur lesquels elle a été bâtie faisaient partie du territoire de Saint-Mitre et Castelveyre : seuls, les quartiers de l'Ile et de Jonquières constituaient l'ancien Martigues, le territoire de *Saint-Geniez*.

---

[1] C'est dans la démolition de ce couvent que fut trouvé le beau bas-relief en marbre, aujourd'hui à l'Académie de Marseille, représentant Aristarché, matrone d'Éphèse, s'embarquant avec les Phocéens et portant à Massalie la statue de Diane. (*Mém. de l'Acad. de Marseille*, 1808).

Dans la convention de 1223, entre le comte de Provence et l'archevêque, il est stipulé que le comte, en retour des concessions consenties à l'Ile par le prélat, autorise celui-ci et ses successeurs à bâtir « sur les tènements qui vont jusqu'au bord de la mer de Martigues » : c'est la preuve que sur cette rive aucune ville n'était encore bâtie. Il est dit aussi que les habitants des maisons qui y seront construites jouiront des mêmes privilèges que les habitants des bourgs soumis à l'archevêque, Castelveyre et Saint-Mitre, dont le territoire s'étend jusqu'à cette rive

Ferrières commença à se bâtir environ quatre-vingts ans après. Un acte curieux, du 23 décembre 1311, donne, en effet, de la part du souverain, à l'archevêque Arnaud de Falguières quittance de « trente-sept veaux payés en son nom pour trente-sept feux *sive domus novae* bâties dans la Jonquière de Saint-Mitre, appelée Ferrières, près le Pont de l'Ile Saint-Geniez. » C'était l'acquit du cens féodal du vassal à son haut suzerain.

De cet acte de 1311, et d'un autre de 1314 constatant qu'en cette année le bourg de Jonquières comptait 38 feux, on doit conclure que les rives de terre ferme, celle du nord comme celle du midi, étaient nommées toutes deux *Jonquière*, à cause sans doute des joncs qui émergeaient des canaux. La quittance de 1311 confirme ce qu'établissent déjà nombre d'autres documents, que le territoire de Saint-Mitre s'étendait jusqu'en face l'Ile Saint-Geniez : ce qui est encore formellement établi par l'acte de délimitation du sénéchal Richard de Gambatesa qui n'inscrit à Martigues que deux quartiers, *Saint-Geniez* (Jonquières), et l'*Ile Saint-Geniez* (l'Ile).

C'est par suite de cette ancienne union avec Saint-Mitre que la communauté de Ferrières garda jusqu'au dernier siècle des possessions dans cette paroisse. Plusieurs provenaient des habitants de Châteauvieux, lors de leur exode à Ferrières, après la destruction de leur bourg en 1395.

La fondation de Ferrières paraît s'être effectuée sous l'archevêque Pierre de Ferrières qui siégea de 1303 à 1307. Il ne semble pas pourtant que le nom du quartier vienne de celui du prélat, car on le trouve, en des actes de 1250 et 1262, appliqué à une île du petit archipel martégal, *insula Ferrariarum*, celle sans doute sur laquelle est fixé le pont tournant. On trouve aussi, en 1281, *Guillaume de Ferrières*, prévôt de la cathédrale de Marseille. Ce chanoine fut, en 1294, nommé par saint Pierre Célestin, cardinal prêtre du titre de Saint-Clément, sur la recommandation du comte Charles II. Il mourut à Rome le 1er mai 1295. Son neveu *Pierre de Ferrières* lui succéda à la prévôté marseillaise.

Entre les *actes* des seigneurs archevêques, sont conservés l'hommage de Gaillard de Falguières au comte de Provence pour le château de Ferrières, en 1343 ; l'ordonnance de Guasbert du Val mettant aux mains de la cour royale tous les biens possédés à Ferrières par Agnès Meirane, pour certains « faits énormes » par elle commis, etc. En 1338, les officiers royaux de l'Ile, ayant entrepris avec violence sur la juridiction de l'archevêque à Ferrières, furent condamnés à faire amende honorable dans l'église du bourg et à payer une amende.

En 1457, Ferrières fut cédé au roi René par le cardinal Pierre de Foix, en échange d'une rente de 40 florins, assignés sur la communauté d'Istres, du péage et de quelques autres droits que le roi percevait à Arles.

Une église ne fut bâtie à Ferrières que lorsque l'agglomération eut acquis quelque importance : l'acte de 1311 indique qu'en cette année l'importance requise n'était pas loin d'être atteinte.

Cette construction doit donc être assignée à l'époque de la canonisation de saint Louis de Provence. Ce jeune et aimable saint, fils du comte Charles II, qui a élevé le transept et l'abside de Saint-Sauveur, s'était voué à la pauvreté franciscaine avant d'obéir à l'ordre du pape qui l'appelait au siège de Toulouse. Après moins d'un an d'épiscopat, il mourut à Brignoles, le 19 août 1297, dans le château où il était né vingt-trois ans avant. Son ancien précepteur, le pape Jean XXII, le canonisa en 1317, sous le règne du comte Robert qui composa les hymnes de l'office en l'honneur de son frère. C'est au nom de ce comte Robert qu'avait été délivrée à l'archevêque la quittance pour les premières maisons bâties à Ferrières.

La construction de l'église de Ferrières ayant coïncidé avec la canonisation du frère du roi, ou l'ayant suivie de près, on comprend, qu'en témoignage d'attachement à la famille régnante autant que par dévotion pour le nouveau saint, on n'ait pas cherché d'autre titulaire pour la nouvelle église.

Ce beau souvenir a été rappelé, à l'occasion du sixième centenaire de la mort de saint Louis, par un solennel triduum dans l'église de Ferrières les 17, 18 et 19 août 1897.

Trois soirs consécutifs, le curé de Jonquières célébra la gloire de l'illustre saint, dans la seule église du diocèse qui lui soit dédiée. De nombreux fidèles des trois paroisses visitèrent l'église afin de gagner l'indulgence plénière accordée par le pape Léon XIII. Et le dernier jour, après le *Te Deum* de clôture, à la sortie de l'église, on eut une agréable surprise à la vue du quartier tout entier pavoisé et illuminé.

Jusqu'à la Révolution, l'église de Ferrières conserva un fragment du calice de saint Louis et un pan de son manteau : ces reliques sont mentionnées dans un inventaire de 1635. La fête du saint était chômée à Ferrières, non-seulement dans le bourg mais à la campagne, comme en témoigne une ordonnance épiscopale de 1702, s'appliquant au quartier de Tolon.

C'est dans l'église Saint-Louis de Ferrières que, le 21 avril 1581, sous la présidence du gouverneur de Provence Henri d'Angoulême, et du président Louis de Coriolis, fut dressé et signé, entre les consuls et les habitants des trois quartiers, l'acte d'union en une seule ville et communauté. Charles IX étant arrivé à l'Ile le 14 novembre 1564, et ayant reçu aussitôt les hommages des quartiers en trois députations distinctes, avait exprimé son étonnement de cette séparation absolue entre trois villes juxtaposées, et fait entendre qu'il verrait avec plaisir leur union en un seul corps de ville. « Les dites trois communautés, dit l'article 1er, seront réunies en un seul corps de ville appelé et intitulé d'hors en avant *Ville de Martigues*, composée des quartiers de l'Isle, Jonquière et Ferrière. » Le roi Henri III confirma cet acte d'union par lettres-patentes du 3 août. Quelles précautions jalouses furent prises pour que l'union n'empiétât pas sur l'indépendance et l'égalité des quartiers, nous l'avons déjà exposé. De cette indépendance ils fournirent une preuve mémorable au temps de la Ligue, en suivant chacun un parti différent : Ferrières se déclara pour Henri IV, l'Ile pour le Parlement ligueur présidé à Pertuis et à Manosque par Louis de Coriolis; quant à Jonquières, il se renferma dans une prudente neutralité.

— La paroisse de Ferrières, démembrée de celle de Châteauvieux à l'origine, eut pour prieur primitif le prieur de ce bourg; puis, en 1407, celui de Saint-Mitre, quand le siège du prieuré eut été transféré à cette paroisse, après la ruine de Châteauvieux. Le plus ancien desservant connu fut messire Gagnaud, mort en 1548. On sait aussi qu'en 1456 existait à Ferrières la confrérie paroissiale de Saint-Jean-Baptiste.

Mais le prieur de Saint-Mitre et Ferrières unis, attiré sans doute par les charmes du séjour, et aussi par sa plus grande sûreté, vint s'établir à Ferrières sur la fin de la Ligue. En 1643 encore, le prieur de Saint-Mitre résidait à Ferrières. Cette situation se prolongea longtemps : il est dit en effet dans le procès-verbal de la visite de 1664, faite par Mgr Authier de Sisgau, évêque de Bethléem [1], au nom de Mgr François de Grignan, atteint de cécité, qu'il y a « à Ferrières, un curé, un secondaire et plusieurs prêtres de secours ; à Saint-Mitre, un curé *délégué*, un secondaire et un clerc ».

Les habitants de Saint-Mitre s'étaient d'abord opposés à la séparation, mais quand ils se furent rendu compte des inconvénients d'une union dont ils ne recueillaient que les charges, ils la réclamèrent eux-mêmes. L'ordonnance royale de 1686, sur l'inamovibilité des curés, fournit l'occasion de les satisfaire. Mgr le coadjuteur Jean-Baptiste de Grignan mit en demeure le prieur Desvignes de choisir entre Saint-Mitre et Ferrières. Desvignes opta pour Ferrières. Saint-Mitre reprit son ancienne indépendance et, en la personne de M. Honoré Feissole, prêtre du diocèse de Glandèves, reçut un curé inamovible, honneur dont il était dépossédé depuis un siècle. Saint-Mitre perdit cependant plus que du territoire à cet arrangement, car il fut décidé que les curés de Ferrières jouiraient sur leur ancienne église-mère des honneurs et prérogatives des prieurs primitifs, privilège d'officier le jour de la fête patronale, de recevoir à l'entrée de l'église l'archevêque en visite pastorale, etc...

En 1748, il y avait à Ferrières, d'après le procès-verbal de visite de Mgr de Forbin, un maître et une maîtresse

---

[1] Evêché transporté en France, au bourg de Pantenor lès Clamecy, quand les croisés eurent été chassés de Terre-Sainte. C'est aujourd'hui un titre attaché à l'évêché-abbaye de Saint-Maurice, dans le Valais.

d'école. Une ordonnance, jointe au procès-verbal, voulant remédier à l'abus qui commençait à s'introduire de retarder le baptême des nouveaux-nés, statue que le baptême devra être conféré dans les vingt-quatre heures de la naissance : cas réservé au-delà.

— Une épître du poète Coye, de Mouriès, a donné quelque notoriété à un curé de Ferrières, M. Plauche, qui desservit cette paroisse de 1767 à 1773, année où il fut nommé à l'église de Comps. Elle débute ainsi :

>Tu de quaù la sano résoun
>N'a jamai pres de routo gaucho,
>Docte cura, celebre Plaucho,
>Tu que sies franc, lira, pouli
>Coum' un galant ome deù l'estre,
>Et que dins un coumbat d'esprit
>Souven as fa susa ti mestre...
>Quand dins li campestre séjour
>Floro, courounade de flour
>Et decourado de guirlando,
>Vendra per soun charmant retour
>Ramena la joyouso bando
>Deis jocs, deis ris et deis amour,
>Quitto ta caso curialo
>E leiss' a toun docte segoun
>Lou souin de prouna la mouralo
>Vo d'ajuda faire la mallo
>De quauque paùre mouriboun,
>Et mounta sus toun bucephalo
>Vene jougne lou batayoun.....

— Pendant que la persécution révolutionnaire usurpait ou fermait les églises, des prêtres courageux, tels que

MM. Nay, Féraud et Maurel, administraient les sacrements en secret. Des actes de mariage de cette époque, conservés aux archives de la paroisse, mentionnent le défaut de toute publication, « les bans étant supprimés à raison du temps et des circonstances ».

En 1795, durant l'espace de quinze jours, 56 baptêmes d'enfants de paroisses diverses furent enregistrés à Ferrières.

Au sujet de ces archives paroissiales, assez importantes quoique n'ayant gardé aucun document du moyen âge, on est heureux de signaler le bel ordre dans lequel les a classées, en 1880, le curé Griaut, qui y a joint un inventaire analytique facilitant singulièrement les recherches. Exemple à suivre.

— En 1790, Ferrières avait 1200 habitants, avec un curé, prieur décimateur du prieuré-uni de Saint-Mitre et Ferrières, nommé par l'archevêque, deux vicaires, un aubier auquel les consuls donnaient 120 livres par an, un sacristain clerc. Sur la dîme, 100 milleroles de vin et 50 charges de blé étaient réservées à l'archevêque ; les revenus du curé s'élevaient à environ 1000 livres, congrue comprise.

— 1898, un curé-desservant, 1100 hab., archidiaconé d'Arles, doyenné de l'Ile.

Église *Saint-Louis* (patron saint Genès [1]), bâtie vers 1320 ; agrandie, on peut dire reconstruite, en 1675, avec les

---

[1] Le patron de Ferrières fut d'abord *Notre Dame*, car l'église de Châteauvieux était originairement dédiée à Sainte Marie. Mais à partir de 1581, Ferrières, étant entré dans la communauté de Martigues, a dû légalement en adopter le patron, qui est saint Genès.

subsides de la paroisse, de la communauté et de l'archevêque qui y affecta une partie du produit de la démolition de son château de Saint-Chamas.

Par acte du 6 mai de cette année, notaire Chausse, le besoin d'agrandir l'église ayant été de nouveau reconnu, le sieur Claude Gouverne, maître-maçon de Tarascon, habitant Martigues, promet à Michel Gautier, consul de Ferrières, de bâtir une nouvelle église sur le plan de l'architecte Stelle; il s'engage pour cela à abattre et démolir le couvert de l'ancienne et la muraille du midi, à relever de 15 pans les murs qui pourront servir encore et à donner à l'église entière cinq cannes de hauteur, moyennant 5000 livres tournois.

Convertie en entrepôt en 1795; réouverte en 1802. Consacrée le 11 novembre 1857 par Mgr Chalandon qui bénit aussi le nouveau clocher, le 27 avril 1868. Restaurée de nouveau et embellie en 1889; dotée d'une élégante façade, sur laquelle a été posée, à l'occasion du sixième centenaire de la mort du saint, une statue de saint Louis de Provence, qui fut bénite, le 7 juillet 1897, par le vicaire général Penon. — Autel des Saintes-Maries, avec tableau ancien, sur lequel a été introduite après coup une sainte Marguerite. Belle *chaire* du XVIIe siècle, provenant de la chapelle des capucins.

Depuis 1889, en une chapelle richement décorée par l'artiste Bérard, et inaugurée le 27 septembre, cette église possède la statue vénérée de N. D. de Miséricorde. Ce n'est plus la statue en argent, signalée dans le procès-verbal de visite de 1718, et que les révolutionnaires ont enlevée, mais une statue en bois doré qui date du rétablissement du culte. Ainsi que Notre Dame de France, dans la cathédrale de Paris, elle est représentée debout, étendant les bras comme pour attirer sous son manteau tous ses enfants. Au siècle dernier, la Sainte Vierge était invoquée dans l'église de Ferrières sous le titre de *N. D. de Confiance*.

— Ferrières possède le cimetière commun aux trois paroisses, bénit le 31 décembre 1854 : le même jour le premier corps y fut inhumé, celui du prêtre espagnol Rocca.

CHAPELLES. — *Saint-Joseph*, bâtie en 1639, près l'entrée du cimetière actuel. En 1648, une indulgence de cent jours y avait été accordée aux visiteurs du 19 mars. — *Saint-Jacques*, chapelle de l'hôpital de ce nom, fondé en 1731, et transféré à l'Ile en 1768. — *N. D. de Pitié*, chapelle de la confrérie des *pénitents bleus*, fondés en 1648 ; le curé et le grand-vicaire d'Arles s'étaient opposés à son ouverture, mais, sur l'appel des pénitents, l'archevêque d'Aix, à ce commis par le vice-légat d'Avignon, donna l'autorisation ; rachetée et réouverte en 1846. — *La Présentation*, chapelle de la congrégation des filles, bénite par le curé Pailhet en 1784 ; après restauration totale, bénite de nouveau par Mgr Chalandon, le 25 avril 1864. A cette occasion, le prince de Martigues, commandant de Galiffet, fit don à cette chapelle d'une cloche enlevée à Puebla, l'année précédente, lors de la prise de cette ville, où le commandant s'était conduit avec une vaillance audacieuse.

Saint-François, église du premier couvent des capucins,

fondé en 1604, sur un agréable côteau. Il y avait l'autel de N. D. de Bon Voyage auquel le peuple était fort dévot : « Les Martegaux, écrivait-on vers 1630, n'entreprennent pas de voyage qu'ils n'y montent, et ne sont pas plutôt de retour qu'ils y vont en actions de grâces [1]. » La belle statue, marbre, de cet autel, a été portée, après la Révolution, à N. D. de Miséricorde, où elle est vénérée sous le nom de sainte Elisabeth. — Le dévouement des capucins durant la peste de 1720 fut admirable : « Ces bons pères, écrit un contemporain, si souvent accusés de n'être bons qu'à servir Dieu, firent bien voir qu'ils l'étaient à servir les hommes. Ils administraient eux-mêmes les remèdes et les sacrements ; ils recevaient les dernières volontés et les derniers soupirs des mourants ; et tour à tour médecins, confesseurs et notaires, toujours occupés de la guérison et du salut de leurs malades, ils travaillaient également à les soulager dans ce monde et à les rendre heureux dans l'autre. »

Gaspard du Laurens, l'archevêque qui autorisa les capucins à s'établir à Ferrières, avait un frère dans le même ordre qui résida longtemps en cette maison. Jean du Laurens, en religion P. Jérôme, unissait aux vertus de son état un rare talent pour la chaire. C'est en quittant son cher couvent de Ferrières qu'il trouva la mort.

S'étant embarqué à Port de Bouc pour se rendre à Marseille, son vaisseau se perdit corps et biens. Un mois après, des pêcheurs trouvèrent son cadavre rejeté par les flots sur

---

[1] *Les principaux sanctuaires de la Vierge en France*, manuscrit de Pierre Laudun, dominicain, à la bibliothèque d'Avignon.

le rivage. Cette mort fut, au dire de Saxi, un deuil pour la Provence entière. — En 1790, la maison possédait huit religieux.

N. D. de Codde, à l'extrémité occidentale du territoire. Un acte de 1560 dit qu'il y a messe les dimanches et fêtes.

La Trinité, au quartier de Tolon. — En 1223, le comte de Provence cédait à l'archevêque tous ses droits au quartier de La Trinité de Tolon. En 1243, Pierre Gervais rendait hommage à l'Eglise d'Arles pour le bien que son oncle Pierre de Ribes, *de Ripis*, lui a donné, un affar à Tolon qui doit dix sous de cense aux archevêques, le jour de Noël. La liste synodale de 1243 avait inscrit « eccl. sancte Trinitatis de Tollone, 1 den. ». A la Sainte Vierge, invoquée primitivement dans cette chapelle sous le titre de *N. D. du Rosaire*, on éleva en 1645 un autel sous le vocable de *N. D. du Bon Remède*. — En 1728, le pénitent Nuyrate y étant venu quêter pour la Terre-Sainte, le curé de Ferrières l'en empêcha, « parce qu'il n'a pas fait ses pâques ». Il serait curieux de rechercher si ce Nuyrate, oublieux du devoir pascal, ne serait pas le père du minime Nuyrate, le martyr de 1792.

N. D. DE MISÉRICORDE, sur la hauteur qui domine Ferrières au nord. Il n'est parlé de cette église que sur la fin du XVᵉ siècle, mais il est probable qu'une chapelle d'ermitage l'avait précédée. Une confrérie avait la charge de l'entretenir. Elle organisait chaque année, en l'honneur de Notre-Dame, une fête qui était chômée dans la paroisse et à laquelle tout Martigues venait prendre part. La statue vénérée était descendue avec solennité à l'église, la veille du

15 août, et était rapportée à sa chapelle, le lendemain de l'Assomption. Aux archives paroissiales sont conservés les *Capitols de la Confrairia de Nostra Dama de Misericordia*, qui paraissent avoir été rédigés vers le milieu du XVIe siècle.

Ces *capitols* contiennent plusieurs dispositions curieuses, par exemple, que les prieurs « *a la sacra, ambe los cires grosses abrasas soun tengus estar auprès doù capellan que dira la grant messa, et après que lo* Sanctus *et* Benedictus *son cantat, encoumençaran de cridar Senhor Dieù, misericordia, tous los confrayres et confrayressos et petis enfans en bona devocion, humilitat et contrition de nostes peccas, affin que Noste Segnor nous pardoune nostes peccas et nous doune soun reiaume de paradis et nous aia misericordia* »; qu'en prenant congé, les confrères diront *Salve Regina* et, s'ils ne le savent, dix-sept *Ave Maria*, — que les réjouissances suivantes entreront dans le programme de la fête de Notre-Dame : «... *Item es ordonat per la benevolencia, honor et lausor et gaud de Nostre Senhor et Nostra Dama que losdich segnors priors degon aver menestriers que accompagnaran la procession et faran honor a Dieù et Nostra Dama tout la vigilia a vesperas, la festa et la procession, la grant messa et vespras, et faran festa tout lo jouh davant l'ostal ount sara la bandiera de Nostra Dama.* »

Jusqu'à ces dernières années, quatre marins pieds nus ont rapporté sur les épaules à la chapelle de la colline la statue de N. D. de Miséricorde, le lendemain de sa fête. Elle est déposée à l'église de Ferrières depuis 1889. « Les Martegaux, dit le manuscrit de 1630, assurent que dans les tempêtes et les pirates, Notre Dame de Miséricorde ne les a jamais abandonnés. » En sa chapelle, des centaines d'*ex-voto*, bateaux, ancres, poissons, instruments variés de navigation et de pêche, témoignent du grand nombre de grâces accordées par la Madone et de la reconnaissance de ses enfants. — Statue de N. D. de Bon Voyage, invoquée sous le nom de *Sainte Elisabeth*. — Sur la porte extérieure, près de l'ermitage, qui a été occupé jusqu'à ces derniers temps, *E. S. Mater Misericordiae.*

LA COURONNE (1666)
Corumpna

La Couronne actuel ne date que du XVII° siècle. Le village qui l'a précédé occupait, sur une anse du littoral, au lieu dit *la Couronne Vieille*, l'emplacement de l'antique *Dilis*, station de l'*Itinéraire maritime*, où les nefs romaines prenaient en charge les pierres des carrières voisines.

Là aussi, au moyen âge, les pêcheurs de Martigues venaient s'approvisionner. Pendant le carême, ils y ramenaient chaque soir leurs barques comme à leur port d'attache.

Durant ce temps de pénitence, en effet, les pêcheurs s'installaient sur la côte, pour ne rentrer à Martigues qu'après Pâques. L'abstinence s'observait alors chez les peuples chrétiens quarante-six jours de suite, y compris les dimanches, qui dispensaient du jeûne seulement, et les enfants aussi bien que les adultes, les soldats en campagne eux-mêmes, comme l'atteste la Journée des harengs en 1429, pratiquaient avec exactitude cette longue privation. Le poisson, réclamé de toute part, était donc de vente facile. Et c'est pourquoi, en presque toutes les localités du diocèse, sans excepter les plus éloignées et les plus pauvres, il y avait *un chemin de Martigues*, voie directe par où l'aliment délicat et légal arrivait aux populations.

Comme la plupart de ces pêcheurs étaient paroissiens de l'Ile Saint-Geniez, le prieur de l'Ile envoyait chaque carême sur le littoral des prêtres pour leur dire la messe, et les entendre en confession à l'approche de Pâques. L'entretien de ces prêtres constituait une charge réelle pour le prieur. Les patrons pêcheurs de l'Ile le comprirent, et, par un acte du 20 septembre 1309, signé devant M° Bertrand de Luco, notaire du lieu, ils convinrent que chaque barque paierait annuellement au prieur douze deniers royaux pour l'indemniser des frais de ce service. Mais il est constaté dans l'acte que cette mission annuelle remonte à un temps reculé : « Prædecessores domini Prioris consueverunt, tempore quadragesimæ, singulis annis, ad ripam maris mittere sacerdotes, pro audiendis confessionibus piscatorum, a loco dicto *Audor* usque ad locum dictum *Carre* » (Carro).

C'est dans un acte de la reine Jeanne, du milieu du XIV° siècle par conséquent, qu'on trouve pour la première fois, appliqué au village de la Couronne Vieille, le nom de *Corumpna*, d'où sont dérivées les formes successives *Columna*, *Colonne*, *Coulonne*, *Couronne*.

En 1666, les carrières de la Couronne nouvelle ayant été ouvertes, pour fournir les matériaux nécessaires à l'agrandissement de Marseille et à la construction de ses forts, la population qui résidait sur la côte vint s'établir à proximité de ces carrières, ainsi qu'un groupe d'ouvriers étrangers. C'est alors que l'*église* fut bâtie, sous le titre de Saint-Jean-Baptiste, et que la *paroisse* fut érigée, comme succursale de Jonquières. L'abbé de Montmajour et ses religieux, en qualité de prieurs de Jonquières et son territoire, s'engagèrent à donner au desservant amovible, tant pour sa congrue que pour le traitement du clerc et les fournitures de l'autel, la somme de 250 livres, lui abandonnant en outre tout le casuel. Quelques années plus tard, le desservant jouit encore d'une rente de 17 livres comme titulaire d'une chapellenie de son église, unie au séminaire d'Arles.

— 1790, un desservant nommé par le prieur de Jonquières, approuvé par l'abbé de Montmajour et institué par l'archevêque (tous ces droits exercés par l'archevêque depuis 1786). 600 hab. — 1898, un curé desservant, 500 hab., commune de Martigues, doyenné de l'Ile, archidiaconé d'Arles.

Chapelle *Sainte-Croix*. — Chapelle romane, bâtie sur un promontoire, bien connue des marins qui la saluent du nom de *Sainte Terre*. Les souvenirs qu'elle rappelle lui mériteraient une restauration qui devient chaque jour plus urgente.

En cet endroit s'arrêta la nef qui amenait à la France ses premiers apôtres. Lazare et Maximin, Madeleine et Marthe, les Saintes Maries y abordèrent avant de débarquer au midi de la Camargue. Et la légende ajoute qu'un enfant sourd-muet, à qui les Saintes adressèrent la parole, entendit leur voix et parla pour la première fois. Emus du miracle, les parents, des carriers sans doute, établis dans le voisinage, embrassèrent les genoux des Saintes, écoutèrent avec docilité l'histoire merveilleuse qu'elles prêchaient, de la naissance du Fils de Dieu parmi les hommes, de sa mort cruelle et de sa résurrection glorieuse. De ces ouvriers le baptême fit les prémices des chrétiens provençaux. On montre la source qui jaillit à la prière des grandes Saintes, sur le rocher l'empreinte de leurs doigts, et « dans le sanctuaire de la chapelle, dit Achard, une pierre énorme sur laquelle ces saints personnages se seraient assis en débarquant, » Autrefois, le 3 mai, ces lieux étaient visités par plusieurs contrées du midi. On parle du vœu de s'y rendre fait à une époque où la peste désolait Marseille, et on affirme la disparition du fléau à la suite de cette promesse.

Les populations voisines ont une grande dévotion à ce roc mémorable. Et on ne peut dire à quel siècle reculé remontent la croix et la chapelle qui y sont élevées.

Chaque année, le 3 mai, les trois confréries de pénitents de Martigues s'y rendent en procession, précédées d'un des leurs portant une grande croix. Ce pénitent courageux, — il fait nu-pieds les huit kilomètres qui séparent Martigues de Sainte Croix, — est revêtu d'un costume fixé par une tradition immémoriale, une sorte d'aube blanche, et coiffé d'une couronne conique, cette tiare que les artistes du XII° siècle posaient sur la tête du Christ en croix.

Après deux stations aux églises de Saint-Pierre et de la Couronne, on arrive à la vieille chapelle, et sous ses murailles délabrées, tapissées d'ex-voto que les marins ont apportés, on entend la messe dite par le prêtre qui a présidé la procession. De joyeuses agapes réparent ensuite les forces des pèlerins, avant le retour à Martigues.

C'est à établir, dans la question de nos origines apostoliques, le départ entre la substance historique et les accidents légendaires que la critique trouverait un exercice plus utile qu'à servir du vieux neuf avec les sophismes de Launoy rajeunis. Ainsi on a cru trouver un argument contre la venue de nos premiers apôtres dans la diversité des stations attribuées à leur débarquement, Sainte-Croix, les Saintes-Maries, Marseille. A quoi l'on peut répondre que, s'il y a eu naufrage, il n'est point étonnant que la nef ballotée ait accosté en plusieurs points du littoral. Si la navigation s'est opérée sans incident, l'explication se présente encore plus facile et plus naturelle. Il n'y a qu'à se rappeler en effet quelle était la navigation dans l'antiquité, ne perdant jamais la côte de vue, ne continuant pas la nuit : on accostait chaque soir, on tirait la barque sur la rive pour la remettre à flot le lendemain matin. Ainsi a dû faire le pilote de la nef de nos saints : et si par hasard, au départ de la Palestine, elle était dépourvue de rames et de gouvernail, elle avait dû depuis s'en munir à quelque port des côtes parcourues.

Quand le pilote eut à franchir la distance de Marseille à l'extrémité de la Camargue, il se ménagea un port de relâche à la fin de la première journée. Ayant à choisir entre les deux stations maritimes, *Incarus* (Carri) et *Dilis* (la Couronne), il s'arrêta à celle-ci qui se trouve à peu près à mi-chemin.

— C'est entre le roc de Sainte-Croix et l'îlot de l'Aragnon, que, dans la nuit du 28 au 29 avril 1832, par une mer houleuse et un ciel sans étoiles, s'effectua le débarquement de la duchesse de Berry, entreprenant de reconquérir la France pour son jeune fils, le duc de Bordeaux.

La princesse et ses compagnons, parmi lesquels le vainqueur d'Alger, le maréchal de Bourmont, étaient déguisés en matelots napolitains. Un bateau de pêcheur, conduit par le patron Véray et le lieutenant de douanes Spitelier, accosta le *Carlo Alberto*, à deux heures du matin. La jeune femme y sauta si hardiment que les matelots s'écrièrent : *E una santa !* Par une marche de trois heures à travers des sentiers connus des seuls contrebandiers, l'héroïque mère commença cette odyssée émouvante qui, pour son malheur et celui du pays, devait la conduire à Nantes, où l'attendait la trahison du juif qui allait la livrer à ses ennemis.

SAINT-PIERRE (1822)

Sanctus Petrus de Valle

Le gracieux vallon de Saint-Pierre est divisé par une butte verdoyante, au-dessus de laquelle, comme sur un piédestal, s'élève une charmante église dominée par une flèche au profil élégant.

Le quartier fut habité dans le haut moyen âge : on a trouvé des ruines nombreuses dans le voisinage de l'église.

En 1072, Rostang, des seigneurs de Fos, archevêque d'Aix, et ses frères Amiel et Guf, concédèrent à l'abbaye de Montmajour tout ce qu'ils possédaient dans le vallon de Saint-Pierre, près le quartier de Jonquières : et depuis, le vallon n'a cessé d'être sous la seigneurie de l'abbaye. Un arbitrage d'Arméric de Noves, prieur de Saint-Geniez, en 1246, trancha les difficultés qui s'étaient élevées entre les seigneurs de Fos et les habitants de l'Ile et de Jonquières, au sujet de leurs droits respectifs dans le vallon. Et les habitants obtinrent d'être désormais exempts du droit de vingtième qu'ils avaient jusque là payé aux seigneurs de Fos pour leurs possessions au vallon de Saint-Pierre.

Avant la Révolution, il y avait une chapelle desservie par un vicaire de Jonquières. Mais au rétablissement du culte, le curé de Jonquières dut être chargé seul d'un vaste territoire. Cette situation fâcheuse dura vingt ans.

Le maire de Martigues la signalait avec émotion à Mʳ de Bausset : « Il est constant que c'est à la prétendue philosophie moderne, à ses fausses doctrines, aux mauvaises lectures et surtout à l'abandon de l'instruction religieuse que nous devons les crimes qui ont bouleversé dans presque toute l'Europe les trônes et nos saints autels. Il importe au triomphe de l'Eglise, à la saine morale, au bonheur des fidèles, à la tranquillité de l'ordre social, d'arrêter le cours de ce torrent dévastateur et de lui opposer une digue telle qu'il ne puisse la rompre. Cette digue n'est autre à nos yeux que l'enseignement, la prédication et la pratique constante des principes immuables de notre sainte religion. Frappé de ces grandes vérités, j'ai jeté les yeux sur une portion assez nombreuse de mes concitoyens, confiés à ma surveillance. J'ai acquis la conviction qu'ils ont fort heureusement échappé à la contagion, qu'ils sont encore animés des bons principes que professaient leurs pères, qu'ils seraient dociles à la voix d'un pasteur éclairé. Cette saine portion de mes administrés est toute agricole, sa population s'élève à 900 âmes... » La lettre est datée du 5 octobre 1821. Trois mois après, un décret royal, 9 janvier 1822, érigeait Saint-Pierre en paroisse.

— Un curé-desservant, commune et doyenné de Martigues, archidiaconé d'Arles ; 400 habitants.

SAINT-JULIEN (1853)

Sanctus Julianus

Jusqu'en 1853, année de son érection en paroisse, ce quartier relevait de Jonquières. Le curé de ce bourg en avait fait desservir la chapelle par un de ses vicaires jusqu'à la Révolution.

L'*église* dédiée à saint Julien, martyr, est construite avec des matériaux et repose sur des fondements antiques. Le long de la muraille du nord, donnant sur le cimetière, se dresse une large sculpture grecque dont les personnages sont de grandeur naturelle. M. Gilles y voit un traité d'alliance entre les Timouques marseillais et les peuplades salyennes, et ses explications donnent à son sentiment une grande probabilité ; d'autres y voient le mariage de Gyptis et d'Euxène, d'autres le roi salyen Catumand offrant sa couronne à Diane ; d'autres une scène funéraire.....

— Un curé desservant ; commune et doyenné de Martigues, archidiaconé d'Arles, 200 hab.

CHATEAUNEUF

Castrum novum

Le culte de sainte Cécile au moyen-âge s'est concentré en deux sanctuaires principaux, à Rome la basilique transtibérine qui a remplacé la maison où la glorieuse sainte vécut et fut martyrisée, à Albi cette cathédrale au profil virginal dont les tourelles rougeâtres dominent la vallée du Tarn et qui sert de châsse à une portion de ses reliques.

Vers l'une ou l'autre de ces églises, de l'une à l'autre souvent, les pèlerins, appuyés sur leur bourdon, munis d'une pauvre besace, marchaient joyeux, le regard au ciel et sur les lèvres un cantique. C'est à la suite de la guerre des Albigeois, avant que la vieille basilique romane cédât la place à la merveilleuse cathédrale ogivale, que ce mouvement se prononça. Un grand nombre d'hérétiques revenus de leurs erreurs acceptèrent, en guise de pénitence canonique, le pèlerinage d'Albi à Rome.

Tout le long de la voie directe entre les deux villes s'échelonnaient, succédant aux mutations et aux mansions romaines, de nombreux oratoires et chapelles dédiés à l'harmonieuse sainte. Notre région conserve plusieurs jalons de cet *Itinéraire Cécilien*. Ils se nomment : *Sainte-Cécile* d'Estagel, en face de la Camargue, près Saint-Gilles; *Sainte-Cécile* de Romellan et *Sainte-Cécile* de Menefrech, toutes deux en Camargue, entre lesquelles, d'après l'enquête de 1269, un pèlerin fut trahi par son guide et assassiné; *Sainte-Cécile* de Châteauneuf, *Sainte-Cécile* de Trets, *Sainte-Cécile* des Arcs, etc.

De nos quatre monuments céciliens, ceux de Romellan et de Trets sont détruits, celui de Menefrech sert de remise, seul celui de Châteauneuf a gardé son affectation religieuse.

C'est l'église la plus ancienne de la paroisse. Bâtie sur la voie romaine, au bas de la côte, elle paraît remonter au VIIIe siècle au moins. Elle a précédé le *castrum* et l'église paroissiale.

Celle-ci existait au XIe siècle. Elle fut donnée aux chanoines d'Arles, en 1048, par Hugues de Baux, le fondateur de la dynastie, avec la dîme du blé, de la viande et celle du poisson qui serait pris dans les roubines de Succédon. Il ne paraît pas, malgré affirmation contraire, que le *castrum* ou *castelas* ait été bâti par les archevêques d'Arles. Aussi haut qu'on en trouve mention, il est sous l'autorité de la famille des Baux et sous la suzeraineté des archevêques. Cette famille le posséda jusqu'en 1372 que la reine Jeanne le confisqua sur François de Baux, pour cause de félonie. Cette princesse s'empressa de l'engager à la ville de Marseille en garantie d'un emprunt. Le remboursement ayant tardé, les marseillais gardèrent la seigneurie et la transmirent à diverses familles : au moment de la Révolution, c'était celle de

Seytres-Vaucluse. Le *castelas* avait été détruit par Raymond de Turenne vers 1390.

Châteauneuf, *castrum novum*, avait été ainsi nommé pour avoir été bâti après Châteauvieux, *castrum vetus*. Et comme il y avait plusieurs Châteauneuf, celui-ci fut désigné en plusieurs chartes sous le nom de *castrum novum de Ruffo*, du nom d'un feudataire de la maison des Baux qui habitait le pays en 1180. En avril de cette année, ce chevalier Roux, contresigna une transaction importante entre Bertrand de Baux, héritier de son neveu Raymond, et les Hospitaliers de Saint-Gilles. Les parties réunies au palais épiscopal d'Avignon, en présence d'Henri, évêque d'Albano et légat du pape, et des archevêques d'Arles et d'Aix, déclarèrent s'en rapporter audit chevalier pour la mise à exécution de leur acte. C'est le même *Ruffus* qui, en 1205, fit don à saint Jean de Matha, pour ses religieux récemment établis, de diverses terres et d'un *hospice* sis à Châteauneuf.

La liste de 1213 mentionne les deux églises de Châteauneuf : « Eccl. S. Marie de Castello novo (debet) XXIV eminas frumenti ; S. Cecilia subtus castrum novum, pro synodo V den. » On voit que l'église paroissiale était dédiée à la Sainte Vierge, ce qui a été oublié par la suite des temps.

Le territoire de Châteauneuf était fort vaste et s'étendait de l'étang de Berre à la mer, sur *Gignac*, le Rove, Ensuès, Niolon, Carri, Sausset, qui en ont été successivement démembrés, et qui doivent reconnaître Châteauneuf comme leur église mère.

Usage pieux à signaler : pendant l'octave des Morts, il n'est pas une famille qui n'apporte un ou plusieurs cierges pour faire brûler autour du catafalque élevé à la mémoire de tous les morts.

— 1790, 400 hab., un curé et un vicaire. Le prieur-curé de Châteauneuf et Gignac était nommé par le recteur du collège des Jésuites d'Arles, auquel une bulle d'Urbain VIII du 9 juillet 1644, fulminée par l'official le 27 novembre, avait uni le prieuré. Un arrêt du parlement de 1774, après la suppression de la compagnie, rompit cette union, et le prieuré-cure devint à la nomination de l'archevêque. — 1898, un curé-desservant, 1225 hab., doyenné de Martigues, archidiaconé d'Arles.

Eglise *Sainte-Cécile*, titulaire et patron du pays, romane, construite à la place de celle du XI° siècle qui, tombant de vétusté, fut interdite par Mgr Bernet en 1845; bénite le 13 mars 1853 par M. Félix, doyen de Martigues; agrandie sur les plans de l'architecte Pougnet, et inaugurée le 22 novembre 1878 par M. Barbier, archiprêtre d'Aix. — *Clocher* bâti en 1855 sur des fondations trop peu solides, et qui s'écroula en 1857 pendant la nuit; reconstruit en 1865, avec première pierre bénite par Mgr Chalandon le 26 avril. Sur la place, *croix* posée sur une colonne antique en granit.

Chapelles. — *Sainte-Catherine*, des pénitents blancs, à l'ancien village; a servi de paroisse de 1845 à 1853.

Sainte-Cécile, mon. hist., VIII° siècle. Elle donnait son nom au quartier: deux habitants du pays, signant une charte en 1045, s'inscrivent l'un sous le nom de *Sisfridus de Cas-*

tello Novo, l'autre sous celui de *Petrus de Sancta Cecilia*. En 1088, elle fut donnée par Guillaume Hugues de Baux à l'abbaye Saint-Gervais, en dédommagement du Pont des pêcheries que Hugues de Baux lui avait attribué par erreur, au préjudice des chanoines d'Arles. Elle-même fut, en 1220, unie à la mense capitulaire d'Arles par le cardinal Conrad Eginon, légat du pape. — On y va en procession le 22 novembre avant la grand'messe. Dans son bel ouvrage sur les *Monuments de la Messe* (les Saints du Canon, Ste *Cécile*) M. Rohault de Fleury a reproduit les vues des chapelles de Menefrech et de Châteauneuf, et dans celle-ci l'autel roman et autour de *l'arcosolium* l'inscription qui pouvait y être gravée : *B. Cecilia virgo et martyr*.

CARRI
Carrium

Des calanques nombreuses qui, de Bouc à l'Estaque, s'enfoncent entre les rochers, nulle n'est mieux abritée que celle de Carri, l'ancienne *Incarus positio* de l'*Itinéraire maritime* d'Antonin. La falaise grisâtre s'entr'ouvre pour laisser voir au fond d'une baie tranquille une oasis riante, attiédie l'hiver, fraîche l'été, que caressse la brise de mer, mêlée aux émanations embaumées des pins et aux douces senteurs des roses. Recherché depuis quelques années comme station estivale, Carri a vu ses coteaux se garnir d'élégantes villas. Ainsi en était-il à l'époque romaine. Au sortir du bain, les riches négociants, accoudés autour du triclinium, s'y délectaient des figues marseillaises et de ces délicats *pisces barbati*, les rougets sans doute, qui aidèrent Milon à supporter son exil, comme il l'écrivait à Cicéron, pour le consoler d'avoir si éloquemment perdu sa cause.

S'il n'a pas présidé à la construction de la batterie de Carri, Bonaparte, jeune officier d'artillerie, l'a visitée quelquefois, lorsqu'il inspectait les ouvrages de la côte.

Un matin de 1793, le futur empereur arriva, mis en appétit par les quatre lieues qu'il venait de fournir. Peu disposé à se contenter du plat de haricots que le garde de la batterie mettait au feu, il réquisitionna deux poulets et quelques oignons dont il confectionna un ragoût qui devait trouver son nom le soir de Marengo.

Jusqu'au XVIe siècle, les pêcheurs attachés à ce petit port étaient obligés de monter à Châteauneuf pour remplir leurs devoirs religieux. Ayant obtenu en 1584 d'avoir leurs consuls à eux, ils se firent accorder peu après un prêtre à résidence, sous la dépendance du prieur de Châteauneuf. On releva, pour en faire l'église paroissiale, une vieille chapelle romane dédiée à sainte Madeleine, entourée de tombes nombreuses, et l'on bâtit un presbytère.

Quand Châteauneuf fut uni au collège d'Arles, le recteur

des jésuites, prieur de tout le territoire, nomma le curé, lu accordant 200 livres de congrue par an. — Cet humble fait dira beaucoup sur l'énergie chrétienne des gens de Carri : la croix qui s'élève au centre du hameau est restée debout toute la Révolution et n'a même subi aucune insulte.

— 1790, un curé, nommé par l'archevêque depuis la suppression des jésuites, 150 hab. — 1898, un curé desservant, 250 hab., doyenné de Martigues, archidiaconé d'Arles.

EGLISE dédiée à *sainte Madeleine*, patronne du pays, de l'époque romane, et relevée en 1585. *Maître-autel* récent donné par M. Jourde, directeur du *Siècle*. Quelques bons tableaux, *Jésus et Madeleine, Décollation de S. Jean-Baptiste, la Sainte Vierge*. Cette église dépendait autrefois du château qui s'était bâti contre elle, mais un arrêt de la cour d'Aix a décidé, en 1834, qu'elle n'en était plus la propriété et a même fait cesser la servitude d'une vue que le château avait à l'intérieur de l'édifice. C'est la plus exiguë des églises paroissiales du diocèse, et il faudra l'agrandir, si doit croître encore le nombre des baigneurs que la plage attire. — *Monument à la Vierge Immaculée*, dominant le port, inauguré le 1er mai 1864.

Chapelle N. D. du Rouet. — Au levant de Carri et au dessus de l'anse du Rouet, sur laquelle est groupée une humble agglomération, s'aperçoit une vieille chapelle dédiée à la Vierge. Posée sur un large rocher à pic battu par la vague, elle fait face à la basilique vénérée de N. D. de la Garde. Un titre de 1253 parle de la juridiction « castri de Castronovo et de *Carrio* et de *Rot* ». Si ce titre n'était pas assez clair pour établir l'existence d'un *castrum* à Carri, un acte de 1377 intitulé *De serviciis apud castrum de Carrio* achèverait la démonstration.

La chapelle du Rouet porte à son frontispice le millésime 1653, mais cette date ne peut être que celle d'une reconstruction. On lit en effet dans un acte de 1644, décrivant le quartier : « Il y a une chapelle qu'on nomme Nostre Dame de Rot sur un grand rocher contre la mer. » Il en est aussi question dans un acte de 1552 passé à Aix par devant Me Tisaly, notaire royal. La liste officielle des *farots* de 1303 règle que « debet fieri farotium sive gardia a la Corona quod respondere debeat uni ecclesie vocate Rot prope castrum de Carris, quod est in territorio castri nuncupati de Martico. Item debet fieri farotium in dicto loco vocato Rot quod respondere debeat ad beatam Mariam de Garda de Massilia. » Des ruines autour de la chapelle ont autorisé à penser qu'elle a succédé à une des vigies que les romains établissaient de distance en distance le long des falaises et sur lesquelles réglaient leur marche les bateaux qui parcouraient les stations de l'Itinéraire maritime. Dans ces phares protecteurs le symbolisme chrétien a vu sans effort une figure de la Vierge bienfaisante invoquée sous le titre d'Etoile de la Mer.

Au reste, un titre plus ancien encore, daté de janvier 1290, conservé aux archives municipales de Marseille, mentionne la chapelle Sainte Marie de Rot, *au bord de la mer*.

De temps immémorial les marins se recommandent avec confiance à N. D. du Rouet ; ils nomment *cap de la Vierge* le roc qui porte sa chapelle. Ils en font souvent le pélerinage isolés ou par groupes.

Autrefois les vaisseaux qui entraient dans le golfe la saluaient d'un coup de canon, ce qu'ils répétaient bientôt après quand ils arrivaient en vue de N. D. de la Garde.

La fête se célébrait le 15 août avec une énorme affluence, et en cette solennité le curé de Châteauneuf, prieur primitif de ce territoire, venait officier, accompagné d'un de ses vicaires. Elle a été transférée depuis au 2 février, il y a aussi pélerinage avec messe le 8 septembre.

Au dessus de l'autel, *N. D. du Rouet*, statue de la Vierge allaitant l'Enfant Jésus, de ce siècle, mais reproduisant l'ancienne image. A l'approche du mois de Marie, on va la chercher en procession pour la tenir exposée dans l'église de Carri tout le mois. De même à Sausset une fois l'an.

Une antique légende raconte que la statue primitive fut découverte par une bonne chèvre qui à maintes reprises, quoiqu'on la retînt, était venue flairer le sol et le gratter avec obstination.

Comme une reine, la Vierge du Rouet perçoit les droits régaliens du tribut. Tirent-ils leur origine des Jarente, seigneurs de Venelles et du Rouet, qui ont fait peindre leurs armes aux angles du tableau de *l'Assomption*, sur l'autel, ou bien des dons des pèlerins, on ne sait. Ce qui est certain, c'est que de temps immémorial la chapelle jouit du produit de la coupe des pins qui croissent dans la forêt prochaine. Et de plus, Celle qu'on a nommée la Divine Bergère possède un troupeau de douze moutons qui paissent sur les pentes voisines. Durant la période révolutionnaire, des gardes fidèles conservèrent à leur Maîtresse ces heureux moutons.

Les revenus du petit bois et du petit troupeau servent à payer les travaux de restauration dont la chapelle a besoin de temps en temps. Ainsi en fut-il après le terrible cyclone de la nuit de Noël 1821 qui renversa le clocher et enleva la toiture, et en 1877 où tout fut réparé avec goût.

SAUSSET (1873)
Salcetum

Hameau en progrès constant, grâce au petit port dont on l'a doté, Sausset a été érigé en paroisse par décret du 4 juillet 1873. C'est la plus jeune paroisse du diocèse. Cette érection, réclamée depuis longtemps, fut obtenue en grande partie grâce aux démarches de l'industriel marseillais Jules Grandval.

Sausset releva jusqu'à cette époque de la paroisse de Carri qui est demeuré son chef-lieu communal. C'est par conséquent la petite-fille d'une vénérable aïeule, l'église de Châteauneuf.

Eglise Saint-Pierre ès liens, bénite en 1862. Ce n'est

pas un monument, mais elle est suffisante et bien tenue. Le patron du pays est sainte Madeleine.

— 350 hab., un curé desservant; commune de Carri, doyenné de Martigues, archidiaconé d'Arles.

GIGNAC
Gignacum

Le *castrum de Ginhaco* occupait la hauteur dite encore *la colle* de Gignac. Il est inscrit sous ce nom dans la liste *Pergamenorum*, au début du XIII° siècle. A cette époque, il comptait parmi les fiefs de l'évêché de Marseille : nous n'avons pourtant rencontré aucun titre montrant cette seigneurie en exercice.

Le village est bien plus ancien. On le trouve mentionné à diverses reprises, dans les chartes de Saint-Victor, au XI° siècle : ainsi, en 1030, *Pons de Gignac* et sa femme Marguerite donnèrent à l'église de Dane, qui relevait de cette abbaye, les deux moulins de Terriciol et de Cassata, *Casan*; — en 1050, Geoffroy de Rians donne à l'abbaye Saint-Victor une terre du terroir des Pennes, qui s'étend jusqu'à la limite de *Gignac*; — en 1070, *Aimeric de Gignac* contresigne la donation de diverses terres sises à Collongue, *Simiane*; — en 1205, dans la *canonica* de Marseille, *Bertrand de Gignac* contresigne avec les autres chanoines, ses collègues, l'acte de fondation de l'abbaye de Saint-Pons, accordant à la pieuse Garsende, avec cette maison *in eremo*, l'église paroissiale Saint-Martin de Gémenos, celles de Saint-Jean de Garguier et de Saint-Clair, etc.

Vers l'an 1050, un pieux habitant de Gignac, le seigneur du *castrum* peut-être, s'était signalé par ses largesses en faveur de l'Eglise d'Arles. Dans le *Liber authenticus* du Chapitre, f. 53, est rapportée la principale de ces donations : « Je Teutbert, pour le salut de mon âme, accorde et abandonne au Seigneur et à ses saints l'apôtre Trophime et le protomartyr Etienne, et aux clercs qui jour et nuit vaquent au service divin dans leur église, la partie de notre fief qui m'est échue après la mort de mon père et de ma mère, savoir l'église de Gignac, *ecclesiam in castro Gigniaco*, avec ses dîmes, prémices et autres appartenances ; une autre église, située en dehors du castrum susdit, dédiée à *Sainte Maxime, vierge*, avec toutes ses dépendances ; une autre église, dans le val de Marignane, au lieu dit Pavie, *Pabia*, dédiée à saint Pierre le porte-clefs, avec ses dépendances, champs, terrains cultes et incultes, et tout ce qui m'appartient, soit aride soit en broussailles, ainsi que les salines de Lyon, *Legunium* [1]. »

[1] Ce document confirme l'existence de deux villes détruites, et dont l'emplacement reste à déterminer, *Pavie*, au territoire de Marignane, et *Lyon* en celui de Vitrolles.

Pour éclairer la route de Marseille et établir une zone de protection autour de ce château solitaire, les *Templiers* s'établirent à Gignac, dans la seconde moitié du XII° siècle. Ils y fondèrent une *commanderie* qui fut transférée aux Hospitaliers en 1314, lors de la suppression de l'ordre. Cette commanderie est inscrite dans la liste de 1358 : « Preceptor domus Templi de Ginhaco, 60 sol. »

A la place de la vieille église romane, les Templiers bâtirent, au cours du XIII° siècle, la charmante église ogivale qui a servi de paroisse jusqu'à la fin du siècle dernier. Cette *ecclesia S. Michaelis de Gignaco* est taxée dans la liste de 1243, « 3 boisseaux de froment, un de vin, 4 émines d'orge et 4 émines de fèves, et pour le synode, 12 deniers ».

Dès l'origine, les vocables de Sainte-Marie et de Saint-Michel furent sans doute associés, comme on le voit dans la bulle de 1641 « capella Sanctæ Mariæ seu Sancti Michaelis ». Cette union des noms de la Reine des anges et du Prince des anges se retrouve d'ailleurs dans la plupart des anciens sanctuaires de Saint Michel, à N. D. des Anges près Mimet, à Gouiron près Lambesc, aux Saintes-Maries, à N. D. du Château, près Tarascon, etc.

Gignac disparut, et le titre paroissial avec, vers la fin du XIV° siècle, après la suppression des Templiers et les incursions destructrices de Raymond de Turenne. Aussi Urbain VIII, dans sa bulle de 1641, ne nomme-t-il son église que *capella*, et un *Mémoire* juridique de 1725 a-t-il osé dire : « Tout Gignac n'a jamais consisté qu'en une chapelle située sur une montagne, une petite maison à côté, servant de maison commune, et un château dont il ne reste que quelques mauvais débris. »

Une quinzaine d'années après cette destruction, le pape d'Avignon Benoît XIII envoya l'abbé de Montmajour faire une enquête qui conclut à unir l'église *quasi parochialis* de Gignac au prieuré de Châteauneuf. Dans une bulle de 1407 où il la nomme *sine cura*, Benoît XIII unit cette église à celle de Châteauneuf.

Le service religieux ne fut pas supprimé car les habitants qui constituaient l'agglomération primitive, revenus de leur dispersion, s'étaient établis en diverses fermes du territoire. Mais la destruction de la maison curiale força le prêtre de Gignac à s'installer à Marignane. On aurait pu rebâtir un presbytère avec une dépense modique. Pendant quatre cents ans on se disputa à ce sujet sans aboutir. Et c'est cette négligence inexcusable [1] qui fit perdre à Gignac le fait de la paroissialité et finit même par obscurcir son droit à la posséder.

Les deux prieurés, unis en la personne du prieur de Châteauneuf, gardèrent longtemps une sorte d'égalité. Le prieur prenait en effet possession de l'une et de l'autre église successivement. Ainsi, le 20 février 1599, procéda le prieur

---

[1] Les lois canoniques étaient en parfait accord avec les arrêts des parlements pour mettre le logement des curés à la charge des habitants, non à celle des prieurs : concile de Langres en 1455, de Bourges en 1584, etc.; le plus récent arrêt du parlement d'Aix, 18 avril 1761, M. de Galiffet rapporteur, M⁰ˢ Pazéry et Pascalis à la barre, décharge le chapitre de Saint-Remy, prieur décimateur des biens d'Eyragues, de toute contribution au logement du curé de cette paroisse.

Guisofret, professeur en droit et simple tonsuré, succédant au prieur Isnard, résignataire en sa faveur.

M. Guisofret se rendit d'abord à Marignane où résidaient le notaire qui devait dresser l'acte et le prêtre Chartroux, chargé du service de l'église de Gignac, au nom et place du prieur, et portant le titre de curé. « Dudit Marignane nous nous sommes acheminés vers l'église paroissiale de Châteauneuf.... Et de là ensemble vers l'église Saint-Michel de Gignac, où arrivés, suivant la requête de M. Guisofret, Messire Chartroux l'aurait également pris par sa main dextre et fait entrer dans icelle, prendre de l'eau bénite, et après oraison au devant le grand autel, aurait aussi découvert la nappe, baisé l'autel et autres solennités, le mettant en possession réelle, actuelle et corporelle du prieuré Saint-Michel, de quoi Mre Guisofret a requis acte [1]. » Signé Baron, Fabre secondaire de Châteauneuf, Chartroux curé de l'église de Gignac, etc. Extrait de cet acte fut publié au prône et affiché à la porte des églises de Châteauneuf et de Gignac.

Ces prieurs commendataires, résidant loin de leur prieuré, étaient trop portés à les négliger. Et maintes fois les réclamations des habitants durent secouer leur zèle endormi. A la suite d'une de ces requêtes quelque peu comminatoires, le prieur de la Ferté, aumônier du roi, s'engagea par convention conclue en 1614, à Marignane « dans le logis qui a pour enseigne Saint-Pierre », « à fournir une

---

1 Cette pièce et les suivantes, extraites des archives municipales, ont été insérées ou résumées par M. le curé Ollivier dans son intéressante *Monographie de Gignac*, 1895. Cette étude nous a été fort utile pour la période moderne de l'histoire de cette paroisse.

cloche bonne et bien sonnante de 5 quintaux, la faisant porter à l'endroit le plus proche et tout au-devant de l'église, avec battant et tombette, la communauté s'engageant à fournir tous les attraits et autres choses nécessaires pour la monter, tels que l'affût et ses ferrements et à faire accomoder le clocher. »

Sur les instances réitérées des habitants, Mʳ du Laurens ordonna, en 1624, que le prieur ferait poser les fonts baptismaux, afin qu'on ne fût plus réduit à baptiser dans la métairie de Mᵐᵉ de Libertat, et construire un logement pour le curé, qui continuait à résider à Marignane. Et comme depuis quelques années, sur les démarches des gens du Rove, un prêtre s'était installé dans cette localité, il fut autorisé à faire le catéchisme et à administrer les sacrements à Gignac. Cette première concession faillit, par la suite, dépouiller Gignac de la quasi-paroissialité qui lui restait.

Douze ans après, Mᵍʳ de Barrault rendait cette ordonnance : « Le dimanche 26 octobre 1636, Nous avons visité l'église de Gignac, sous le titre de Saint-Michel, dont est prieur le sʳ de la Madeleine, chanoine de la Sᵗᵉ Chapelle de Paris,..... Ayant constaté que tout ce que notre prédécesseur avait ordonné est encore à faire, nous enjoignons de nouveau au prieur, parlant à Mʳᵉ Joseph Jean, prêtre, qui fait le service de ladite église, de construire des fonts baptismaux, se pourvoir d'un calice en argent, d'un tabernacle, d'un confessional..... Attendu ensuite que, faute de couvrir l'église, nous avons vu que les pluies avaient passé même sur l'autel, nous avons inhibé et défendu audit vicaire d'y dire la messe, avant que toute l'église soit couverte. — Comme nous avons trouvé que les fenêtres étaient ouvertes et que les pigeons et autres oiseaux pouvaient entrer dans l'église pour y nicher et y faire des ordures, Nous avons ordonné que les fenêtres seraient fermées avec un châssis de toile cirée et que les autres lucarnes seraient vitrées, et la grande fenêtre fermée d'un châssis de belle toile cirée. Attendu qu'il n'y a point de maison pour le vicaire, nous avons ordonné qu'il en soit fait une *aux dépens des habitants* contre l'église... — D'après l'observation qu'on ne pouvait pas monter au clocher, nous avons ordonné qu'on achèterait une échelle à bras, dans l'attente que plus tard on pourra faire des degrés. — Il y a environ 250 hab. — La dîme des grains se paie au 16°, celle du vin et des agneaux au 20°. »

Cette ordonnance n'était pas exécutée en 1641, quand M. de la Madeleine résigna le prieuré de Châteauneuf et Gignac aux Jésuites du collège d'Arles. Urbain VIII ayant ratifié cette cession, le Père recteur du collège vint prendre possession le 5 décembre dans les églises de Châteauneuf et de Gignac.

Cependant le presbytère ne se construisa toujours pas, si bien que le curé de Gignac avait cessé de résider à Marignane et s'était fixé au Rove, attiré par les habitants de ce village qui, devenu plus important que le Plan, prétendait fixer définitivement le curé chez lui et faire ainsi l'économie du prêtre qui depuis vingt ans y était établi aux frais des habitants. Grâce à ces procédés obliques, le siège de la paroisse eût été transféré au Rove.

Mgr François de Grignan rétablit les droits de Gignac, en ordonnant que le curé dirait la messe tous les dimanches et fêtes, aux églises des deux quartiers alternativement, « ledit prêtre sera obligé de faire actuelle résidence à Gignac, lorsque les habitants y auront fait bâtir, *à leurs dépens*, une maison pour son habitation, et jusqu'alors demeurera au Rove, pour administrer les sacrements aux deux quartiers. Le collège d'Arles payera son entretien. »

Lorsque Louis XIV rendit son ordonnance de 1686 sur l'inamovibilité des desservants, on espéra à Gignac recouvrer, avec sa mise à exécution, tous les privilèges de la paroissialité. Mais on ne put jamais obtenir que le prêtre chargé du service fût reconnu comme vicaire perpétuel. On ne comprenait pas que, pour obtenir la résidence du curé, il y avait un meilleur biais, un moyen facile, construire un presbytère, attirer le prêtre chez soi, et l'on s'obstinait dans cette attitude passive, sinon rebelle, qui laissait lettre morte les ordonnances des archevêques. Il n'est pas douteux que l'argent dépensé par la commune à procédurer durant des siècles eût suffi et très largement à construire un presbytère magnifique entre les plus beaux.

Enfin, en 1759, après plusieurs procès perdus, la communauté se décida à attaquer la légitimité de la bulle de 1407, qui avait uni le prieuré de Gignac à celui de Châteauneuf. L'arrêt n'était pas rendu quand un évènement majeur, la suppression de l'ordre des Jésuites, vint modifier complètement la situation des parties et, on peut le croire, l'arrêt à intervenir. Il fut merveilleux. Malgré une prescription de 367 ans, un arrêt du parlement, du 14 juillet 1774, déclara abusive l'union de 1407 et celle de 1641, et reconnut les églises de Châteauneuf et de Gignac comme prieurés distincts, à charge d'âmes, c'est-à-dire comme cures véritables.

Cependant le vieux Gignac n'était plus habité, et depuis quatre siècles l'église Saint-Michel veillait solitaire sur des ruines. Pendant que le pasteur prenait par force et indéfiniment ses quartiers d'hiver et d'été à Marignane et au Rove, les ouailles s'étaient assemblées en une agglomération très éloignée du bercail primitif.

Au quartier du Plan, sur la route de Martigues, un nouveau village s'était créé sous le nom de *Maisons-Neuves*. En 1777, dans le procès-verbal de la première tournée pastorale de Mgr du Lau, il est dit que l'archevêque visita « les trois quartiers du Rove, d'Ensuès et du Plan qui forment la paroisse de Gignac ». Comprenant un peu tard, après avoir perdu le Rove et Ensuès qui s'étaient fait construire des chapelles, les suites funestes de leur résistance aux ordonnances épiscopales, les habitants du Plan demandèrent au prélat de bâtir *à leurs frais* une église plus à portée et un presbytère. Mme de Marignane, la femme de Mirabeau, céda gracieusement un beau terrain pour église, presbytère et jardin, et en 1788 on se mit à l'œuvre jusqu'à achèvement.

Un nouveau prieur, prêtre d'Apt, avait chargé un minime de Marignane de faire le service jusqu'à ce que la nouvelle maison curiale terminée permit d'installer un prêtre à demeure aux Maisons-Neuves. D'où véhémente indignation au Rove qui avait pris l'habitude, on l'y avait aidé, de se considérer comme le centre paroissial de Gignac. C'était une sorte de démembrement. « Le P. Minime, dit un manuscrit du temps, ne se contente pas de dire la messe le dimanche, il est en outre autorisé par le prélat à faire le prône et après la messe le catéchisme. Il donne la communion paschale sans l'adhésion du curé du Rove, relève les femmes de leurs couches, célèbre des messes pour les âmes des défunts enterrés au cimetière du Rove, et fait que les habitants, quand ils portent leurs défunts au cimetière du Rove, ne portent que des chandelettes ou bouts de cierges qui sont d'abord usés, tandis que le lendemain ils font célébrer dans leur *chapelle* (c'est son église-mère Saint-Michel que l'habitant du Rove désigne ainsi), un chanté avec solennité, et présentent alors des cierges d'une livre. »

Les esprits s'exaltèrent des deux côtés, et on se prodigua à toute occasion les pires taquineries. Ainsi, un jour les gens de Gignac empêchèrent le prêtre du Rove, qui se considérait comme leur curé légal, de pénétrer dans l'église Saint-Michel : circonstance aggravante, ce prêtre était escorté de nombreux fidèles qui venaient processionnellement demander au grand Archange le bienfait de la pluie. Quand la procession s'en fut allée, le syndic du Plan fit ouvrir la porte et par moquerie sonner la cloche à volée.

La question de substituer un curé en titre et à résidence aux deux prêtres de secours allait être tranchée quand la

Révolution survint, et fournit aux habitants du Plan l'occasion de montrer que, s'ils s'entêtaient quelquefois et se montraient voisins peu gracieux, leurs sentiments intimes demeuraient ceux d'une foi profonde et d'une inébranlable constance dans le devoir chrétien.

Ils se conduisirent pendant la persécution aussi vaillamment que leurs voisins du Rove et d'Ensuès, et si leurs actes ont laissé un souvenir moins brillant, cela tient à la différence topographique des paroisses.

Qu'il suffise de citer ce trait rapporté par M. Ollivier : Un soir, les enfants de Laure, au quartier du Plan, aperçurent un prêtre étranger qui errait à l'aventure. Quelques femmes l'invitèrent à se mettre à l'abri du froid qui était glacial et à accepter l'hospitalité. Le lendemain, le bruit de son arrivée se répandit dans le hameau. Tous les hommes s'entendirent pour cacher le proscrit. Et celui-ci, pendant plusieurs années, célébra la messe dans un grenier, baptisa les enfants, les instruisit, leur fit faire la première communion. Plusieurs fois les gendarmes étaient venus, mais le secret avait été fidèlement gardé par tous. Un propriétaire aisé, le sieur Gouiran, s'était engagé à nourrir le proscrit. Sa situation de fortune ayant changé, les habitants de Laure se cotisèrent et prirent ce prêtre à leur charge. Plusieurs autres proscrits étaient cachés, affirme-t-on, en diverses fermes.

Gignac a été régulièrement érigé en paroisse en 1803. Et depuis il a eu le bonheur d'être dirigé par des curés qui ont laissé une mémoire vénérée. : M. *Castel* † 1832, homme simple et bon : « âgé et infirme, il ne pouvait plus suivre à pied la procession des Rogations, dont le parcours, comme aujourd'hui encore, était fort long, et alors, à l'exemple du divin Sauveur, il se servait de la modeste monture biblique, sans que personne songeât à rire ou à s'offusquer. On se souvient de l'empressement que mit le peuple, au jour de ses funérailles, à se disputer les parcelles de son vêtement, en guise de reliques »; l'alerte et zélé M. *Figuières*, qui durant vingt-trois ans (1832-1855) féconda de ses sueurs ce sol docile et y vit germer de riches moissons de vertu ; et surtout le saint M. *Périer*, prêtre de piété suave et de charité sans bornes, souriant aux hommes, en extase devant Dieu.

« Un soir d'hiver, raconte M. Ollivier, le saint curé avait prolongé son oraison jusqu'à une heure avancée de la nuit. Il se dispose enfin à sortir par le milieu du sanctuaire, quand sa tête heurte brusquement le culot de la lampe : l'huile se renverse, le verre se brise, et le choc fait chanceler le bon vieillard. A son émotion s'en ajoute une autre qui le décontenance encore plus fort : ce fut d'entendre, en ce moment où il se croyait seul, un grand cri d'alarme poussé par sa sœur bien aimée. Cet accident fut sans importance, mais il révéla au frère et à la sœur qu'au moment où ils se croyaient l'un et l'autre dans leurs lits, ils priaient simultanément, l'un derrière l'autel, l'autre au coin le plus rapproché de la porte qu'elle laissait entr'ouverte, afin d'éviter en sortant le moindre bruit. » M. Périer est mort en 1885 chanoine prébendé de Saint-Sauveur.

— 1790, succursale de la paroisse de Châteauneuf ; curé nommé par le prieur, soit le recteur du collège d'Arles, 830 hab. — 1898, un curé desservant, doyenné de l'Ile, archidiaconé d'Arles, 940 hab. — *Sœurs du Saint Nom de Jésus*, de Marseille, tenant école de filles depuis 1896.

Eglise *Saint-Michel*, titulaire et patron, bâtie en 1788, sur proportions très restreintes ; agrandie en 1832, 1837, 1860, 1876. Beau *maître-autel* à six colonnes marbre du Tholonet, 1855. — *Tryptique* de 1578, signé Jacob, représentant les trois archanges Michel, Gabriel et Raphaël. Ornée avec goût et tenue avec soin, cette église témoigne à première vue de l'esprit chrétien de cette excellente paroisse. — *Clocher* 1786, exhaussé en 1841 ; la première cloche fut bénite le 9 mars 1788.

Chapelles. — Dans le village, *Chapelle* des anciens *Pénitents* Blancs. — Hors du village, et déjà dans la paroisse du Rove, se trouvent les deux chapelles de l'ancien Gignac, qu'avec justice une ordonnance de Mgr Chalandon, du 23 octobre 1858, a remises en possession de la paroisse : — *Saint-Michel*, au milieu des ruines du *castrum*, donné à l'Eglise d'Arles vers 1020, et mentionné dans la liste de 1213 ; reconstruit au XIIIe siècle, a servi de paroisse jusqu'en 1789 ; restauré en 1874. — *Sainte-Maxime*, donnée à l'Eglise d'Arles vers 1050 ; plusieurs fois restaurée, la dernière en 1859.

LE ROVE

Roveretum

Une persécution aussi cruelle que celles de Néron et de Dioclétien a sévi sur la France il y a cent ans. Pour les prêtres, refuser d'adhérer au schisme, être surpris portant les sacrements à un malade, revenir dans son pays qu'on n'avait quitté que pour se soustraire à la mort, constituaient autant de crimes passibles de l'échafaud ; et pour les fidèles, s'abstenir de paraître à la décade, garder son respect pour la vieille religion nationale, accueillir un proscrit, c'était s'exposer à être taxé d'incivisme et traité comme traître à la patrie.

Durant cette lamentable période, les habitants du Rove se sont illustrés. Refusant de répondre à la violence par la violence, ils résistèrent sans défaillance, avec une constance héroïque. Et aux plus mauvais jours ils parvinrent à conserver chez eux l'exercice public de la religion catholique, apostolique et romaine.

Un solide esprit chrétien qu'avaient fortifié deux missions données par les prêtres du Sacré-Cœur, en 1728 et en 1776, et surtout le ministère d'un saint curé, M. Pierre Nay, animait cette bonne population.

Sous l'ardente impulsion du curé Pierre Nay, l'église fut bientôt reconstruite et, résultat plus heureux encore, la paroisse présenta en quelques mois l'image des plus beaux siècles du christianisme. On vit même des frères pieux, connus sous le nom de *dévots*, renoncer au monde et mettre leurs biens en commun pour élever un couvent de moines qui employaient leur temps au travail des champs, aux jeûnes et à la prière en suivant exactement la règle de saint Antoine [1]. Séparée des pays voisins par des collines escarpées dont les prolongements enserrent des vallons étroits qui courent à la mer, groupée en un village solitaire auquel on n'accédait que par des sentiers rudes et rares, cette population profita de son isolement pour se préserver du schisme et donner asile à de nombreux proscrits.

Chaque maison cacha bientôt un ou plusieurs hôtes, venus de Marseille et des villages du littoral. On évalue à plus de deux mille personnes, dont une cinquantaine de prêtres, ceux qui successivement bénéficièrent de cette hospitalité. Le vénérable évêque de Grasse, Mgr de Prunières, en usa trois mois ; le comte Siméon, dont la statue est au palais d'Aix, et M. de Chantérac, futurs ministre et préfet, lui durent la vie. Jamais les révolutionnaires ne parvinrent à pénétrer le secret de ces asiles, jamais une trahison et même une imprudence de langage ne vint en aide à leurs perqui-

---

[1] Avec le bien du dernier survivant fut établie au Rove, de 1822 à 1827, une école de Frères, à la place de laquelle Mgr de Mazenod, héritier de ce patrimoine, institua une mission et une retraite à donner au Rove tous les dix ans.

sitions. Un de ces réfugiés, M. Jean-Baptiste *Granoux*, bénéficier de la cathédrale de Vence, ne quitta plus le Rove et y mourut en 1806.

Comptant imposer par la terreur les dénonciations que la ruse n'avait pu surprendre, on infligea tous les sévices à ces braves gens. C'est ainsi que les émissaires prirent son mulet à un homme du quartier du Douar, et par deux fois lui extorquèrent douze francs pour le racheter. Un autre jour, ils emmenèrent à Marseille douze chefs de famille comme otages : malgré les menaces de mort, pas un ne parla. Ceci fut peut-être plus admirable, les femmes et les enfants, à qui l'on promettait de rendre leurs maris et leurs pères, au prix de quelques indications, tinrent bon jusqu'au bout. On dut élargir les prévenus sans avoir rien obtenu. C'est dans une de ces expéditions que les marseillais établèrent leurs chevaux dans la nouvelle église.

Quelques mois plus tard, plusieurs de ces pères de famille furent avisés qu'on allait les arrêter de nouveau. La guillotine en permanence à Marseille leur indiquait le sort qui les attendait. Ils gagnèrent de nuit le port de Niolon et hardiment montés sur une barque, atteignirent l'Italie où ils passèrent plusieurs années en exil.

Ainsi fut contraint d'agir M. Nay. Il avait refusé le serment schismatique et vivait retiré, disant la messe en secret et ne sortant que de nuit. Un matin de 1793, durant l'automne, dans une maison au quartier des Bastides, deux prêtres qui s'étaient réfugiés dans sa paroisse, MM. Castelly et Muratory, achevaient leur messe. M. Nay venait de commencer la sienne. Une bande marseillaise survient. Pendant que ses compagnons gagnent les grottes qui dominent le village, M. Nay se hâte de terminer le saint sacrifice. Il emporte précipitamment les ornements sacrés, mais une étole oubliée dévoile la présence des prêtres. Les bandits la déchirèrent en blasphémant et en proférant les plus affreuses menaces contre les gens du Rove. Ils se mirent ensuite à fouiller le grenier dans tous les sens, perçant la paille à coups de baïonnette. Dans un coin du grenier, une petite fille était étendue sur une meule. Ce fut le seul endroit inexploré, celui où M. Nay était caché.

Le saint curé comprit alors que l'heure était venue de suivre le conseil du Maître : il s'embarqua à Niolon le 10 décembre et aborda en Italie. Il n'y resta guère plus d'un an, pendant lequel il visita la Ville sainte et fut béni par le pape Pie VI. Le 1ᵉʳ février 1795, il était de retour dans sa paroisse.

Il faudrait citer le nom de tous les paroissiens du Rove en ces temps si tristes par les crimes qu'ils subirent, si glorieux par les dévouements qu'ils suscitèrent. La plupart malheureusement sont perdus. On signale cependant parmi les plus méritants les trois Guiran, Bernard, Pierre et Louis, et les trois Arbaud, Jean, Pierre et Antoine.

Le pêcheur Jean Arbaud avait vingt-trois ans quand la persécution commença. Formé par une mère pieuse, il n'avait pas, depuis l'âge de sept ans, manqué un seul jour de dire son chapelet. Dès l'arrivée des premiers fugitifs, il mit son temps, sa bourse, son foyer, on peut dire sa vie, à leur disposition. Aux prêtres surtout il rendit tous les services possibles, en nourrissant toujours quelqu'un chez lui, réclamant avec instance un hôte nouveau dès qu'un départ avait laissé une place libre à la maison. Il leur procurait des déguisements, une retraite plus sûre quand leur présence était soupçonnée, et lorsqu'il fallait fuir, leur servait d'éclaireur jusqu'aux anses les plus éloignées.

Sa charité faillit le perdre plusieurs fois : un jour entre autres il avait recueilli dans sa cabane, au bord de la mer, un inconnu méchamment vêtu et qui paraissait à bout de forces. Il partageait avec cet étranger son modeste repas quand il l'entendit prononcer un blasphème. Indigné et méprisant le danger auquel il s'exposait, il chassa le misérable de sa présence.

Jean Arbaud n'est mort qu'en 1856. Ce grand chrétien s'éteignit à quatre-vingt-sept ans, entouré de ses enfants et de ses petits-enfants, avec la sérénité d'un patriarche.

Dans une cérémonie funèbre « en l'honneur des martyrs de la Liberté immolés par la tyrannie décemvirale », célébrée à Aix après le neuf thermidor, Siméon, procureur général syndic du département, après avoir rappelé la mort de ces vertueuses victimes, glorifia les hommes dévoués qui avaient sauvé la vie à tant de leurs concitoyens : « Plus la tyrannie devint inquisitoriale et féroce, plus la bienfaisance fut généreuse et hardie ! Des contrées entières se signalèrent par une hospitalité qui exigeait autant de courage que de *sensibilité*. Forêts et rochers du Rove, et vous ses généreux habitants, vous serez à jamais célèbres dans les annales de l'humanité et de la reconnaissance. »

Cette généreuse hospitalité ne se borna pas à sauver les individus, elle rendit possibles, en les prenant sous sa sauvegarde, les assemblées magnifiques qui transformèrent les grottes de la Nerthe en temples du Christ, catacombes nouvelles où l'on vit revivre la foi, la charité, les sacrifices des chrétiens des premiers siècles.

Ce fut quelques jours avant Noël 1794 que l'intrépide abbé Reimonet tint dans la *grotte Crispine* la réunion où l'on décida de reprendre l'exercice public du culte catholique aboli partout. Dès lors, avec quelque mystère sans doute, mais avec la régularité d'une église de paroisse, se succédèrent dans cette grotte la messe du dimanche, la réception des sacrements, l'adoration de l'Eucharistie. Les fidèles et les réfugiés du Rove formaient l'appoint principal de la sainte assemblée : tous les dimanches pour s'y rendre ils franchissaient en pleine nuit le long et abrupt sentier qui mène à la grotte ; avant l'aurore ils étaient de retour. Et chaque fois, de nombreux marseillais, entre lesquels plusieurs dames des meilleures familles, arrivaient à pied et se joignaient à eux.

On a conservé le souvenir de quelques-unes de ces assemblées.

Le 15 janvier 1795, deux prêtres déguisés en pâtres arrivèrent peu après minuit et entendirent de nombreuses confessions avant de célébrer la messe.

Le 2 février, la fête de la Purification fut célébrée par

plus de 600 fidèles venus de toute la région, et à leur tête M. Nay arrivé la veille d'Italie.

M. Reimonet parut vers une heure du matin, accompagné de l'abbé Jaubert. Ils étaient déguisés en pêcheurs, coiffés du bonnet rouge. Devant eux marchait un négociant marseillais, François Roux, qui avait réclamé l'honneur de porter sur la tête, depuis Saint-Henri, la table sur laquelle le saint sacrifice devait être offert. « Nous nous croyions encore loin, écrit M. Reimonet, quand nous fûmes arrêtés par le son de plusieurs voix qui s'échappaient à travers l'ouverture de la grotte. On ne peut se faire une idée de l'impression céleste que fit sur nous ce mélange d'accords divins. Nous demeurâmes un instant en silence et comme transportés dans la région des anges. Je suivais la direction du chant, précédé par mon confrère.

« Nous entrons, le chant des Laudes cesse. Les catéchistes avaient dressé l'autel au fond de la grotte éclairée de plusieurs flambeaux. Je portais le corps adorable de Jésus-Christ : tous les fidèles se prosternèrent en couvrant la terre de leurs pleurs... J'avance vers l'autel d'où j'adresse la parole au peuple, mais les sanglots m'interrompent à chaque mot. Assis sur une pierre auprès d'une petite source dont l'eau cristalline me glace le corps, je ne cessai de confesser trois cents personnes, et je célébrai une première messe au chant des cantiques, où furent admis à la communion les fidèles qui venaient de recevoir l'absolution de leurs fautes. Il fallut alors que les trois cents catholiques présents fissent place à trois cents autres, la grotte n'en pouvant contenir davantage. »

Sur cette même journée, on tient de la bouche de Paul d'Astros, un des catéchistes de M. Reimonet, et futur cardinal-archevêque de Toulouse, ce trait admirable :

Des patrons pêcheurs, venus en barque, arrivèrent de grand matin à l'assemblée et, prenant M. Reimonet à part, lui dirent que de la mer on entendait distinctement le chant des cantiques et qu'il pouvait y avoir du danger. Reimonet suspend les confessions, impose silence et fait part de ce qu'il vient d'apprendre. — Eh ! qu'importe, s'écrie-t-on de tous côtés. — Vous ignorez qu'il y a sur la côte des postes militaires d'où l'on peut nous entendre. — On nous entendra. — Mais on viendra vous arrêter. — Qu'on nous arrête. — Oubliez-vous qu'aujourd'hui être arrêté c'est être guillotiné. — Quel bonheur, nous serions *martyrs !* — S'il en est ainsi, mes amis, chantez tant qu'il vous plaira.

Cette journée, si saintement commencée, fut continuée par de touchantes cérémonies, bénédiction des cierges offerts à tous les assistants par de riches marseillais, première communion de trente enfants des deux sexes, grand'messe que l'abbé Carles célébra, agapes en commun, chemin de la croix, vêpres, prières et bénédiction du T. S. Sacrement. Sur le soir, au moment du départ, tous, prêtres et fidèles, s'approchèrent deux à deux et, agenouillés devant le crucifix que M. Reimonet leur présentait, prononcèrent ce serment : « Mon Dieu, plutôt que de renoncer à ma religion, je jure de donner sur l'échafaud jusqu'à la dernière goutte de mon sang. » Ils se groupèrent ensuite autour de leurs prêtres pour les remercier, puis, comme les anciens d'Ephèse au grand Paul, ils leur dirent dans un saint embrassement un adieu qu'ils pouvaient croire le dernier.

Le 8 février, dans la grotte, M. Nay baptisa une centaine d'enfants de divers pays.

Le jour de Pâques, le vénérable évêque de Grasse, Mgr de Prunières [1] y officia comme dans une cathédrale, assisté de 24 prêtres et en présence de plus de 500 fidèles qui reçurent de sa main la sainte communion. — Au moment où il ouvrait le ciboire, le pontife, saisi par ce spectacle, renouvela un rite de l'Eglise primitive : « Que ceux qui sont dignes approchent », dit-il à la foule agenouillée. Et soudain, on entendit une voix retentissante : « Moi seul ici suis indigne de communier. » C'était Pierre Jaubert, ancien chantre à la cathédrale, puis curé intrus de Saint-Laurent, qui renouvelait sa rétractation du serment schismatique et se soumettait de lui-même, devant l'évêque, à une sorte de pénitence publique. Le prêtre repentant sanglotait, et tous les assistants pleuraient avec lui.

Avec les mystères des catacombes cette région bénie vit reparaître les expiations de la Thébaïde. « Je fais les six lieues dans une nuit par les rochers et les vallons, écrivait

---

[1] François d'Estienne de Saint-Jean de Prunières, né à Gap, évêque de Grasse depuis 1752, mort en 1798, à Saint-Barnabé, banlieue de Marseille. C'est dans une bastide de ce quartier qu'il ordonna prêtre le saint abbé Alemand, un des catéchistes qui accompagnaient M. Reimonet aux grottes du Rove, et qui devint le premier fondateur des Œuvres de Jeunesse en France.

M. Reimonet au grand vicaire Rémusat alors à Livourne, assez souvent les pieds écorchés par les souliers de vache que je porte, obligé souvent de m'étendre sur la pointe des rochers pour réparer mes forces épuisées... J'y trouve des jeunes gens autrefois dissipés et incrédules, des vieillards révolutionnaires et sensuels, tenant à la main le catéchisme du diocèse, apprenant à faire le signe de la croix ; assez favorisés cependant de la miséricorde du Seigneur pour exercer sur leur corps tout ce que la pénitence a de plus recherché, passant la plus grande partie de la journée en prière, souvent les bras en croix, ou bien étendus la face contre terre. Ce sont des saints. »

Ces réunions ont fait connaître au loin les rochers et les grottes du Rove. Windthorst en rappelait il y a quelques années le souvenir aux députés allemands : « Quand vous aurez fermé toutes les églises, disait-il aux sectaires, nous ferons comme autrefois en France, nous trouverons un asile dans les cavernes et les forêts. »

Et si jamais à la persécution hypocrite succédait la persécution sanglante, ces exemples immortels de leurs pères apprendraient aux enfants avec quelle inébranlable fermeté la conscience opprimée doit résister à la tyrannie persécutrice, et comment les résistances généreuses préparent, à travers l'épreuve passagère, un avenir de paix et d'honneur.

— Le Rove n'est pas un village ancien. Une charte de Saint-Victor, du XII° siècle certainement, quoiqu'on n'en connaisse pas l'année précise, mentionne dans la région de Châteauneuf, et dans le voisinage de « terram de *Balzo* » (une sans doute des possessions territoriales de la maison des Baux, nombreuses en ce quartier), le vallon du Rove, « terra de vallone de Rovereto ». Le village fut fondé vers la fin du XIVe siècle, par les habitants de l'ancien Gignac, après sa destruction par Raymond de Turenne. La vieille chapelle datait de 1620. Trouvant leur église paroissiale de Gignac trop éloignée et de trop difficile accès, et leur curé inabordable, puisqu'il résidait à Marignane, n'ayant point de presbytère à Gignac, les habitants l'avaient bâtie à leurs frais et y avaient appelé un chapelain avec l'autorisation du prieur de Châteauneuf et Gignac. Cette église fut visitée en 1624, pour la première fois, au nom de l'archevêque, par messire Gaignon. On a vu comment à la longue le manque de presbytère à Gignac métamorphosa ce chapelain en curé de ce pays.

Le Rove eut pour curé de 1783 à 1803 M. *Pierre* Nay. Cet homme de Dieu naquit à Mollégès en 1753. A sa sortie du séminaire d'Avignon, Mgr du Lau le nomma vicaire à Miramas, puis curé du Rove. Sans argent, sans secours d'aucune sorte, il rebâtit l'église en 1789. M. Nay fit un appel à ses bons paroissiens. « Les uns apportent à ses pieds le fruit de leurs économies, les autres mettent leurs bras à sa disposition ; d'autres leurs bêtes de somme et leurs chariots. M. Nay n'avait pas oublié que dans ses premières années il cultivait la terre..., il était constamment le premier à l'ouvrage. En vain les plus diligents tentaient de le précéder, on le trouvait à la carrière de pierres déjà couvert de sueur. On le voyait tantôt broyer le mortier, tantôt grimper au haut d'une échelle, courbé sous le poids d'une lourde pierre[1]. » A un citadin qui trouvait ce travail peu digne d'un curé : « Il n'y a rien de bas, répondit-il, quand on travaille pour le bon Dieu. »

Aux plus mauvais jours de la persécution, sans négliger son peuple du Rove, il s'établit à Marignane pour faire rayonner son ministère dans les nombreuses paroisses qui manquaient de prêtre, et il n'en est pas une sur les bords de l'étang qu'il n'ait plusieurs fois visitée. En 1796, le 4 avril, il baptisa dans un moulin d'huile *Laurent-Joseph Imbert*, né au tènement de Bricard, confins de Gignac et de Marignane, le futur apôtre du Tonkin et de la Corée, où il devait être décapité pour la foi en 1843.

Sous un aspect rustique M. Nay possédait une intelligence égale à sa vertu. Durant son long séjour au Rove, par une lecture continuelle des meilleurs auteurs sacrés et profanes, dont il se procurait les ouvrages en économisant à outrance sur sa nourriture, il acquit une érudition surprenante. Si bien qu'en 1803, lorsque Mgr de Cicé fonda le petit séminaire de Sainte-Croix à Salon, il l'en nomma supérieur. Après avoir déployé son zèle dans les cures de Pélissane, des Saintes-Maries et de Marignane, il mourut en cette dernière paroisse, regretté du clergé comme un modèle et un oracle, pleuré de ses paroissiens comme un père, vénéré du diocèse entier comme un saint.

— 1790, un curé amovible nommé par le prieur de Châ-

---

1 Ginoux, *Soirées chrétiennes*. Aix, Pontier, 1830.

teauneuf, sauf approbation de l'archevêque ; le collège d'Arles percevait la dîme et donnait au curé 200 livres de congrue et 12 livres pour le culte. A l'organisation des départements, le Rove fut distrait de Gignac et uni à la commune de Marseille, sans acte légal pourtant qui légitimât cette distraction que l'administration des finances ne voulut pas reconnaître, obligeant à continuer le paiement des impôts à Gignac. En 1803, en rétablissant la paroisse du Rove, contre les propositions du préfet Thibaudeau, Mgr de Cicé l'adjoignit au doyenné des Aygalades. Cette extension du territoire de Marseille ne reçut un semblant de régularité que par un arrêté préfectoral de 1804, et encore pris en excès de pouvoir, car sous tous les régimes l'attribution de juridiction sur un territoire dépend de l'autorité souveraine[1]. Enfin en 1829, par ordonnance royale du 14 avril, le Rove fit retour à la commune de Gignac. Son érection en commune distincte date de 1835. — 1898, un curé-desservant, doyenné de l'Ile, archidiaconé d'Arles, 430 hab. Les *Sœurs de Saint-Joseph* des Vans y tiennent école de filles depuis 1841.

EGLISE, *Sainte-Anne* titulaire et patron du pays. Inaugurée en 1790. L'ancienne, très réduite, occupait la place entre les chapelles actuelles de la Vierge et du Sacré-Cœur.

---

[1] Il n'y eut pas même cette apparence de légalité dans le transfert du chef-lieu du département d'Aix à Marseille. L'ancienne capitale de la Provence avait été désignée comme chef-lieu des Bouches-du-Rhône par l'Assemblée constituante et possédait l'administration préfectorale depuis dix ans, quand, le 8 avril 1800, le préfet Charles Delacroix, furieux de voir les meilleurs salons se fermer devant lui à cause de son vote régicide, opéra de sa propre autorité ce transfert que nul acte législatif n'a jamais sanctionné.

Quand elle eut été démolie, on fit provisoirement les offices dans la sacristie actuelle où fut célébrée une première communion. — Tabl. du *Sacré-Cœur* avec portrait de Mᵍʳ de Belsunce, souvenir de la mission de 1728.

Sur un monticule voisin, de forme singulière, nommé colline Sainte-Catherine, belle *statue de la Vierge*, bénite le 31 janvier 1858. C'est la première élevée dans le diocèse en mémoire de la définition de l'Immaculée Conception. Les maisons du village s'illuminent chaque année à l'anniversaire de cette bénédiction ainsi que le 8 décembre.

ENSUÈS (1826)

Trouvant trop pénible la course pour se rendre au Rove chaque dimanche, les habitants du hameau d'Ensuès bâtirent vers 1780 une chapelle où le clergé de Châteauneuf fut autorisé à dire la messe et à confesser. C'est Mᵍʳ du Lau qui, en 1782, accorda ces autorisations qui excitèrent quelques protestations parmi les habitants du Rove. C'était à leur avis les préliminaires d'un démembrement, en quoi ils ne se trompaient point.

Ensuès partage avec le Rove l'honneur d'avoir fourni durant les mauvais jours aux prêtres et aux meilleurs citoyens un asile empressé et une hospitalité généreuse. Parmi ces prêtres se trouva un capucin natif du Rove, le **P. Théodore**, qui s'était réfugié du côté de Méjean, en un hameau totalement abandonné à l'heure actuelle.

Avec les fonctions de son ministère, il y remplit plusieurs années celles de maître d'école. En retour, chacun se faisait un devoir de lui réserver, à l'époque des diverses récoltes, la part nécessaire à sa nourriture. Imitateur accompli de la pauvreté de saint François d'Assise, le bon religieux mourut dans une étable, habitation commune d'un troupeau et du pâtre misérable qui lui prêta ce dernier abri.

On ignore l'année de la mort du P. Théodore, mais on sait qu'il fut inhumé au milieu du vieux cimetière. Sa tombe était surmontée d'une haute croix de fer dont quelques fragments, la lance et l'éponge, gisent dans les hautes herbes.

Avec M. Latil, premier curé, un autre prêtre est enterré dans ce cimetière. Ce prêtre dont le nom est resté inconnu, fut aussi une victime de la Révolution. On racontait à son sujet qu'il s'était longtemps caché dans les baumes des collines qui bordent le littoral.

Sur deux ou trois autres qui, durant la période révolutionnaire, ont souffert ou ont donné leur vie pour la cause de la foi, en diverses localités du diocèse, nous n'avons pu recueillir des renseignements assez précis pour être consignés dans ce livre. A notre grand regret, car nous avons travaillé avec quelque bonne volonté à remettre en lumière tous les martyrs de cette longue et cruelle persécution.

Ensuès n'avait jamais joui du service religieux avec autant de régularité que pendant la Terreur. Cet avantage singulier cessa quand la paix fut revenue. Après le Concordat, Ensuès ne fut pas compris au nombre des paroisses à établir ; le curé du Rove, à qui il resta confié, et celui de Châteauneuf vinrent quelquefois y célébrer la messe.

Malgré leur nombre restreint et la modicité de leurs ressources, ces braves gens se cotisèrent de nouveau, comme avant la Révolution, pour avoir un prêtre à demeure. Enfin la paroisse fut érigée par décret du 4 juin 1826.

— 1790, *service* dépendant de la succursale du Rove et du prieuré de Châteauneuf, 300 hab. — 1898, un curé-desservant, 270 hab., doyenné de l'Ile, archidiaconé d'Arles. Au civil, Eusuès dépend du Rove, mais il est en instance pour être érigé en commune distincte.

Eglise *Saint-Maur*, abbé, (patron, sainte Anne). Dès l'érection de la paroisse, on décida d'abandonner l'ancienne église trop exiguë et en fort mauvais état, quoique ne datant que d'une cinquantaine d'années. Le gouvernement et le conseil général fournirent le tiers des fonds et les habitants les deux autres tiers, partie en argent, partie en nature et en journées de travail. « Les uns transportaient des matériaux, dit M. Régis de la Colombière, les autres aidaient les maçons qu'ils hébergeaient ensuite, et, trouvant ainsi les moyens de réaliser une grande économie, ils possédèrent bientôt un temple très beau dans sa simplicité et qui étonne ceux qui s'égarent dans ces montagnes. » Bâtie de 1826 à 1829 sur les plans de M. Barral, archit. départ. — Joli *clocher* élevé en 1865 avec le concours des paroissiens et des principaux propriétaires. Sur le collet Redon, statue de la *Vierge immaculée*, bénite le 20 février 1858.

NIOLON (1867)

La plus jeune, la moins peuplée, mais non la moins charmante des paroisses du diocèse, Niolon est une esquisse de hameau habité par des pêcheurs qui exploitent les madragues installées dans le voisinage.

Son petit port solitaire est assombri par les glacis rectilignes de quelques ouvrages fortifiés : heureusement, pour rendre au paysage sa sérénité, sur le même plan que la batterie, se dessine le profil d'une minuscule église, façade blanche et toits rouges. Village, port, batterie, église ne sont reliés aux pays voisins que par des sentiers de chèvre. Le vrai chemin, c'est la mer sur laquelle pour la moindre affaire on lance sa barque, cap tourné vers Marseille ou vers Port de Bouc.

Nonobstant un nombre de fidèles réduit à sa plus simple expression, l'extrême difficulté d'accès fit décider l'érection d'une paroisse à Niolon. Le décret est daté du 7 août 1867. Un prêtre du diocèse de Marseille, M. Gras † 1897, qui faisait le service depuis quelques années, fut installé curé. Trente ans il a rempli ces fonctions, aimé et vénéré du groupe familial qui formait son troupeau.

Un journaliste marseillais lui consacra il y a quelques années une intéressante chronique : « Le curé de Niolon ! Demandez à tous les pêcheurs de Marseille et de l'Estaque, demandez-leur s'ils connaissent le curé de Niolon, et vous verrez avec quel respect mêlé d'admiration ils vous parleront de cet excellent prêtre. Le bon curé me raconte avec simplicité les faits les plus curieux de son sacerdoce — Tous les dimanches et fêtes, me dit-il, quelque temps qu'il fasse, je pars de l'Estaque à six heures du matin, pour Niolon, au grand étonnement des pêcheurs qui, par le temps de grand vent d'est, qualifient ma promenade d'imprudente. Par les gros temps de *bréfounié*, je gravis la route du Rove et le chemin de la douane pour me rendre à ma cure..... J'arrive ordinairement à 7 heures 1/2, je prépare mes ornements sacerdotaux et je sonne moi-même la messe que je dis à 9 heures..... Le casuel de la paroisse ? dites-vous, il est à la fois des plus sérieux et des plus problématiques ; il vient tout entier de la madrague de Niolon. Grâce à M. Martin qui a fait bâtir l'église, et aujourd'hui à Mme Lachamp, sa fille, je suis inscrit comme matelot de l'équipage de la Madrague, j'en tiens les écritures, chaque quinzaine je touche ma part de pêche et chaque jour ma part de poisson. Tout cela joint à mon modeste traitement de desservant, m'aide à joindre les deux bouts. »

— 50 hab., un curé-desservant, doyenné de Martigues, archidiaconé d'Arles, commune du Rove.

Eglise dédiée à l'*Immaculée Conception*, (sainte Anne, patronne), bénite par le vicaire général Rouchon, le 28 juin 1863. Au-dessus de la façade est suspendue la cloche de bord de la frégate *la Junon*, donnée par le commandant Félix.

ADDITIONS ET CORRECTIONS

Saint-Trophime. — Page 29, *note*, ligne 4, *lisez* : Au VI⁰ siècle, les Angles et les Saxons...

P. 46, l. 21, *lisez* : prince » du Saint-Empire, seigneur de Mondragon, Salon et Saint-Chamas.

P. 82, l. 21, *ajoutez*. — *XIII⁰ centenaire du sacre de Saint Augustin de Cantorbéry.* Des fêtes splendides, sous la présidence du cardinal Vaughan, archevêque de Westminster, ont célébré cet anniversaire les 10, 11 et 12 octobre 1897. Etaient présents Mᵍʳ Gouthe-Soulard, archevêque d'Aix ; Mᵍʳ Scaresbreck, ancien évêque de l'Ile Maurice ; Mᵍʳ de Cabrières, évêque de Montpellier ; Mᵍʳ Béguinot, évêque de Nîmes ; Mᵍʳ Burne, évêque de Southwark, et trois abbés bénédictins. Tout s'unit pour rendre ces fêtes mémorables, la décoration de l'église, le concours d'environ deux cent prêtres, la majesté des offices pontificaux, le charme de la musique sacrée supérieurement exécutée, les éloquents discours prononcés à la gloire de saint Virgile par Mᵍʳ de Cabrières, de saint Grégoire par Mᵍʳ Béguinot, de saint Augustin et de l'Angleterre catholique par le cardinal Vaughan. Le dernier soir, Mᵍʳ l'archevêque, remontant dans la chaire qu'il avait inaugurée l'avant-veille, annonça, à la fin d'une chaleureuse allocution de félicitations et de remercîments, qu'il nommait tous les évêques présents chanoines d'honneur de la Métropole d'Aix, et conféra le titre de vicaire général à l'archiprêtre Bernard à qui étaient dues l'idée et l'organisation de ces belles fêtes.

P. 95, l. 4. Sur l'ancienneté de *Saint-Vincent*, voir p. 228.

P. 100, l. 26, *chaire* pierre, style XII⁰ s., œuvre puissante, dessinée par Revoil, sculptée par Carli, bénite et inaugurée par Mgr Gouthe-Soulard, 10 octobre 1897.

Saint-Césaire, p. 136, l. 8. Cet usage subit cependant plusieurs exceptions : ainsi, en 1790, sur vingt chanoines, quatre n'étaient pas nobles. Le seul chapitre noble légalement, en Provence, était Saint-Victor de Marseille.

P. 137, l. 14 : rebâtie en 1604.

Saint-Julien, p. 154, l. 20. Autres pélerins aux reliques de Saint-Antoine : en 1504, Aimery d'Amboise, grand maître des Hospitaliers ; en 1515, la reine Claude de France, avec Marguerite, future reine de Navarre, et l'évêque de Paris ; en 1560, le cardinal de Luca, syndic d'Avignon.

P. 160, l. 2 : démoli en 1752.

Trinquetaille, p. 183, l. 19. Le texte des documents est rapporté dans notre mémoire sur l'*Extension de l'Ordre Teutonique en France*. Fribourg, 1898.

Ecole épiscopale, p. 210, l. 3, *ajoutez* : Au siècle suivant, un autre pape, JEAN XXII, Jacques d'Euse, fut élevé à Arles. Il était page à la cour de Provence, quand il entra dans la famille de l'archevêque d'Arles qui l'admit dans les ordres et compléta lui-même son instruction. (Cf. Darras, *Hist. de l'Eglise*, xxx, 223).

P. 219, l. 23, au lieu de 1639, *lisez* 1369.

P. 228, l. 24. Sur l'ancienneté de cette collégiale, v. p. 118.

P. 256, l. 1, *lisez* : et Guill. de Corty † 1608, le dernier.

Les Baux, p. 368, l. 5, au lieu de 1247, *lisez* 1427.

Dans sa Réponse au Discours de réception de M. le chanoine J. Mille, le 13 mars 1894, M. le marquis de Saporta s'est exprimé en ces termes : « La ville d'Aix fut brûlée et ruinée (par les sarrasins) : elle ne fut pas rebâtie sur le même point, et, sans doute, n'occupa plus qu'une faible partie de l'ancien périmètre. Mais de là à croire, comme semble l'avancer M. l'abbé Constantin, dans son livre des *Paroisses du diocèse d'Aix*, que le pays restât désert, que les habitants soient demeurés fugitifs et dispersés, que, pour reconstruire et cultiver de nouveau, on ait attendu plus de deux siècles, et qu'il faille se reporter au temps de l'évêque Rostang, de Pierre II son successeur, et du prévôt Benoît, pour voir Aix sortir de ses ruines, c'est tomber, à mon sens du moins, dans une forte exagération. »

Cette note de *forte exagération*, nous ne pouvons en justice la garder pour nous. Elle s'applique en effet non à notre texte, mais à un document, d'autorité exceptionnelle, que nous nous sommes borné à traduire. C'est la bulle, non datée, de Pierre II Gaufridi, qui siégea de 1082 à 1101, conservée en son parchemin original aux archives départementales, *fonds Saint-Sauveur*. Elle s'exprime ainsi :

« Petrus, aquensis archiepiscopus, omnibus Ecclesie filiis salutem a Domino. Ad noticiam cunctorum fidelium pervenire volumus sedem Aquensis ecclesie in honore sancte Marie consecratam, cum oratorio Sancti Salvatoris nostri Dei, et baptisterio beati Johannis, *destructione Gentilium*, CUM EADEM AQUENSI CIVITATE, *per multa curricula annorum, in solitudine permansisse*.

Miseratione igitur divina a quibusdam religiosis idem locus, ob amorem et reverentiam illius venerabilis oratorii, videlicet Salvatoris nostri, cepit habitari. Inter quos precipue emicuit Benedictus... »

Ce texte est aussi clair qu'on peut le souhaiter.

On n'a jamais nié que sur les ruines de la cité saccagée et brûlée, un certain nombre d'habitants, plus ou moins misérables, aient pu s'installer durant cette longue période qui s'étend du milieu du VIII° siècle à la fin du X°, d'autant qu'un archevêque avait bâti, au-dessus de l'amphithéâtre, une résidence fortifiée, connue depuis sous le nom de *castrum de Turribus*. Mais c'est au XI° siècle seulement que la ville s'est reconstituée avec son ancienne importance. Ses trois quartiers ne redevinrent une seule communauté qu'en 1357.

Quelques rares jalons sont posés le long du *multa curricula annorum* de la charte précitée : la décision du concile de Francfort, en 794, n'osant rendre leur titre métropolitain aux villes d'Aix, d'Embrun et de Tarentaise ; l'omission des métropoles d'Aix, de Narbonne et d'Eause dans le testament de Charlemagne, en 814, ces villes étant ruinées à ces deux dates ; l'odyssée à travers la France de l'archevêque d'Aix Odalric, en 928, « ob persecutionem saracenorum », dit Flodoard.

La bulle de Pierre II et les faits qui la corroborent auraient certainement convaincu l'éminent et regretté président de l'Académie d'Aix. Avec la droiture et la bonne grâce qu'il apportait en toutes choses, il aurait reconnu la justesse de nos assertions, que « la ville d'Aix, prise et saccagée en 737, demeura longtemps en ruines », et qu' « elle doit à ses monuments religieux d'avoir été préservée d'une perte totale ».

COLLECTION DIOCÉSAINE
LA SAINTE ÉGLISE D'AIX ET ARLES

ONT PARU :

1. E. MARBOT. — Nos Madones 2ᶠ 50
2. J. MILLE. — Notre Métropole 2ᶠ 50
3. E. MARBOT. — Notre Maîtrise Métropolitaine. 2ᶠ
4. Dom BÉRENGIER. Nos Évêques : Mᵍʳ de Brancas. 2ᶠ
5. Dom BÉRENGIER. Nos Évêques : Mᵍʳ du Lau. 1ᶠ 50
6. E. MARBOT. Nos Évêques : Mᵍʳ Forcade...... 4ᶠ
7. M. CONSTANTIN. — Les Paroisses du diocèse d'Aix, tome Iᵉʳ 4ᶠ
   tome II. Les Paroisses de l'ancien diocèse d'Arles 4ᶠ
8. E. MARBOT. Notre Dame de la Seds ....

EN PRÉPARATION

E. MARBOT. — La Liturgie Aixoise.

J. VILLEVIEILLE. — Nos Saints.

M. CONSTANTIN. — Les Paroisses des anciens diocèses de Marseille et d'Avignon (tome III et dernier des Paroisses du diocèse d'Aix). — Chaque partie forme un tout complet.

www.ingramcontent.com/pod-product-compliance
Lightning Source LLC
Chambersburg PA
CBHW060754230426
43667CB00010B/1567